Sigrid-Maria Größing

AEIOU

Sigrid-Maria Größing

AEIOU

Glück und Unglück im
österreichischen Kaiserhaus

Amalthea

Eine Auswahl aus den Büchern
»Schatten über Habsburg« (1991)
by Verlag Kremayr & Scheriau, Wien
und »Mord im Hause Habsburg« (2001)
by Verlag Carl Ueberreuter, Wien

© 2007 by Amalthea Signum Verlag GmbH, Wien
Alle Rechte vorbehalten
Umschlaggestaltung: Kurt Hamtil, verlagsbüro wien
Umschlagbild: Wappen von Niederösterreich, Österreich und
Oberösterreich mit der berühmten Devise AEIOU
Copyright: IMAGNO/Austrian Archives
Herstellung und Satz: VerlagsService Dr. Helmut Neuberger
& Karl Schaumann GmbH, Heimstetten
Gesetzt aus der 11/13 Punkt Caslon
Druck und Binden: CPI Moravia Books GmbH
Printed in the EU
ISBN 978-3-85002-633-8

Inhalt

Eine Schlacht auf Leben und Tod begründete die habsburgische Weltmacht

RUDOLF VON HABSBURG UND SEINE SÖHNE

Düster und wirr war die Zeit, in die der älteste Sohn von Rudolf von Habsburg Albrecht hineingeboren wurde, hoffnungslos und ohne Zukunft. Die Welt schien aus allen Fugen geraten zu sein, niemand fand etwas dabei, Recht und Ordnung mit Füßen zu treten, sodass der Schrecken der Fehde allerorts das menschliche Leben verunsicherte. Der Nachbar misstraute dem Nachbarn, der Lehensherr verlangte rücksichtslos von seinen Bauern weit mehr als den Zehent, der Ritter versuchte, so gut es ihm möglich war, seine Burg vor den Übergriffen bewaffneter Meuten, die planlos im Reich herumzogen, zu schützen. Denn nicht allzu viele waren von den Kreuzzügen ins Heilige Land nach langer Abwesenheit als reiche Leute nach Hause zurückgekehrt, die Zahl der mittellosen Ritter übertraf sie bei weitem. Sie waren ohne Hoffnung in ein Reich heimgekommen, das ihnen keine Sicherheiten mehr bieten konnte. Und so nimmt es einen nicht wunder, dass so mancher sein Glück selber in die Hand nehmen wollte und sich auf eigene Faust zu bereichern suchte. Die Raubritter, die das Land verunsicherten und den Handel an manchen Orten zum Erliegen brachten, waren erfinderisch, wenn es galt, einen Weg zu finden, um an besonders verlockende Beute heranzukommen. So sperrten sie mit Ketten die Donau ab oder überfielen ahnungslose Kaufleute auf die verwegenste Art und Weise. Um irgendwie noch Handel betreiben zu können, war man gezwungen, sich zu Handelskarawanen zusammenzuschließen, um sich so gegen die Überfälle verteidigen zu können. Denn einen Kaiser, der bis dahin einigermaßen für die Sicherheit im Lande gesorgt hatte, gab es nicht mehr, dafür hatte der Papst in all seiner Grausamkeit gesorgt. Karl von Anjou, der zu dieser Zeit auf dem Stuhle Petri saß, hatte den letzten Staufer, den romantischen Jüngling Konradin, der voller Enthusiasmus und Träumen nach Süden gezogen war, um die Krone seiner Väter zu erringen, nach der verlorenen Schlacht bei Tagliacozzo auf der Flucht gefangen nehmen und zusammen mit zwölf Getreuen in Neapel am 29. Oktober 1268 grausam hinrichten lassen. Voller Genugtuung registrierte Karl den Sieg über das den Päpsten so verhasste Geschlecht der Staufer.

Der 16-jährige Konradin hatte keine Nachkommen hinterlassen. Die »kaiserlose, die schreckliche Zeit« hatte begonnen, denn plötzlich stand man im Reich vor einem absoluten Nichts. England und Frankreich waren zunächst sofort zur Stelle und wollten einen ihrer Favoriten auf den deutschen Kaiserthron setzen; Richard von Cornwall hieß der Auserwählte des englischen Königs, während der französische König Alfons von Kastilien favorisierte. Im Reich selbst kümmerte sich niemand darum, wer wohl das Rennen um die Krone Karls des Großen machen würde oder machen sollte. Denn hier bestimmten Fehden landauf, landab das Geschehen. Jeder wollte sich auf Kosten der anderen bereichern und sich eine möglichst große Hausmacht schaffen. Nicht eine zentrale Macht wie bisher erschien nunmehr für das Land erstrebenswert zu sein, man wollte einen möglichst schwachen Herrscher küren, damit er von allen Seiten abhängig und beeinflussbar sein würde.

Da sich die Zustände im Reich immer mehr verschlechterten und man allgemein zu der Ansicht kam, dass es so nicht weitergehen konnte, ergriffen die sieben Kurfürsten die Initiative. Sie schauten sich nach einem geeigneten Mann um, der die deutsche Krone tragen sollte. Die drei Erzbischöfe von Köln, Mainz und Trier gehörten diesem Kur-Kollegium genauso an, wie der Pfalzgraf bei Rhein, der Markgraf von Brandenburg, der Herzog von Sachsen und der mächtige König von Böhmen. Letzterer wäre sofort gewillt gewesen, die schwere Bürde auf sich zu nehmen, die ein König in dieser Situation akzeptieren musste. Denn der neue Herrscher sah keiner leichten Zukunft entgegen, darüber waren sich alle einig.

So mancher erblickte in dem jungen Böhmenkönig Přemysl Ottokar II. tatsächlich den richtigen Mann, der mit starker Hand das Wirrwarr im Reich entflechten würde.

Und wie es schien, deutete alles auf eine Wahl dieses dynamischen, aktiven Mannes hin, der schon in den Babenberger Ländern im Osten des Reiches bewiesen hatte, dass er mit seinen politischen Konzepten zum Wohle der Bevölkerung zu handeln fähig war. Und wo er nicht auf Einsicht der Bevölkerung gestoßen war, hatte er Gewalt sprechen lassen. Schon waren die meisten Kurfürsten geneigt, Ottokar ihre Stimme zu geben, als im letzten Augenblick die Stimmung im Kurkollegium plötzlich umschlug und die Kurfürsten sich für einen anderen Kandidaten entschlossen. Wahrscheinlich war es einerseits die Macht, die der junge Ottokar schon jetzt in Händen hatte, die die Wahlmänner davon Abstand nehmen ließ, ihn auch noch zum König zu wählen, andererseits könnte auch das dubiose Privatleben des jungen Böhmen für seine Ablehnung eine Rolle gespielt haben.

Denn Ottokar war auf allen Gebieten ein Glücksritter, nicht nur, was seine politische Position betraf. Er hatte als ganz junger Mann um die Hand der alternden Babenberger-Erbin Margarete angehalten und diese allein stehende Frau, die Witwe des ehemaligen deutschen Kaisers Konrads IV., mehr oder weniger gezwungen, seine Frau zu werden. Dabei spielten weder Zuneigung noch Liebe eine Rolle – der junge Ottokar hätte gut und gerne der Sohn seiner Gemahlin sein können –, sondern einzig und allein ihre Länder übten einen Reiz auf den besitzgierigen Böhmenkönig aus. Denn Margarete war nach dem frühen Tod ihres Bruders, Friedrichs des Streitbaren, der in der Schlacht an der Leitha im Kampf gegen die Ungarn gefallen war, zu einer reichen Erbin geworden. Diese Situation war für die Babenbergerin nicht vorhersehbar gewesen. Nach dem frühen Tod ihres Mannes Konrad und ihrer Kinder hatte sie vor Jahren, entmutigt wie sie war, den Schleier genommen und ein Gelübde abgelegt, dass sie den Rest ihres Lebens in stillem Gebete hinter Klostermauern verbringen wollte. Niemals wieder, so hatte Margarete geschworen, wollte sie einem Manne angehören.

Margarete hatte für sich zwar eine Entscheidung getroffen, doch geriet sie als Erbin der weiten österreichischen Gebiete, die noch dazu unmittelbar an die böhmischen Länder angrenzten, ins Blickfeld von Přemysl Ottokar, der seine Fühler nach allen Seiten hin ausgestreckt hatte, um seinen Machtbereich zu erweitern. Deshalb warb er mit der ganzen Dynamik seiner Jugend um die vergrämte Witwe, schlug all ihre Argumente, warum sie ihn nicht erhören konnte, in den Wind und schließlich war es Margarete nicht mehr möglich, die Werbungen des Böhmen abzuschlagen, wollte sie eine gewaltsame Übernahme ihrer Länder durch Ottokar verhindern.

Dass diese Ehe nur eine Farce war, das ahnten alle. Der junge Böhmenkönig holte sich auch bei der ersten sich bietenden Gelegenheit eine ganz andere Frau ins Bett. Ottokar hatte aus seinem Herzen noch nie eine Mördergrube gemacht und so gab er auch schon bald seine eigentlichen Absichten allgemein bekannt, da er sich in seiner Position sehr sicher fühlte. Doch hatte er nicht mit den moralischen Bedenken gerechnet, die plötzlich die anderen Kurfürsten ihm gegenüber geltend machten. Wahrscheinlich hätte man Kunigunde von Halicz, eine glutvolle, rassige Ungarin, als Geliebte Ottokars sogar noch in Kauf genommen, hätte er nicht begonnen, sich in aller Öffentlichkeit abfällig über seine alte, welke Gemahlin zu äußern, die nicht mehr in der Lage war, ihm einen Erben zu schenken. Vieles verzieh man in dieser Zeit redseligen, vom Wein berauschten Männern, nur schmähliche Worte über die Damen waren tabu. Zu sehr war man noch von den ritterlichen Idealen beeinflusst und geprägt, wo die »hohe« Frau eine besondere Stellung in der Gesellschaft eingenommen hatte, ja, sie war beinahe anbetungswürdig für den »minniglichen« Sänger und Ritter.

Es erwies sich für Ottokar in seiner Spontaneität und Unachtsamkeit als gewaltiger Fehler, sich über diese Tradition hinwegzusetzen. Er war nie ein Kind von Traurigkeit gewesen und seine Gastmähler und Zechgelage waren in ganz Böhmen berühmt, aber auch berüchtigt durch die lockeren Reden, derer man sich zu vorgerückter Stunde befleißigte. Der schwere Wein, der in Strömen floss, löste Ottokar die Zunge und er begann im

Kreise seiner Zechkumpanen sich über die körperlichen Schwächen seiner Gemahlin Margarete lustig zu machen. Er wähnte sich in einer Runde von Freunden, vergaß dabei ganz, dass auch die besten Zechkumpanen diese lästerlichen Geschichten mit Genuss weiterverbreiteten. So nahm es einen nicht wunder, dass die abfällige Einstellung des Böhmenkönigs Margarete gegenüber schon bald die Runde im Reich machte, wobei etwas geschah, was sich Ottokar kaum hatte vorstellen können: Plötzlich nahm man innerlich Anteil am Schicksal seiner alten Gemahlin, man bedauerte die verhärmte Frau, die vom Leben so hart geschlagen war, und so mancher nahm sich vor, ihr Schutz zu gewähren, wenn sie seinen benötigen sollte.

Der Augenblick kam früher, als man allgemein gedacht hatte: Als man nun daran ging, einen neuen König zu küren, stand den Kurfürsten das Verhalten Ottokars Margarete gegenüber mit einem Mal klar vor Augen. Und man kam zu dem Schluss, dass dieser Mensch, der seine eigene Frau nicht achtete, sicherlich nicht der richtige Mann auf dem deutschen Thron sein würde. Außerdem tauchten allenthalben noch andere Vorwürfe gegen den Böhmenkönig auf. Eine Abordnung der steirischen Landstände war vorstellig geworden und hatte sich über verschiedene Übergriffe von Seiten Ottokars und seiner Leute bitter beklagt, wobei natürlich die Abneigung der Steirer gegen alles Böhmische im Vordergrund stand. Denn nach anfänglichem freundlichem Verhalten des Adels in den österreichischen Ländern hatten verschiedene tief greifende, soziale Maßnahmen, die Ottokar in den babenbergischen Ländern größtenteils zum Wohle der Bevölkerung durchgeführt hatte, die Stimmung von einem Tag auf den anderen ins Gegenteil umschlagen lassen. Man verstand die großen Konzepte nicht, die Ottokar durchführen wollte. Nach einer Bergwerkskatastrophe im steirischen Oberzeiring hatte der Böhmenkönig nicht nur den Auftrag gegeben, die mittellosen Witwen und Waisen der Bergleute zu versorgen, sondern auch eine Art Sozialversicherung eingeführt, die die Bevölkerung vor Armut und Not bewahren sollte. Natürlich mussten dabei die Wohlhabenden etwas von ihrem Reichtum zugunsten der Mittellosen abgeben, was den Zorn der

Adelsschicht hervorrief. Es konnte nicht ausbleiben, dass die Mundpropaganda, die durchs ganze Land ging, nichts unterließ, was den Böhmenkönig schlecht machen konnte. Und schon bald war man der einhelligen Meinung: Was hatte ein Fremder, ein Böhme, in den babenbergischen Ländern eigentlich verloren?

Warum sich die anderen sechs Kurfürsten dem Vorschlag des Erzbischofs von Mainz und des Burggrafen von Nürnberg anschlossen und sich für die Wahl des Grafen Rudolf von Habsburg entschieden, der in den Augen des reichen Böhmenkönigs mit dem Nimbus eines Bettelgrafen versehen war, hatte vielfältige Gründe und Hintergründe. Kaum war die Wahl bekannt gegeben worden, ließ Přemysl Ottokar nichts unversucht, um den neu ernannten König in jeder nur möglichen Hinsicht zu schmähen.

Aber die Wahl war entschieden und am 29. September 1273 hatte man endlich einen neuen König: Rudolf von Habsburg.

Auch Papst Gregor X. war mit der Wahl des Aargauer Grafen einverstanden, nicht nur weil diesem der Ruf der Gottesfürchtigkeit, der Redlichkeit und der Welterfahrenheit vorauseilte. Entscheidend war für den Papst die Tatsache, dass Rudolf über keine allzu große Macht verfügte und deswegen immer wieder auf die Hilfe und das Wohlwollen anderer angewiesen sein würde. Dies würde dem Heiligen Vater eine Fülle von Möglichkeiten bieten, sich in die politischen Angelegenheiten des Reiches einmischen zu können.

Dass Rudolf von Habsburg, nachdem er die Wahl angenommen hatte, in dem jungen Böhmenkönig von vornherein ein unversöhnlicher Feind entstanden war, darüber war er sich von Anfang an im Klaren. Denn Ottokar war alles andere als gewillt, den Anordnungen und Aufforderungen des neuen deutschen Königs nachzukommen. Er ignorierte die Einladung zum Nürnberger Gerichtstag, wo er aus der Hand König Rudolfs seine Lehen in Empfang nehmen sollte. Als alle Großen des Reiches ihre Plätze eingenommen hatten, blieb der Stuhl König Ottokars leer. Rudolf überlegte nicht lange und tat, was er tun musste: Er verhängte über den Böhmenkönig die Reichsacht und ein Jahr später die Aberacht, allerdings ohne Ottokar besonders zu beeindrucken. Jeder andere wäre vor der Strafe der Reichsacht zurückgeschreckt, denn dies bedeutete nichts anderes, als dass der Betroffene für vogelfrei erklärt wurde. Aber keiner wagte es, irgendwelche Schritte gegen Ottokar zu unternehmen, denn er hätte sich die fatalen Folgen eines solchen Tuns genau ausrechnen können. Denn die harten Maßnahmen, mit denen Ottokar seine Feinde bekämpfte, steigerten sich von Jahr zu Jahr. Er duldete in seinen Ländern, und als solche bezeichnete er auch die österreichischen und steirischen, keinen wie immer gearteten Widerstand. Was konnte ihm der »kleine Graf« mit seiner lächerlichen Hausmacht, der plötzlich König geworden war, denn schon wirklich anhaben? Nie und nimmer würde Rudolf gegen ihn, den Herrn im Osten, wirkliche Chancen haben, dessen war er sich absolut sicher. Sollte es wider Erwarten doch zu einem bewaffneten Konflikt kommen, so würde er Rudolf schon zeigen, wie die wahren Machtverhältnisse verteilt waren.

Natürlich war auch Rudolf von Habsburg Realist genug um zu wissen, dass er allein gegen den mächtigen Böhmen nichts ausrichten konnte. Er war auf die Unterstützung der Großen im Reich angewiesen. Nur mit ihrer Hilfe würde er Schritte gegen den aufmüpfigen Böhmen unternehmen können. In langen Unterredungen unterbreitete er jedem Einzelnen seinen ausgeklügelten Plan, wie er Ottokar zur Vernunft bringen wollte. Dabei trat ein, was Rudolf gar nicht zu hoffen wagte: Immer mehr Angehörige des Adels und der hohen Geistlichkeit stellten sich auf seine Seite und bestärkten ihn in seinem Unterfangen. Außerdem schloss Rudolf ein Bündnis mit den Ungarn, die dem Böhmen schon lange nicht sehr freundschaftlich gesonnen waren. Die Lage für Ottokar wurde allmählich prekär, da er erkennen musste, dass er langsam, aber sicher eingekreist wurde.

Přemysl Ottokar war kein Fantast, der die Wirklichkeit nicht erkennen konnte oder wollte. Er merkte, dass sich die Karten in seiner Hand gegenüber dem deutschen König von Tag zu Tag verschlechterten, deswegen beschloss er, vorübergehend das Spiel aufzugeben. Er signalisierte, dass er gewillt sei, seine Länder Böhmen und Mähren als Lehen aus der Hand des deutschen Königs anzunehmen und auf die österreichischen Länder zu verzichten.

So recht glaubte keiner im Reich an die Unterwürfigkeit des Böhmenkönigs. Allgemein vermutete man eine Finte Ottokars, wodurch Rudolf in Sicherheit gewiegt werden sollte. Denn einen echten Gesinnungswandel traute man dem hinterlistigen Böhmen nicht zu. Und die Zweifler sollten sich nicht irren. Denn während Ottokar sich aller Welt gegenüber friedlich zeigte, rüstete er mit großer Umsicht und Konsequenz sein Heer auf. Eine bewaffnete Auseinandersetzung zwischen den beiden ungleichen Männern schien unausweichlich zu sein.

Offizieller Grund für den Ausbruch der Feindseligkeiten zwischen den beiden Königen war das Verhalten Ottokars seiner Gemahlin Margarete gegenüber, das der sittenstrenge Habsburger in keiner Weise akzeptierte. Die geschmähte Königin hatte sich an ihn gewandt und als deutscher König fühlte er sich verpflichtet, Beschützer der Witwen und Waisen, der Armen und Schwachen zu sein. Er konnte daher nicht die Augen verschließen, wie König Ottokar Margarete behandelte. Dazu kam, dass der Böhmenkönig nach wie vor in den österreichischen und steirischen Gebieten herrschte, auf die er nach der Trennung von Margarete keinen Anspruch mehr hatte.

Es war alles andere als ein beeindruckendes Heer, eher ein bunt zusammengewürfelter Haufen, mit dem Rudolf von Habsburg die Donau hinunterzog, aber je weiter er nach Osten kam, desto mehr Männer schlossen sich ihm an, denn viele setzten Hoffnungen in den neuen König. Endlich war einer gekommen, der einen vertrauenerweckenden Eindruck machte und der es vielleicht schaffen würde, die verloren gegangene Ordnung im Reich wiederherzustellen. Übermächtig schien das Heer Ottokars, rekrutiert aus allen möglichen Volksstämmen, doch die wenigsten zogen freiwillig in den Krieg. Man hatte die Taglöhner und Bauern beinahe mit Gewalt hinter ihrem Pflug hervorgeholt und sie zu den Waffen gezwungen. Daher war die Kampfesmoral innerhalb der einzelnen Truppenteile alles andere als hoch.

Am 26. August 1278 kam es in Niederösterreich zwischen den beiden Orten Dürnkrut und Jedenspeigen zur Schlacht der großen Kontrahenten. Und was niemand erwartet hatte, war, dass

der Böhmenkönig nicht nur die Schlacht und damit die babenbergischen Länder verlor, sondern auch sein Leben.

Nachdem endlich das stundenlange verbissene Gemetzel in
der glühenden Augustsonne aufgehört hatte und der Kampf ent-
schieden war, gab Rudolf von Habsburg den Befehl, das
Schlachtfeld abzusuchen, um den Überlebenden Hilfe zukom-
men zu lassen. Dabei machte man eine schaurige Entdeckung:
Inmitten seiner verblutenden Soldaten lag der erschlagene
Böhmenkönig. Dabei sind sich die Chronisten bis heute noch
nicht einig, ob er tatsächlich in der Schlacht gefallen oder aus
Privatrache ermordet worden war. Rudolf hatte vor Beginn des
Kampfes an seine Leute die Weisung ausgegeben, das Leben des
Böhmenkönigs zu schonen. Aber was niemand voraussagen
konnte, geschah wahrscheinlich hinter dem Rücken Rudolfs: Als
Přemysl Ottokar die Aussichtslosigkeit seiner Lage erkannt
hatte, gab er den Befehl zum Rückzug. Auch er selbst versuchte
zu entkommen, wurde aber höchstwahrscheinlich von einem
Verwandten Seyfrieds von Merenberg gestellt und mit dem
Schwert erschlagen.

Es waren rein private Motive, die zu dieser Tat geführt hatten,
denn der Merenberger war vor nicht allzu langer Zeit von
Ottokar bezichtigt worden, Umsturzpläne ausgearbeitet zu
haben. Aus diesem Grunde hatte man ihn ins tiefste Verlies
geworfen und in aller Heimlichkeit auf Anordnung des
Böhmenkönigs ohne Prozess getötet. Dabei hatte sich Ottokar
nicht nur eines vermeintlichen Revolutionärs entledigt, sondern
auch den sehr unangenehmen Nebenbuhler aus dem Weg räumen lassen. Der attraktive Mann hatte es gewagt, der Geliebten
Ottokars, Kunigunde, schöne Augen zu machen, etwas, was den
Böhmenkönig aufs äußerste erregte.

Für Rudolf von Habsburg war die Auseinandersetzung mit
Přemysl Ottokar zunächst nur ein Kampf um das Recht gewesen. Unmittelbar nach der Schlacht auf dem Marchfeld nördlich
von Wien empfing Rudolf Margarete, um deren Ehre er
gekämpft hatte. Aus ihren Händen empfing er das babenbergi-
sche Erbe, die Länder an der Donau und in der Steiermark.
Plötzlich hatte sich sein Besitz um riesige Gebiete erweitert, die

allerdings von seinen Stammlanden weit entfernt lagen, aber in ihrer Bedeutung seinen eigenen Ländern gleichkamen.

Das habsburgische Heer nahm die Verfolgung der Gegner bis weit nach Böhmen hinein auf. Schon bald aber musste man erkennen, dass beide Seiten kriegsmüde geworden waren und sich das Blutvergießen nicht mehr auszahlte. Die leidgeprüfte Bevölkerung hörte voller Freude endlich die Friedensglocken läuten. Man feierte nicht nur das Ende der Kämpfe, es zeichnete sich auch noch ein neuer Lichtstreifen am Horizont ab: Zur endgültigen Aussöhnung zwischen dem Habsburger und den Böhmen schloss man einen Heiratsvertrag, wobei der zweitgeborene Sohn Rudolfs, der den gleichen Namen wie der Vater trug, die Tochter von Přemysl Ottokar, Agnes, ehelichen sollte und die Tochter Rudolfs, Guta, den böhmischen Thronerben Wenzel.

Der Friede zwischen den Familien schien gesichert, und da sich die bedeutendsten Reichsfürsten nicht in die Kämpfe zwischen dem Habsburger und dem Böhmen eingemischt hatten, konnte Rudolf jetzt ohne große Probleme mit den österreichischen und steirischen Ländern schalten und walten, wie er wollte. Dazu kam, dass es ihm im Westen gelungen war, verschiedene Landstriche durch Kauf zu erwerben, um so seine Hausmacht auch hier zu erweitern.

Weihnachten 1282 war für König Rudolf von Habsburg ein ganz besonderes Fest. In einer feierlichen Zeremonie belehnte er seine beiden älteren Söhne Albrecht und Rudolf »zur gesamten Hand« mit Österreich, Steiermark und Krain. Er hatte die Vorstellung, dass die beiden Brüder diese Gebiete gemeinsam verwalten und beherrschen sollten. Schon bald zeigte sich aber, dass es ein Ding der Unmöglichkeit war, die Länder gemeinsam zu regieren. Zu unterschiedlich waren die Auffassungen und Vorstellungen von Albrecht und Rudolf. Daher entschloss sich der Vater, König Rudolf, nach langen Beratungen und Überlegungen, sich an die sieben Kurfürsten zu wenden, um ihr Einverständnis zur Änderung der seinerzeitigen Bestimmungen zu erlangen.

Zu Rudolfs Überraschung trat das Unerwartete ein: Die Kurfürsten gaben ihren Sanctus für eine Alleinregierung Albrechts, was im Vertrag von Rheinfelden, den man am 1. Juni 1283 unterzeichnete, offiziell dokumentiert wurde. Auch die österreichischen Ministerialen entschlossen sich, dem Vertrag zuzustimmen. Allerdings bereuten sie schon nach kurzer Zeit diesen voreiligen Schritt. Damit der Frieden zwischen den Brüdern und deren Familien erhalten blieb, sollte Rudolf für seine verloren gegangenen Rechte eine große Summe als Abfindung und Entschädigung erhalten, eine Bestimmung, die allerdings zunächst nur auf dem Papier bestand und die man nicht sonderlich genau nahm. König Rudolf konnte damals noch nicht ahnen, dass gerade dieser Passus in den Verträgen zwischen den Brüdern zu einer Katastrophe innerhalb der Familie führen sollte.

Albrecht erwies sich schon in jungen Jahren als starker Mann, der mit ungewöhnlichem Elan und Konsequenz vorging. Er war zusammen mit seinen neun Geschwistern in einer harmonischen Familie im Aargau aufgewachsen, liebevoll betreut von der Mutter Gertrud von Hohenberg. Als zweites Kind seiner Eltern 1255 geboren, war ihm mehr als die übliche standesgemäße Erziehung zuteil geworden. Denn genauso wie seine Brüder und Schwestern lernte er nicht nur lesen und schreiben, er wurde auch in der lateinischen Sprache instruiert, wodurch ihm die Welt der Antike eröffnet wurde. Wenig Wert wurde allerdings auf das Erlernen der französischen Sprache gelegt, was für Albrecht später von Vorteil gewesen wäre. Wie alle adeligen Knaben zu dieser Zeit wurde auch Albrecht in die große Palette der ritterlichen Tugenden eingeweiht, sodass er schon sehr bald überall, wohin er kam, durch seine ungewöhnlich sorgfältige Erziehung auffiel. Von der Mutter hatte er einen gewissen Hang zum Übersinnlichen geerbt. Gertrud befragte immer wieder Leute, von denen sie annahm, dass sie mit überirdischen Wesen in Kontakt stünden, über die Zukunft ihrer Familienmitglieder. Und vieles, was ihr vorhergesagt worden war, soll auch eingetreten sein. So war ihr prophezeit worden, dass sie königliche Würden zu erwarten hätte, wenn sich ihr Gemahl vor Sünden hütete. Mit Sünden waren in der damaligen Zeit Übergriffe auf das Kirchengut gemeint. Rudolf hatte die Zeichen der Zeit verstanden und ließ tatsächlich seine Hände von geistlichen Besitztümern. Gertrud war stets eine Frau des Ausgleiches gewesen, die man wegen ihres mildtätigen Wesens besonders schätzte. So soll sie auch nach Aussagen von Zeitgenossen das Purpurtuch gestiftet haben, mit dem man den nackten, von Wunden entstellten Körper König Přemysl Ottokars bedeckt hatte.

Die Gemahlin König Rudolfs liebte ihre Heimat über alles, entschloss sich aber doch ohne langes Zögern, mit ihrer Familie nach Osten zu ziehen, um hier ihrem königlichen Gemahl näher sein zu können. Ab 1277 lebte sie in Wien, in einer für sie völlig fremden Umgebung. In ihrem Edelmut bedachte sie aber nicht, dass sich sowohl Rudolf als auch ihre Söhne und Töchter nur für kurze Zeit in Wien aufhielten, sodass sie die meiste Zeit allein in der düsteren Burg saß. Ihre einzige Freude war ihre Tochter Clementia, mit der sie sich ausgezeichnet verstand. Als dieses Mädchen, das ihrem Herzen so nahe stand, heiratete, verfiel Gertrud immer mehr in Schwermut. Im Jahre 1281 starb sie vor lauter Gram um den Verlust der Tochter, wollte man den zeitgenössischen Gerüchten Glauben schenken.

Rudolf, der seine Gemahlin ein Leben lang geliebt hatte, tröstete sich für einen alternden Mann überraschend schnell. 1284 ging er mit 66 Jahren zur Überraschung aller eine zweite Ehe ein, durch die er letztlich zum Gespött im Reich wurde. Er führte die erst 14jährige Agnes (Isabella) von Burgund zum Traualtar, wobei er nicht frei von politischen Hintergedanken war: Er vermeinte durch diese Eheschließung Burgund und damit Frankreich näher an das Reich binden zu können. Seine Hoffnungen erwiesen sich als trügerisch, denn plötzlich machten sich im Westen antihabsburgische Tendenzen bemerkbar, die vor allem von der Stadt Bern geschürt wurden. Die Schweizer traten zum ersten Mal vehement gegen die Habsburger auf und sollten ihre Ressentiments diesem Herrschergeschlecht gegenüber in den nächsten Jahrzehnten nicht mehr abbauen.

Die junge Königin wurde schon bald zu einer Krankenschwester degradiert, die jedoch kaum von der Seite ihres Gemahls wich. Als König Rudolf sein Ende nahen fühlte, beschloss er nach Speyer zu ziehen, in die Stadt, in der die großen Kaiser des Heiligen Römischen Reiches ihre letzte Ruhestätte gefunden hatten. Am 15. Juli 1291 starb der erste habsburgische

König und hinterließ seinem ältesten Sohn eine schwere Erb-schaft.

Noch zu seinen Lebzeiten war der Vater stets bemüht gewe-sen, Albrecht alle Wege zu ebnen. Als der Sohn noch in den Kinderschuhen steckte, machten sich die Eltern darüber Gedanken, wen er als seine Braut zum Altar führen sollte. Dabei war nicht nur die Herkunft des Mädchens von Bedeutung, Rudolf erkannte so wie seine Nachfahren in späterer Zeit, dass eine ansehnliche Mitgift für das zukünftige Glück seines Sohnes mindestens genauso interessant war wie das Aussehen der Braut. Albrecht zählte noch keine zehn Jahre, als ein erster Heirats-vertrag mit Graf Theobald von Bar geschlossen wurde. Die Tochter des Grafen Jolante sollte die Gemahlin Albrechts wer-den. Dabei setzte man den Tag als Hochzeitsdatum fest, an dem beide das zehnte Lebensjahr überschritten hatten.

Diese Kinderhochzeit kam allerdings nicht zustande. Warum dieser Heiratsplan platzte und Albrecht nicht Jolante, sondern die Tochter Meinhards von Tirol, Elisabeth, ehelichte, ist nicht genau bekannt. Der neue Schwiegervater war ein reicher und mächtiger Mann, dessen Einfluss überall zu spüren war. Würde Albrecht doch einst durch die verwandtschaftlichen Beziehun-gen enge Verbindung zu den wichtigen Ländern Tirol, Görz und Kärnten bekommen. Es gab für König Rudolf wahrscheinlich noch andere Hintergründe, seinen ältesten Sohn mit Elisabeth von Görz-Tirol zu verheiraten. Denn die Braut konnte mütter-licherseits auf eine hohe Verwandtschaft blicken, ihre Mutter Elisabeth war immerhin eine Halbschwester des letzten Hohenstaufen, des unglücklichen Konradin.

1274 wurde die Ehe geschlossen, die mit einer riesigen Kin-derschar gesegnet war. Elisabeth brachte 21 Söhne und Töchter zur Welt, von denen allerdings zehn im Kindesalter starben. Die übrigen elf erwiesen sich als politisches Heiratsgut, denn die Eltern trachteten danach, sie bestmöglich und Gewinn brin-gend zu verheiraten, wie dies später auch Maria Theresia im Brauch hatte.

Albrecht hätte keine bessere Wahl treffen können, denn Elisabeth unterstützte in ihrer klugen Art ihren Mann, wo sie nur konnte. Sie führte in ihrer Ehe nicht ein Schattendasein, wie es einer Frau dieser Zeit entsprochen hätte, sondern stand an der Seite ihres politisch kraftvollen Mannes im Lichte der Öffentlichkeit. Albrecht hatte schon sehr bald erkannt, welch wichtige Ratgeberin er in Elisabeth gefunden hatte, und übertrug ihr so manche, oft brisante politische Aufgabe, die sie trotz ihrer ständigen Schwangerschaften zu seiner vollsten Zufriedenheit löste. In vielerlei Hinsicht wirkte sie ausgleichend und beruhigend und versuchte immer wieder die Härten zu mildern, zu denen sich Albrecht in seiner impulsiven Art hatte hinreißen lassen.

Elisabeth musste eine starke Frau gewesen sein, physisch und psychisch, die trotz der Unbilden der Zeit sich mit voller Kraft behaupten konnte. Sie überlebte, wie kaum eine andere Gemahlin eines Herrschers, 21 Entbindungen, etwas, was bei den medizinischen und hygienischen Verhältnissen der Zeit an ein reines Wunder grenzte. Mutlosigkeit und Resignation waren für sie fremd, denn auch nach der schrecklichen Ermordung ihres Gemahls resignierte sie nicht, sondern setzte alles daran, dass seine Mörder zur Verantwortung gezogen würden.

Vieles im Leben hatte Albrecht beeinflusst, nicht nur die höfischen Sitten des Rittertums, auch das »moderne« Leben in den allmählich entstehenden Städten blieb nicht ohne Wirkung auf den jungen Habsburger, obwohl man sich von Seiten der Stadtbevölkerung noch redlich bemühte, das adelige Leben auch innerhalb der Stadtmauern zu kopieren. Nach wie vor spielten die Dichter und Sänger eine überragende Rolle, waren sie es doch, die in ihrer Welterfahrung die alten kulturellen Errungenschaften von Burg zu Burg getragen hatten. Hoch geehrt und gefördert zogen sie auch jetzt noch durch die Lande und verbreiteten in ihren Liedern die tragische Kunde vom Untergang des letzten Staufers.

Diese Geschichte musste auf den jungen Albrecht eine ganz besondere Wirkung gehabt haben. Sein Vater hatte Kaiser Friedrich II. noch persönlich gekannt und hatte den Kindern von seiner faszinierenden Persönlichkeit erzählt. Die hoch begabten Söhne dieses Kaisers und ihr bemitleidenswertes Schicksal standen ihm während seiner Kindheit deutlich vor Augen und auch die Rolle, die der Papst in der Tragödie um den letzten Staufer Konradin gespielt hatte, blieb ihm nicht verborgen. Viele Gedanken beschäftigten den jungen Mann und dann und wann überfielen ihn ernsthafte Zweifel, ob er die Aufgabe, die auf ihn zuzukommen schien, Herrscher über das Reich zu sein, würde erfüllen können. Denn am Beispiel seines Vaters hatte er die wechselhafte Haltung der Kurfürsten studieren können und dabei mit offenen Augen beobachtet, wie undurchsichtig politische Beschlüsse sein konnten, von wie vielen Faktoren sie abhingen.

Und jetzt – nach dem Tod seines Vaters – bekam er dieses Ränkespiel am eigenen Leibe zu spüren. Plötzlich dachte niemand mehr an gegebene Versprechungen, seine Wahl zum König war umstritten. Dabei hatte Albrecht in vielerlei Hinsicht bewiesen, dass er trotz seiner jungen Jahre ein durchaus tatkräftiger Mann war, wichtige Entscheidungen nicht lange vor sich herschob, jedoch auch manchmal zu spontan agierte.

Albrecht hatte schon mit 19 Jahren in den Oberen Landen, dem eigentlichen Hausgut der Habsburger, Herrschaftsrechte ausgeübt, auch während der Zeit, als sein Vater im Osten gegen den Böhmenkönig gekämpft hatte. Es war, als wollte König Rudolf den Sohn nicht der Gefahr des Kampfes aussetzen, er brauchte ihn für wichtigere Aufgaben. Während sich auf dem Marchfeld zwischen Dürnkrut und Jedenspeigen die Zukunft des Hauses entschied, begann Albrecht in den ihm anvertrauten Gebieten die Verwaltung von Grund auf umzukrempeln. Nüchtern wie er war, erkannte er die Notwendigkeiten einer Neuordnung und veranlasste die Aufnahme eines Urbars der habsburgischen Hausgüter.

Nach den Wirren der »kaiserlosen Zeit« erschien es Albrecht vorrangig, ein geregeltes Leben für alle Teile der Bevölkerung zu ermöglichen. Dass dies nicht von einem Tag auf den anderen geschehen konnte, erkannte er schon bald, obwohl er in seiner Ungeduld am liebsten alles von heute auf morgen geändert hätte. Vieles, was aus früheren Zeiten überkommen war, musste modernen Einrichtungen weichen. Bei diesem groß angelegten zukunftsweisenden Reformwerk schuf er sich natürlich nicht nur Freunde. Es waren vor allem die Reichsfürsten, die mit Argusaugen die Aktivitäten Albrechts verfolgten. Da ihn der Vater im Jahr 1279 nach Österreich hatte kommen lassen, verlagerte sich sein Interesse und seine Tatkraft in dieses Gebiet. 1280 zog er offiziell als Sohn des deutschen Königs in Wien ein, das auf König Rudolfs Veranlassung hin wieder die für jede Stadt so bedeutungsvolle Reichsunmittelbarkeit erlangt hatte – ein Privileg, das verloren gegangen war und große Vorteile mit sich brachte. Reichsunmittelbare Städte unterstanden nur dem König oder Kaiser, von allen anderen Landesherren waren sie unabhängig.

Albrecht war ein moderner junger Mann, der im Westen die Möglichkeiten wahrgenommen hatte, von Stadt zu Stadt zu ziehen und sich mit den Einrichtungen innerhalb der Stadtmauern vertraut zu machen. Es war etwas durchaus Neues, was in allen Teilen des Landes im Entstehen begriffen war. Denn immer mehr hatte sich in den letzten Jahrzehnten abgezeichnet, dass sich die Menschen in einer größeren Gemeinschaft sicherer fühlten, vielleicht hatten sie auch zunehmend Schutz in den wirren Jahren des ausgehenden 13. Jahrhunderts gesucht. Daher waren überall im Land größere Ansiedelungen entstanden, die man mit Mauern und Gräben umgab, ähnlich den beinahe uneinnehmbaren Burgen, mit einem zentralen Brunnen mitten im Ort. Es waren noch keine großen Städte, aber sie hatten ihre eigenen Rechte und Privilegien. So erreichte so mancher, dem es gelungen war, seinem Lehensherrn zu entkommen, nach einem Aufenthalt von einem Jahr und einem Tag in der Stadt die Freiheit, denn »Stadtluft macht(e) frei«.

Freilich unterschieden sich die Städte damals noch kaum von größeren Dörfern, denn nach wie vor bauten die Menschen ihr Gemüse vor dem Haus an und hielten sich in den Ställen, die neben den Häusern erbaut waren, ihre Tiere. Hygiene gab es so gut wie keine, da man alles, was man nicht mehr brauchen konnte, einfach aus den Fenstern warf, hinunter in die schmalen Gassen, wo sich mit der Zeit der Unrat in Bergen auftürmte und man daher vor bestialischem Gestank kaum atmen konnte. Nur wenn hoher Besuch angesagt war, ging man daran, die Gassen zu säubern oder Stege zu bauen, damit die Gäste nicht im stinkenden Morast versanken. Um halbwegs trockenen und saubereren

Fußes von einem Teil der Stadt in den anderen zu gelangen, legten die Bewohner der Häuser auch große Strohballen vor die Türe. Das Bild der einzelnen Städte war nicht sehr unterschiedlich, in Wien sah es nicht viel anders aus als in den Städten am Oberrhein oder in Schwaben.

Es war vielleicht einzig und allein die Lage der Stadt an der Donau, die Wien zu einem bevorzugten interessanten Ort im Osten von Österreich werden ließ. Schon sehr bald hatte man dieser Stadt besondere Vorrechte eingeräumt, die Albrecht zunächst auch zur Gänze anerkannte, aber es dauerte nicht allzu lang, da waren ihm die einzelnen Verordnungen, auf die sich die Bürger bei den verschiedenen Gelegenheiten stützten, ein Dorn im Auge, da sie seinen Plänen hinderlich waren. Ohne lange zu zögern widerrief Albrecht daher alle möglichen Vergünstigungen, auch das Privileg der Reichsunmittelbarkeit. Die Empörung der Wiener war grenzenlos. Man hielt es kaum für möglich, dass der Sohn König Rudolfs, dem man mit herzlicher Zuneigung entgegengekommen war, mit derartiger Härte vorging. Aber schon in Albrechts Augen glaubte man die kalte Energie erkennen zu können, mit der er alles durchzusetzen trachtete, was er sich vorgenommen hatte. Die Wiener hatten allerdings kaum Zeit, über den Charakter des neuen Herzogs nachzudenken, denn schon holte er zum nächsten Schlag aus: Stadtrat und Bürgerschaft wurden mit aller Nachdrücklichkeit aufgefordert, den Treueid zu erneuern und mussten schwören, jeder geheimen oder öffentlichen Vereinigung zu entsagen. Dazu kam noch, dass von ihnen verlangt wurde, von sich aus offiziell auf die Reichsunmittelbarkeit zu verzichten.

Am härtesten trafen diese Verordnungen die Angehörigen der oberen Schichten, die sich um ihre Rechte betrogen sahen, während die Handel- und Gewerbetreibenden in dem neuen Herrn eher einen Garanten für ihre Sicherheit sahen. Dies führte zu einer Spaltung der Wiener Bevölkerung, in der die »Gewandschneider unter der Lauben« eine besondere Rolle spielten.

Die Revolte gegen die neuen einengenden Gesetze, die in Wien 1288 von einem unversöhnlichen Mann namens Paltram angezettelt worden war, konnte von Albrecht ohne große

Schwierigkeiten niedergeschlagen werden. Der Kleinkrieg innerhalb der Wiener Bevölkerung hatte ihm die Sache wesentlich erleichtert.

König Rudolf hielt sich in dieser Situation, in die er eigentlich als oberste Instanz hätte eingreifen müssen, relativ bedeckt. Er ließ seinen Sohn schalten und walten, wahrscheinlich vertrat er die Ansicht, dass Albrecht mit Wien und den Wienern selber fertig werden musste …

Und Albrecht löste diese schwere Aufgabe: Was so mancher Pessimist unter der Wiener Bevölkerung nie für möglich gehalten hätte, trat ein: Albrecht verlieh Wien überraschenderweise im Jahre 1297 ein neues, umfangreiches Privilegium, das bis 1526 Geltung haben sollte und das die Grundlage für ein geregeltes Leben in der Stadt für die Zukunft bildete.

Der Herzog war ein glänzender Organisator. Er hatte schon bald erkannt, dass es ihm unmöglich sein würde, alle Probleme, die auf ihn zukamen und mit denen er sich zwangsläufig beschäftigen musste, selbst lösen zu können. Einerseits war er zu wenig Experte, andererseits fehlte ihm die Zeit, um sich manchmal auch mit Kleinigkeiten zu befassen. Daher richtete er eine bestens funktionierende Kanzlei ein, die aus zwei Oberbeamten, dem Pronotar, einem Notar und einigen Schreibkräften bestand.

Diese Kanzlei, die die grundrechtlichen Fragen zu bearbeiten hatte, wurde in den einzelnen Landesteilen allerdings beinah mit scheelen Augen betrachtet. So mancher konservative Landesherr sah – wie sich herausstellen sollte, mit Recht – seine Machtkompetenz bedroht. Denn schon sehr bald war klar zu erkennen, dass Albrecht keine »fremden Götter« neben sich dulden wollte. Er war an einer starken Zentralgewalt interessiert und da war ihm jeder im Wege, von dem er annehmen musste, dass er andere, egoistische Ziele verfolgte. Auch die Männer, mit denen er sich umgab, zum Teil ausgesprochene Glücksritter, die in ihre eigene Tasche arbeiteten, trugen nicht dazu bei, den Herzog in den verschiedenen Ländern, die ihm unterstellt waren, beliebt zu machen. Diese Vertrauten des Herzogs maßten sich Rechte an, die ihnen nicht zustanden, die sie aber auf Grund der Unterstützung, die ihnen Albrecht angedeihen ließ, mit aller Härte einfordern konnten, wie der gewalttätige Abt Heinrich von Admont, der schon unter König Rudolf Karriere gemacht hatte und jetzt bis zum Landeshauptmann der Steiermark aufgestiegen war. Heinrich schreckte vor keiner Brutalität zurück und so konnte es nicht ausbleiben, dass so mancher, der durch den Abt geschädigt worden war, blutige Rache schwor. Heinrich gehörte dem geheimen Rat der »Heimlichen« an, einer kleinen Gruppe von Männern, die Albrechts ganzes Vertrauen besaß und die er auch, wo er nur konnte, mit seinem besonderen Schutz bedachte.

König Rudolf hatte große Pläne für seinen ältesten Sohn gehabt. Albrecht sollte nicht nur Nachfolger des Vaters als König im Reich werden, er sollte seinen Herrschaftsbereich auch noch nach Osten ausdehnen. Der junge Mann hatte sich schon in den grenznahen Gebieten zu Ungarn einen umstrittenen Namen gemacht, da er die Aufstände, die in der Gegend um den Neusiedler See und an der Leitha aufgeflammt waren, mit starker Hand niederschlug. Einige Burgen und Städte unterwarfen sich ihm, als sie erkennen mussten, dass sie keine andere Chance hatten.

Als der König von Ungarn Ladislaus IV. starb, übertrug Rudolf seinem Sohn 1290 in schriftlicher Form Ungarn als erledigtes Reichslehen, was sich allerdings als kurzlebige Episode erweisen sollte. Denn kaum hatte König Rudolf 1291 die Augen für immer geschlossen, als in allen Landesteilen der Aufstand gegen Herzog Albrecht ausbrach, in den Oberen Landen genauso wie in der Steiermark und Niederösterreich. Die Revolte hatte sich wie ein Lauffeuer herumgesprochen, denn der Erzbischof von Salzburg hatte ebenso wie der Herzog von Bayern nichts Besseres zu tun gehabt als die Mundpropaganda gegen Albrecht zu schüren. Zudem unterstützten die Salzburger und Bayern die Steirer auch tatkräftig und es schien zunächst, als würde sich ein Flächenbrand im Osten ausbreiten.

Manch anderer hätte in dieser prekären Situation vielleicht klein beigegeben, nicht so Albrecht. Es war für ihn keine Frage, mitten im Winter 1292 gegen die rebellierenden Steirer vorzugehen, ein Unterfangen, von dem ihm alle abgeraten hatten, denn der tief verschneite Semmering galt beinah als unüberwindliches Hindernis. Aber er und seine Leute trotzten allen Gefahren bei tiefem Schnee und eisiger Kälte und es gelang ihm, die unbotmäßigen Steirer zu besiegen und in seine Abhängigkeit zu zwingen.

Dies wirbelte auch im Reich viel Staub auf. Der Charakter des jungen Herzogs wurde landauf, landab in den düstersten Farben geschildert und diese Kunde blieb auch den Kurfürsten, die sich nach dem Tode König Rudolfs zu einer neuen Wahl entschlie-ßen mussten, nicht verborgen. Ein starker Mann schien im Kommen und das war etwas, was eigentlich niemand wollte. Womöglich würde sich wieder das Erbkönigtum durchsetzen und damit die Position der Kurfürsten ad absurdum führen.

Es dauerte nicht lange, bis Albrecht von allen Seiten umzingelt war. Die Gegner des Habsburgers schlossen ein gefährliches Bündnis gegen ihn, dem nicht nur die deutschen Kurfürsten, die Könige von Ungarn und Böhmen, der Erzbischof von Salzburg, der Herzog von Niederbayern, der Graf von Savoyen, die Kirchenfürsten von Aquileia und Konstanz, die lombardischen Städte und die Eidgenossen, sondern auch Papst Nikolaus IV. angehörten. Die Situation für Albrecht schien beinahe aussichts-los, als der frisch gekürte ungarische König Andreas III. ein gewaltiges Heer gegen ihn aufstellte und in die angrenzenden Gebiete raubend und plündernd mit seinen Heerscharen einzog. Auch der Erzbischof von Salzburg hatte zu den Waffen gegriffen und versucht, einzelne Orte im Ennstal an sich zu reißen. Lediglich der König von Böhmen war von einem kriegerischen Vorgehen Albrecht gegenüber abzubringen gewesen, da seine Frau Guta, eine Schwester des Habsburgers, ihn dazu überredet hatte.

Albrecht konnte sich in dieser äußerst unangenehmen Lage nur auf einen einzigen wahren Freund verlassen, auf seinen Schwie-gervater Meinhard II. von Tirol, der ihn, wo er nur konnte, unter-stützte. Er hatte sich einen starken Verbündeten gewählt, denn Meinhard galt als Landesherr, der in der Auswahl seiner Mittel nicht gerade zimperlich war und deshalb, auch aus vielen anderen Gründen, des Öfteren mit dem Kirchenbann belegt worden war. Mit seiner Hilfe, die vor brutalen Aktionen nicht zurückschreck-te, gelang es, der großen Gefahr Herr zu werden, wobei Albrecht klar erkannte, dass der Erzbischof von Salzburg nur durch Zugeständnisse zum Frieden bereit sein würde.

Obwohl er sich in den österreichischen Gebieten behauptet hatte, war es ihm nicht möglich gewesen, die Kurfürsten in ihrer Meinung ihm gegenüber umzustimmen. Sie blieben bei ihrer ablehnenden Haltung und wählten, teilweise aus rein egoistischen Gründen wie der Erzbischof von Köln im Jahr 1292 einen Mann, der sich ihnen gegenüber sehr willfährig erwiesen hatte: Adolf von Nassau, der im wahrsten Sinne des Wortes ein armer Graf war, wodurch er natürlich für die Großen im Reich in jeder nur möglichen Hinsicht erpressbar war.

Gespannt wartete man landauf, landab auf die Reaktion des Habsburgers, denn man war allgemein der Ansicht, dass Albrecht die Wahl Adolfs keineswegs anerkennen würde. Aber man schien sich zunächst getäuscht zu haben, wenn man geglaubt hatte, dass Albrecht sofort zu den Waffen greifen würde. Er überraschte alle, indem er sich entschloss, Adolf von Nassau zu huldigen und offiziell seine Länder als Lehen aus dessen Hand zu empfangen. Denn mit sicherem Instinkt hatte er erkannt, dass die Sympathie der Kurfürsten nicht allzu lange Adolf erhalten bleiben würden. Der Nassauer hatte nur zwei Möglichkeiten: Entweder er blieb Befehlsempfänger der Kurfürsten oder er machte sich daran, wie sein Vorgänger allmählich eine Hausmacht zu erwerben. Dabei boten sich für ihn die Gebiete in Thüringen und um Meißen an. Als die Reichsfürsten seine Bestrebungen erkannten, merkten sie sehr bald, dass sie den Teufel vielleicht mit dem Beelzebub ausgetrieben hatten. Genauso wie sie Adolf von Nassau gewählt hatten, ließen sie ihn fallen. Denn sie vertraten den Standpunkt, dass sie den von ihnen gewählten König ebenso absetzen konnten, wie sie ihn seinerzeit gekürt hatten. Es war das erste Mal, dass ein gewählter römischer König von den einstigen Wahlmännern abgesetzt worden war, ohne dass er mit dem Papst in Konflikt geraten und daher gebannt worden war.

Man trat erneut zur Wahl zusammen und jetzt geschah das, was sich Albrecht schon von allem Anfang an erhofft hatte: Sechs der sieben Fürsten wählten ihn als Gegenkönig, denn in ihm sah man plötzlich den starken Mann, der das Zeug zum König haben würde.

Dass Adolf von Nassau nicht von heute auf morgen die Flinte ins Korn werfen würde, war den Kurfürsten sehr bald bewusst geworden. Zunächst hatte man zwar geglaubt, dass er sich von einem König Albrecht abschrecken lassen würde, dessen Erfolge im Osten immer mehr Tagesgespräch geworden waren. Aber Adolf dachte nicht daran, klein beizugeben. Und so kam es, wie es kommen musste: Die Reiterheere der beiden Kontrahenten standen sich eines Tages bei Göllheim in Rheinhessen gegenüber. Es war für Adolf ein Kampf auf Leben und Tod, in dem Albrecht als Sieger hervorging. Obwohl Adolf von Nassau heldenhaft um seine Königsehre kämpfte, konnte er nur noch tot vom Schlachtfeld getragen werden.

Nun galt es für Albrecht, alle Kurstimmen für sich zu gewinnen, um eine sichere solide Rechtsgrundlage für sein Königtum zu haben. Daher legte er seine Königswürde vorübergehend zurück, damit noch einmal eine offizielle Wahl abgehalten werden konnte. Endlich wurde er einstimmig zum deutschen König gewählt und feierlich am 24. August 1298, so wie es die Tradition vorschrieb, in Aachen gekrönt.

Viele neue Probleme stellten sich Albrecht I. in den Weg, unter anderem war seine Position der Kirche gegenüber schon lange sehr umstritten. Es war ihm ein Dorn im Auge gewesen, dass der Papst und die Kirche in der Vergangenheit zu einem derartigen Machtfaktor geworden waren, der über Sein oder Nichtsein der deutschen Kaiser entschied. Daher hatte er schon sehr früh begonnen, die angestammten Rechte der Geistlichkeit in seinen Ländern drastisch einzuengen, was sich natürlich auch bis nach Rom herumgesprochen hatte. Und hier saß zu dieser Zeit Papst Bonifaz VIII., ein unkonzilianter Machtpolitiker auf dem Stuhle Petri, der alles daran setzte, in der Politik des Reiches die erste Geige zu spielen. In Albrecht war ihm ein starker Kontrahent erwachsen, den es im Zaum zu halten galt.

Bonifaz war ein durch und durch gefährlicher Mann, der die Mittel und die Macht dazu hatte, auch einen König Albrecht zu stürzen. Öffentlich bezeichnete der Papst den deutschen König als Rebellen und Thronräuber, als Majestätsverbrecher und Kirchenverfolger und forderte ihn binnen sechs Monaten auf, Rechenschaft über seine Taten abzulegen. Sollte Albrecht diese Frist vorübergehen lassen, so würde Bonifaz nicht zögern, ihn mit dem Kirchenbann zu belegen, was für den König bedeutete, dass keiner seiner Untertanen mehr verpflichtet war, sich an seine Anordnungen zu halten.

Was der Papst in seiner Geiferei nicht bedachte, war, dass Albrecht durchaus in der Lage war, einerseits die Situation realistisch zu erkennen, in die er sich eventuell durch eine offizielle Konfrontation mit Bonifaz begeben würde, andererseits, dass der Habsburger über so viel diplomatisches Geschick verfügte, um sich dem Papst gegenüber demütig und untertänig zu zeigen. Bonifaz hatte daher seine Rechnung ohne Albrecht gemacht. Denn der veränderte seine Taktik von heute auf morgen und ging zum Erstaunen aller auf alles ein, was von ihm von Seiten der Kirche gefordert wurde, denn sein angestrebtes Ziel war es, durch den Papst in Rom zum Kaiser gekrönt zu werden. Er schickte Bonifaz zu seiner allgemeinen Rechtfertigung eine wohl berechnete Darstellung seiner Taten seit dem Tode seines Vaters und wandte sich gegen »unwahre, teuflische Gerüchte«, die überall über ihn kursierten. Um den Papst versöhnlich zu stimmen, löste er auch das Bündnis mit seinem Schwager, dem französischen König Philipp dem Schönen, da dieser mit dem Heiligen Stuhl in einem dauernden Kriegszustand lag.

Eigentlich hätten die Kurfürsten diese politische Loslösung von Frankreich mit Freude entgegennehmen müssen, denn es war das Gerücht gestreut worden, dass Albrecht die linksrheinischen Gebiete an Frankreich abtreten wollte. Als dieser fiktive Plan im Reich die Runde machte, hatten die Kurfürsten sofort laut ihr Veto vernehmen lassen und Albrecht vorgeworfen, familiäre Interessen über jene des Reiches zu stellen. Sicherlich waren diese Anschuldigungen nicht ganz aus der Luft gegriffen. Rudolf, der Sohn Albrechts, hatte nämlich Blanche von Valois geheiratet, eine Halbschwester des französischen Königs. Für Albrecht schien dieses Bündnis mit Frankreich in vielerlei Hinsicht interessant gewesen zu sein, da sich die Schweizer schon einige Zeit lang alles andere als freundlich verhielten. Eine Absicherung im Westen bedeutete für Albrecht eine gewisse Garantie für Stabilität in den nächsten Jahren.

Der Missmut der Kurfürsten dem neuen deutschen König gegenüber wuchs von Monat zu Monat. Denn es war unschwer zu erkennen, welche Hausmachtpolitik Albrecht unter dem Vorwand, das Beste für das Reich zu wollen, betrieb. Um in dieser Situation die Gemüter einigermaßen zu beruhigen, verlagerte Albrecht seine Expansionspolitik auf den Osten.

Zunächst hatte er die Absicht, Thüringen und Meißen für sich zu gewinnen, Gebiete, auf die seinerzeit auch Adolf von Nassau Anspruch erhoben hatte. Als aber der Widerstand allzu heftig wurde, richtete er seine Interessen ganz auf Böhmen und Ungarn. Die Könige dieser Länder waren durch verwandtschaftliche Beziehungen mit ihm verknüpft und er gab sich der Hoffnung hin, dass dadurch beide Länder einmal in den Besitz der Habsburger übergehen würden. Besonders begehrenswert erschien ihm Böhmen, da zu diesem Land auch noch weite Gebiete Polens gehörten. Als König Wenzel III. von Böhmen in ganz jungen Jahren völlig überraschend 1306 von einem Unbekannten in Olmütz ermordet wurde, stand Albrecht knapp vor dem Ziel. Es gelang ihm mit Hilfe seines Sohnes Rudolf, der mittlerweile Witwer geworden war, in Böhmen einzurücken und Rudolf, der die Witwe des Böhmenkönigs Wenzels II. geheiratet hatte, als böhmischen König auf dem Thron zu etablieren. Aber der Erfolg war nur von kurzer Dauer, denn schon im Jahre 1307 raffte der Tod Rudolf hinweg. Obwohl Albrecht alles daran setzte, seinen jüngeren Sohn Friedrich »den Schönen« an Stelle des Bruders als König zu inthronisieren, konnte er diesen Plan nicht mehr verwirklichen. Denn auch innerhalb der eigenen Familie wuchs der Unmut gegen ihn von Monat zu Monat, ohne dass er davon Notiz nahm. Die Verwirklichung der großen Aufgaben, welche er sich vorgenommen hatte, nahmen sein ganzes Denken und seine komplette Kraft in Anspruch, sodass er kaum merkte, wie sich die unzufriedenen Nachkommen seines Bruders gegen ihn formierten.

Das Hauptaugenmerk des Habsburgers galt von Anfang an – und das konnten die Kurfürsten nicht übersehen – in allererster

Linie der Vermehrung seiner Macht und seiner Gebiete. Und je mehr Albrecht seine Vorstellungen durchsetzte, umso mehr fühlten sich die sieben Wahlmänner in ihrer Bedeutung eingeschränkt. Allmählich erkannten sie, dass es Zeit war zu handeln, wollten sie nicht gänzlich ins Abseits geschoben werden. Um Albrecht in die Schranken zu weisen, kam für sie nur eine Möglichkeit in Betracht, dieselbe, die sie seinerzeit schon Adolf von Nassau gegenüber angewandt hatten: Sie mussten die Absetzung König Albrechts offiziell bekannt geben.

Gründe für diesen Schritt ließen sich leicht finden, aber den Anlass zu dieser Aktion bot ihnen König Albrecht selbst: Denn völlig überraschend mischte er sich in die Erbstreitigkeiten in Holland, Seeland und Friesland ein. Der Regent dieser Gebiete war unerwartet kinderlos gestorben, und bevor noch andere ihre Hände nach diesen reichen Gebieten ausstrecken konnten, war Albrecht zur Stelle. Er sah die Stunde gekommen, seine Söhne mit diesen wirtschaftlich florierenden Gebieten zu belehnen. Die drei rheinischen Kurfürsten waren über diese Nacht-und-Nebel-Aktion, wie sie dies sahen, empört. Sie waren die Ersten, die im Jahre 1300 einen Bund gegen den König schlossen.

Aber Albrecht war alles andere als ein Mann, der sich durch derlei Maßnahmen einschüchtern ließ. Er hatte es im Laufe der Jahre gelernt, Tag und Nacht wachsam zu sein und rechtzeitig alle Hebel in Bewegung zu setzen, um unvorhergesehene Situationen zu bewältigen. Er wusste, wie er den Nerv dieser drei Kurfürsten treffen konnte. Dazu war es notwendig, die rheinischen Städte, die einen neuen Machtfaktor bildeten, auf seine Seite zu bringen. Er kündigte offiziell an, dass er die Absicht habe, die Rheinzölle aufzuheben, eine Maßnahme, die den Handel der Städte in vielerlei Hinsicht erleichtern würde. Die Städte erwiesen sich, wie es nicht anders zu erwarten gewesen war, als dankbar. In kürzester Zeit hatte er in ihnen nicht nur einen schlagkräftigen Bundesgenossen, sondern mit ihrer tatkräftigen Hilfe gelang es ihm auch, die Kurfürsten in die Schranken zu weisen.

Auch mit dem Papst zeichnete sich endlich eine Gesprächsbasis ab, nachdem Bonifaz lange gezögert hatte, den Versicherungen Albrechts Glauben zu schenken. Aber er hatte dem Heiligen Vater gegenüber durch seine Prokuratoren 1303 den Treue- und Gehorsamseid geleistet, wodurch dem Papst die Hände gebunden waren. Er konnte nicht anders, er musste Albrecht endlich als deutschen König anerkennen, wollte er nicht das Gesicht verlieren. Bonifaz machte – wenn auch sicherlich zähneknirschend – gute Miene zu diesem leicht durchschaubaren Spiel und schickte eine Einladung an Albrecht, zur Kaiserkrönung nach Rom zu ziehen.

Damit hatte Albrecht endlich, so wie es schien, alle Schwierigkeiten überwunden, endlich würde sein Traum in Erfüllung gehen. Er würde der erste Habsburger sein, der vom Papst in Rom gekrönt wurde. Aber bevor er noch den Romzug in allen Einzelheiten planen konnte, wurde Bonifaz, der auch innerhalb des Kardinalskollegiums auf Grund seines aufbrausenden, unberechenbaren Wesens umstritten war, bei einem Attentat so schwer verletzt, dass er innerhalb einer Woche starb.

Es war für Albrecht beinahe schicksalhaft, dass er oft knapp vor Erreichung seiner angestrebten Ziele durch Fügungen des Schicksals um den Erfolg betrogen wurde. Vielleicht trug auch so manches in seinem Wesen dazu bei, dass er nicht die Popularität seines Vaters erreichte. Obwohl Albrecht sich durchaus als umsichtiger König bewährte und vieles zum Wohle der Bevölkerung durchsetzte, ließen seine Gegner nicht davon ab, alle möglichen Gerüchte über ihn zu verbreiten, die ihn in Misskredit bringen sollten. Und da der einfache Mann im Volk den König nur ganz selten leibhaftig zu Gesicht bekam, glaubte er natürlich alle Schauermärchen, die über den König berichtet wurden. Denn Albrecht war in den Augen des Volkes ein »Gezeichneter«, der im Bund mit dem Bösen stand. Die Menschen der damaligen Zeit waren nicht in der Lage, körperliche Gebrechen als etwas Natürliches, Bedauernswertes anzusehen, sondern glaubten darin die Ausgeburt der Hölle zu erkennen.

Der König hatte sich im Jahre 1295 eine schwere Vergiftung zugezogen. Die näheren Umstände waren damals und sind auch heute unbekannt. Es konnte sein, dass die Köche des Königs nicht mehr ganz frische Zutaten verarbeitet hatten, oder aber hatte sich ein gedungener Mörder unter seine Leibköche gemischt und ihm in seine Speisen ein entsprechendes Mittel gemischt. Kurz nachdem Albrecht sein Mittagsmahl zu sich genommen hatte, wurde er von schweren Koliken befallen, deren Heftigkeit immer mehr zunahm, bis Albrecht schließlich das Bewusstsein verlor. Die eilig herbeigerufenen Ärzte waren sich in ihrer Diagnose uneins, als sie aber den beinahe leblos daliegenden König sahen, wandten sie purgierende und abführende Mittel an, um den besinnungslosen König wieder zu sich zu bringen. Als sie erkennen mussten, dass nichts mehr zum Erfolg führen würde, kam man auf die Idee, Albrecht an beiden Füßen verkehrt aufzuhängen, um den Körper zu zwingen das Gift von sich zu geben. Wie lange man den König so hängen ließ, ist nicht bekannt. Er kam wahrscheinlich während dieser unmenschlichen Prozedur zu sich, der übermäßige Druck aber zerstörte eines seiner Augen vollständig.

Der König, von dem die Mär gegangen war, er wäre tot, war ab dieser Zeit einäugig. Eine Tragik, die man ihm als Makel auslegte, und überall, wohin er kam, flüsterte man entsetzt: »Hütet euch vor dem Gezeichneten!«

Während König Albrecht sich mit neuen Plänen für die Festigung seiner Herrschaft im Westen beschäftigte und sich darüber Gedanken machte, wie er die Angehörigen der Eidgenossenschaft, in der sich einzelne Schweizer Orte zusammengeschlossen hatten, im Zaume halten konnte, da er erkannt hatte, dass diese Waldstättischen Schwurgenossen sich ihm gegenüber keineswegs freundschaftlich verhalten würden, traten schon die Männer zusammen, die seinen Tod bestimmt hatten. Rädelsführer war Albrechts eigener Neffe Johann, der Sohn seines früh verstorbenen Bruders Rudolf. Albrecht hatte zu diesem Neffen wahrscheinlich viel zu wenig Kontakt, als dass er erkennen konnte, wie zurückgesetzt sich dieser junge Mann fühlte. Obwohl er mit seiner Mutter aus dem Aargau nach dem Tod des Vaters nach Böhmen gezogen war, da seine Mutter eine Tochter von Přemysl Ottokar II. gewesen war, hatte er keine Chancen auf den böhmischen Königsthron, auf den er sich auf Grund seiner mütterlichen Verwandtschaft Hoffnungen gemacht hatte.

Johann kehrte ins Reich zurück und versuchte über einfluss-
reiche Männer zu erreichen, dass ihm Albrecht wenigstens die
seinem Vater in der »Rheinfeldner Hausordnung« zugesagte
Entschädigung auszahlte. Aber auch davon wollte Albrecht
nichts wissen. Möglicherweise hatte er ganz andere Pläne mit
dem Neffen, denn er hatte ihn 1307 in den habsburgischen
Stammlanden als Mitregent eingesetzt. Was er nicht ahnen
konnte, war, dass diese Position dem erst 17-jährigen Johann, der
von Ehrgeiz zerfressen Tag und Nacht darüber sinnierte, wie er
zu Macht und Geld kommen konnte, zu wenig war. Die
Aufgaben, die er hier im Aargau im Auftrag seines Oheims zu
erledigen hatte, befriedigten seinen Ehrgeiz in keiner Weise. Er
wollte mehr! Ohne vorherige Ankündigung verlangte er von
Albrecht in barscher Form die Herausgabe des Witwengutes seiner Mutter, angestachelt durch die Ratschläge des Straßburger
Bischofs Johann I., der das aufbrausende Naturell Johanns schon
bald erkannt hatte und sich so vor einem unbeherrschten unmittelbaren Nachbarn schützen wollte.

Über die menschlichen Beziehungen zwischen dem König und
seinem Neffen berichten die Chronisten der Zeit nichts.
Wahrscheinlich hatte der König keine Ressentiments gegenüber
Johann, sonst wäre er ihm nicht arglos begegnet. Denn Albrecht
war keineswegs ein vertrauensseliger Mann, dazu hatte er im
Laufe der bisherigen Jahre schon zu viel gesehen und erlebt. Aber
Johann verstand seine Abneigung dem Oheim gegenüber
geschickt zu verbergen und begegnete ihm unterwürfig, wenn
man von Zeit zu Zeit zusammenkam, um die notwendigen politischen Maßnahmen für die nächsten Monate zu besprechen.
Sicherlich gab Albrecht dem Neffen gute Ratschläge, wie er sich
in bestimmten Situationen verhalten sollte, und dieser heuchelte,
alles zur vollsten Zufriedenheit des Königs ausführen zu wollen.

Es war Ende April, als Albrecht wieder einmal beschloss, sich
in seine Stammlande zu begeben, um hier nach dem Rechten zu
sehen, aber vor allem auch, um seine Gemahlin Elisabeth zu
treffen.

Es war ein langer, beschwerlicher Ritt gewesen, den er hinter
sich hatte, als er endlich die Stadttürme von Winterthur erblick-

te. Hier wollte er sich für ein paar Tage ausruhen, in gemütlicher Runde beisammensitzen und einmal das Leben genießen. Am Abend wurde zu seiner Begrüßung ein Festmahl gegeben, zu dem außer anderen alten Freunden auch sein Neffe Johann geladen war. Der König war bester Stimmung, denn er freute sich in der Heimat zu sein und vor allem auf das bevorstehende Wiedersehen mit seiner Gemahlin. Als man genug gespeist und noch mehr getrunken hatte, kam Albrecht auf eine galante Idee: Zur allgemeinen Überraschung ließ er an die Gäste bunte Blumenkränze verteilen. Auch Johann wurde selbstverständlich ein Kranz überreicht. Kaum hatte er diesen in Händen, schleuderte er wutentbrannt das Gebinde von sich und rief zornig aus, dass er zu alt sei, um mit Blumen abgespeist zu werden. Er wolle endlich das bekommen, was ihm zustünde. Albrecht war genauso wie die übrigen Gäste von der Reaktion seines Neffen überrascht und versuchte Johann zu besänftigen. Aber der sprang auf und stürzte voller Zorn aus dem Saal.

Mit einem Schlag war die gute Stimmung tiefer Bestürzung gewichen, wobei man aber noch nicht ahnen konnte, welche Tragödie sich am nächsten Tag abspielen sollte. Und als sich die Gäste verabschiedeten, wusste keiner, dass er den König zum letzten Mal lebend gesehen hatte.

Albrecht zog am 1. Mai 1308 mit seinem Gefolge weiter. Als er aber an den Zusammenfluss von Aare und Reuß kam und sich schon zu Hause fühlte, entließ er seine Getreuen, um die letzte Strecke, die ihm von Kindheit an so vertraut war, ganz allein weiterzureiten. Plötzlich stürmten Reiter auf ihn zu, unter denen er seinen Neffen Johann erkannte. Albrecht ritt nichts Böses ahnend der Gruppe entgegen um sie zu begrüßen. Bevor er aber noch ein Wort sagen konnte, traf ihn schon der erste Hieb, den Johann ausführte und der dem König den Schädel spaltete. Um bei der Ausführung seiner Tat auf Nummer sicher zu gehen, hatte Johann noch Rudolf von Wart, Rudolf von Balm, Walter von Eschenbach und Konrad von Tegerfeld angeheuert, die ebenfalls auf den vom Pferd gestürzten König einstachen. König Albrecht hatte nicht die geringste Chance gehabt, diesem Mordanschlag lebend zu entkommen. Als Johann und seine

Mordgesellen den Rossen die Sporen gaben, lag Albrecht tot in seinem Blut.

Die Verwirrung im Reich, die durch die Freveltat Johanns entstanden war, war zunächst riesengroß. Viele empfanden unverhohlene Freude über die Ermordung des unbeliebten Königs, der die Rechte der Adeligen, wo es nur gegangen war, geschmälert hatte. Diese Leute fühlten sich von einem Unterdrücker befreit und konnten Johann nicht genug danken. Andere wiederum weinten bittere Tränen und verurteilten den Königsmord zutiefst als das größte Verbrechen, das Menschen begehen konnten.

Johann, der den Beinamen »Parricida« (Königsmörder) erhielt, hatte es vorgezogen, nicht die politischen Reaktionen abzuwarten, sondern sich durch Flucht einem Gerichtsverfahren zu entziehen. Dabei dauerte es bis September 1309, bis die offizielle Achtung des Königsmörders in Speyer durch den neuen König Heinrich von Luxemburg bekannt gegeben wurde. Zu dieser Zeit weilte Johann jedoch wahrscheinlich schon in einem Kloster in Pisa, wo er wie ein Gefangener gehalten wurde, denn auch hier wurde er als Mörder zutiefst verachtet. Jahre später soll er sich angeblich an König Heinrich von Luxemburg wegen einer Begnadigung gewandt haben.

Die Familientragödie im Hause Habsburg stürzte das Reich erneut in große politische Schwierigkeiten. Das zukunftsweisende Werk, das vor allem zu einer großen Verwaltungsreform geführt hätte, das Albrecht I. begonnen hatte, blieb unvollendet. Persönliche Gier eines ungeduldigen jungen Mannes nach Macht und Besitz hatten die Habsburger über ein Jahrhundert zur Bedeutungslosigkeit im Reich absinken lassen. Es dauerte lange, bis sie sich von diesem schweren Schlag erholten.

Zum Kaiser nicht geboren

FRIEDRICH III.

Ein bildhübsches junges Mädchen war sie, die portugiesische Königstochter Eleonore, verwöhnt, bewundert und geliebt. Ein Mädchen, von dem die europäischen Prinzen nur träumen konnten, denn es brachte außer Schönheit auch noch Geld mit in die Ehe: Eleonores Elternhaus war der Palast König Eduards des Bekenners, eines der reichsten Herrscher von Europa.

Was mag wohl in der kapriziösen Prinzessin vor sich gegangen sein, als sie bei der Nachricht, der Habsburger König Friedrich habe um sie geworben, den folgenschweren Ausspruch tat: »Den will ich und sonst keinen!« Die junge Eleonore hatte damit ihr weiteres Schicksal festgelegt, wohl aus einer augenblicklichen Laune heraus, denn hätte sie gewusst, was eine Ehe mit dem eingefleischten Junggesellen bedeutete, hätte sie wohl nie und nimmer so entschieden.

Eleonore hatte zwar als kleines Kind politische Wirren und Intrigen miterlebt, dann aber unter der Obhut ihres Bruders ein Luxusleben ohne Sorgen und Nöte führen können. Ihr frühes Leben war von düsteren Schatten umwölkt gewesen: ihre Mutter hatte sich in Portugal nie wohl gefühlt und sich auch an ihren Mann nicht gewöhnen können. Nach Eduards überraschendem Tod im Kampf war sie eines Tages spurlos verschwunden. Zurück blieben minderjährige Kinder, die das Glück hatten, dass sich ihr Oheim gewissenhaft und liebevoll um sie kümmerte, nachdem er die Regierungsgeschäfte übernommen hatte. Und nun war die kleine Prinzessin am Hofe ihres Bruders Alphons umschwärmter Mittelpunkt; die Kavaliere machten ihr verliebte Augen, waren charmant und ritterlich und erwiesen ihr jede nur mögliche Aufmerksamkeit. Sie konnte haben, was ihr Herz begehrte, und zu allem Überfluss schien ihr das Schicksal noch eine besondere Gunst zu erweisen: der Mann, der eines Tages die Kaiserkrone tragen sollte, warb um ihre Hand. Mit ihm Kaiserin zu werden – welch verlockende Aussicht! Der Kaiser war der wichtigste Mann in Europa – was war dagegen die Krone Frankreichs? Denn auch der französische Dauphin hatte durch Boten seinen Wunsch übermitteln lassen, die Prinzessin zu ehelichen. Frankreich! Das Land besaß für Eleonore keinen Reiz, es war zu bekannt und zu nahe. Die Ferne lockte sie, in ihren Jungmädchenträumen erschien der fremde Mann in Österreich geheimnisvoll anziehend. Was konnte ihr der spätere französische König schon bieten? Luxus? Den war sie ohnehin gewöhnt, und dass man in Frankreich noch mehr Komfort haben könnte als am heimatlichen Hof, davon machte sie sich keine Vorstellung. Das Land am Atlantik war durch den Überseehandel reich geworden, und die Seefahrer hatten aus den fernen Ländern mitgebracht, was man nur erträumen konnte. Kostbare Teppiche aus dem Orient bedeckten die Marmorböden in den Palästen, Seidentapisserien zierten die Wände, wohlig konnte man sich in den weichen Kissen räkeln und köstliche Süßigkeiten genießen, wie sie dem gemeinen Volk noch lange verwehrt bleiben sollten. Auch in Frankreich sollte es dies alles geben, so war Eleonore berichtet worden, auch die französischen Adeligen wussten zu leben und sorgten durch Turniere und andere Lustbarkeiten für Abwechslung. Aber all das war der Prinzessin bekannt, das barg kein Geheimnis für sie: so wie sie ihr bisheriges Leben geführt hatte, so würde es auch sein, wenn sie dem Dauphin die Hand reichte.

Wie oft mag Eleonore in ihrem späteren Leben an der Seite eines langweiligen, eigenbrötlerischen Mannes ohne Humor und ohne Charme, als sie im düsteren, kalten Palast in Wiener Neustadt die Tage verrinnen sah, an die Entscheidung gedacht haben, die sie so leichtfertig als fünfzehnjähriges halbes Kind getroffen hatte! Oft mag sie ihre Worte unter bitteren Tränen bereut und sich nach dem fröhlichen, abwechslungsreichen französischen Hof gesehnt haben, wenn sie in einsamen Nächten wach lag und die Stunden zählte. Und dabei hatte sie selbst entschieden! Das konnten nicht viele heiratsfähige Königstöchter zu ihrer Zeit. Meist schlossen die Eltern die Eheverträge, und den Töchtern blieb nichts übrig, als sich wohl oder übel zu fügen, mochte der zugedachte Mann noch so alt und hässlich sein. Eleonore hatte selbst gewählt, und der Mann ihrer Wahl war wohl selbst erstaunt darüber, dass seine Werbung sofort ihre Zustimmung gefunden hatte.

Friedrich, zu Königsehren dadurch gekommen, dass sein Neffe, der junge Ladislaus Postumus, nach dem frühen Tod seines Vaters Albrecht V. noch nicht regierungsfähig war, war alles andere als ein attraktiver Mann, der ein junges Mädchen hätte betören können. Für seine Zeit ungewöhnlich groß, überragte er die meisten seiner Zeitgenossen um Haupteslänge und schritt wohl deshalb leicht vorgebeugt durchs Leben. Schon von weitem wirkte er missmutig, ja griesgrämig. Für Freundschaften hatte der misstrauische Mann wenig übrig, und für Liebschaften überhaupt nichts. Man wunderte sich schon am Hof über ihn, dass er sich so gar nicht für die charmanten Frauen erwärmen konnte, von denen so manche versuchte, sein Herz zu gewinnen. Aber keiner war es bisher gelungen, den eisernen Hagestolz aus der Reserve zu locken. Im Gegenteil, er verurteilte das lockere Leben der jungen Adeligen, die vor ihrer offiziellen Verheiratung reichlich Erfahrung in den Betten willfähriger Damen sammelten und auch nach dem heiligen Sakrament ihr Treueversprechen nicht allzu ernst nahmen. Friedrich missbilligte alle Annäherungen und wandte sich entsetzt ab, wenn eine Frau mehr von ihrem Körper zeigte, als die Schicklichkeit erlaubte. Schon als junger Mann galt Friedrich als ungewöhnlich prüde, und man munkelte, er wolle gar nicht wissen, was man mit einem jungen Mädchen alles machen konnte. Da war sein Bruder Albrecht aus anderem Holz geschnitzt, der war ein Kerl aus Fleisch und Blut, der die Frauen nahm, wo er konnte, der sich mit Essen vollstopfte und mit Wein voll laufen ließ, bis er umfiel, der das Geld mit vollen Händen unters Volk warf, um es sich dann mit brutalen Mitteln wieder zurückzuholen. Die Leute nahmen ihm sein ausschweifendes Leben nicht übel, im Gegenteil: Albrecht war immer greifbar, im Gegensatz zu seinem älteren Bruder, er mischte sich unters Volk, er war ein Herr zum Anfassen. Er hätte herrschen sollen, nicht der verschlossene Spintisierer Friedrich. So dachten nicht nur die Anhänger Albrechts, so empfand auch er selbst und unternahm alles, um seinem Bruder das Leben schwer zu machen und selbst an die Macht zu kommen.

Friedrich war kein Kämpfertyp. Ihn interessierte nicht, was die Leute über ihn flüsterten; er vergrub sich in seine alchimistischen Versuche, ließ sich die Sterne deuten und war überzeugt, selbst einmal Gold machen zu können. Auf diese Weise konnte er natürlich keine Frau finden, und allmählich regte sich der Verdacht, der König würde überhaupt nie heiraten. Dass dies aber im Interesse der Dynastie ausgeschlossen war, das wusste auch Friedrich und ließ sich nach langen Überlegungen doch dazu überreden, auf Brautschau zu gehen. Es war vor allem der Herzog von Tirol, Siegmund (der Münzreiche), der Friedrich von den positiven Seiten einer Ehe zu überzeugen versuchte. Der Tiroler hatte beste Beziehungen zum burgundischen Hof, und Herzog Philipp III. von Burgund wiederum war mit dem portugiesischen Königshaus verwandt. Was lag also näher, als Fäden in diese Richtung zu spannen, noch dazu, wo man wusste, dass in Portugal Geld in Hülle und Fülle vorhanden war. Geld, das konnte den König locken, kämpfte er doch, solange er denken konnte, gegen ein Heer von Schuldnern.

Natürlich wussten sowohl der Herzog von Tirol als auch der Herzog von Burgund, dass sie den Habsburger in eine gewisse Abhängigkeit bringen konnten, sollte diese Heirat zustande kommen. Sie waren schließlich keine bloßen Wohltäter. Eines Tages würde Friedrich Kaiser werden; dann würde er sich erkenntlich zeigen müssen.

Friedrich war mittlerweile 32 Jahre alt geworden, hager, mit fahlem, dünnem Haar, das schlaff herunterhing und wahrscheinlich auch in seiner Jugend nicht üppiger gewesen war. Man sah ihm den Asketen an, das schmale Gesicht zeigte einen leidenden Ausdruck, von Lebhaftigkeit und Weltaufgeschlossenheit war nichts zu bemerken. Im Gegensatz zu vielen seiner Zeitgenossen war er schlank, verabscheute üppiges Essen, Völlerei war ihm in tiefster Seele zuwider, und an den Fress- und Saufgelagen, wie sie so üblich waren, nahm er nicht teil. Sicher war er selbst überrascht, dass sich die hübsche Prinzessin so rasch für ihn entschieden hatte – wahrscheinlich hatte er in seiner misstrauischen Art schon mit einem Korb gerechnet. Die Sache schien verdächtig; gab es vielleicht eine Fußschlinge, in der er gefangen werden sollte? Friedrich wollte keineswegs die Katze im Sack kaufen. Er hielt zwar ein Medaillon mit dem Bildnis Eleonores in Händen, aus dem ihm ein reizendes junges Mädchengesicht entgegenlachte, aber Leinwand war geduldig, wer garantierte ihm schon, dass die Prinzessin nicht verwachsen oder gar verkrüppelt war? Zwar hatte ihm ihr Onkel Pedro, den er in Wien persönlich kennen gelernt hatte, das Gegenteil versichert, aber konnte man ihm trauen, wenn es darum ging, eine Nichte an den zukünftigen Kaiser des Heiligen Römischen Reiches zu verheiraten?

Friedrich, der auf Nummer sicher gehen wollte, beauftragte zwei vertrauenswürdige Geistliche mit einer delikaten Mission: Sie sollten sich auf den weiten Weg durch das unsichere Europa machen, um die Braut in Augenschein zu nehmen und dann zu berichten, wie Eleonore wirklich beschaffen war. Der knauserige König gab den Boten allerdings so wenig Geld mit, dass die beiden ganz und gar nicht wie königliche Brautwerber auftreten konnten. Schmutzig und zerlumpt zogen sie ihres Weges, wurden zu allem Überfluss von Strauchdieben überfallen, die nicht wissen konnten, dass bei den beiden wirklich nichts zu holen war, und kamen endlich nach Portugal, wo man sie als verdächtiges Gesindel aufgriff und ins Gefängnis warf. Nur unter größten Mühen gelang es, dem portugiesischen König glaubhaft zu machen, dass diese abgerissenen Gestalten die Abgesandten des Habsburgers seien. Die beiden Geistlichen schworen alle Eide des Himmels, und schließlich erlaubte man dem einen, Jacob Mocz, den Ehevertrag »per procurationem«, als Stellvertreter Friedrichs, zu unterzeichnen.

Über die Prinzessin konnten die beiden nur Gutes berichten. Eleonore war ganz bezaubernd, mit makelloser Haut und glänzendem braunem Haar, allerdings ungewöhnlich klein und grazil, beinahe zerbrechlich, was fast als Fehler gelten konnte. Die

Herrscher bevorzugten robuste Frauen, die jedes Jahr ein Kind zur Welt bringen konnten, ohne Schaden zu nehmen. Für den Fortbestand einer Dynastie war es wichtig, eine große Zahl von Erben zur Verfügung zu haben; der Tod raffte viele Nachkommen schon im Kleinkindesalter hinweg.

Nach ihrer Rückkehr waren die beiden Boten voll des Lobes über die Schönheit und Anmut der jungen Prinzessin und versicherten Friedrich, dass er keine bessere Wahl treffen könne. Aber um ganz sicher zu sein, wollte er auch noch die Sterne befragen: Der Hofastrologe musste ein genaues Horoskop erstellen. Was darin stand, erfüllte ihn mit Genugtuung: Eleonore war die richtige Frau für ihn.

Hektisches Leben erfüllte den Hof von Lissabon, als der Tag der Abreise festgesetzt war. Die Vorbereitungen für die große Reise wurden mit aller Sorgfalt getroffen, jedes Stück, das die Prinzessin in ihre neue Heimat mitnehmen sollte, wurde liebevoll ausgewählt, es sollte ihr an nichts mangeln. Ein Dutzend Schneider fertigte kostbare Kleider an, seidene Schuhe und Täschchen, alles passend, sollten die junge Frau schmücken. Auch Teppiche und weiche Kissen wurden auf die Schiffe verladen. Nach dem Auftreten der beiden bettelhaften Brautwerber war man wohl etwas unsicher, ob die Braut in Österreich nicht vieles entbehren würde.

Solange Eleonore noch zu Hause war, folgte ein Fest auf das andere. Die Heimat feierte sie zum letzten Mal; um zu zeigen, wie man sie liebte. Dichter verfassten neue Theaterstücke, in denen Mohren und Drachen die Hauptrollen spielten, wilde Männer kämpften gegen übermächtige Stiere, allegorische Gestalten versinnbildlichten die Zukunft der Prinzessin, bunte Bilder stellten dar, welch hohe Ehre ihr beschieden sei, da sie den zukünftigen Kaiser zum Mann bekommen würde. Eleonore, auf dem Balkon des Palastes stehend, genoss den Jubel und die Hochrufe, die ihr galten. Aber nur zu bald hieß es Abschied nehmen von den Gespielinnen, vom Bruder, von der Heimat. Eine kleine Flotte war ausgerüstet worden, die nun abfahrbereit im Hafen lag. Sie sollte Eleonore nach Italien bringen, wo ihr zukünftiger Gemahl sie erwartete. Die Fahrt ging die Küsten von Portugal, Nordafrika und Spanien entlang, wobei man sich nicht zu weit aufs Meer hinauswagte: nicht nur die Stürme auf offener See waren gefährlich, es war auch ständig mit Überfällen der Seeräuber zu rechnen, die überall im Mittelmeer ihr Unwesen trieben.

Für die junge Frau wurde die Seereise zum Alptraum. Zwar war die Jahreszeit günstig, aber der Wettergott hatte alle Prophezeiungen Lügen gestraft und schwere Stürme geschickt. Wie Nussschalen schaukelten die Schiffe auf den meterhohen Wellen, wurden hin und her geworfen, bis die Segel in Fetzen von den Masten hingen, und Eleonore und ihre Gefährten mussten froh sein, nicht über Bord gespült zu werden. Kaum hatte sich der Wind gelegt, kaum glaubte die Besatzung wieder Mut fassen zu können, als am Horizont schwarze Schiffe auftauchten: Piraten! So gut es ging, wehrte man sich seiner Haut, versteckte die Prinzessin, damit ihr nicht ein Leid geschehe, konnte aber nicht verhindern, dass die Räuber sich der Schätze bemächtigten, die Eleonore ihrem Mann als Mitgift überreichen sollte. Als der Spuk vorüber war, dankten die Reisenden dem Himmel, dass man mit dem nackten Leben davongekommen war. Von der stolzen Flotte war kaum etwas übrig, es fehlte an allem, vor allem an Trinkwasser, denn die meisten Wasserfässer waren schon in den Stürmen über Bord gegangen. Wie sollte man in der glühenden Sonne den quälenden Durst löschen? Allein die Weinfässer waren heil geblieben, und wollte man nicht verdursten, mussten sie angezapft werden, ein harter Schlag für die Prinzessin, die, obwohl sie aus einem Weinland stammte, dieses Getränk verabscheute.

Die Unglücksfälle und Missstände auf der langen Reise hielten die junge Frau so sehr in Atem, dass sie nicht dazu kam, ihr Vorhaben zu verwirklichen und die Sprache ihres Bräutigams zu erlernen. Sie war fest entschlossen gewesen, Friedrich mit deutschen Worten zu begrüßen. Dass der Bräutigam sich die Mühe machte, seine kleine Braut auf portugiesisch willkommen zu heißen, ist eher unwahrscheinlich. So sollten sich zwei grundverschiedene Menschen verbinden, von denen eins nicht die Sprache des anderen verstand, die sich überhaupt nicht miteinander unterhalten konnten, wenn auch später Eleonore die deutsche Sprache erlernt haben soll, die sie freilich zeitlebens mit Akzent sprach. Endlich landeten die Schiffe doch noch an der italienischen Küste, zwar nicht in dem vorgesehenen Hafen, aber dennoch in Livorno, unweit von Siena, wo der deutsche König unruhig auf seine Braut wartete. Die Tage vor der geplanten Hochzeit waren für Friedrich kein wahres Vergnügen. Die italienische Bevölkerung wollte nichts von ihm wissen und verschloss die Stadttore, weil man Schwierigkeiten mit den Begleittruppen des Habsburgers befürchtete. Es war immer riskant, fremdes Kriegsvolk, auch wenn es in friedlicher Absicht gekommen war, in die Stadt zu lassen, denn man wusste nie, wie es sich aufführen würde. Nur allzu schnell konnte aus einem kleinen Streit eine Welle der Gewalt hervorbrechen, die zu Brandschatzung und Plünderung führte. Die Soldaten vergaßen leicht, dass man eigentlich befreundet war, begannen zu rauben und zu morden und fielen über die Frauen her, und den Herrschern war es dann unmöglich, dem wilden Treiben Einhalt zu gebieten. Es dauerte lange, bis Friedrich die Stadtväter von Siena überzeugen konnte, dass er seine Braut nicht gut auf freiem Feld empfangen könne. Schließlich willigte man – aber nur der Braut zuliebe – ein, die Stadttore zu öffnen, bewachte aber den König und sein Gefolge misstrauisch auf Schritt und Tritt, selbst als Eleonore schon eingetroffen war.

War man also dem Habsburger eher feindlich gesinnt, so eroberte die kindliche Portugiesin die Herzen des Volkes im Sturm. Jubel klang auf, wo sie sich zeigte, ihre Schönheit und ihr Charme bezauberten alle. Hätte Friedrich nur einen Funken Glut in sich verspürt, er hätte sie vor allem Volk an sich gezogen und herzlich geküsst. Nicht nur Eleonore wäre glücklich gewesen, auch die Menschen hätte er für sich gewonnen. Aber er konnte nicht aus seiner Haut, er war viel zu verschlossen, um vor aller Augen menschliche Regungen zu zeigen. Es wird berichtet, er habe am ganzen Körper gezittert, als er Eleonore begrüßte. Er scheute wohl davor zurück, vor den Augen der Menge etwas von seiner Person preiszugeben, sein Privatleben wie in einem Theater zu demonstrieren. Viel lieber hätte er in aller Heimlichkeit geheiratet, wenn es schon unbedingt sein musste. Aber eine solche Zurückhaltung entsprach nicht dem Stil der Zeit und den Anforderungen, die man an einen Herrscher stellte. Damals und auch noch lange Zeit danach galt das Privatleben des Herrschers als öffentlich, und in aller Öffentlichkeit wurden sogar Intimitäten ausgetauscht und auf das Schamgefühl vor allem der Frauen wenig Rücksicht genommen.

Nach dem ersten Treffen zog sich Friedrich, wann immer es möglich war, vor seiner Braut zurück, vermied es, mit ihr allein zu sein und hasste das Spektakel, das man um sie machte. Die Städte Italiens glaubten sich an Festen überbieten zu müssen, die alle der jungen Braut galten; sie hatte die Herzen erobert und fühlte sich unter den warmherzigen, ungestümen Italienern wie zu Hause. Alles erinnerte sie an ihre ferne Heimat, der Gesang, das Temperament der Leute, die glühenden Blicke der Männer und das köstliche Essen. An der Seite des wortlosen, mürrischen Friedrich genoss sie bei herrlichem Wetter all diese Vergnügungen und vermisste seine Unterhaltung gar nicht, hätten sie sich doch ohnehin nicht verstanden.

Die kirchliche Trauung sollte in Rom stattfinden, zusammen mit der Kaiserkrönung (Friedrich, als deutscher König der Vierte, war übrigens der einzige Habsburger und der letzte Kaiser, der nach alter Sitte in Rom vom Papst – es war Nikolaus V. – gekrönt wurde). Es war ein großer Tag für alle, die mit Friedrich nach Rom gekommen waren. Feierlich schritt der Papst die Stufen der Peterskirche hinunter, um den König zum Eintritt aufzufordern. Begleitet von den Würdenträgern des Reiches zogen Friedrich und der Papst langsam in den Dom ein. Laute Gesänge begleiteten ihren Weg, bis sich endlich Nikolaus auf seinem Thron vor dem Altar niederließ, umgeben von Kardinälen und Bischöfen. Eleonore und Friedrich hatten auf außerhalb des Altarraumes errichteten Tribünen Platz genommen. Beide sollten vor dem Mauritiusaltar vom Bischof von Ostia zwischen dem rechten Arm und dem Schulterblatt gesalbt werden, zuerst der König, dann seine Frau.

Nach der Salbung führte man das Paar vor den Petersaltar. Mönche zogen dem König ein weißes Kleid über und warteten, bis der Papst ihm ein Schwert übergab, das Friedrich dreimal aus der Scheide zog und schwenkte. Darauf nahm ihm der Papst die Waffe aus der Hand und gürtete sie ihm um, worauf er ihm Reichsapfel und Szepter reichte. Alle hielten den Atem an, als der Papst nun aus den Händen von Friedrichs Bruder Albrecht die Krone des Reiches nahm und sie dem König aufs Haupt setzte. Krone, Szepter und Reichsapfel hatte Friedrich eigens aus Nürnberg nach Rom bringen lassen und sich außerdem, misstrauisch wie er war, noch extra eigene Insignien anfertigen lassen. Man wusste nie, was auf einem so langen und beschwerlichen Zug alles geschehen konnte.

Unmittelbar nach der Krönung des Kaisers schritt der Papst auf Eleonore zu und krönte auch sie. Die Zeitgenossen berichteten ausführlich über den zauberhaften Anblick, den die liebreizende Prinzessin geboten habe, als sie die Krone aufs Haupt gesetzt bekam. Friedrich und Eleonore knieten nun im Gebet vor dem Altar, während die Gläubigen ein Bitt- und zugleich Dankgebet gen Himmel richteten. Dann erhob sich das Kaiserpaar und küsste dem Papst Hände und Füße. Kirchliche Würdenträger geleiteten die beiden auf ihre Plätze zurück.

Nikolaus V. zelebrierte nun feierlich die Heilige Messe, wobei Friedrich ministrierte. Als der Segen über das Kaiserpaar und die Gläubigen erteilt worden war, verließen Friedrich und Eleonore getrennt den Petersdom. Die Kaiserin wurde in ihren Palast eskortiert, um sich von den Strapazen der Krönung auszuruhen, Friedrich hingegen trat seinen traditionellen Rundritt durch Rom an. Er hielt dem Papst ehrfurchtsvoll die Steigbügel und führte das Ross des Heiligen Vaters noch einige Schritte am Zügel; eine Szene, die den Zuschauern den Eindruck vermitteln musste, die Macht des Papstes triumphiere über die weltliche, und der jahrhundertelange Streit um die Vorherrschaft sei endgültig entschieden.

Die Zeremonien waren damit noch lange nicht beendet. Papst und Kaiser ritten gemeinsam hinauf zur Engelsburg, der Kaiser mit der Krone auf dem Haupt, während das Volk in den Straßen jubelte. In der Engelsburg überreichte Nikolaus V. dem Kaiser die goldene Rose von Jericho, und Friedrich schlug dreihundert

Adelige zu Rittern. Dann begab er sich auf den Weg zum Lateran, wobei es zu einer kritischen Situation kam: Zuschauer, die sich zu nahe an den Kaiser herandrängten, um ihn in seinem prächtigen, von Gold und Juwelen strotzenden Königsmantel besser zu sehen, ja vielleicht sogar berühren zu können, umringten sein Pferd. Friedrich fühlte sich bedroht, es kam zu einem Handgemenge zwischen seinem Gefolge und den Römern. Als die Situation gefährlich zu werden schien, gab Friedrich seinem Pferd die Sporen und sprengte durch die zurückweichende Menge davon.

So viel über die Kaiserkrönung berichtet wurde, so wenig ist über die Eheschließung bekannt, die ebenfalls in Rom stattfand. Friedrich berührte diese Feier wenig, er gab sein Jawort, und damit war für ihn der Fall erledigt. Wahrscheinlich fürchtete er sich sogar vor der Hochzeitsnacht, denn nur so ist zu erklären, dass das Ehepaar auch nach der Hochzeit noch in getrennten Palästen wohnte und nicht mehr Kontakt hatte als vorher. Friedrich ging Eleonore nach wie vor aus dem Weg, wo er nur konnte, und die junge Frau wird es wohl auch nicht besonders zu dem griesgrämigen Sonderling hingezogen haben.

Das Paar setzte seine Reise nach Neapel fort, wo ein Onkel Eleonores residierte. Das merkwürdige Verhalten Friedrichs seiner Frau gegenüber war nicht verborgen geblieben, und auch dem König von Neapel waren Gerüchte zu Ohren gekommen, der Kaiser habe die Ehe noch nicht einmal vollzogen. Kurz entschlossen nahm Alphons Friedrich ins Gebet, befragte ihn, wie es um die delikate Sache stehe und versuchte ihn zu überreden, sie wenigstens in Neapel hinter sich zu bringen. Aber der frischgebackene Kaiser hatte große innere Vorbehalte; er war von der Vorstellung beseelt, Eleonore unmöglich auf italienischem Boden zu seiner Frau machen zu können, da er befürchtete, hier einen »welschen Bastard« mit unbändigem Temperament zu zeugen. Der Himmel sollte ihn vor einem solchen Sohn bewahren! Aber Alphons gab nicht auf. Rauschende Feste und opulente Gastereien sollten den spröden Friedrich animieren, das Beilager mit seiner jungen Frau zu halten. Glanzvolle Bankette wechselten mit Schauspielen, Turnieren und Jagden. Aber all dies konnte die Vorurteile Friedrichs nicht zerstreuen, bis es dem König von Neapel schließlich zuviel wurde: Nach langen, eindringlichen Gesprächen erklärte sich Friedrich endlich bereit, am 16. April 1452 das öffentliche Beilager mit Eleonore zu halten. Mitten auf einem weiten Platz stellte man ein breites Bett auf, das Kaiser und Kaiserin in Anwesenheit des Königs von Neapel und des gesamten Hofstaates gemeinsam bestiegen, beide bis an den Hals bekleidet. Dann zog Friedrich kurz die Bettdecke über ihre Köpfe, so dass sie einen Augenblick lang vor der Öffentlichkeit verborgen waren, gab Eleonore einen Kuss – und die Ehe galt als vollzogen.

Was mag in der jungen Kaiserin vor sich gegangen sein, als sie in aller Öffentlichkeit mit ihrem Gemahl das Bett besteigen musste, obwohl er nach wie vor überhaupt kein Interesse an ihrer Person zeigte? Es wird ihr auch nicht verborgen geblieben sein, dass ihr Schicksal alle am Hofe, Gesinde wie Adelige, vor allem aber ihre eigenen Hofdamen über die Maßen beschäftigte. Durch Liebeszauber wollten sie den Kaiser ins Gemach seiner Frau locken, mit Parfüm vermischtes Weihwasser wurde ausgesprengt, schmelzende Liebeslieder erklangen – aber alles war umsonst, ja, Friedrich verdächtigte sogar Eleonores Amme der Hexerei. Um sie aber nicht vor dem ganzen Hof zu brüskieren, befahl er sie schließlich doch zu sich auf sein Zimmer: und dort konnte er nun endlich dem Reiz der jungen Frau nicht mehr widerstehen. Aeneas Silvius Piccolomini, der Vertraute des Kaisers (und spätere Papst Pius II.), berichtet in seinen Aufzeichnungen pikante Details von dieser verspäteten Hochzeitsnacht.

Nach den glanzvollen Monaten in Neapel traten Friedrich und Eleonore getrennt die Weiterreise nach Venedig an. Die Lagunenstadt gab den hohen Gästen zu Ehren ein rauschendes Fest. Wieder flogen der Kaiserin alle Herzen zu, und als die Stunde des Abschieds nahte, schenkten die Stadtväter Eleonore einen kostbaren Ring im Wert von 1750 Dukaten, der sie immer an die Tage in Venedig erinnern sollte.

Im Kaiser wurden in Venedig alte Erinnerungen wach: Als Kaufmann verkleidet war er vor Jahren hier durch die Märkte gezogen und hatte die Waren aus fernen Ländern bestaunt. Von hier war er 1436 nach Jerusalem gezogen und hatte sich dort unter die Händler gemischt. In den engen, winkeligen Gassen voller fremdartiger Gerüche hatte er nach langem Feilschen so manchen Edelstein erworben. Friedrich konnte sich an den kostbaren Steinen nicht satt sehen, er liebte nicht nur ihren Glanz und ihre Farben, sondern beschäftigte sich auch wissenschaftlich mit ihnen. In seiner Alchimistenküche versuchte er ihrem Geheimnis auf die Spur zu kommen, ja sie eventuell sogar selbst künstlich herzustellen. Alles Geld, das er erübrigen konnte, hatte Friedrich im Orient für Juwelen ausgegeben, und er verfügte über eine phantastische Edelsteinsammlung, obwohl er ständig unter Geldsorgen litt. Es gibt heute noch ein Schmuckstück, das aus dieser Zeit stammt, »ain ring gancz von saffir«. Friedrich kaufte die Steine aber nicht für die Schmuckschatulle; obwohl meist schäbig gekleidet, trug er die wertvollsten Pretiosen selber und hatte an seiner Seite immer einen schwer vergoldeten Dolch hängen, von dem er sich nie trennte, den er aber auch nie benutzte.

Jetzt in Venedig war der Kaiser wieder ganz in seinem Element. Er kaufte orientalische Waren, die man in Österreich kaum kannte, gab ein kleines Vermögen für feinsten Damast und schillernden Atlas, aber auch für Teppiche und scharfe Damaszenerklingen aus. Unauffällig gekleidete Diener mussten die von Friedrich selbst ausgesuchten Waren abholen, da der Kaiser befürchtete, man würde ihn sonst übers Ohr hauen.

Für die Kaiserin ging die Zeit in Italien nur allzu rasch vorüber. In der allgemeinen Festesstimmung hatte sie ihren Mann gar nicht vermisst, der schon bald wieder keine Notiz von ihr nahm. Friedrich war nun einmal kein feuriger Liebhaber, und auch eine entzückende Frau wie Eleonore konnte ihn nicht dazu machen. Einzig der Gedanke, einen Sohn zeugen zu müssen, bewog ihn zu intimen Kontakten mit ihr. Dieser Sohn aber sollte, wenn schon hier gezeugt, so doch unter keinen Umständen das Licht der Welt in Italien erblicken. Als man daher raunte, Eleonore sehe Mutterfreuden entgegen, brach er jäh auf. Ein schweres Gewitter stand am Himmel, als der Kaiser mit seiner

Frau die Grenze zu seinen Ländern überschritt, und so mancher im Gefolge vermeinte in den zuckenden Blitzen und im Krachen des Donners ein böses Omen für das zukünftige gemeinsame Leben des Kaiserpaares erkennen zu müssen.

Schließlich erreichte man Wiener Neustadt, wo der Kaiser seine Residenz aufgeschlagen hatte. Grau in Grau zeigte sich die neue Heimatstadt der Kaiserin, nichts erinnerte auch nur im geringsten an die Pracht und die Helligkeit des Südens, kalt und feucht schienen die dicken Mauern der Burg. Das Herz zog sich Eleonore bei dem Gedanken zusammen, hier ihr weiteres Leben verbringen zu müssen, an der Seite eines Mannes, den sie nie für sich gewinnen konnte, so sehr sie sich auch bemühte.

Es blieb ihr nichts anderes übrig, als sich das Leben so angenehm wie nur irgend möglich zu machen. Im Laufe der Monate hatte sie Vertraute gefunden, mit denen sie sich gerne umgab und portugiesisch sprechen konnte. Vor allem einer Hofdame, die sie aus der Heimat mitgebracht hatte, konnte sie in ihrer Einsamkeit ihr Herz ausschütten. Die Kaiserin entbehrte so ziemlich alles, was sie gewöhnt war. Der Kaiser ließ sie meist allein, denn eben um diese Zeit hatte er wieder mit vielen Feinden zu kämpfen. Die Anhänger des jungen Ladislaus Postumus machten ihm das Leben schwer, ebenso sein Bruder Albrecht, der es geschickt verstand, die Gegner Friedrichs aufzuwiegeln. Jede noch so kleine Gelegenheit nützten die Feinde, um die ohnehin geringe Macht des Kaisers noch mehr zu untergraben. Wann immer Friedrich nicht in Wiener Neustadt weilte, zogen Söldnerhaufen plündernd und brandschatzend durch die Straßen der kleinen Stadt und versetzten die junge Frau, die gerade ihr erstes Kind erwartete, in Angst und Schrecken.

Drei Jahre waren einstweilen seit der Hochzeit vergangen, und Eleonore hatte noch immer keinem Kind das Leben geschenkt. Die Gerüchte in Venedig hatten sich als falsch erwiesen. Hinter vorgehaltener Hand flüsterte man schon, das sei kein Wunder bei dem Desinteresse Friedrichs an seiner Gemahlin. Und als sich dann doch die ersehnte Schwangerschaft einstellte, munkelten böse Zungen, dann müsse wohl ein anderer der Vater sein als Friedrich.

Im November 1455 jedenfalls brachte Eleonore in einer langen, schweren Entbindung einen Knaben zur Welt, der auf den Namen Christoph getauft wurde. Endlich hatte sie ein Wesen, auf das sie ihre Liebe konzentrieren konnte; aber schon im nächsten Jahr klopfte der Tod an die Tore des Palastes. Christoph starb ganz plötzlich am 25. März 1456. Der Tod des Kindes war für Eleonore ein schwerer Schlag, nicht nur, weil sie das Liebste verloren hatte; Friedrich machte ihr auch noch heftige Vorwürfe, sie hätte den Knaben falsch ernährt.

Zwischen dem Kaiser und seiner Frau gab es häufig Diskrepanzen, und die Frage des Essens wurde beinahe täglich aufs neue zum Zankapfel. Friedrich, der Asket, bevorzugte die schweren heimischen Speisen: Breie, Gemüse und Salate durften auf der kaiserlichen Tafel nicht fehlen. Wein war verpönt; der Kaiser trank nur Wasser. Eleonore dagegen liebte Süßspeisen und Leckereien, die sie durch Boten aus Portugal erhielt. Friedrich sah das mit scheelen Augen; oft hatte er versucht, ihr dieses Vergnügen einfach zu verbieten, aber vergeblich: Wenn Eleonore sich auch mit dem kargen Leben in Wiener Neustadt und später in Wien abfand, in einer Sache ging ihr südländisches Temperament mit ihr durch: Beim Essen ließ sie sich nichts vorschreiben.

Im März 1459 kam der zweite Sohn des Kaiserpaares zur Welt, Maximilian. Sofort nach der Geburt wollte Friedrich seiner Frau das Kind wegnehmen, um es nach österreichischer Sitte erziehen zu lassen, aber Eleonore gelang es doch, ihn zu überzeugen, dass ein Säugling in der Obhut seiner Mutter bleiben sollte. Friedrich willigte, wenn auch widerstrebend, ein; als aber die Tochter Helena, eineinhalb Jahre nach Maximilian geboren, als Kleinkind starb, war er endgültig überzeugt, die von der Mutter verabreichten Leckereien wären der Grund ihres frühen Todes. Friedrich verbot ihr strikt, den Kindern weiterhin Süßigkeiten zu geben, und der kleine Maximilian verstand die Welt nicht mehr, als er nur noch dicken, schweren Haferbrei zu essen bekam. Kunigunde, eine weitere Schwester Maximilians, musste in die Gemächer des Kaisers gebracht werden, wo er sie eigenhändig mit Hirse- und Haferbrei vollstopfte.

Ja älter Friedrich wurde, desto ausgeprägter traten seine eigentümlichen, ja skurrilen Charaktereigenschaften hervor. Die Menschen wichen scheu vor ihm zurück, und alles was er anfasste, schien zu misslingen. Er war kein Politiker, und doch musste er sich ein Leben lang mit politischen Kämpfen und Intrigen herumschlagen. Nach dem überraschenden Tod des jungen Ladislaus Postumus (man munkelte von Gift; jüngste Forschungen haben allerdings bestätigt, dass er eines natürlichen Todes gestorben ist) im Jahre 1457 stellten sich die Wiener unter der Führung ihres Bürgermeisters Wolfgang Holzer offen gegen den Kaiser und auf die Seite seines Bruders Albrecht und belagerten die Kaiserfamilie in der Hofburg; Friedrich musste Albrecht Österreich unter der Enns abtreten.

Die Zeit in Wien zählte zu den schrecklichsten Monaten im Leben der Kaiserin. Die Belagerer hatten die Familie von allem abgeschlossen, was zum Leben notwendig war. Der spätere Kaiser Maximilian, damals ein dreijähriger Knabe, erinnerte sich ein Leben lang an diese düstere Zeit, in der nur die Mutter nicht verzweifelte und in ihrer heiteren Art die vor Hunger weinenden Kinder tröstete. Wie glücklich hätte ein Mann mit einer solchen Frau sein können! Friedrich aber wusste wahrscheinlich selbst nicht, was er an Eleonore hatte; er zog sich immer mehr in die Einsamkeit seiner vier Wände zurück und gab sich seinen Spintisiereien hin, an denen er niemanden teilhaben ließ. Den misanthropischen Einzelgänger kümmerte es wenig, was man über ihn dachte und redete, er lebte ganz nach seiner Façon. Räte und Gesinde hatten sich nach seinen Vorstellungen zu richten, und nicht selten ließ er sie mitten in der Nacht zusammenholen, um zu konferieren. Nach solchen nächtlichen Intermezzi legte er sich dann noch einmal zur Ruhe und schlief bis in den Vormittag hinein, obwohl damals Langschläfer als Faulpelze galten. Was kümmerte das Friedrich? Weckte ihn jemand zu ihm nicht genehmer Stunde, dann konnte er äußerst unwirsch werden und die Person, die ihn aus seinen Träumen gerissen hatte, kurzerhand hinauswerfen.

Was sollte bei einem solchen Lebenswandel eine junge Frau an seiner Seite? Wenn sie sich schon mit ihm zeigte, behandelte er sie eher als Tochter, als Ehefrau, meist aber sah er bloß über sie hinweg und verbot ihr alles, woran sie Freude gehabt hätte. Wie die meisten jungen Frauen, auch zu dieser Zeit, war sie an Mode und schönen Kleidern interessiert, liebte weichen Samt und knisternde Seide, aber Friedrich fand dies überflüssigen Tand, ja fast Teufelswerk. Näherte sich ihm eine Dame mit allzu offenherzigem Dekolleté, schloss er die Augen und befahl, die Versucherin aus dem Saal zu führen. Er hasste auffällige Kleidung, besonders wenn sie die Grenzen der Schicklichkeit überschritt, wie es auch bei den damals modischen enganliegenden Beinkleidern der Männer der Fall war. Solche Kleidung musste ja zu Laster und sittlichem Verfall führen! Aber auch der Tanz galt für ihn als Versuchung des Teufels. Nur zweimal im Leben war es Eleonore gelungen, ihren Mann durch langes Bitten zu einigen Tanzschritten zu bewegen, beileibe kein Vergnügen für die junge Frau, die bald merkte, wie widerwillig er sich bewegte, so dass ihr bald jede Lust verging. Friedrich soll einmal geäußert haben, dass er lieber fieberkrank darniederliegen wolle als noch einmal das Tanzbein zu schwingen.

Die portugiesische Prinzessin lebte am Hof ihres Mannes wie eine Fremde und führte ein Schattendasein, das nur durch die Kinder Lichtblicke erhielt. Die Kleinen liebten ihre Mutter zärtlich, und Eleonore verbrachte jede freie Stunde bei ihnen. Den Vater sahen Maximilian und Kunigunde selten, und sie waren nicht allzu traurig darüber, denn zeigte sich der Kaiser, so fand er nie ein freundliches Wort für die Mutter oder sie; stets wurde nur genörgelt und getadelt. Eleonore durfte die Räume ihres Mannes nicht betreten, die Friedrich als seine Privatsphäre betrachtete. Nie diskutierte der Kaiser mit ihr politische Probleme, bei denen sie mit ihrem gesunden Realitätssinn durchaus eine Stütze hätte sein können. Eleonore verstand die Passivität ihres Mannes nicht; für sie musste ein Herrscher tatkräftig, rege und leutselig sein, wollte er zum Wohl des Volkes regieren. Sie selbst war durch das Desinteresse Friedrichs an ihrer Person zur Macht- und Bedeutungslosigkeit verurteilt. Es ist wie ein Wunder, dass sie an der Seite ihres Mannes nicht innerlich völlig verkümmerte, dass sie trotz der Abgeschie-

denheit, in der sie lebte, immer noch Gelegenheiten fand, bedeutende Persönlichkeiten ihrer Zeit um sich zu scharen. Die Feste,
die sie – oft gegen den Willen des Kaisers – gab, wurden zu
glanzvollen Höhepunkten in ihrem Leben. Hier konnte sie
Politik machen, hier verteidigte sie die Machtansprüche der
Habsburger auf den böhmischen und ungarischen Thron, hier
fand sie offene Ohren gegen die Ungarn, deren ehrgeiziger
König Matthias Corvinus Friedrich schwer zu schaffen machte,
und hier zeigte sie bedeutenden, namhaften Männern, die es sich
zur Ehre anrechneten, bei der Kaiserin geladen zu sein, die Ziele
und Wünsche der habsburgischen Politik auf. Charmant, wie sie
war, konnte sie ihre Theorien auf unkomplizierte Art so vortra-
gen, dass alle von der schönen Frau hingerissen waren. Und mit
diesen Einladungen nützte sie ihrem politisch unklugen Gemahl
wahrscheinlich mehr, als er wahrhaben wollte. Eleonore wurde
in den wenigen Jahren, in denen sie in Österreich lebte, innerlich
mehr ein Mitglied der Familie Habsburg, als es Friedrich jemals
gewesen war. Die feste und enge Bindung an das Geschlecht hat
sie ihrem Sohn Maximilian mit auf den Lebensweg gegeben. Er
vergaß es nie, dass die »Casa d'Austria« die Vorrangstellung in
Europa einnehmen sollte. Die Kaiserin hatte sich im Laufe der
Jahre zu einer echten Persönlichkeit entwickelt, sie war es, die
ihrem Sohn glänzende Eigenschaften vererbte, und letztlich
wurde sie zu einer echten Stammmutter der Habsburger. Als sie
am 3. September 1467, wenige Tage vor ihrem 31. Geburtstag,
starb, weinten am Kaiserhof viele um sie, am wenigsten wohl ihr
eigener Mann, mit dem sie sich überworfen haben soll. Er konnte von nun an ganz in seiner eigenen Welt leben, und keiner störte ihn mehr. Nur selten zeigte er sich seinen Kindern, meist verbunden mit lautem Türengeknall, denn der Kaiser hatte die seltsame Angewohnheit, Türen nicht mit der Hand, sondern mit
den Füßen zu schließen. Alles hielt den Atem an, wenn er sich
näherte, und besonders die Kinder hatten unter seinen ständigen
Rügen und Nörgeleien zu leiden. So waren alle froh, wenn er
wieder in seinen Gemächern saß und ungefähre Berechnungen
über den Lauf der Gestirne anstellte – er hatte nie genau stu-
diert, wie man dies wissenschaftlich durchführen könne. Das

überließ er seinen Hofastrologen und -astronomen, die in seinem Auftrag zu arbeiten hatten. Alles, was mit der Zukunft zusammenhing, interessierte ihn brennend, und je mehr er versuchte, durch allerlei Künste Einblick in ferne Zeiten zu gewinnen, desto mehr vergaß er die Gegenwart und überließ sehr bald die Politik seinem jungen Sohn Maximilian. Er aber konnte sich zu kuriosen Experimenten zurückziehen, bei denen ihn die Hoffnung leitete, doch noch blinkendes Gold in den Phiolen zu entdecken oder das »Lebenswasser« ausfindig zu machen, ein Allheilmittel für sämtliche Krankheiten.

Friedrich gilt als der ewige Zauderer auf dem Thron, die »Erzschlafmütze des Reiches«; bedenkt man aber, dass er sich diese Rolle nicht hat aussuchen können, so urteilt man doch verständnisvoller über einen Mann, der lieber Alchimist oder Medicus geworden wäre oder als Einsiedler sich ganz seinen Versuchen hingegeben hätte. Friedrich war ein Sonderling, der nie hätte heiraten dürfen. So war er nicht nur selbst unglücklich in seinem Amt, er vergällte auch seiner Frau und seinen Kindern das Leben.

In seinen letzten Lebensjahren war der seltsame Kaiser beinahe zur Legende geworden. Er lebte nun zurückgezogen in Linz, wo er in seinem Garten Blumen und Gemüse anbaute. »Stolz wie ein König« zeigte er sich, wenn seine Früchte die größten und schönsten in der ganzen Umgebung waren. Die Bauern liebten ihn und zogen ehrerbietig die Mützen, wenn er in der Kutsche vorbeifuhr; die Vertreter des Adels und der Geistlichkeit freilich rümpften die Nase, wenn sie hörten, dass der Kaiser nicht zu Pferd übers Land fahre, sondern sich wie eine Frau kutschieren lasse. Da der alte Mann so anders war als die anderen, konnte es nicht ausbleiben, dass man ihm allerlei Teufelsmagie in die Schuhe schob, dass man behauptete, er fange Fliegen und sammle Mäusekot, sei verblödet und abartig. Niemand wurde zu ihm vorgelassen, der berichten hätte können, wie es um den Kaiser wirklich stand. Längst schon hatte er sich aus dem öffentlichen Leben zurückgezogen, und erst als er vom Altersbrand befallen wurde und ihm die Ärzte ein Bein amputieren mussten, wurde man wieder auf ihn aufmerksam. Es grenzte an ein Wunder, dass die mit äußerst primitiven Mitteln durchgeführte Amputation glückte. Obwohl sich der Kaiser auch erstaunlich rasch erholte, verschied er aber dennoch kurze Zeit darauf ganz plötzlich: Wie die Ärzte konstatierten, hatte er zuviel Melonen gegessen.

Ein ungeliebter, unbekannter und vielfach auch verkannter Kaiser war tot. Schon zu Lebzeiten hatten hervorragende Künstler in seinem Auftrag ein Hochgrab im Stephansdom zu Wien errichtet; hier wollte Friedrich allein beigesetzt werden. Eleonore ruhte schon seit langem in Wiener Neustadt. Man zögerte, den Leichnam nach Wien zu überführen, in die Stadt, mit der er zu Lebzeiten so große Schwierigkeiten gehabt hatte. Aber die Volksseele ist wandelbar, besonders das Gemüt der Wiener: Jetzt waren alle verstummt, die ständig mit dem Kaiser unzufrieden gewesen waren. Hunderte säumten seinen letzten Weg, und so mancher, der Friedrich zu Lebzeiten gehasst hatte, wischte sich nun heimlich eine Träne aus dem Auge. Der Tod ließ vergessen, dass niemand diesen Kaiser haben wollte, der nicht für dieses Amt geboren war und sich ein Leben lang selber im Weg gestanden hatte.

Herrscher im Schatten

MAXIMILIAN II.

Ungläubig starrte König Ferdinand auf das Schreiben, das ihm soeben überreicht worden war. Noch einmal überflog er die Zeilen und rieb sich die Augen. Es konnte doch nie und nimmer möglich sein! Sein ältester Sohn Maximilian, der seit geraumer Zeit in der engsten Umgebung des Kaisers weilte, sollte ein so lasterhaftes und liederliches Leben führen, wie er es diesem Brief entnehmen musste? Ferdinand und seine von ihm innigst geliebte Gemahlin Anna von Ungarn hatten sich doch jahrelang persönlich um die Erziehung der großen Kinderschar in Wien und Innsbruck gekümmert, hatten sorgsam die besten Lehrer ausgewählt, die vor allem die Söhne Maximilian, Ferdinand und Karl zu vollendeten Edelleuten heranbilden sollten. In der glücklichen Familie hatten die Kinder nichts zu entbehren, sie wussten, dass die Eltern sie immer mit Rat und Tat unterstützen würden. Lachen und Frohsinn hatten bis zum Tode Annas im Innsbrucker Schloss geherrscht, in dem schon der legendäre Großvater, der »letzte Ritter« Maximilian I., Jahre seines ereignisreichen Lebens verbracht hatte. Die Kinder, die ihm Anna in schöner Regelmäßigkeit geboren hatte, waren für Ferdinand jedesmal ein wirkliches Geschenk, er begrüßte freudig ihre Geburt und kümmerte sich persönlich um jedes von ihnen. Vor allem die Mutter achtete darauf, dass die Söhne und Töchter nicht in Saus und Braus lebten. Geld war bei den Habsburgern schon lange Mangelware, und der Tisch für die Kinder war einfach, ja bescheiden gedeckt. So wies die Königin Anna die Erzieherinnen ihrer Töchter zum Beispiel an, den Mädchen »ain schwarze Partecken (ein Stück Brot) oder vier zu geben und lassends aufschroten, und wenn sie dürstet, so gebet ihnen ein Sauren Wein oder dünn

Bier; wollen sie es nit trinken, so bringet ihnen den Wasserkrug, alsdann wird ihnen besser.«

Gerne kehrten Gäste bei der königlichen Familie in Tirol ein und sahen mit Erstaunen, wie schön und wohlgeraten die Kinder Ferdinands und Annas waren, wie sehr sie den Eltern Ehrerbietung und Gehorsam entgegenbrachten. Vor allem die drei Söhne waren strenger Zucht unterworfen und hatten bestimmte Zeremonien einzuhalten; so verlangte es der Vater. In seiner Gegenwart durften sie nur mit unbedecktem Haupt stehen, das Barett in der Hand, bis er ihnen endlich einen Wink gab und sie sich setzen durften. Die Mädchen hielt der Vater weniger streng, hier achtete die Mutter auf Sitte und Anstand, sollten sie doch einmal mit den erlauchtesten Prinzen vermählt werden. Wie in allen Herrscherhäusern waren natürlich die Söhne wichtiger, aber durch die neun Mädchen hoffte man verwandtschaftliche Beziehungen zu den mächtigsten Familien Europas herstellen zu können. Schon bald hatten Ferdinand und seine Gemahlin erkannt, dass die Kinder ungewöhnlich sprachbegabt waren; die besten Lehrer unterrichteten die Kinderschar zunächst im Deutschen, später im Lateinischen, der Sprache, die damals für eine vollkommene Bildung unerlässlich war. Später sprachen »Parliermeister« Tschechisch mit den Knaben, und nach einigen Jahren versuchte man es mit dem Französischen, Italienischen, Spanischen und letztlich auch mit dem Ungarischen, der eigentlichen »Muttersprache«. Erstaunlich schnell lernten die Söhne Ferdinands, mühelos fassten sie Neues auf und waren fasziniert von dem, was ihnen die Lehrer über die Geheimnisse der Welt erzählten. Aber auch die körperliche Ertüchtigung kam nicht zu kurz; die drei Jungen saßen vortrefflich zu Pferd und verstanden die Lanze meisterlich zu führen. Dazu waren sie für ihre Liebenswürdigkeit und Leutseligkeit bekannt.

Der älteste Sohn Maximilian, in der Nacht vom 31. Juli auf den 1. August 1527 in Wien geboren, war ein blonder, fröhlicher junger Mann, der überall beliebt war und besonders dem venezianischen Gesandten Giustiniani gefiel, wie wir aus dessen Botschaftsberichten wissen. Nicht wenige waren froh, dass König Ferdinand solch sympathische, leutselige und freundliche Söhne hatte, waren sie doch für große Aufgaben im Reich ausersehen und sollten eines Tages Einfluss auf die politische Entwicklung nehmen. Ferdinand hatte von seinem Bruder, Kaiser Karl V., zuerst durch eine Urkunde vom 28. April 1521 und später durch den Vertrag von Brüssel 1522 weite Gebiete des riesigen Habsburgerreiches als Regent übertragen bekommen, und der ganze Osten des habsburgischen Gebietes würde später einmal, wenn der Vater für immer die Augen geschlossen hatte, diesen Söhnen anheimfallen: dazu gehörten die deutschen Stammlande, Ober- und Niederösterreich, die Steiermark, Kärnten, Krain, Tirol und Vorarlberg, die vorderösterreichischen Gebiete Breisgau und der Sundgau. Natürlich vergaß man bei der Aufzählung auch nicht jene Gebiete, die die Mutter, Anna von Ungarn, Ferdinand mit in die Ehe gebracht hatte, denn nach dem schrecklichen Tod ihres Bruders Ludwig in der Schlacht von Mohács, in der die Türken den jungen König nicht nur geschlagen, sondern auch noch auf grausame Weise massakriert hatten, waren die weiten ungarischen Ländereien zusammen mit Böhmen an Ferdinand gefallen.

Maximilian als der Älteste würde eines Tages große Macht ausüben, und gerade deshalb hatte man ganz besonderen Wert auf eine gründliche, umfassende Bildung gelegt. Um so fassungsloser war nun der Vater, als ihm von den Eskapaden seines Sohnes berichtet wurde. Wie war eine solche charakterliche Wandlung des jungen Mannes möglich gewesen? War nicht der Kaiser, Ferdinands Bruder, der Garant für gute Sitte und Anstand? Aber schon früher hatte man ja Berichte gehört, die auf ein äußerst lockeres Treiben in den Niederlanden schließen ließen. Nicht nur, dass die Sitten dort nie besonders streng gewesen waren, dass man es nicht allzu krumm nahm, wenn Männlein und Weiblein sich nach Lust und Laune vergnügten; jetzt drückte sogar die eigene Familie beide Augen zu, wenn die Schwester des Kaisers und damit auch Ferdinands, Eleonore, in zweiter Ehe mit dem französischen König Franz I. verheiratet, zusammen mit der Mätresse ihres Mannes ihren Einzug in Brüssel hielt! Selbst in den Niederlanden war es ungewöhnlich, dass eine aufgetakelte, dick geschminkte und freizügig gekleidete Person neben einer

Königin im offenen Wagen saß. Karl V. hatte gute Miene zum bösen Spiel gemacht, um den mühselig geschlossenen Frieden von Crépy nicht zu gefährden, wenn er die Mätresse seines ärgsten langjährigen Feindes brüskierte. Franz I. von Valois war empfindlich, und Karl wollte endlich Ruhe.

Ferdinand aber, der zeit seines Lebens ein liebevoller und treuer Ehemann gewesen war, konnte eine solche Einstellung kaum verstehen. Welchen Eindruck musste ein so liederliches Spektakel auf einen jungen Menschen machen! Konnte man seinen Sohn wirklich für seinen – wie es im Brief hieß – unmoralischen Lebenswandel verurteilen, wenn selbst bei Hofe Zustände herrschten wie in Sodom und Gomorrha? Aufs neue entfaltete Ferdinand den verhängnisvollen Brief. Vielleicht war es ein Fehler gewesen, dem Drängen des Bruders nachzugeben und seine beiden ältesten Söhne an den Hof nach Speyer ziehen zu lassen. Es war der Wunsch Karls gewesen, seine Neffen eine Zeitlang um sich zu haben und ihre Erziehung zu überwachen. Die Versuchungen und Gefahren schienen für Maximilian aber damals schon beträchtlich. Man hatte Ferdinand berichtet, sein ältester Sohn errege ungewöhnliches Aufsehen, die Damen ließen ihn nicht aus den Augen und setzten alles daran, seine Gunst zu erwerben. War es da verwunderlich, wenn er mit seinen siebzehn Jahren den Schönen nicht widerstehen konnte? Wohl hatte der Kaiser seinem Bruder beim Abschied in die Hand versprochen, ein Auge auf den Neffen zu werfen, aber er war viel zu beschäftigt, als dass er sich darum hätte kümmern können, welchen Umgang der Junge pflegte und welche Sitten und Gewohnheiten er an den Tag legte. Für Karl stand nur eines fest: Maximilian sollte seine Tochter Maria heiraten, die in Spanien aufgewachsen war, und später als Statthalter Karls – eventuell in den Niederlanden – die Regentschaft führen, wenn Not am Mann war.

Bis dahin konnte sich der junge Mann austoben, so viel er wollte. Und er tat es gründlich. In Speyer und überall, wo er hinkam, gab es rauschende Feste mit üppigen Banketten, es wurde getafelt und getrunken bis in die späte Nacht, und wenn Maximilian dann die Lust nach einem weiblichen Wesen überkam, fiel er über die erstbeste Dienerin her und suchte sich sein Vergnügen. Und war sie nicht willig, so schreckte er auch nicht davor zurück, Gewalt zu gebrauchen, und kümmerte sich weder um Bitten noch um Tränen. Ja, er war ein Haudegen, wie man ihn sich damals vorstellte, Vorbild für seine Freunde, die mit ihm die Turniere besuchten und sich mit dem wendigen jungen Mann im Kampfe maßen. Dann wieder warf man sich ins allegorische Kostüm und ging in den bunten Umzügen mit, die allenthalben veranstaltet wurden, um im Schatten der Nacht, hinter der Maske verborgen, wieder Frauen und Mädchen anzufallen. Welch ein Spaß, besonders wenn die vergewaltigten Frauen verheiratet waren und man sich das Gesicht des gehörnten Ehemannes vorstellte!

Welch unchristliches Leben! Vielleicht waren auch die protestantischen Freunde des Prinzen schuld? Schon als Knabe hatte Maximilian erstaunliche Neigungen zum Protestantismus gezeigt, und nur mit Mühe war es seiner frommen Mutter gelungen, Maximilian auf den rechten Weg des Glaubens zu führen. Und nun sollte sich alles als vergebliche Liebesmüh erweisen?

Es half nichts, Ferdinand musste seinem Sohn die Leviten lesen. In lateinischer Sprache wollte er ihn zur Rede stellen, damit das Dienstpersonal, das die Zeilen eventuell zu Gesicht bekommen würde, nicht verstehen konnte, was er Maximilian zu sagen hatte. Der Herrscher hielt sich nicht lange mit einleitenden Worten auf, sondern kam bald zu seinem eigentlichen Anliegen: »Glaube mir, wenn Du so weitermachst, wie Du angefangen hast, so sind Deine Seele, Deine Ehre und Dein guter Ruf für immer verloren, und Du wirst dabei nicht alt werden. In der Besorgnis, Du mögest Dich nach meinem Tode zu einem zügellosen Lüstling auswachsen, ermahne ich Dich darum dringend, Dir in der Unzucht etwas mehr Mäßigung aufzuerlegen. Wenn Du sie aber trotzdem nicht entbehren kannst (was ja freilich ein Zeichen von Schlechtigkeit ist und wovor ich Dich gerne bewahren möchte), so gehe doch wenigstens behutsam zu Werke, errege kein öffentliches Ärgernis, lass die verheirateten Frauen in Ruhe und wende nie wieder Drohung oder gar Vergewaltigung an!«

Schwer waren dem Vater die Zeilen gefallen, aber Ferdinand sah es als seine Pflicht an, den Sohn in die Schranken zu weisen. Außerdem sollte er endlich heiraten! Vielleicht würde sich dann seine Leidenschaft auf seine eigene Frau beschränken, und er kam doch noch zur Vernunft. In Ferdinands Augen war es beschämend, dass ein Ritter des Goldenen Vlieses – Maximilian war dies 1546 geworden –, der die goldene Halskette mit dem fein gearbeiteten goldenen Widderbalg tragen durfte, einen so üblen Leumund im Reich besaß. Maximilian hatte immerhin bereits Interesse daran gezeigt, eines Tages als Nachfolger seines Vaters Kaiser zu werden. Schon 1522 war beschlossen worden, dass Ferdinand seinem Bruder Karl V. als Kaiser auf den Thron folgen sollte; wie es aber dann weitergehen würde, das stand immer noch in den Sternen. Die gemeinsame Schwester Maria, die als Statthalterin in den Niederlanden die Geschäfte mit außergewöhnlicher politischer Umsicht führte, bevorzugte in den Sukzessionsgesprächen, bei denen sie Sitz und Stimme hatte, zwar Maximilians spanischen Cousin Philipp, den einzigen legitimen Sohn des Kaisers, aber so ganz war die Sache noch nicht entschieden: Kam Zeit, konnte auch noch ein anderer Rat kommen! Ferdinand aber sah die Chancen seines Ältesten schwinden, wenn sich Maximilian nicht allmählich auf den Pfad der Tugend begab. Auch die abgebrühtesten Schürzenjäger unter den Kurfürsten würden keinen sittenlosen Lüstling zum Kaiser des Heiligen Römischen Reiches Deutscher Nation wählen; galt doch der Kaiser als oberster Schutzherr der Christenheit. Feinde gab es genug, die nur darauf lauerten, den Habsburgern etwas am Zeug flicken zu können. Schon die Wahl Karls V. war auf des Messers Schneide gestanden, und nur die Bestechungsgelder Jakob Fuggers hatten schließlich die Kurfürsten dazu gebracht, dem Enkel des verstorbenen Kaisers Maximilian ihre Stimme zu geben und nicht dem verschlagenen, durchtriebenen König von Frankreich, Franz I., der sich fast schon als Nachfolger Karls des Großen gefühlt hatte.

Und jetzt bahnte sich eine ähnlich schwierige Situation innerhalb der habsburgischen Familie an. Maximilian hatte angedeutet, er würde es nie einsehen, wenn sein spanischer Vetter

Philipp, der weder deutsch noch niederländisch sprach oder verstand, Kaiser im Reich werden sollte. Aber Philipp war der Sohn Karls, und somit hatte er mehr Anspruch auf die Kaiserkrone als Maximilian.

Wie der mahnende Brief des Vaters auf den jungen Heißsporn wirkte, davon schweigt die Geschichte. Vielleicht ging er für einige Zeit in sich, denn er fühlte bestimmt, wie sehr sich Ferdinand um ihn sorgte. Im Grunde seines Wesens war Maximilian ja kein schlechter Mensch, manchmal aber nicht imstande, sein Temperament im Zaum zu halten; er musste erst allmählich lernen, sich zu beherrschen. Dabei konnte er sonst, vor allem in religiösen Fragen, durchaus sein wahres Gesicht verbergen und fast nie offen seine wahren Gedanken zeigen. Nur zu bald hatte er in der Umgebung des Kaisers gesehen, dass es opportun war, seine religiöse Einstellung nicht allzu deutlich auszusprechen, noch dazu, wenn sie mit der des kaiserlichen Onkels nicht in Wort und Schrift übereinstimmte. Die Lehren Martin Luthers waren bei dem jungen Mann nicht auf taube Ohren gestoßen. Schon früh hatte er sich mit den Thesen beschäftigt, die so viel Staub aufgewirbelt, zum Zwiespalt innerhalb des Reiches geführt und schließlich den Schmalkaldischen Krieg ausgelöst hatten. Die Missstände in der katholischen Kirche, vor allem der schäbige Ablasshandel, verlangten nach Reformen; dass damit politische Veränderungen Hand in Hand gehen mussten, war im Jahre 1517, als die Thesen an der Schlosskirche zu Wittenberg angeschlagen wurden, nicht abzusehen gewesen.

Der junge Mann stand in einer langen Geschichte der Glaubensstreitigkeiten. Für sein Alter überraschend diplomatisch, ließ er die anderen reden und lernte allmählich die Kunst des Verstellens, des »Dissimulierens«, bis zur Perfektion, bis am Ende niemand mehr genau wusste, welchem Glauben er zuneigte. So tauchten immer wieder Behauptungen auf, Maximilian II. sei heimlich zum protestantischen Glauben übergetreten.

Alle konnte Maximilian täuschen, nur nicht den kaiserlichen Onkel. Karl V. fühlte, dass der temperamentvolle Neffe mit den Lutheranern sympathisierte; das aber machte ihn ungeeignet für den Kaiserthron! Nur sein eigener Sohn Philipp, überzeugter

Katholik in Wort und Tat, war der einzig wahre Nachfolger!
Lange wurde im Familienrat in Augsburg über diese Frage diskutiert, viele Meinungen wurden vorgetragen und wieder verworfen; schließlich einigte man sich auf den Kompromiss, dass
die habsburgischen Linien sich bei der Wahl des Kaisers ab-
wechseln sollten: einmal sollte die österreichische Linie den
Kaiser stellen, dann die spanische, dann wieder die österreichische und so weiter, möglichst bis in alle Ewigkeit!

In Augsburg entschied sich auch das private Geschick
Maximilians – für den Geschmack des jungen Lebemannes viel
zu schnell: Beide Väter, Karl und Ferdinand, unterschrieben im
Hause Anton Fuggers den Ehevertrag zwischen Maximilian und
der um ein Jahr jüngeren Tochter Karls, Maria. In Augsburg
pflegte Karl immer im Hause der Fugger abzusteigen; hier fühlte er sich wohl, hier konnte er üppig essen, worauf er besonderen
Wert legte, hier wurden ihm jene Annehmlichkeiten geboten,
die er so oft entbehren musste.

Düster verfolgte Maximilian die Verhandlungen. Er hatte
weder Zeit noch Lust, nach Spanien zu ziehen, um das Mädchen
zu heiraten, von dem er nur wusste, dass es seine Cousine und
streng katholisch sei. Mit einem Federstrich wurde hier seinem
lustigen Leben ein Ende gesetzt, und die Zukunft sah grau für
ihn aus. Aber er wagte keinen Einwand, der ihm außerdem
ohnehin nichts genützt, ja den Kaiser nur noch mehr gegen ihn
aufgebracht hätte. So fügte er sich in das Unabänderliche und
vernahm, dass er zum Nachfolger seines Vaters in Ungarn, Böhmen, den österreichischen Erblanden und Grafschaften ernannt
werden sollte. Außerdem bot ihm der Kaiser die Titularkönigs-
würde in Böhmen an; seine Tochter Maria sollte wenigstens eine
Königkrone tragen, wenn auch eine ohne Macht und Einfluss.
Die Väter erklärten sich außerdem bereit, dem jungen Paar nach
der Hochzeit Geld zur Verfügung zu stellen; Ferdinand verpflichtete sich jährlich 60000 rheinische Gulden zu zahlen, die
das Herzogtum Schlesien und die Ober- und Niederlausitz auf-
zubringen hatten. Der Kaiser zeigte sich ebenfalls großzügig und
versprach seiner »filiae carissimae«, seiner geliebten Tochter, die
doppelte Mitgift: 200000 Dukaten in Gold, zusätzlich aus

dem Erbteil, ihrer Mutter Isabella 100 000 burgundische Kronentaler. Wo der Kaiser das versprochene Geld hernehmen sollte, wusste er wahrscheinlich selbst nicht. Karl hatte im Laufe seines Lebens so manches erworben, aber niemals Reichtümer. Die drückenden Schulden an allen Orten, in allen Landesteilen hatten ihn immer wieder bewogen, noch mehr Kredite aufzunehmen, und die Fugger waren gern bereit, dem Kaiser große Summen zu leihen – freilich nicht aus Gutherzigkeit: Karl musste ihnen unter anderem im Laufe der Jahre die Silberminen in Tirol und die Bergwerke in Kärnten verpfänden. Eine Hand wusch die andere, und die Hand des Kaisers war jedenfalls immer leer. Trotzdem sollte seine Tochter fürstlich ausgestattet werden.

Dem jungen Maximilian dauerten die Gespräche in Augsburg schon viel zu lange. Unter den Augen seines Vaters und seines Onkels musste er sich solide zeigen und konnte nicht tun und lassen, wonach sein Herz begehrte. Der Ehekontrakt interessierte ihn nicht im Geringsten, er wollte nur so schnell wie möglich weg. Heimlich, bei Nacht, verließ er mit kleinem Gefolge die Reichsstadt, um Moritz von Sachsen zu treffen, der nach der Schlacht von Mühlberg statt des geschlagenen Kurfürsten Johann Friedrich von Sachsen vom Kaiser die Kurwürde übertragen bekommen hatte. Mit dem schlauen Fuchs Moritz wollte Maximilian für spätere Zeiten vorbauen; der Sachse hatte großen Einfluss im Reich, und obwohl er sich seit neuestem ganz katholisch zeigte und bei der Messe in Augsburg sogar die Kerze trug, wusste der Prinz doch, dass Moritz seine wahre, protestantische Gesinnung nicht geändert hatte. Er konnte ihm, wenn es zur Kaiserwahl kam, sicherlich sehr von Nutzen sein. Die beiden Männer schlossen eine durch Handschlag besiegelte geheime Vereinbarung, die besagte, dass Moritz niemals einen anderen als Maximilian zum Kaiser wählen würde. Mit dieser geheimen Zusicherung konnte Maximilian sich getrost auf Brautfahrt nach Spanien machen. Aber nicht mit klopfendem Herzen und großer Ungeduld wie einst sein Urgroßvater und Namensvetter Maximilian I. trat er den langen Weg an; missmutig stellte er ein Gefolge zusammen, lauter Haudegen wie er selbst, und ohne

Eile trabten die Pferde durch Süddeutschland. Der Kaiser hatte längst gemerkt, dass sein Neffe und zukünftiger Schwiegersohn von der bevorstehenden Heirat nicht sonderlich angetan war. Er hatte dem Frieden nie so recht getraut und wartete ab, bis Maximilian wirklich die Alpen überschritten hatte, um dann erst in Italien nach dem Rechten zu sehen.

Maximilians Reise führte über München und Mittenwald in Richtung Innsbruck. Überall, wo der Bräutigam einkehrte, wurden prunkvolle Feste für ihn gegeben; man wusste, dass er solche Lustbarkeiten liebte, und versuchte daher, den hohen Gast auf jede mögliche Weise zu erfreuen und bei Laune zu halten. Als Dank für die Gastfreundschaft überreichte der junge Mann dann den Stadtvätern goldene oder silberne Ketten, ab und zu auch einen Becher, auf den sein Bildnis geprägt war. Man sollte sich gerne an ihn erinnern. Ob allerdings die Mädchen und Frauen, die er in Mittenwald und kurz vor Innsbruck zusammenfangen ließ, damit er und sein Gefolge ihren Spaß an ihnen hätten, später noch gerne an die adeligen Herren dachten, die sie wie Strauchdiebe überfallen hatten, ist eher zweifelhaft. Schnell sprach es sich im Tirolerischen herum, dass die adeligen Herren etliche junge Weiber gefangen, sie missbraucht und dann, beschenkt mit ein paar Gulden Schweige- oder Schmerzensgeld, entlassen hätten. So wurde vermerkt: »Den 17. Juni zu Mittenwald haben Ihre Fürstliche Durchlaucht etliche Weiber gefangen, denselben verehrt im Beisein Peters von Mollart 1 Gulden 8 Kreuzer. Den 18. Juni, wie die Fürstliche Durchlaucht oberhalb der langenwiesen auf Innsbruck zu hat reiten wollen, haben Ihre Fürstliche Durchlaucht etliche Weiber gefangen, denselben im Beisein des Herrn Adam Schmeckobitz verehrt 1 Gulden 30 Kreuzer.« Die liederlichen Sitten Maximilians hatten sich also keineswegs gebessert, im Gegenteil, vielleicht trieb ihn der Gedanke an die bevorstehende Heirat noch einmal so recht in die Ausschweifung. Und die Mädchen und Frauen waren den adeligen Wüstlingen hilflos ausgeliefert; nirgends konnten sie sich beschweren, kein Gericht würde sie anhören und die Verführer bestrafen! Sie konnten noch froh sein, wenn sie mit Geld abgefunden wurden.

Dabei schrieb ein Freund Maximilians, der Graf Wolrad von Waldeck, ein Protestant, voll gutem Gewissen in sein Tagebuch: »Der Herr führe ihn hin und zurück und bewahre ihn vor Trug und Unglauben der Iberer.«

Nach den wilden Tagen von Innsbruck traf Maximilian im alten Schloss seiner Kindheit seine Geschwister wieder. Freilich war die Freude getrübt, da die geliebte Mutter schon vor einem Jahr, bei der Geburt ihres 15. Kindes, gestorben war. Als damals Maximilian vom Tod seiner Mutter erfahren hatte, war er voller Schmerz und Verzweiflung aus dem kaiserlichen Lager geflohen. Mitten in der Nacht hatte er eigenhändig sein Pferd gesattelt und war mit verhängtem Zügel, nur von einem verlässlichen Knappen begleitet, leise davongeritten. Seine Flucht war aber nur allzu bald bemerkt worden; sein Kämmerer Thomas Perrenot von Chantennay hatte sich sofort aufs Pferd geschwungen und schon bei der zweiten Poststation, noch vor Tagesanbruch, den Flüchtigen eingeholt, der wütend den Degen gegen den Verfolger zückte. Der Aufenthalt Maximilians bei seiner Familie in Tirol dauerte nur kurz; in Spanien wartete man in voller Ungeduld auf ihn. In Mailand, wo es einen begeisterten Empfang für den künftigen Schwiegersohn des Kaisers gab, zeigte sich Maximilian von seiner besten Seite, leutselig und charmant, und die Leute konnten sich kaum sattsehen an dem hübschen jungen Prinzen. Andrea Doria, italienischer Seeheld und kaiserlicher Großadmiral und nun Kommandant der Schiffe, die den Bräutigam endlich in die Arme seiner Braut führen sollten, erwartete die Gesellschaft in Genua.

Am 20. Juli 1548 stach man in See, aber Maximilian sollte keine unbeschwerte Überfahrt erleben. Meterhohe Wellen warfen die kleine Flotte hin und her, mehrmals wurden die Schiffe von den Wogen überrollt. Nass bis auf die Haut, von Übelkeit befallen, lag Maximilian unter Deck, als ihn heftiges Fieber zu schütteln begann. Der Prinz glaubte sein letztes Stündlein gekommen. Er konnte keinen Bissen essen, nur nach Trinkbarem gelüstete es ihn in seinem Fieberwahn. Die Tage auf dem Meer wurden zu Ewigkeiten, und als die Schiffe endlich die spanische Küste erreichten, war der junge Mann völlig entkräftet und nur noch ein Schatten seiner selbst. Aber darauf konnte man bei den lange geplanten Hochzeitsfeierlichkeiten keine Rücksicht nehmen; Zeit und Ort waren schon vor Monaten festgelegt worden. Am 13. September 1548 fand die Trauung in Valladolid statt, zu der Maximilian wie zu seiner eigenen Beerdigung erschien: abgezehrt, bleich, immer noch fiebernd, mit einer Leichenbittermiene, die zu seinem Äußeren passte. Die erwartungsvolle Maria musste einen schrecklichen Eindruck von ihrem jungen Bräutigam bekommen, von dessen Feurigkeit man selbst in Spanien hinter vorgehaltener Hand geflüstert hatte.

Die alte, traditionsreiche Stadt zeigte sich im Feierkleid, alles war festlich illuminiert, von den Häusern flatterten bunte Fahnen, Kinder streuten Blumen, und die Menschen brachen in Hochrufe aus, sobald sich das Paar zeigte. Nach dem Festmahl, dem Maximilian kaum einen Blick schenkte, so übel war ihm, folgte die Aufführung eines Dramas von Lodovico Ariosto, zu Ehren des Brautpaares verfasst. Für Maximilian war es eine Erlösung, als die Festlichkeiten sich dem Ende näherten; aber auch die nun folgende Hochzeitsnacht verlief nicht so, wie er es sich vielleicht früher vorgestellt hatte. Wie damals üblich, hatte sich im Vorraum des Brautgemaches der halbe Hofstaat versammelt, um den Fortgang der Ereignisse zu verfolgen. Aber so angestrengt man auch lauschte, es war nicht viel zu vernehmen, so dass mancher enttäuscht von dannen zog. Einer, der es genau wissen musste, berichtete darüber:

»In der Hochzeitsnacht ist er nur ein einziges Mal bei seiner Frau gelegen, und dann nie mehr, weil ihn die Krankheit daran hinderte; erst seit er wieder gesund ist, schlafen sie regelmäßig beisammen.«

Maximilian selbst dachte wahrscheinlich nur mit äußerst gemischten Gefühlen an seine ersten Tage und Nächte in Spanien zurück. War ihm das spanische Wesen schon vorher eher unsympathisch gewesen, so trugen diese Erinnerungen nicht gerade dazu bei, das Land und seine Bewohner mit angenehmen Empfindungen zu verbinden. Einzig und allein seine Braut gefiel ihm von Anfang an. Es war wohl Liebe auf den ersten Blick, denn schon am 19. September äußerte sich Maximilian seiner

Tante Maria gegenüber, dass er seine Braut »ganz frisch, gesund und nach seinem höchsten Wohlgefallen« angetroffen habe. Über seinen Gesundheitszustand zeigte er sich weniger optimistisch; er beklagte das »neidige Glück«, dass er gerade zu dieser Zeit bei so schlechter Gesundheit gewesen sei, wo er ihrer »am passten (am besten) bedürftig«.

In Spanien zeigte man wenig Verständnis für die eheliche Zurückhaltung Maximilians, und bald waren Gerüchte im Umlauf, die beiden jungen Leute hätten keine besondere Zuneigung zueinander. Aber schon bald mussten selbst die größten Skeptiker erkennen, dass Maria und Maximilian unzertrennlich, ein Herz und eine Seele geworden waren. Die kluge und einfühlsame Maria hatte den jungen Lebemann in ihren Bann geschlagen; keine außergewöhnliche Schönheit, besaß sie doch eine unwiderstehliche Ausstrahlung, die auf Maximilian magnetisch wirkte und ihn alle anderen Frauen, die er besessen hatte, vergessen ließ. Seit seiner Eheschließung wurde es wider Erwarten ruhig um ihn, und so sehr sich vor allem seine Feinde bemühten, einen dunklen Fleck in seinem Privatleben zu finden: man konnte ihm nichts mehr nachsagen.

Die ersten Ehemonate verbrachten beide mehr schlecht als recht. Der kaiserliche Schwiegervater war ein recht saumseliger Zahler, und Maximilian und Maria warteten lange und schließlich vergeblich auf die versprochene Mitgift. So war es verständlich, dass der ohnehin nicht sehr spanienfreundliche Maximilian immer mehr nach Hause drängte; aber da er auf Wunsch seines Onkels seinen Cousin Philipp zu vertreten hatte, der sich in den Niederlanden aufhielt, war an eine baldige Abreise nicht zu denken.

Als alle Anzeichen für eine Schwangerschaft Marias sprachen, war die Freude nicht nur bei den zukünftigen Eltern groß; auch Karl V. richtete herzliche Zeilen an den Schwiegersohn, beglückwünschte ihn und empfahl ihm, seine Frau zu schonen, da dies gerade bei der ersten Schwangerschaft besonders nötig sei. Man hätte nun meinen können, Maximilian würde sich allmählich im Land der geliebten Frau einleben, aber alles in ihm sträubte sich gegen die spanische Lebensart, gegen das steife

Zeremoniell, gegen den bigotten Katholizismus, gegen die rigorose Art, wie man gegen Andersgläubige vorging, die als »Ketzer« oft genug auf den Scheiterhaufen ein grässliches Ende fanden. Das war nicht das Leben, das er sich vorgestellt hatte! Ein Brief nach dem anderen traf in Wien ein, immer drängender wurden die Bitten des Sohnes an Ferdinand, ihm doch endlich die Rückkehr zu gestatten. Als aber schließlich der königliche Befehl zum Aufbruch kam, war der Zeitpunkt denkbar ungünstig: Maria erwartete schon wieder ein Kind, und Maximilian konnte seine hochschwangere Frau unter keinen Umständen mit auf die weite, beschwerliche Reise nehmen. So brach er allein auf und versprach ihr, sie so bald wie möglich nachzuholen.

Im Reich hofften viele darauf, dass Maximilian eines Tages, sollte er Kaiser werden, einen wahren Ausgleich zwischen Katholiken und Protestanten zustande bringen würde. Aber noch war es lange nicht soweit; Kaiser Karl V. wollte unter allen Umständen seinen Sohn Philipp als Nachfolger im Reich sehen, wenn er auch in stillen Stunden selbst an seinem Plan zweifeln musste. Er kannte die Haltung der Kurfürsten, die von vornherein gegen alles feindlich eingestellt waren, was eine fremde Mentalität zeigte. Auch seiner klugen Schwester Maria, die immer wieder als Beraterin in familienpolitischen Belangen nach Deutschland kam, war längst klar, dass die Wahl Philipps zum römisch-deutschen Kaiser zu einer innenpolitischen Katastrophe führen musste. Für den Herrscher war die Situation äußerst kompliziert. Hatte er selbst nur einen Weg der unglücklichen Kompromisse in den religiösen Streitigkeiten gefunden: sein Sohn, der den »Ketzerglauben« durch Scheiterhaufen und Inquisition mit Stumpf und Stiel auszurotten suchte, würde das Fass zum Überlaufen bringen. Andererseits war Philipp sein einziger Sohn und Erbe; warum sollte ausgerechnet der Sohn des Bruders, noch dazu einer, der in den Augen des Kaisers ein durchtriebenes Spiel um die Macht spielte, die Nachfolge antreten?

Maximilian wusste, worum es in Deutschland ging. Mit offenen Augen sah er, wie sein Onkel bei den Zusammenkünften in Augsburg seinen Sohn favorisierte und alles daransetzte, die

Thronfolge Philipps zu sichern. Aber der Kaiser hatte die Rechnung ohne Maximilian gemacht, dessen Beziehungen weit über die dynastischen Grenzen hinausgingen. Schon im Schmalkaldischen Krieg hatte er auch im protestantischen Lager Freunde gefunden, mit denen er so manchen Humpen geleert hatte, die ihn als lebensfrohen jungen Mann kannten, die hofften, er würde als Kaiser die verfeindeten christlichen Religionen versöhnen können. Er wandte sich nun an August von Sachsen, den Bruder von Kurfürst Moritz, und an Christoph von Württemberg, und beide, ebenso wie viele andere protestantische Fürsten, versicherten – natürlich im Geheimen –, sich mit allen Mitteln für eine Wahl Maximilians einsetzen zu wollen. Karl V. und auch Philipp mussten schließlich resignierend erkennen, dass der Streit um die Nachfolge im Reich entschieden war.

König Philipp sollte zusammen mit seinem Vetter zurück nach Spanien reisen; Maximilian wollte endlich seine Familie zu sich nach Wien holen. Es war eine seltsame Fahrt über den Brenner; obwohl die beiden jungen Männer dasselbe Ziel hatten – Genua –, ritten sie doch nicht zusammen, sondern jeder für sich, mit seinem eigenen Gefolge. In Genua angekommen, ließ sich allerdings eine Zusammenkunft nicht mehr umgehen, da nicht genügend komfortable Schiffe zur Verfügung standen, so dass beide gemeinsam an Bord gehen mussten. Maximilian vermied es, so gut er konnte, seinem spanischen Vetter, der zugleich sein Schwager war, zu begegnen; zu tief war die Kluft zwischen den beiden. Maximilian, der die spanische Sprache gut beherrschte, sprach mit Philipp immer nur deutsch, obwohl der Spanier der deutschen Sprache nicht mächtig war. Das Verhältnis zwischen den beiden verbesserte sich dadurch natürlich nicht, und als sie in Spanien an Land gingen, war die Stimmung auf dem Gefrierpunkt angelangt.

So schnell er konnte, ließ Maximilian alles zusammenpacken, was Maria als Mitgift mitbekommen hatte, und gab dann sogleich Order zum Aufbruch. Alle möglichen Dinge wurden an Bord geschafft, die man in Wien nicht entbehren wollte; besonderes Erstaunen aber erregte ein leibhaftiger Elefant, der, von

einem Mohren geleitet, mitgeführt wurde. Das Tier war ein
Geschenk des Königs von Portugal an Maximilian, und dieser
wollte sich unter keinen Umständen davon trennen. Welches
Aufsehen würde das exotische Tier in Wien erregen!

Nach der gefürchteten Überfahrt kam die prinzliche Familie
in Genua an und setzte unter Jubel und Beifall in einem wahren
Triumphzug ihren Weg durch die italienischen Städte fort. In
Trient wurde eine Pause eingelegt; dort tagte schon seit geraumer Zeit das Konzil, das über all jene Unzukömmlichkeiten
innerhalb der katholischen Kirche beraten sollte, die von Martin
Luther so sehr angeprangert worden waren und schließlich zur
Reformation geführt hatten. Es erwies sich als äußerst schwierig,
eine Neuordnung des alten Glaubens herbeizuführen; zuviel
Verwerfliches hatte sich im Laufe der Zeiten eingebürgert und
war nur noch schwer abzuschaffen. Für alles gab es gute Gründe,
und die hohe Kirchenversammlung stand vor einer kaum zu
bewältigenden Aufgabe.

Man zeigte sich erfreut und zugleich abwartend, als das Prin-
zenpaar in Trient einzog. Die geistlichen Würdenträger kannten
Maximilians Einstellung den Protestanten gegenüber und wussten, dass er im evangelischen Lager mehr Freunde besaß als im
katholischen. Aber man hoffte darauf, dass der Schwiegersohn
des Kaisers, der Sohn und eventuelle Nachfolger König Ferdinands, seine Haltung in religiösen Fragen doch noch zugunsten
der katholischen Sache ändern würde. Mit großer Freundlichkeit, beinahe Herzlichkeit wurde die junge Familie im Haus
Kardinal Madruzzos aufgenommen, wo man sie aufs Beste be-
wirtete und mit Musik und Tanz unterhielt, um Maximilian von
den unerfreulichen Querelen fernzuhalten, die die Kirchenversammlung belasteten. Obwohl zum Konzil auf Befehl des
Kaisers auch Protestanten geladen waren, führte dies nur zu neuerlichen Streitigkeiten; schließlich wandten sich die Protestanten an Maximilian, der versprach, sich beim Kaiser für sie zu ver-
wenden. Für den Prinzen war diese Situation eher vorteilhaft,
konnte er doch durch seine Parteinahme wieder neue, einfluss-
reiche Freunde im Reich gewinnen, die er dringend gebrauchen
konnte.

Am letzten Tag des Jahres 1551 traf Maximilian mit seiner Frau und den Kindern Anna und Ferdinand in Innsbruck ein, wo er vom Kaiser erwartet wurde. Aber aus der Familienbegegnung, auf die sich vor allem Maria gefreut hatte – sie war die Lieblingstochter Karls –, wurde eher ein Familienstreit. In Karl V. und Maximilian prallten zwei gegensätzliche Naturen aufeinander, für die es keine Gemeinsamkeiten geben konnte. Und so musste Maria schmerzlich erkennen, dass ihr Vater und ihr geliebter Mann sich niemals einigen würden.

Endlich aber kam es zur Entspannung der Atmosphäre: Maximilians Schwager Albrecht V. von Bayern, Gemahl seiner Schwester Anna, traf Anfang des Jahres 1552 in Tirol ein und lud die kleine Familie ein, einige Zeit in dem ruhigen oberbayrischen Städtchen Wasserburg am Inn zu verbringen, um sich dort ein wenig zu erholen. Aber auch die Tage in Wasserburg standen unter keinem guten Stern. Maximilian erkrankte so schwer, dass man um sein Leben zittern musste. Die Gesellschaft saß fröhlich beim Wein, als der junge Mann wie aus heiterem Himmel totenblass wurde, sich am Tisch festklammerte und die Besinnung verlor. Entsetzt schrie seine Frau auf. Man brachte den Ohnmächtigen in ein nahe gelegenes Zimmer; ratlos standen die Gäste herum, bis schließlich doch jemand auf die Idee kam, um die Ärzte zu schicken. Noch immer lag Maximilian leblos; auch die Mediziner wussten keinen Rat, verordneten aber auf alle Fälle den üblichen Aderlass, von dem sie sich eine allgemeine Reinigung und Kräftigung erwarteten. Als Maximilian endlich, nach einer halben Ewigkeit, die Augen wieder aufschlug, stöhnte er vor Schmerzen und konnte kaum ein Wort herausbringen. Man verordnete abführende Mittel, worauf er von Herzbeschwerden, Koliken und Podagra-(Gicht-)anfällen gequält wurde. Wegen schrecklicher Magenschmerzen konnte er die nach geheimen Rezepten zubereitete Spezialmedizin nicht zu sich nehmen. Schluchzend und verzweifelt lag Maria vor dem Krankenlager auf den Knien und flehte alle Heiligen im Himmel an, ihr den geliebten Mann nicht zu rauben. Sie konnte sich ein Leben ohne ihn nicht mehr vorstellen, auch wenn er ihre Frömmigkeit zu ihrem Leidwesen nicht teilte.

Boten galoppierten in aller Eile an den Wiener Hof, um König Ferdinand vom verzweifelten Zustand seines ältesten Sohnes zu berichten. In einem lichten Augenblick hatte Maximilian schwer verständliche Worte gemurmelt, unter denen immer wieder »Gift!« zu hören war. Der Verdacht konnte nicht ausbleiben, der junge Mann wäre im Auftrag Kardinal Madruzzos vergiftet worden. Auf diese Vermutung hin verabreichten die Ärzte allerhand Gegenmittel, um die Wirkung giftiger Substanzen unschädlich zu machen. So gab man ihm unter anderem Antimon, von dem ein Schüler des berühmten Arztes Paracelsus behauptet hatte, es wäre als Aufbaumittel besonders zu empfehlen. Zwar waren anfangs Mönche an einer Überdosis Antimon gestorben – daher der Name »Anti Monchium« –, aber später wusste man mit dem neuen Mittel umzugehen und glaubte, es verleihe wahre Wunderkräfte.

Entsetzt hörte Ferdinand vom Zustand seines Sohnes; als guter Christ konnte er sich zwar nicht vorstellen, dass ein gottesfürchtiger Mann wie Kardinal Madruzzo nach dem Leben seines Sohnes trachten würde, aber als seine Leibärzte, denen er die Symptome geschildert hatte, bedenklich die Köpfe wiegten, schickte er doch in höchster Eile um gelehrte Männer, die sich mit der Herstellung von Gegengiften beschäftigen sollten. Tag und Nacht wurde gekocht und gebraut, und schließlich brachten Vertraute des Königs eine große Anzahl von Flaschen und Fläschchen auf schnellstem Wege nach Wasserburg.

Im Befinden des Todkranken trat nur sehr langsam eine Besserung ein; ganz erholte sich Maximilian nie mehr. Zeit seines Lebens hatte er mit Herzanfällen zu kämpfen, und auch sein Magen blieb überempfindlich, was sich bei der im 16. Jahrhundert üblichen derben Kost immer wieder schädlich auf seine Gesundheit auswirken musste. Obwohl er sich mit den besten Leibärzten umgab, wie etwa dem berühmten Johann Krafft (Crato von Crafftheim), der schon in den Diensten seines Vaters gestanden hatte, konnte ihn keiner wirklich heilen. Vielleicht hätte ihm seine kluge Schwägerin Philippine Welser, die sich intensiv mit der Heilkunst beschäftigte, helfen können, aber an die »geheime« Frau seines Bruders Ferdinand wollte sich Maxi-

milian unter keinen Umständen wenden, im Gegenteil: er verurteilte die morganatische Ehe Ferdinands mit der schönen Bürgerstochter und wäre wohl lieber gestorben, als die »Hexe« um Rat zu fragen. Als Maximilian halbwegs wieder zu Kräften gekommen war, setzte die Familie ihren Weg nach Wien fort. Allzu lange hatte man schon gesäumt. Die Stadt hatte sich für den Einzug des hohen Paares gerüstet und wartete ungeduldig, wann der beliebte Prinz mit seiner Gemahlin und den Kindern endlich nach Hause käme. Seit Tagen hatte man die engen Straßen und Gassen von allem Unrat befreit, der sonst einfach aus den Häusern geworfen wurde, die Fenster waren geputzt, die spitzgiebeligen Fassaden mit Blumen und Fahnen geschmückt. Endlich kündigten von ferne Trommler die Ankunft des Festzuges an. Aber wie staunten die Wiener, als sie nicht nur Maximilian und Maria zu Gesicht bekamen, die leutselig nach allen Seiten winkten, sondern auch ein riesiges, unheimliches Wesen durch die Stadttore stapfte! Pechschwarz, genauso wie der kleine Mann in grellbunten Kleidern, der das seltsame Tier am Zügel führte. So mancher bekreuzigte sich, fiel auf die Knie und sprach ein »Gott sei bei uns«, um sich vor dem Teufel, und nur ein solcher konnte der Schwarze sein, zu schützen. Mädchen kreischten, Frauen fielen in Ohnmacht, und erst beruhigende Worte Maximilians konnten dem Tumult ein Ende machen. Er erklärte den aufgeregten Leuten, dass es sich hier um ein ganz und gar harmloses, ja friedliches Tier handle, einen afrikanischen Elefanten, den ihm der portugiesische König vor seiner Abreise aus Spanien zum Geschenk gemacht habe und den er seinen Wienern nicht vorenthalten wolle. Auch sei der schwarze Mann nicht der Teufel, sondern ein Mohr, aus einer Gegend, in der alle Menschen eine schwarze Hautfarbe besäßen. Jubel brauste nun auf, und man lobte und pries den Prinzen. Dem Elefanten erbaute man am Graben ein eigenes Haus, wo ihn jedermann besichtigen konnte. An der Fassade war eine Tafel angebracht, die an den Einzug Maximilians erinnerte:
»Dieses Thier ist ein Elefant,
Welches ist weit und breit bekannt,

Seine Größ also gestallt,
Ist hier fleißig abgemallt,
Wie der König Maximilian
Aus Hispanien hat bringen lan
Im Monat Aprilis fürwahr,
Als man zelt 1552 Jahr.«

Maximilian wollte sich endgültig in Wien niederlassen und suchte nach einer geeigneten Wohnstätte für sich und seine sich jährlich vergrößernde Familie. Als begeisterter Jäger liebte er besonders die Donauauen und entschloss sich daher für Ebersdorf als
Bauplatz für ein künftiges Schloss. Mitten in der Natur fühlte er
sich am wohlsten, hier umgab er sich mit anderen exotischen
Tieren, von denen er manche selber mitgebracht hatte – unter
anderem einen »indianischen Raben«, einen Papagei – oder die
ihm von gelehrten Freunden zum Geschenk gemacht worden
waren. In seiner Menagerie befanden sich Löwen, Bären und
Tiger; selbst Biber hielt er in einem Gehege auf der Bastei. Sooft
Maximilian Zeit und Gelegenheit fand, beobachtete er die Tiere
und studierte ihr Verhalten. Lange Gespräche konnte er dann mit
seinen Freunden führen, unter denen sich bekannte Gelehrte seiner Zeit fanden, wie etwa der Naturforscher Charles de l'Ecluse
(Clusius), ein Botaniker, der an der philosophischen Fakultät
lehrte und in begeisterten Worten die Schönheit der Gärten und
Parks von Ebersdorf beschrieb. Maximilian zog es auch hinaus in
die Voralpen, wo er manche Pflanze ausgraben und mit nach
Wien nehmen ließ; auf sein Geheiß wurde auch die erste Ross-
kastanie, die von dem Diplomaten David Ungnad aus Konstantinopel mitgebracht worden war, in der Stadt eingepflanzt. Viele
andere in Österreich damals unbekannte Gewächse versuchte
man zu kultivieren; so gelang es auch erstmals, Tulpen und Lev-
kojen in Wien zur Blüte zu bringen. Staunend standen die Leute
vor dem Haus des berühmten Gelehrten und Diplomaten Ogier
Ghislain de Buspeck, der von einer Reise nach Konstantinopel
Fliedersamen mit nach Wien gebracht und, nachdem einige
Versuche fehlgeschlagen waren, diese seltsame Pflanze schließlich
doch im Monat Mai zum Blühen gebracht hatte. Alle bewunder-

ten den »Lilak« und konnten sich nicht sattsehen an den wunderbar duftenden Blütendolden. Man fand, die Pflanze sehe dem Holunder ähnlich, und so hieß der Flieder in Wien zunächst »türkischer Holler«.

In den Jahren in Spanien hatte Maximilian einen Lebensstil kennen gelernt, der ihm nicht behagte und zu dem er keinen Zugang fand; wohl aber hatte er die prachtvollen Bauten dort bewundert und schon in der Fremde beschlossen, einmal auch aus Wien eine außergewöhnliche Stadt zu machen. Nun bat er Künstler von Rang und Namen in die Donaustadt, um sie zu verschönern. Anfangs war es keine leichte Aufgabe, Baumeister von europäischem Ruf für seine Pläne zu begeistern; allzu provinziell und kleinstädtisch wirkte die Residenz. Aber schon bald folgte Alexander Colin einer Einladung und schuf für Maximilian einen großartigen Renaissancebau, das so genannte »Neugebäude« in der Nähe des heutigen Zentralfriedhofs. An besonders schönen Orten der Umgebung, wie in Schönbrunn oder im Prater, entstanden kleine Pavillons, die Maximilian auf seinen Jagden zur Erholung dienten. Maler, Bildhauer und Holzschnitzer fanden bei ihm begeisterte Aufnahme, und er zählte sie zu seinen Freunden.

Von Jugend an hatte Maximilian eine besondere Vorliebe für Bücher und Handschriften. Er selbst war ein eifriger Briefeschreiber, und seine Freunde konnten sich glücklich schätzen, durch den späteren Kaiser persönlich über alle Ereignisse informiert zu werden. Wie er selbst das Schreiben liebte, so freute er sich auch besonders, wenn man ihm schöne alte Handschriften zum Geschenk machte. Die Registratur und Ordnung seiner Sammlung übertrug er dem Niederländer Hugo Blotius; den nach Wissen und neuen Erkenntnissen Strebenden sollte seine Sammlung zugänglich gemacht werden. Maximilian selbst gab dazu die Anweisung und begründete sie: »denn eine noch so wohl versehene Bibliothek, die nicht zum Gebrauch offen steht, gleicht einer brennenden Kerze unter einem darüber gestürzten Scheffel, deren Licht niemand wahrnehmen kann.«

Kaum nach Wien zurückgekehrt, begannen für Maximilian unruhige Zeiten. Sein Vater hatte gehofft, der Aufenthalt in

Spanien würde ihn nicht nur moralisch, sondern auch religiös gefestigt zurücklassen. Ferdinand war sich nie im Klaren darüber, welchem Glauben sein Ältester nun eigentlich wirklich zuneigte – und hatte dabei selbst bei der Wahl der Erzieher, die er persönlich überwachte, einen entscheidenden Fehler begangen. Nach langer und reiflicher Überlegung hatte er im August 1536 Wolfgang Schiefer, einen Elsässer, mit der Erziehung seines ältesten Sohnes und späteren Nachfolgers betraut. Ferdinand wähnte seinen Sohn in den besten Händen und fiel vermutlich aus allen Wolken, als er erfuhr, Schiefer sei ein Vertrauter und gelehriger Schüler Martin Luthers gewesen und schrecke nun nicht davor zurück, die Lehren des Reformators auch bei den Königssöhnen eifrig zu verbreiten. Beinahe mit Schimpf und Schande jagte man ihn vom Hof, aber die Saat des Zweifels war schon in die Brust Maximilians gelegt worden. Überall, auch in Österreich, bekannten sich Adel und Volk bereits zur lutherischen Lehre. Die Worte der Bibel allein und nicht die, wie man glaubte, verlogenen Dogmen der katholischen Kirche sollten den Weg zum ewigen Heil weisen. Die Worte der lutheranischen Prediger waren dem Volk näher, und Priester, die selber heiraten und Familien gründen durften, mussten doch die Sorgen und Nöte der Mitmenschen besser verstehen können als die oft scheinheiligen Würdenträger der alten Lehre, die alles Menschliche mit Verboten belegten, aber im Verborgenen die größten Sünder waren.

Mit großer Sorge verfolgte Ferdinand diese Entwicklung in seinen Ländern. Genau wie sein Bruder, der Kaiser, war er ein gläubiger Katholik, erkannte aber auch, dass es in dieser kritischen Frage keine endgültige Entscheidung geben konnte. Als 1555 der Augsburger Religionsfrieden einen Schlussstrich unter alle Unsicherheiten setzen sollte, ahnten vielleicht beide, Ferdinand und Karl V., dass auch die Lösung »Cuius regio eius religio« nur ein Kompromiss sein konnte. Denn wenn der Landesherr die religiöse Einstellung seiner Untertanen bestimmte, dann führte das zwangsläufig zu Unzufriedenheit innerhalb der Bevölkerung, und außerdem blieb immer noch die Frage offen, welchem Glauben die reichsunmittelbaren Städte anhängen sollten.

Maximilian wusste, dass es auch ihm nicht gelingen würde, dieses so schwierige Problem zur Zufriedenheit aller zu lösen. Seine Sympathien jedenfalls galten den Protestanten, seine engsten Freunde kamen aus dem protestantischen Lager, und am Wiener Hof hielt er gegen alle Widerstände einen Prediger, den er besonders schätzte: Johann Sebastian Pfauser, der mit Weib und Kind in Wien eingezogen war. Ferdinand war dieser Mann von Anfang an ein Dorn im Auge, und in stundenlangen Unterredungen mit seinem Sohn suchte er Maximilian zu überzeugen, dass er, der spätere König und wahrscheinlich auch Kaiser, unmöglich einen evangelischen Hofprediger protegieren könne. Gewöhnlich endeten diese Auseinandersetzungen im Streit zwischen Vater und Sohn, und Maximilian äußerte sich eines Tages voller Zorn, er wolle nicht länger unter der Zuchtrute des Vaters stehen. Auch Maria versuchte ihren Mann zu beeinflussen und sein Herz für die alleinseligmachende katholische Lehre zu öffnen. Spitzel überwachten jeden Schritt und Tritt und teilten jedes nur halbwegs verfängliche Wort, das der junge Mann von sich gab, sofort dem Kaiser mit. Maximilian kam sich wie ein Gefangener vor und bemerkte verbittert in einem Schreiben an Kurfürst August von Sachsen, er habe den Eindruck, er hätte eine Kette um den Hals und nicht nur allein am Halse, sondern an den Füßen. Man »traue ihm gar nicht, wäre wie ein Mönch im Kloster, hätte auch niemand Treuen um sich, hätte Leute bei sich, die er lieben wollte, dass sie weit von ihm wären, müsste es dulden bis zu seiner Zeit, hätte einen breiten Rücken, könne es wohl tragen. Die kaiserliche Majestät wäre ihm spinnefeind; könnten Sie ihn im Löffel ertränken, so täten Sie es.«

Da Maximilian am Hof in Wien keinen Gleichgesinnten und auch keinen wahren Freund fand, dem er sich blind anvertrauen konnte, schrieb er häufig an August von Sachsen; die Briefe, die er abfasste, waren entweder chiffriert oder in Geheimschrift, zu deren Entzifferung Maximilian August eine Anleitung gab:

»Hiermit überschickh ich Euer Lieb am Zetl; do Sie es lesen wollen, so nemen Sie am Schtickle von ainem Badschbamen (=Badeschwamm) als groß als ein Taler, netzen denselben wol in ainem Melissawasser, und überschtraichen bemelte Zetel damit

wol ain 3 oder fiermal; do Sie es aber alsdann nich wol lesen
khunten, so mögen Sie ain Liecht in ainer finsteren Khamer
anzinten und bemelte Zetel wolgenetzter gegen bemelten Liecht
halten, so verhofe ich Euer Lieb sollen sie lesen khunen, so aber
nit, so wollen michs Euer Lieb berichten, so will ichs in der Zifer
schraiben, so ich mit Euer Lieb in Brauch bin.«

Das Verhältnis zwischen Vater und Sohn besserte sich auch
nicht, nachdem Kaiser Karl 1556 in Brüssel seine Kaiserwürde
niedergelegt und sich für den Rest seines Lebens nach Spanien
zurückgezogen hatte. Auch Maximilian hatte die zu Tränen rüh-
rende Abdankung des schwerkranken, durch lange Kriege und
Streitigkeiten entnervten Kaisers miterlebt, die aus einer tiefen
Resignation heraus zustande gekommen war. Sein Vater
Ferdinand übernahm nun die zermürbende Aufgabe, ein in allen
Fugen ächzendes Reich zusammenzuhalten und gleichzeitig den
Feind im Osten, die mit aller Kraft anstürmenden Türken, aufzuhalten. Der neue Kaiser Ferdinand I. brauchte dringend Hilfe
aus den eigenen Reihen, einen Sohn, auf den er sich felsenfest
verlassen konnte. Und daran zweifelte er, solange er lebte. Sein
Sohn hatte heimlich den protestantischen Fürsten geschrieben,
um auszuloten, wie weit er sich auf ihre echte Loyalität ihm
gegenüber verlassen könnte. Jedem einzelnen hatte er seine
schreckliche Lage am Wiener Hof vor Augen geführt und in
Anspielungen darauf hingewiesen, dass er willens sei, dies zu
ändern, auch wenn er sich dabei gegen seinen eigenen Vater
erheben müsse. Aber die Freunde im Reich machten bloß vage
Versprechungen, die nichts besagten. Es war eine Sache, zu kon-
spirieren, eine andere, sich mit Waffengewalt gegen den Kaiser,
den obersten Herrn des Reiches zu erheben. Maximilian erkannte schnell, dass er seinem Vater machtlos ausgeliefert war, und er
war klug und diplomatisch genug, die deutlichen Signale, die er
empfangen hatte, richtig zu verstehen. Er entschloss sich zu
einem für ihn unwahrscheinlich schweren Schritt: er unterwarf
sich seinem Vater, dem Kaiser. Am 10. Oktober 1562 legte
Maximilian ein Treuegelöbnis ab, das ihn als gläubigen
Katholiken in den Schoß der Familie zurückführen sollte. Vorher
war der von Maximilian so sehr geschätzte Pfauser zum dritten

und letzten Mal entlassen worden; der Prinz sollte sich von allem trennen, was einen schlechten Einfluss auf ihn ausgeübt hatte. Da sich Maximilian endlich doch noch auf dem rechten Weg befand, wollte ihm auch der Vater entgegenkommen. Er wusste um den innigen Wunsch seines Sohnes, das Abendmahl in beiderlei Gestalten nehmen zu dürfen. Bisher hatte es der habsburgfeindliche Papst Paul IV. kategorisch abgelehnt, dem Sohn Ferdinands diese Ausnahme zu bewilligen. Aber jetzt saß ein neuer Mann auf dem Stuhle Petri: Pius IV., ein Papst des Ausgleichs und der Versöhnlichkeit. An ihn wandte sich Ferdinand persönlich; und nach anfänglicher Weigerung erlaubte der Heilige Vater, dass Maximilian wie die Protestanten Brot und Wein zu sich nehmen dürfe; dies aber im Geheimen und nicht vor allen Gläubigen.

Nachdem Maximilian sich zumindest dem äußeren Anschein nach endlich den Lehren der katholischen Kirche unterworfen und mit dem Vater ausgesöhnt hatte, stand der Krönung zum böhmischen König am 20. September 1562 nichts mehr im Wege. Kurz danach gaben auch die Kurfürsten ihr Placet, und Maximilian begab sich mit seiner Gemahlin nach Frankfurt, um zum römischen König gekrönt zu werden.

Als Maximilian im darauffolgenden Jahr noch die ungarische Königskrone zugesprochen bekam, hielt Ferdinand die Zeit für gekommen, die Regierungsgeschäfte seinem Sohn zu übertragen. Der Kaiser war schon lange ein kranker Mann, der sich nur mühselig zu seinen vielen Verpflichtungen geschleppt hatte. Nun schien sein Lebenslicht allmählich zu verlöschen. Immer wieder suchte der sterbende Vater Zwiesprache mit seinem Sohn, denn so sehr ihn Maximilian auch zu beruhigen suchte: Ferdinand konnte seine Augen nicht in Ruhe schließen. Die Sorge um die Einheit des Reiches und um die wahre religiöse Einstellung seines Sohnes schenkte ihm keinen Frieden. Wie sollte es weitergehen, wenn Maximilian als Kaiser doch noch konvertierte? Wo blieb das oberste Ziel eines christlichen Herrschers, die Dogmen der katholischen Religion mit allen Mitteln zu verteidigen? Der Kaiser war nun einmal der von Gott eingesetzte Wahrer des alten Glaubens. Er, Ferdinand, hatte alles versucht und war sich keiner Schuld bewusst. Er hatte die Jesuiten, strenge, gottesfürchtige Männer nach Wien geholt, die einen positiven Einfluss auf den schwankenden Sohn ausüben sollten, aber nur zu bald hatte er die tiefe Abneigung Maximilians gegen die Gesellschaft Jesu erkennen müssen. Wie würde es wirklich weitergehen?

Kaiser Ferdinand konnte in seiner Todesstunde – man schrieb den 25. Juli 1564 – nicht mehr vorhersehen, dass sich Maximilian wahrscheinlich selbst nicht im Klaren war, wohin sein Weg führen würde.

Zunächst kam es zu Unstimmigkeiten mit den Brüdern. Der Vater hatte verfügt, dass seine beiden jüngeren Söhne, Ferdinand und Karl, Teile des habsburgischen Gebietes erben sollten, ein Entschluss, den Maximilian für verhängnisvoll hielt; die Teilung musste über kurz oder lang eine Schwächung der kaiserlichen Hausmacht hervorrufen. Gleichzeitig konnte jeder der Söhne in seinem Land die Religion festlegen, die er bevorzugte. Der jüngste Bruder Karl war ein beinahe bigotter Katholik, und Maximilian befürchtete von allem Anfang an, dass der neue Landesfürst in der Steiermark, in Kärnten und Krain die Gegenreformation mit aller Strenge würde durchführen lassen. Ferdinand hatte Tirol, Vorderösterreich und die Vorlande bekommen; er war zwar gut katholisch, aber als Kunstliebhaber ein toleranter Mann, der über so manchen religiös anders Gesinnten großzügig hinwegsah.

Als Maximilian mit 37 Jahren die Nachfolge seines Vaters antrat, ging ein freudiges Raunen durch die Burgen und Schlösser im Reich. Man hatte ihn schon als jungen Mann schätzen gelernt; er hatte zwar seine stürmischen Manieren längst abgelegt, aber seine Leutseligkeit und Zugänglichkeit waren geblieben. Auch seine spanische Frau hatte daran nichts geändert. Man wusste, dass Maximilian eine mustergültige Ehe führte, obwohl immer wieder Scheidungsgerüchte ausgestreut worden waren, da das Ehepaar sich in Glaubensdingen ganz und gar nicht verstand. Aber selbst die streng katholische Maria hatte geäußert, sie würde niemals ihren Mann verlassen, da er ihr in religiösen Dingen völlig freie Hand lasse. Besonders aber schätzte man in den nichtdeutschen Landesteilen die außerordentlichen Sprachenkenntnisse des neuen Kaisers; er konnte sich mit den Ständen, dem Adel oder auch mit der Bevölkerung fließend in der jeweiligen Landessprache unterhalten. (Für seine Sprachgewandtheit fanden die Ärzte nach seinem Tode übrigens eine kuriose Erklärung: wie es der Sitte der Zeit entsprach, öffnete man den Schädel des verstorbenen Kaisers und stellte fest, dass die Gehirnschale »bemerkenswert trocken und warm« sei. Daraus zog man den Schluss, die vielen Fremdsprachen, die hohe Bildung und die große Klugheit hätten dies bewirkt.)

Maximilian begann seine Tätigkeit als Herrscher ganz anders, als alle vermutet hatten. Allgemein hatte man geglaubt, und wahrscheinlich auch befürchtet, Maximilian würde nach dem Tod des Vaters endlich sein wahres Gesicht zeigen. Aber nichts davon geschah. Nichts wurde verändert, keine Verordnung aufgehoben, kein neues Gesetz erlassen. Maximilian schien zu überlegen, abzuwarten, wie sich die Dinge entwickeln würden.

Er musste nicht allzu lange warten. Die erste große Prüfung kam auf den neuen Herrscher schneller zu, als diesem lieb war: Der siebenbürgische Fürst Johann Siegmund Zápolya unternahm im Verein mit den Türken einen neuerlichen Vorstoß gegen die habsburgischen Gebiete in Ungarn. Maximilian sah sich einer doppelten Belastung ausgesetzt: Er wusste, dass er die Türken, die wie immer mit einem gewaltigen Heer nach Westen zogen, nur mit gutgerüsteten Truppen aufhalten konnte, hatte aber weder Soldaten noch Geld. In aller Eile wandte er sich an die Stände, die eine Gelegenheit witterten, die heikle Lage zu ihren Gunsten ausnützen und religiöse Zugeständnisse erhalten zu können. Auf einem Landtag in Wien im Jahre 1564 wurde der junge Kaiser unter Druck gesetzt: die freie Religionsausübung nach dem Augsburgischen Bekenntnis sollte genehmigt werden, bis es zu einer endgültigen Regelung käme. Aber auch im Reich machte man sich die finanzielle Notlage des Kaisers zunutze: Die Katholiken wollten ein Bekenntnis Maximilians zum alleinseligmachenden Glauben, die Protestanten wiederum forderten vehement die Anerkennung ihrer Religion. Auch der Papst und Philipp II. von Spanien griffen in die

Auseinandersetzung in Deutschland ein, so dass der Kaiser, was immer er entscheiden mochte, auf jeden Fall eine Seite gegen sich aufbrachte. Und eine war so wichtig wie die andere. Maximilian konnte keine klare Linie beziehen, er »dissimulierte«, denn er hatte nur zu klar erkannt, dass der wahre, der gefährliche Feind im Osten stand und nur darauf wartete, das christliche Abendland zu überrennen.

Die Tragik Maximilians II. war, dass er mit wachem Geist die Gefahren der Zeit erkannte, aber nicht dazu berufen und befähigt war, zu handeln. Er war kein Renaissancefürst, kein »principe«, wie ihn Machiavelli als Idealbild prägte; er war ein sehender Zauderer, der das Beste für sein Land und für sein Volk wollte, aber nicht die Kraft besaß, seine Ideen in die Tat umzusetzen. Vielleicht ist dieser hochbegabte, idealistisch gesinnte Kaiser dadurch in den Schatten der Weltgeschichte geraten, weil er nicht der Mann war, das rechte Wort am rechten Platz zu sprechen. Maximilian überlegte lange und gründlich, bevor er eine Aussage traf, und diskutierte seine endlich zustande gekommene Meinung wieder mit vielen verschiedenen Leuten, von denen er glaubte, dass ihr Rat ihm von Nutzen sein könnte. Er hörte auf alle Für und Wider, ohne selber seinen Standpunkt – der wohl oft der richtige gewesen wäre –, klar darzutun. So konnten die Reichsfürsten ihre Macht stärken, konnten untereinander verfehdet und verfeindet sein, aber der Kaiser wurde mit der Zeit zu einer machtlosen, finanziell vollständig vom Wohlwollen der Fürsten und der Stände abhängigen Marionette. Die habsburgische Macht näherte sich einem Tiefpunkt unter einem Mann, der für diese Zeit des Intrigenspiels nicht geboren war.

Nach langem Tauziehen um religiöse Zugeständnisse erreichte Maximilian, vor allem durch persönliche Kontakte, dass ihm vom Reichstag in Augsburg am 30. April 1566 ungefähr 1 700 000 Gulden für den bevorstehenden Krieg gegen die Türken bewilligt wurden. Endlich war es auch in anderen Ländern Europas klar geworden, dass mit dem türkischen Heer nicht zu spaßen war. Der osmanische Sultan hatte den Frieden gebrochen; trotz seiner 75 Jahre hatte sich Suleiman II. wie ein Jüngling aufs Pferd geschwungen und ritt nun, prunkvoll geschmückt, seinem riesigen

Heer voran, mit dem Schwur auf den Lippen, die Deutschen sollten für alles, was sie ihm angetan hätten, büßen.

Die Nachricht vom Aufbruch des Sultans, der seinem Günstling Zápolya Hilfe gegen die Kaiserlichen versprach, löste eine Welle ungläubiger Überraschung, aber auch berechtigter Furcht aus. Gerüchte berichteten von riesigen Feindesscharen, die sich nach Nordwesten wälzten. Das Hauptheer der Türken, vom Sultan selbst befehligt, sei 100 000 Mann stark, das Gefolge wurde mit 40 000 Reitern angegeben, dazu kämen noch 12 000 Janitscharen. Maximilian suchte Hilfe, wo er nur konnte, er wandte sich an den Papst, an Florenz, Lucca, Parma, Genua und Savoyen. In einem dringenden Schreiben bat er seinen spanischen Vetter, er möge die Türken zur See angreifen, um das Landheer zu entlasten. Aber Philipp II. konnte sich nicht dazu entschließen, und so war Maximilian auf die Truppen und Gelder angewiesen, die ihm aus Italien und Frankreich überbracht wurden. Auch in Deutschland kam man nun zur Besinnung. Die Glaubensdiskussionen in Augsburg hatten viel Zeit gekostet; inzwischen hatte der Feind ungehindert weit in die ungarische Tiefebene eindringen können, ohne auf entscheidenden Widerstand zu stoßen. Maximilian äußerte sich bitter über die Hinauszögerung der Hilfe, die die Fürsten schließlich doch genehmigten: »Wollt Gott, wir hetten die 9 Wochen zu Augschpurg in Anfang nit so ubel versaumbt, man wierts noch taglich sehen, was man daran versaumbt hatt.«

Das kaiserliche Heer, das sich schließlich in der Gegend von Wien sammelte, war ein bunt zusammengewürfelter Haufen, dem jede Zucht und Ordnung fehlten. Der Krieg ernährt den Krieg, schien die Devise für die Landsknechte,war auch der Feind noch weit. So plünderten etwa die Italiener die Gegend um Wieselburg völlig aus und nahmen alles mit, was nicht niet- und nagelfest war. Berichte von Zeitgenossen geben beredtes Zeugnis vom Verhalten der fremden Truppen. Man habe »weder Vieh noch Leut, weder Stiefel noch Bank, ja nit ainen nagel in der Wand gefunden«.

Der Auszug der kaiserlichen Truppen in Richtung Osten dauerte fast einen ganzen Tag. Es war ein gewaltiges Heer, das hier zusammengekommen war, und vielleicht hätten die Soldaten mit ihrem anfangs frischen Kampfesmut den türkischen Vormarsch zum vollständigen Erliegen bringen können, wären sie von geschulten, erfahrenen und kampfbereiten Feldherren geführt worden. Aber der Kaiser selbst hatte den Oberbefehl übernommen, und ihm zur Seite standen seine Brüder Ferdinand und Karl, denen der Krieg ebenso bloß als notwendiges Übel erschien wie Maximilian. Der einzige wirklich begabte Heerführer, der kaiserliche Feldoberst Lazarus von Schwendi, der mit einem Teil der Truppen gegen den Siebenbürgerfürsten Zápolya kämpfte, wäre vielleicht in der Lage gewesen, das riesige Heer richtig zu stationieren oder einzusetzen. So wartete man bloß und verließ sich auf unzuverlässige Berichte, was die Türken eigentlich zu unternehmen gedächten. Und je mehr Zeit verstrich, desto weniger konnte man sich entschließen, ob man Schwendi zu Hilfe kommen oder Graf Nikolaus Zriny Truppen schicken sollte, der verzweifelt um die Tag und Nacht von den Türken berannte Festung Szigétvár kämpfte. Der Kaiser wollte von einer Aufsplitterung des Heeres nichts wissen, er fürchtete um die Schlagkraft seiner Truppen und wartete vergeblich auf einen massiven Sturm der Türken.

So vergab Maximilian durch sein Zögern die Chance, die Türken für lange Zeit aus dem ungarischen Raum zu verdrängen, und noch etliche seiner Nachfolger mussten sich mit ihnen herumschlagen. Leute, die es wissen mussten, Späher und Spione, hatten ihn darauf aufmerksam gemacht, dass das türkische Heer nur zahlenmäßig so riesig erscheine; in Wirklichkeit setze es sich größtenteils aus schlecht ausgerüstetem Volk zusammen, das durchaus zu schlagen sei.

Die Zeit aber ging dahin, und allmählich wuchs die Unzufriedenheit unter den Soldaten, die vergeblich aufs Losschlagen hofften. Es gab wenig zu essen, man war schon länger den Sold schuldig geblieben, da die bewilligten und versprochenen Gelder größtenteils verbraucht oder niemals eingetroffen waren, und die Männer hatten keine Beschäftigung. Langeweile machte sich breit, der Branntwein floss in Strömen, und blutige Raufhändel waren an der Tagesordnung. Der Herbst zog ins

Land und mit ihm Kälte, Feuchtigkeit und Krankheiten. Das Unternehmen war zum Scheitern verurteilt. Unauffällig und schnell verließen die Soldaten das kaiserliche Lager, und niemand konnte die Deserteure aufhalten. Selbst Erzherzog Ferdinand machte sich bei Nacht und Nebel zusammen mit seinen Tiroler Leuten davon. Maximilian war über die Treulosigkeit seines Bruders so entrüstet, dass er sich in einem Brief an seinen Schwager, Herzog Albrecht von Bayern, sehr bitter äußerte:

»So kan ich Euer lieb auch mit betriebtn Gemiet nit verhaltn, das main Herr Brueder Ferdinand den vergangnen Erchtag (= Dienstag) aus dem Feld awzogen, unangesehen allen Ausfierungen und Ermanens, so ich Sainer Lieb gethon haw, sainen Ern und anders halwn. Ja, da hart nix geholfen. In summa, ich glauw gewiß, er sai verzaubert, dan ime etzlich Brieflen von der losen Brekin (= Hündin; gemeint ist Philippine Welser, Ferdinands Gemahlin. Anm. d. Verf.) kumen saind; bald dernach hatt er weder Tag noch Nacht kan Ruee gehabt, sonder melankolisiert und gar in ain Fiewer geraten, glaichwol, wie ich hör, ist es besser worden. Also gets, mier ist auch das daraus gefolgt, das die übrigen aus den Erblanden, so sie das gesehen, auch hinwek ziehen, und da ist kain Halt mer. Ich wollt, das die Brekin in einen Sakh schtekt und was nit wo ware. Gott verzeihs mier, thue ich Unrecht, und haw lauter Sorg, man haw die Marhern und Behain aufrierisch gemacht, damit man besser Ursach haw, hinwek zu ziehen; dan sie auf ainmal sich entschlossen hawen lenger nit zu belaiwn, so sie doch derfor kan ainige Meldung gethan hawen, und glaich darauf haw ich Sain Lieb auch nit haltn kunnen.«

Die Festungen Sziget und Gyula waren endgültig an die Türken verloren, und wahrscheinlich wäre es zu einer Katastrophe gekommen, wäre nicht in diesen Tagen Suleiman II. gestorben. Sein Nachfolger Selim II. war nicht aus dem gleichen Holz geschnitzt wie sein kriegerischer Vater, er suchte den Ausgleich, den Frieden mit dem Habsburger Kaiser und wollte sich wieder mit dem jährlichen »Ehrengeschenk« von 30 000 Dukaten zufriedengeben. Am 17. Februar 1568 wurde in Adrianopel neuerlich ein Friede über acht Jahre mit den Türken geschlossen.

Maximilian war noch einmal davongekommen und hatte Glück im Unglück gehabt. Die Rechnung allerdings mussten noch mehrere Generationen nach ihm zahlen. Jahrhundertelang verbreiteten die Türken in Ungarn und in den angrenzenden österreichischen Gebieten Angst und Schrecken, und es sollte noch lange dauern, bis Prinz Eugen sie für immer in die Schranken wies.

Schwierigkeiten über Schwierigkeiten belasteten den Kaiser, und immer noch bezog er keine klare Position, obwohl alle Seiten das von ihm forderten. In der katholischen Kirche herrschten nach wie vor üble Missstände, im protestantischen Lager Zank, Streit und Intoleranz. Dazu kam, dass es auch in Deutschland, in Frankreich und in den Niederlanden eine große Gruppe von Calvinisten gab, die man kurzsichtigerweise von vornherein vom Augsburger Religionsfrieden ausgeschlossen hatte. Mit Schrecken sah Maximilian die Folgen der Pariser Bartholomäusnacht, die Jagd auf die Hugenotten und die Verfolgung der Calvinisten in den Niederlanden durch den Herzog von Alba, der im Auftrag Philipps II. dort wütete. Er sah, wohin religiöses Eiferertum führte; die Aktionen der Spanier waren für ihn Taten von Wahnsinnigen. Seine Haltung vermied alles, was nach Fanatismus und Intoleranz aussah. Einmal äußerte er seine Überzeugung, die ständig schwelenden Religionskonflikte betreffend, in einem Schreiben an seinen langjährigen Freund August von Sachsen:

»Es ist weder gerecht noch richtig; religiöse Streitigkeiten lassen sich nicht mit der Gewalt des Schwertes austragen, sondern nur mit Gottes Wort, christlichem Verständnis und Gerechtigkeit.« Wie viel Toleranz und wahrhaft christliche Gesinnung drücken sich in diesen wenigen Worten aus! Vielleicht trug auch sein Herzleiden Schuld daran, dass sich der Kaiser so wenig tatkräftig zeigte. Selbst als er sich persönlich um die frei gewordene Krone Polens bewarb, setzte er nicht alle Hebel in Bewegung, um dieses verlockendes Ziel zu erreichen, sondern ließ die Ereignisse mehr oder weniger auf sich zukommen und zögerte lange, ob er die angebotene Krone annehmen sollte; eine habsburgfreundliche Partei hatte Maximilian am 12. Dezember 1575 zum König ausgerufen. Zwei Monate ließ er die polnischen Gesandten in Wien warten, bis er durch Handschlag den Eid auf die polnische Verfassung ablegte. Sein ärgster Rivale um die polnische Krone aber, Stephan Báthory, war ein Mann der Tat, er gab sich mit der halben Niederlage, die er erlitten hatte, nicht zufrieden, sondern ließ sich am 1. Mai 1576 in Krakau zum König krönen. Mit seiner wahrhaft menschlichen, humanistischen Einstellung wurde Maximilian erpressbar. Und man nützte dies weidlich aus, anstatt die tolerante Haltung des Kaisers zu schätzen. Je mehr Zugeständnisse er machte oder machen musste, um so mehr forderte man, um so mehr ging es mit der Macht des Kaisers bergab.

Für den Sommer 1576 hatte Maximilian wieder einen Reichstag nach Regensburg einberufen, aber der Aufbruch aus Wien fiel ihm unendlich schwer. Seine Kräfte schienen von Tag zu Tag nachzulassen, und so sehr er sich auch bemühte, sein Leiden zu verbergen, so konnten doch alle, die ihm nahestanden, mitansehen, wie es allmählich mit ihm zu Ende ging.

Jahrelang hatte er nach der Vorschrift der Leibärzte gelebt, die jeden kleinsten Bissen, den er zu sich nahm, streng kontrollierten, die ihm schon vor Jahren geraten hatten, den starken ungarischen Wein, den er so sehr liebte, mit Wasser zu verdünnen, die alle Mittel versucht hatten, um seine Gliederschmerzen erträglich zu machen. Die beinahe täglichen Herzanfälle versetzten ihn in Todesangst, und nur mühsam entschloss er sich zum weiten Weg nach Regensburg.

Erst im Frühsommer versammelte er seine Familie um sich, und zog mit Ross und Wagen die Donau aufwärts. Es schien, als wollte der sieche Körper dem erst 49-jährigen Kaiser nicht mehr gehorchen. In Straubing rieten ihm seine Ärzte zu leichter Kost, die Maximilian allerdings überreichlich genoss. Der Kaiser hatte eine besondere Vorliebe für Donaufische und konnte den Köstlichkeiten, die man ihm im schönen Straubinger Rathaus kredenzte, nicht widerstehen. Dazu trank er weit über den Durst den eher herben Wein. Mehrmals bat ihn die besorgte Kaiserin, an seine Gesundheit zu denken und etwas mäßiger zu sein, aber

Maximilian war in guter Stimmung, das fröhliche Volk von Straubing hatte ihn mit lautem Jubel und frohem Gesang empfangen, der Abend war lau, und er wollte das Leben noch einmal in vollen Zügen genießen.

In der Nacht überfiel ihn starke Übelkeit. Die Ärzte, die Tag und Nacht in seiner Nähe Wache hielten, ließen ihn zur Ader und versuchten, das Ärgste zu verhindern. Nur langsam kehrten die Lebensgeister zurück, Maximilian aber fühlte deutlich, dass sein Weg auf dieser Erde bald zu Ende sein würde. Noch sehr schwach, erreichte er Regensburg, wo die Stände, Katholiken und Protestanten, die sich wieder wie üblich kompromisslos bekriegten, den Kaiser herzlich begrüßten. Wie in alten Zeiten war die Stadt zum Empfang des Kaisers festlich geschmückt, man liebte und ehrte den freundlichen Herrscher, um dessen Gesundheit alle bangten. Maximilian eröffnete mit großer Mühe den Reichstag und hielt eine Rede, die ihresgleichen suchte. Ob man nun mit dem einverstanden war, was er sagte, war Nebensache; hingerissen lauschten alle Anwesenden auf die Worte, die Maximilian mit großer Eindringlichkeit vortrug. Mit glühenden Augen, schon vom Tode gezeichnet, aschfahl im Gesicht, mahnte er die Stände und Fürsten zur Eintracht, zu Ruhe und Ordnung und zum Frieden. Nachdem er die letzten Sätze gesprochen hatte, sank er in sich zusammen, und Diener mussten ihn aus dem Saal tragen.

Obwohl sofort Hilfe zur Stelle war, konnten die Ärzte nicht verhindern, dass er von einer Ohnmacht in die andere fiel. Alles Mögliche machte man für den Zustand des Kaisers verantwortlich; dass er zu viel eiskaltes Wasser getrunken hatte, um den brennenden Durst zu löschen, der ihn ständig plagte; dass er unreifes Obst gegessen hatte … Keiner wusste wirklich Rat, und verzweifelt scharten sich seine Getreuen um das Krankenlager. Als man nicht mehr aus noch ein wusste, verordnete man das Allheil- und Abführmittel Aloe, das den völlig irritierten Magen wieder in Ordnung bringen sollte. Freilich konnten die Ärzte der damaligen Zeit nicht ahnen, dass Aloe zu einer starken Nierenreizung führen kann und, da Maximilian wahrscheinlich auch an Nierensteinen litt, ihm nicht gerade zuträglich war.

Tatsächlich trat im Zustand des Kranken keine Besserung ein, und als alle herkömmlichen Mittel versagten, sandte man eilends nach Ulm um die weitum bekannte Wunderheilerin Magdalene Streicher, die aus geheimnisvollen Ingredienzien ein Mittel zusammenbraute. Wahrscheinlich mischte sie – wie später Tycho de Brahe für Rudolf II. – »ain Skrupel Coraltinktur, Sapphir oder Hyazinthe, eine Lösung von Perlen oder trinkbarem Gold«. Als Stärkungsmittel fügte sie sicherlich noch das bewährte Antimon dazu. Gold galt als Universalheilmittel, und möglicherweise wurden die rheumatischen Schmerzen, an denen Maximilian schon lange litt, durch die Goldeinnahme wirklich etwas gelindert. Aber nur kurz hielt die Wirkung des Wundertranks an. Man hatte schon neue Hoffnung geschöpft, als ein schwerer Rückfall dem Kaiser die Besinnung raubte. Nun sah man, dass sein Ende nahte. Maria, die sich ein Leben lang um das Seelenheil ihres geliebten Mannes bemüht hatte, versuchte mit vor Tränen erstickter Stimme, Maximilian darum zu bitten, er möge doch einen Beichtvater kommen lassen. Aber weder sie noch seine Schwester Anna, die schnell nach Regensburg geeilt war, als sie von der Erkrankung ihres Bruders hörte, konnte den sterbenden Kaiser dazu bringen. In einem lichten Augenblick erklärte er, sein Priester sei im Himmel. Maximilian starb am 12. Oktober 1576, ohne die Tröstungen der katholischen Religion, ohne Beichte und letzte Ölung, im Vertrauen auf Gottes Güte, an die er ein Leben lang geglaubt und auf die er fest vertraut hatte.

Als Mann ohne Taten ist Maximilian II. in die Geschichte eingegangen. Er steht im Schatten von vielen anderen, weit weniger menschlichen, weniger gebildeten, weniger wahrhaft christlichen Persönlichkeiten auf dem Kaiserthron. Die Zeit der Glaubensstreitigkeiten hatte nicht viel übrig für echte Menschlichkeit und Toleranz.

Immer nur der Zweite

MAXIMILIAN VON MEXIKO

»… aber ich will gar kein Kaiserreich haben, das wäre mir gar nicht angenehm, es würde mir viel zuviel Unannehmlichkeiten und Sorgen machen.«

Fast trotzig stieß der kleine Ferdinand Max diese Worte hervor, setzte ein bockiges Gesicht auf und warf den Speer, mit dem er üben sollte, in hohem Bogen durch die Luft. Weder wollte er in Zukunft Kaiser sein, wie er der Hofdame seiner Mutter gegenüber eben gemeint hatte, noch wollte er genau wissen, wie man mit diesem Wurfgeschoss wirklich umging. Krieg spielen war nun einmal nicht die Sache des aufgeweckten und lebhaften jüngeren Sohnes von Erzherzog Franz Karl und seiner bayrischen Gemahlin Sophie.

Fünf Kinder waren dem erzherzoglichen Paar im Lauf der Zeit beschert worden, vier Buben und ein Mädchen, die alle im Schoß der Familie geborgen aufwuchsen, wo die Mutter eine dominierende Stellung einnahm. Als neunzehnjähriges Mädchen war Sophie an den Wiener Hof gekommen, nachdem ihre Eltern, König Maximilian von Bayern und seine Frau Karoline, mit dem Habsburger Kaiser Franz I. die Ehe zwischen ihr und seinem Sohn Franz Karl abgemacht hatten. Der Abschied von der Heimat, vor allem aber von der geliebten Mutter war für Sophie schmerzlich gewesen; noch monatelang zehrte das Heimweh an dem jungen Mädchen. Das Leben hier in Wien, im Zentrum der riesigen Donaumonarchie, war so ganz anders als im beschaulichen München, und Sophie musste sich erst allmählich an die Gepflogenheiten ihrer Umgebung gewöhnen.

Man hatte das gesunde und hübsche Mädchen mit großer Herzlichkeit aufgenommen, vor allem Kaiser Franz selbst, so dass sich die junge Braut bald wohlfühlte. Freilich: der Bräutigam, Franz Karl, war kein Mann, bei dessen Anblick das Herz eines Mädchens höher schlagen konnte. In seiner gutmütigen, braven Art und mit seinem unscheinbaren Äußeren war er beileibe kein Herzensbrecher. Aber Sophie akzeptierte ihn als den ihr von den Eltern bestimmten Gemahl, als den Mann, der so ganz anders geartet war als sie selbst, der zufrieden mit dem war, was er hatte, keine großartige Karriere anstrebte und den die heiße Leidenschaft wahrscheinlich höchst selten übermannte. Da war der junge, schöne Herzog von Reichstadt aus anderem Holz geschnitzt, der unglückliche Sohn Napoleons, der durch die Politik der Siegermächte gezwungen war, sein Gnadenbrot am Wiener Hof zu essen. Von ihm konnte man träumen, auch wenn sich das für die streng katholisch erzogene Sophie eigentlich nicht schickte. Aber sie schätzte und suchte, wo sie konnte, die Nähe des charmanten »Fränzchen«, wie der Herzog genannt wurde, und so gab es nur zu bald Gerüchte, die Vaterschaft vor allem des zweiten Sohnes betreffend: kein Wunder, wo der Ehemann so unendlich unattraktiv und bieder war!

So wenig Sophie zur idealen Ehefrau ihres Mannes geboren war, so perfekt beherrschte sie ihre Rolle als Mutter. Und sie ging mit offenen Augen durch die Welt. Mit Schrecken, aber auch mit Hoffnung beobachtete sie den kranken Nachfolger von Kaiser Franz, seinen ältesten Sohn Ferdinand, der immer wieder von schweren Epilepsieanfällen heimgesucht wurde. Obwohl man den armen Menschen mit der noch ärmeren Prinzessin von Savoyen, Maria Anna, verheiratet hatte, war an etwaige Nachkommenschaft nicht zu denken, da der Erzherzog und spätere Kaiser die Ehe nicht vollziehen konnte. Seine Gemahlin lebte als stille Dulderin wie eine besorgte Schwester neben ihm her. An der Thronbesteigung Ferdinands nach dem Tod von Kaiser Franz im Jahre 1835 war nicht zu rütteln, obwohl jedermann in der Monarchie den beklagenswerten Zustand des neuen Kaisers beobachten konnte. Die alten habsburgischen Gesetze der Primogenitur besagten, dass der Erstgeborene Anrecht auf die Kaiserkrone hatte, standen auch noch so viele fähigere Familienmitglieder zur Verfügung. Für Ferdinand war es ein Glück, dass

Fürst Metternich schon seit geraumer Zeit die Geschicke der Monarchie leitete, wenn auch nicht gerade zum Vorteil des Staates, wie die politische Entwicklung der Zukunft zeigen sollte. So war der zum Regieren unfähige Monarch bloß eine Marionette in den Händen des Staatskanzlers; Metternich konnte, später mit nomineller Hilfe der so genannten Geheimen Staatskonferenz, zu der neben Erzherzog Ludwig und Anton Graf Kolowrat auch Franz Karl gehörte, weiter schalten und walten, wie er wollte. Auch Sophie, die dem Charme und Esprit dieses schillernden Charakters nicht widerstehen konnte, beeinflusste er mit seinen konservativen Ansichten in ihrem Erziehungsstil.

Eines Tages, vielleicht nur zu bald, würde der kranke Kaiser sterben oder abdanken müssen. Und da Sophie von den Fähigkeiten ihres eigenen Mannes, des nächsten in der Thronfolge, herzlich wenig hielt, konzentrierte sie sich voll darauf, ihren eigenen ältesten Sohn, Franz Joseph, auf den altehrwürdigen Thron zu bringen. Die Erziehung des Kindes war von frühester Jugend dahin ausgerichtet, aus ihm einmal einen fähigen und pflichtbewussten Monarchen zu machen. Franz Joseph war Sophies Lebensaufgabe. Dabei vernachlässigte sie aber ihre anderen Kinder keinesfalls, obwohl es nicht leicht war, ihren verschiedenen Neigungen und Temperamenten gerecht zu werden.

Ferdinand Maximilian erblickte am 6. Juli 1832 in Schönbrunn das Licht der Welt und wurde von den dankbaren Eltern mit großer Freude begrüßt. Erst die Geburt eines zweiten Sohnes garantierte ja endgültig den Fortbestand der Familie, wusste man doch bei den ständig auftretenden Seuchen und Krankheiten nie, ob die Kinder alle am Leben blieben. Maxi, wie er im Familienkreis gerufen wurde, war ein ungewöhnlich lebhaftes und phantasiebegabtes Kind, das manchmal nicht leicht zu bändigen war. Man war bei ihm nie vor einer Überraschung sicher, denn auch bei offiziellen Anlässen konnte es geschehen, dass er plötzlich hinter den Gästen Grimassen schnitt oder in Damenkleidung zur Begrüßung erschien. Erzherzogin Sophie, die einen sehr regen Briefwechsel mit ihrer Mutter in Bayern führte, berichtete in ihren ausführlichen Briefen über ihren jüngeren Sohn:

»Ich muss sagen, dass unter den Buben Franzi von allen der Besterzogenste war … Maxi aber gewann alle Herzen, ohne nur im mindesten schön zu sein, zieht er alle Welt durch seine stets wechselnde und Intelligenz verratende Physiognomie, seine herzige kleine Gestalt und seine komische Art an. Es ist wahr, dass er für sein Alter außerordentlich fortgeschritten ist.« Allerdings gab es auch des Öfteren Probleme mit dem »sunny boy«, denn Maximilian kannte seine umwerfende Wirkung nur zu genau und nahm sich alles Mögliche heraus, was die ehrgeizige Mutter keineswegs erfreute. Sophie berichtete nach München:

»Maxi ist sehr faul und schwätzt zu viel, weil seine lebhafte Phantasie ihn wider seinen Willen mit sich reißt. Er wird häufig ausgezankt, aber es ist, als spräche man zu einer Kuh. Doch ist er ein gutes Kind und gewinnt, leichtlebig wie er ist, allen Dingen die gute Seite ab … Er ist ein guter kleiner Herzensjunge, aber sein Leichtsinn und seine Faulheit machen mir manchmal Sorge für die Zukunft. Wenn nur einmal etwas Ordentliches aus ihm wird! Bombelles, der ihn förmlich anbetet, ist guten Mutes, aber Coronini ist manchmal ganz verzweifelt. Maxi zeigt manchmal das Gehaben eines Lazzarone oder Pariser Gassenbuben, wohl weil das französische Blut von Lothringen her und das italienische aus Neapel die Oberhand über das meine gewinnen. Aber dafür besitzt er die Anmut und die tolle und ungestüme Einbildungskraft dieser beiden Nationen …«

Mit seinem älteren Bruder gab es so manchen Raufhandel, weil der ernsthafte und ordentliche Franz Joseph öfter seine Spielsachen vermisste, obwohl er genau wusste, dass er sie an Ort und Stelle aufgeräumt hatte. Maxi war nun einmal ein enfant terrible, dem man aber nie böse sein konnte, da er nach allen Streichen, die er seinen Brüdern Franz Joseph, Karl Ludwig oder dem kleinen Ludwig Viktor spielte, die Geschwister so drollig um Verzeihung bat, dass bald alles vergeben und vergessen war. Nur mit seiner kleinen Schwester Anna, die schon bald, im Alter von nur viereinhalb Jahren, der Tod hinwegraffte, ging er vorsichtig wie ein kleiner Kavalier um, sie verschonte er weitgehend mit seinen manchmal derben Scherzen.

Maxi war ein Kind, das Liebe suchte und Liebe brauchte.

Seine »Aja«, die Baronin Louise Sturmfeder, hatte vor allem seinen älteren Bruder besonders ins Herz geschlossen und war sehr betroffen, als Maxi ihr eines Tages sagte, dass er sie so lieb habe wie sie den Franzi.

Mit wachem und regem Geist verfolgte der heranwachsende Maximilian alles, was um ihn herum vorging. Er fühlte sich vor allem zur Kunst hingezogen, versuchte sich im Malen und Dichten und begann schon sehr bald selber Aufzeichnungen über alles, was ihn bewegte, anzufertigen. Als Zweitgeborener durfte er eine wesentlich freiere Kindheit als Franz Joseph verbringen, hatte nicht so viele Pflichten und musste weniger Rücksichten nehmen. Er wurde auch nicht gezwungen, tagtäglich zu exerzieren und sich mit anderen militärischen Übungen, Paraden und Aufmärschen abzugeben, die ihn ebensosehr anödeten, wie sie seinen älteren Bruder begeisterten. Die Mutter berichtete über die verschiedene Auffassung ihrer älteren Söhne:

»Ich führte Franzi zur Truppenschau und kam aus dem Entzücken nicht heraus; er war genau so begeistert von den Kanonenschüssen, die ganz knapp in seiner Nähe abgegeben wurden, wie von dem Gewehrfeuer, das beim Plänkeln unmittelbar rund um uns erklang. Alle Militärs hatten, wie ich großes Vergnügen an seinem Mut. Bei der Defilierung war auch Maxi an seiner Seite, aber er schien sich eher zu langweilen, weil er sich aus militärischen Dingen so wenig macht, dass ich ihn zu den Manövern des folgenden Tages gar nicht mehr mitnahm. Franzi dagegen sagte nachher, er hätte in seinem Leben nichts Schöneres gesehen.«

Maxi hing lieber seinen Träumen nach, am liebsten in den prachtvollen Parks von Schönbrunn und Laxenburg, er genoss den Duft der Blumen und lauschte hingerissen dem Gesang der Vögel. Hier stellte er seine Lebensregeln auf, die er zu Papier brachte und die er, wo es nur ging, mit peinlicher Genauigkeit beachtete.

Schon sehr früh erkannten auch die Damen bei Hofe den Charme und die Liebenswürdigkeit des fröhlichen jungen Erzherzogs, und bald fanden sich viele Verehrerinnen ein, die von Maximilian bezaubert waren. Schon als Kind behandelte er die Mädchen nicht wie dumme Dinger, wie andere Buben, sondern verhielt sich als Kavalier, der sich schon sehr zeitig mit Heiratsabsichten trug. Seine Mutter berichtete, dass Maxi eines Tages die fixe Idee hatte, die kleine, neunjährige Adelaide Loewenstein zu heiraten. Er setzte sich hin und schrieb der Mutter des Mädchens in seiner unbeholfenen Kinderschrift einen Brief, in dem er ihr seine feste Absicht mitteilte. Die Fürstin verwechselte ihn aber mit seinem jüngeren Bruder Karl Ludwig, worauf er ihr erklärte, dass nicht sein Bruder, sondern er ihre Tochter liebe. Seiner Mutter Sophie gegenüber äußerte er sich unmissverständlich.

»Der Karl kommt doch nicht in Betracht, denn er ist ein dicker Braumeister. Ich aber bin ein dünner, schlanker Bräutigam.« Ferdinand Maximilian entwickelte sich zu einem nicht unansehnlichen, schlanken jungen Mann mit blondem Haar und später blondem Bart. In seinem Äußeren und vor allem in seinen Augen lag etwas geheimnisvoll Schwärmerisches, Romantisches, das die Frauen anzog. Man spürte, dass er aus weichem Holz geschnitzt war, ohne aber unmännlich zu wirken. Er war nicht der Mann, der seine Männlichkeit zur Schau trug, der in letzter Konsequenz alle Dinge durchführte, die er plante oder ankündigte; er war ein Mann der Mitte, aber auch der Halbheiten, der im Vertrauen auf Treu und Glauben unter den Menschen mit halbgeschlossenen Augen durch die Welt ging und dabei die grausame Wirklichkeit nicht klar erkannte. Er gab sich seinen Illusionen hin – und musste dies schließlich mit dem Leben bezahlen.

Als Zweitgeborener war er ein Erzherzog wie so viele andere auch, ein Schicksal, das für so manchen jungen Mann, der das sorgenfreie lustige Leben, ja das Nichtstun bevorzugte, einen besonderen Reiz haben konnte. Aber nicht für Ferdinand Maximilian, für den die Devise galt: »Nur in der Tätigkeit ist Glück.« Wie beneidete er Franz Joseph, der zum Regieren auserkoren worden war, nachdem im Jahre 1848 der kranke Oheim zu Gunsten seines Neffen abgedankt hatte! Der Bruder hatte nun einen beinahe zu großen Aufgabenbereich, in dem er etwas schaffen und leisten konnte; wie gerne hätte ihm Ferdinand Max schwierige Aufgaben abgenommen, wäre ihm mit Rat und Tat zu Seite gestanden! Aber Franz Joseph wollte keine Hilfe, vor allem nicht von Max. Längst hatte er bemerkt, dass sein Bruder bei der Wiener Bevölkerung ungewöhnlich beliebt war und achtete mit Argusaugen darauf, dass der Bruder nicht allzu oft in der Öffentlichkeit auftrat. Konnte man denn nicht eventuell einen Umsturz zugunsten Maximilians planen, vor allem nach der brutalen Niederschlagung der Revolution in Ungarn, die so viel böses Blut gemacht hatte? Franz Joseph war es am liebsten, den Bruder weit weg von Wien zu wissen, und dabei kam ihm die Vorliebe Maximilians für das Meer sehr zustatten. Schon als Kind hatte sich Max in Ischl, wo die Familie immer die Sommermonate verbrachte, nicht wohlgefühlt. Die hohen, steil aufragenden Berge rund um den Ort hatten den Knaben bedrückt. Er fühlte sich eingeengt und begrenzt. Er sehnte sich nach der unendlichen Weite, nach der grenzenlosen Freiheit, die er nur am Meer finden konnte. Wenn er als Erzherzog schon die Militärlaufbahn einschlagen musste, so kam für ihn nur der Dienst in der Marine in Frage. Mit Begeisterung absolvierte er die auch für ihn geltende Grundausbildung auf den oft wenig komfortablen Kriegsschiffen und wurde schon 1854, als 22jähriger, zum Oberkommandierenden der Kriegsmarine ernannt. Maximilian hatte große Pläne mit dem »Stiefkind« der österreichischen Militärmacht; bis jetzt hatte man allen Truppengattungen mehr Augenmerk geschenkt als der Marine, aber unter seiner Leitung sollte es anders werden.

Das Meer lockte Maximilian hinaus in die Ferne. Er wollte fremde Länder sehen, fremde Kulturen kennen lernen. Er unternahm Reisen nach Griechenland, wo er staunend die großartigen Tempel der Antike bewunderte, er ging aber auch in Izmir an Land und sah dort voll Abscheu, wie auch noch im 19. Jahrhundert Menschen als Sklaven verkauft wurden.

Tief beeindruckt suchte der Erzherzog die Stätte seiner Urahnen in Granada auf, wo er vor den Halbreliefs auf den Sarkophagen Johannas der Wahnsinnigen und Philipps des Schönen meditierte, die durch ihre Heirat das riesige habsburgische Weltreich begründet hatten. Hier in Spanien lernte Maximilian die große Liebe seines Lebens kennen, die bezaubernde Amalie von Braganza, der er schon nach kurzer Bekanntschaft sein Herz schenkte. Aber das Glück der beiden war nur kurz; Amalie starb schon ein Jahr später in Madeira an einem bösartigen Lungenleiden. Maximilian konnte Amalie ein Leben lang nicht vergessen und trug den Ring, den sie ihm als Zeichen ihrer Liebe und Treue gegeben hatte, bis zu seinem Tod bei sich.

Hatte der jüngere Bruder des Kaisers schon keine politische Aufgabe von Bedeutung zu erfüllen, so schien es doch günstig, den charmanten und wortgewandten Erzherzog an den europäischen Höfen seine Aufwartung machen zu lassen, um internationale Kontakte zu pflegen. Maximilian wusste vor allem die Herzen mächtiger Damen einzunehmen, wie zum Beispiel das der französischen Kaiserin Eugénie. Anders als die schöne Gemahlin Franz Josephs, Elisabeth, die sich um politische Angelegenheiten kaum kümmerte, außer wenn es um das Schicksal Ungarns ging, beeinflusste die kaum minder schöne Eugénie ihren Gemahl in vielen seiner Entscheidungen. Napoleon III., ein Neffe des großen Korsen, hatte als Frauenkenner der spanischen Schönheit Eugénie von Montijo nicht widerstehen können und sie, da sie anders nicht zu erobern war, kurzweg geheiratet. Freilich hinderte ihn diese Ehe nicht daran, weiterhin amourösen Abenteuern nachzugehen, und um die Eifersucht Eugénies zu besänftigen, wies er ihr immer mehr politische Kompetenzen zu. Eugénie hatte Geist und politischen Verstand, war aber trotzdem nicht davor gefeit, sich von attraktiven, charmanten Männern umgarnen zu lassen, die ihr den Hof machten, um ihre persönlichen Ziele zu erreichen. Besonders zuvorkommend und gutaussehend zeigte sich der Exilmexikaner José Manuel Hidalgo y Esnaurizar. Aus einer andalusischen Adelsfamilie stammend, die versucht hatte, in Mexiko ihr Glück zu machen, hatte Hidalgo das Land wegen der dort herrschenden chaotischen Zustände verlassen und die Stelle als zweiter Sekretär der mexikanischen Gesandtschaft in London angenommen. Als eleganter Mann von Welt ging er in den vornehmen Häusern aus und ein, und so war er auch bei der Gräfin

Montijo in Spanien ein gern gesehener Gast gewesen, der vor allem die beiden jungen, schönen Töchter bezaubert hatte.

In den Augen Hidalgos hätte der Kaiser keine bessere Entscheidung treffen können, als Eugénie Montijo zu heiraten, denn er konnte seinen Einfluss auf sie immer mehr vergrößern, je länger sie verheiratet war. Er war es, der dem französischen Kaiserpaar zum erstenmal den Floh ins Ohr setzte, ein mexikanisches Kaiserreich zu gründen, der auf die unermesslichen Reichtümer des mittelamerikanischen Landes hinwies, der davon sprach, wie sehr Frankreich seine Machtposition stärken könne, wenn es Einfluss in Mexiko hätte.

Was zunächst wie eine ferne Illusion erschienen war, gewann in den nächsten Monaten immer konkretere Gestalt. Als Maximilian seinen Antrittsbesuch bei den kaiserlichen Majestäten in Paris machte, wussten allerdings alle drei noch nicht, dass hier der Mann stand, der einst die Krone Mexikos tragen sollte. Napoleon III., ein keineswegs schöner oder auch nur ansprechender Mann, erschien dem jungen Erzherzog im ersten Augenblick wenig sympathisch, aber je länger er mit dem Kaiserpaar sprach, um so wärmer wurden seine Worte, um so mehr zeigte sich Max von Napoleon angetan. Als er schließlich nach Brüssel abreiste, hatte er das Gefühl, von einem lieben alten Freund Abschied zu nehmen.

In Brüssel erwartete man ihn schon ungeduldig; es gab Pläne, ihn mit der einzigen Tochter König Leopolds I. von Belgien zu verheiraten. Der belgische König aus dem Hause Coburg, der nach der Gründung des belgischen Staates 1831 inthronisiert worden war, ein aufrechter Mann und liebevoller Vater, der das Beste für seine Tochter Charlotte wollte, hatte von dem liebenswürdigen Habsburger schon viel Gutes vernommen, und alle Anzeichen sprachen dafür, dass das Mädchen mit ihm glücklich werden könnte.

Charlotte war ein sehr hübsches Mädchen; ihr eigener Vater bezeichnete sie stolz als die schönste Prinzessin Europas. Niemals sollte sie einen ungeliebten Mann heiraten müssen!

Aber das Glück schien den beiden hold; bald merkte Maximilian, dass das schlanke junge Mädchen mit dem kindlich runden Gesicht, den großen braunen Augen und dem vollen dunklen Haar einen unwiderstehlichen Reiz auf ihn ausübte, und obwohl Charlotte erst sechzehn Jahre alt war, sprach man schon bald von Heirat. Ein prekäres Thema war dabei die Mitgift der Prinzessin. Wenn auch Leopold seine Tochter über alles liebte, war ihm doch auch sein Vermögen lieb und wert; aber so gewinnend Maximilian sich auch sonst zeigen mochte, so hartnäckig war er, wenn es um finanzielle Angelegenheiten ging. Stück für Stück wurde dem König abgehandelt, so dass Charlotte schließlich eine beträchtliche Aussteuer mit in die Ehe brachte, neben dem Trousseau noch reichlich Schmuck, kostbare Gold- und Silbergegenstände und eine Landesdotation von 100 000 Gulden; von König Leopold jährlich 20 000 Gulden als so genanntes »Spennadelgeld«; Kaiser Franz Joseph legte noch 100 000 Gulden dazu und schenkte daneben zur Hochzeit 30 000 Gulden. Maximilian äußerte sich nach den zähen Verhandlungen mit seinem zukünftigen Schwiegervater triumphierend:

»Ich tue mir ein wenig darauf zugute, dem alten Knauser schließlich doch von dem, was seinem Herzen am teuersten ist, etwas abgerungen zu haben.«

Als Schwiegersohn des belgischen Königs konnte Maximilian natürlich nicht ohne Aufgabe in der Welt herumreisen, dazu war auch seine junge Frau viel zu tatendurstig und ehrgeizig. Leopold wandte sich selbst an Franz Joseph und stellte ihm die Lage Maximilians vor Augen. Der Kaiser reagierte überraschend schnell, indem er seinen Bruder zum Generalgouverneur des Königreiches Lombardei und Venetien einsetzte, eines der unruhigsten Gebiete der Monarchie. Hier waren die italienischen Einigungsbestrebungen bereits mit großer Heftigkeit zu spüren, heimlich, dann aber ganz offen unterstützt vom französischen Kaiser. Die Lage begann für den neuen Generalgouverneur schon kurz nach seiner Ankunft gefährlich zu werden. Zwar brachte die Mailänder Bevölkerung dem jungen Paar anfangs Sympathien entgegen – Maximilian, zeit seines Lebens gegen die konservative Politik seines Bruders eingestellt, versuchte durch liberale Gesetze zum Wohle der Bevölkerung zu regieren –, aber man konnte trotz allem nicht übersehen, dass er eben ein

Habsburger war. Gerade durch seine liberale Art konnte er den Aufständischen gefährlich werden. So fand er schließlich weder Rückhalt in Wien, wo man seine Anordnungen beinahe feindselig betrachtete, noch bei der Mailänder Bevölkerung.

Immer unerträglicher wurde die politische Situation für das junge Paar. Seiner Mutter Sophie schrieb Max im Herbst 1858 einen Brief, aus dem seine ganze Unzufriedenheit über die verkehrte Politik Wiens hervorging:

»... Wären nicht die religiösen Pflichten, ich wäre schon längst ferne diesem Land der Qual, wo man die Demüthigungen doppelt fühlt, eine that- und gedankenlose Regierung, die der Verstand vergebens zu vertheidigen sucht, repräsentieren zu müssen. Mit einem Gefühl tiefer Scham bin ich neulich nach Mailand hineingefahren, doppelt gedrückt und gedemüthigt durch die freundliche wohlwollende Art, mit der man uns beide persönlich, so zu sagen als respectable Privatpersonen, empfangen hat. Diese desavouierende Privatfreundlichkeit zeigt mir am besten die Lage der Dinge, zeigt meine Ohnmacht, zeigt aber auch, wie unverantwortlich die Regierung mit dem guten Willen der Masse umgeht. Eines hat man in Wien erreicht, wenn man das bezweckte, so hat man staatsmännischen Geist bewiesen, d. i. dass es keine Opposition mehr gibt. Wie ist dieses Wunder bewerkstelligt worden? Die Erklärung ist einfach; indem nun alle Navas, Archintos, Scottis, Militärs, Beamte, Geistliche etc. Opposition machen. Es ist nunmehr eine Stimme, die der Entrüstung und Missbilligung, die durch das ganze Land hinzieht und der vis a vis ich allein und machtlos stehe; ich fürchte mich nicht, denn das ist nicht Sitte der Habsburger, aber ich schäme mich und schweige ... Wir leben jetzt in einem kompletten Chaos und nur die vollkommene Ruhe, die ich meinen 26 Jahren zum Trotze zu affektieren suche, erhält noch das Ganze mit Ach und Krach; um mich hat alles Kopf und Mut verloren, und mitunter fange ich schon selbst an, mir die Frage zu stellen, ob das Gewissen es erlaube, den Anordnungen der Wiener blind Folge zu leisten ...«

Schweren Herzens entschloss sich Maximilian, sich vorübergehend von seiner jungen Frau zu trennen und Charlotte zu ihrem Vater in Sicherheit zu bringen. Er selbst blieb in Mailand

zurück und schrieb Charlotte im Winter 1858 folgenden Brief:
»... Ich sitze hier festgebannt und einsam wie ein Eremit im
weiten Palast von Mailand, um mich tanzt und schwirrt der
Carneval, bei mir ist's still wie in der Charwochenzeit ... Ich bin
der verlachte Prophet, der nun Stück für Stück das auskosten
muss, was er Wort für Wort den tauben Ohren vorausgesagt hat
und auf den man nun, um die Ursachen vergessen zu machen,
lostrommeln möchte, als sey er es, der durch falsche Milde oder
zuckersüße Güte das Unheil heraufbeschworen habe. Die Welt
ist komisch, sie vergisst ganz, dass der arme Prophet um all das
gebeten hat, was man jetzt in der Todesangst machen möchte:
die Verlegung der Universität Pavia, die Befestigung von
Mailand, die Entfernung der schwachen Beamten, die
Deportation etc. etc. Nur hat er es in ruhigeren Zeiten gewollt,
wo es aus einem System hervorgehende Maßregel gegolten
hätte. Solche Kraftmaßregeln mit wohltuenden Gesetzen
gepaart, waren meinem Charakter nie fremd ...
Zwei Gründe halten mich zurück. Die Pflicht, in schweren
Augenblicken den mir anvertrauten Posten nicht zu verlassen,
und die durch Angst und Nervosität hervorgerufenen Übergriffe so viel als möglich zurückzuhalten... Wo es brennt, da helfe
ich bis zum letzten Augenblick und sollte ich mitten in den
Flammen stehen; wo es gilt, den Karren der Mittelmäßigkeit
mitfortzuwälzen, da spanne man andere Gäule ein.« Maximilian
musste nicht lange warten, bis man diese Gäule gefunden hatte;
seine Tage in Lombardo-Venetien waren gezählt. Mit Wehmut
erkannte er die völlig verfehlte Politik, die von Wien aus immer
noch betrieben wurde. Schon Anfang des Jahres 1859 wurde
Maximilian als Generalgouverneur entlassen und die oberste
Zivil- und Militärgewalt dem Grafen Gyulai übertragen, der die
Fackel des Aufstandes gegen die verhassten Österreicher nicht
mehr löschen konnte. Die Schlacht von Solferino besiegelte das
Schicksal der österreichischen Herrschaft, und Franz Joseph
blieb nichts, als einen schnellen und günstigen Frieden auszu-
handeln. Maximilian, der das Beste gewollt hatte und nichts
mehr verhindern konnte, schrieb voller Resignation an seinen
Schwiegervater:

»Es ist so traurig, unsere schöne und ehemals kräftige Monarchie durch Ungeschicklichkeit, Missverständnisse und rätselhaftes Vorgehen immer mehr und mehr sinken zu sehen.« Wieder einmal stand Maximilian ohne Aufgabe da. Sein Tatendrang war zwar ungebrochen, aber er erkannte ganz genau, dass ihn der Bruder, wo es nur ging, zurückhielt und ihn mit nichts wirklich Entscheidendem beauftragte. Dabei hatte Max sich längst die Sympathien vieler Monarchen gewonnen; Königin Victoria von England war von dem jungen Habsburger hingerissen und hatte sich ihrem Vetter Leopold von Belgien gegenüber geradezu schwärmerisch über ihn geäußert. Auch das Verhältnis zu Napoleon III. und Eugénie war äußerst herzlich geworden; nur der eigene Bruder stand Maximilian nach wie vor misstrauisch gegenüber. Max und Charlotte beschlossen, Schloss Miramar in der Nähe von Triest als ihr zukünftiges Domizil ausbauen zu lassen und hier in der nächsten Zeit zu bleiben. In dieser herrlichen Gegend am tiefblauen adriatischen Meer wollte Maximilian Ruhe und Entspannung finden. Um Tag und Nacht an seine geliebte Seefahrt erinnert zu werden, ließ er das Schloss im Marinestil einrichten; er kümmerte sich auch selber um die Ausgestaltung und um die Anlage des Parks mit exotischen Pflanzen. Diese Tätigkeiten sollten ihn von seinem Schicksal ablenken, durch sie hoffte der tatendurstige junge Mann, Vergessen zu finden.

Auch wenn Maximilian selber zur Ruhe gekommen wäre, auch wenn er für sich selber eine Lebensgrundlage gefunden hätte: Charlotte konnte sich nie und nimmer mit der Rolle abfinden, die der Kaiserhof in Wien dem jungen Paar zugedacht hatte. Sie, die zuerst von Monat zu Monat, schließlich von Jahr zu Jahr auf Kindersegen gehofft und bittere Tränen geweint hatte, dass der Himmel ihr diesen Wunsch nicht erfüllte, brauchte eine Aufgabe, die ihr Leben sinnvoll machen konnte. Und sie wusste, dass auch ihr Mann nicht glücklich sein würde, ohne etwas Bleibendes zu leisten. Um sich von seinen immer wiederkehrenden düsteren Gedanken abzulenken, unternahm Maximilian eine Forschungsreise nach Südamerika. Da der Komfort auf den Schiffen nicht dazu angetan war, auch einer

Frau über Wochen ein halbwegs bequemes Leben an Bord zu ermöglichen, reiste Charlotte allein nach Madeira, während Max die »Novara« bestieg, sein Lieblingsschiff, um nach Brasilien überzusetzen. Triumphierend schrieb er, dass er es sei, der den echten Weitblick habe; er erforsche die Schönheit dieser Erde, bekäme Einblick in andere Länder und sitze nicht wie sein Bruder, der Kaiser, bloß mit dem Federkiel in der Hand hinter dem Schreibtisch. Nur er könne andere Kulturen und deren Menschen wahrhaft begreifen, da er nicht zu Hause hinter dem Ofen liege.

Während Ferdinand Max an Land ging, wurde in Europa über sein zukünftiges Schicksal entschieden, ohne dass er eine Ahnung davon hatte. Am französischen Kaiserhof hatten die Exilmexikaner immer mehr Einfluss gewonnen. Zu jeder Tages- und Nachtzeit empfing Eugénie den galanten Hidalgo und einen zweiten Exilmexikaner, Don José Maria Gutierrez de Estrada, der als Haupt der monarchistischen Partei sein Vaterland hatte verlassen müssen, als Benito Juárez an die Macht gekommen war.

Das mittelamerikanische Land war in den letzten Jahrzehnten, bedingt durch die abgrundtiefen sozialen und rassischen Unterschiede, von einer Krise in die andere getaumelt. Jeder, der die Macht an sich gerissen hatte, suchte sich selbst auf Kosten der Ärmsten der Armen zu bereichern, und dabei ging die katholische Kirche mit leuchtendem Beispiel voran. Hohe kirchliche Würdenträger rafften immer mehr Reichtümer für die Kirche, während die niedere Geistlichkeit das armselige, kümmerliche Leben der Indianer teilte. Unüberbrückbare Gegensätze zwischen den Weißen, die mit einer Million die Minderheit im Lande bildeten, den drei Millionen Mestizen und der indianischen Urbevölkerung machten eine geordnete Politik unmöglich, und alle, die, wenn auch mit guten Absichten, die Regierungsgeschäfte übernahmen, mussten scheitern. So glaubte man lange, nur eine kompromisslose Diktatur könne das Land aus Chaos und Anarchie reißen, aber jeder, der es versuchte, erlebte eine Niederlage. Erst der aus ärmlichsten Verhältnissen stammende Indianer Benito Juárez hatte mit seinen Parolen

Anklang bei der Bevölkerung, aber auch bei den liberal gesinnten Bürgern gefunden, freilich erst, nachdem ein beträchtlicher Teil des Landes an die aufstrebenden USA verloren gegangen war: das heutige Kalifornien, Arizona, Teile von Utah, New Mexiko und das reiche Texas hatten ursprünglich zu Mexiko gehört.

Die besitzlose Masse hatte der »echte Azteke« Juárez, wie er sich bezeichnete, dadurch gewonnen, dass er durch Gesetz die Kirchengüter konfiszieren ließ, und als sich der Erzbischof von Mexiko und andere hohe Kirchenfürsten nicht beugen wollten, ließ er sie einfach ausweisen. Die überhöhten Auslandsschulden erklärte der Präsident für null und nichtig. Einem wirtschaftlichen Aufschwung wäre nun wohl nichts mehr im Wege gestanden, wäre ihm nicht aus den Reihen der Konservativen ein Gegner erwachsen: der frühere Präsident Miguel Miramon. In jahrelangen Kämpfen sollte das Land nicht mehr zur Ruhe kommen, weil Europa wieder glaubte, in Übersee Schiedsrichter spielen und die Geschicke eines Volkes leiten zu müssen, das in Benito Juárez einen zwar skrupellosen und grausamen, aber am Schicksal seiner Heimat interessierten Führer gefunden hatte. Der Indianer, bis zu seinem zwölften Lebensjahr Analphabet war durch Zufall einem reichen Kaufmann aufgefallen, lernte all das, was er in der Kindheit versäumt hatte, nach und studierte Theologie. Mit seiner kleinen, dicklichen Gestalt und dem breitflächigen Gesicht, in dem nur die listigen, kalten Augen auffielen, wäre er der Prototyp des mexikanischen Klosterbruders gewesen, hätte er nicht bald erkannt, dass ihn die Lehren des Himmels weit weniger anzogen als die der Rechtsfindung. Mit leidenschaftlicher Energie und unendlicher Ausdauer schloss er sein Studium der Rechte in kürzester Zeit ab, um sich dann als Advokat niederzulassen. Rigoros kämpfte er sich vorwärts, scheute weder List noch Lüge, um sein Lebensziel zu erreichen: Präsident von Mexiko zu werden, was ihm 1861 schließlich gelang.

In Europa allerdings dachte man anders über das Schicksal Mexikos. Die Exilanten setzten alle Hebel in Bewegung, um den französischen Kaiser zu überzeugen, dass Frankreich einen Fuß auf mittelamerikanischen Boden setzen und im Verein mit England und Spanien einen Kaiser in dem alten Aztekenreich installieren müsse. Und wenn man mit Napoleon und vor allem mit Eugénie von Macht und Einflussnahme sprach, waren beide ganz Ohr; jeder war willkommen, der Pläne unterbreitete, wie der Ruhm Frankreich zu vergrößern sei.

Hidalgo war in den Privatgemächern der Majestäten inzwischen ständiger Gast. Zusammen schmiedete und verwarf man Pläne, wer als Kaiser von Mexiko in Betracht käme. Es war gar nicht so leicht, einen Angehörigen eines regierenden Hauses zu finden, der für dieses hohe Amt von Frankreichs Gnaden geeignet war. Schon lange vorher war einmal der Sieger von Aspern, Erzherzog Carl, der Bruder von Kaiser Franz I., im Gespräch gewesen, aber der klar denkende Realpolitiker hatte das Ansinnen rundheraus abgelehnt. Jetzt aber erinnerte man sich wieder an die österreichischen Erzherzöge und an den jungen Maximilian; der Donaumonarchie würde man keine selbstsüchtigen Ambitionen nachsagen, warum also nicht einen »Schattenkaiser« aus Österreich nehmen? Napoleon und Eugénie waren überzeugt, dass der handsame Prinz, der seinen tatendurstigen Ehrgeiz nur schwer verbergen konnte, für den Plan zu gewinnen sein müsste.

Hidalgo und Gutierrez hatten immer leichteres Spiel in Paris, da Gerüchte nicht verstummen wollten, dass ausländische Bürger durch Juárez zu Schaden gekommen wären, ja dass man ihnen ganz allgemein Repressalien angedroht hätte. Überdies munkelte man von Geheimverhandlungen mit den USA. Mit scheelen Augen sahen auch Spanien und Großbritannien auf die Vorgänge in Mexiko. Den Vereinigten Staaten war nicht mehr zu trauen, da es dort inzwischen über die Frage der Sklaverei zum blutigen Bürgerkrieg gekommen war. Wenigstens in Mittelamerika wollte man präsent sein, um nicht sämtlichen Einfluss in der an Rohstoffen so reichen Neuen Welt zu verlieren.

Der anfänglich zögernde Napoleon wich immer mehr dem Einfluss seiner Frau und begann konkret ein Eingreifen in Mexiko zu erwägen, allerdings immer mit dem Hinweis, dass er nur Truppen und Geld bereitstellen würde, »wenn England und

Spanien bereit sind, hinzugehen und die Interessen Frankreichs es erfordern...«

Nachdem man sich schon mehr oder minder für das mexikanische Abenteuer entschieden hatte, trat man endlich an den Habsburger Hof heran und stellte die vorsichtige Frage, ob Ferdinand Max als Kandidat für den Kaiserthron in Frage käme. Anfangs stieß Gutierrez, der die Verhandlungen in Wien führte, auf skeptische Gesichter. Der österreichische Außenminister Graf Rechberg-Rothenlöwen berichtete dem Kaiser über die französisch-mexikanischen Vorschläge; Franz Joseph, der sich nie von übertriebenen Gefühlsregungen hinreißen ließ, wollte dem Bruder aber nicht vorgreifen und schickte Rechberg am 10. Oktober 1861 nach Miramar, um Maximilian selbst zu informieren.

Für den abwechselnd in Miramar oder auf Lacroma, einer kleinen Insel gegenüber von Ragusa (Dubrovnik), lebenden Maximilian taten sich plötzlich völlig neue Zukunftsperspektiven auf. Er, der Zweitgeborene, der kaum Aussicht hatte, jemals eine Krone zu tragen, sollte vom Schicksal dazu bestimmt sein, die Regierungsgeschäfte eines fremden Landes zu führen? Seinem Bruder jedenfalls gefiel der Plan gar nicht übel; Maximilian hätte eine Lebensaufgabe und war außerdem beruhigend weit weg von Wien! Allerdings erkannte der Kaiser mit klarem Blick, dass Maximilian das Abenteuer nur mit Unterstützung der beiden großen Seemächte Großbritannien und Spanien wagen und sich nicht allein auf die Gunst Frankreichs verlassen durfte. Außerdem sollte das mexikanische Volk selbst klar den Wunsch äußern, den Habsburger als Kaiser auf dem Thron zu sehen. Jedenfalls war Franz Joseph nicht gewillt, seinen Bruder mit Truppenkontingenten zu unterstützen; wollte Maximilian Kaiser werden, so musste er selbst zusehen, wo er Hilfe her bekam. Prügel wollte er ihm dann keine in den Weg legen.

Maximilian war kaum mehr Herr seiner Gedanken und Gefühle. Einerseits lockte ihn die Krone mit magischer Gewalt, und Charlotte unterstützte die Idee mit wahrem Feuereifer, andererseits war auch ihm klar, dass das Abenteuer mit großen

Schwierigkeiten und Opfern verbunden sein würde. Unschlüssig wandte er sich an seinen Schwiegervater Leopold um Rat, aber auch der belgische König konnte die Aussichten nicht beurteilen; die Lage in Mexiko sei zu verworren. Auf alle Fälle riet er dem Schwiegersohn, darauf zu achten, dass man ihm eine verlässliche Truppe zur Verfügung stellte; woher diese zu rekrutieren sei, wusste er allerdings selber nicht. Ende September 1861 schrieb Maximilian: »Man wird mich stets und in allen Gelegenheiten des Lebens bereit finden, für Österreich und die Machtstellung meines Hauses jedes, wenn auch noch so schwere Opfer zu bringen. Im vorliegenden Falle wäre das zu bringende Opfer ein doppelt so großes, sowohl für mich als für meine Frau, denn es hieße, sich von Europa und seinen Verhältnissen auf immer loszureißen. Unser Haus ist durch das Andrängen der jetzigen Zeitumstände in seinem ehemaligen Glanze verdunkelt; während die Coburgs Thron um Thron erringen, hat unsere Familie gerade in den allerletzten Zeiten zwei Souveränitäten verloren (Österreich Este in Modena 1860 und Toscana 1859).«

Während Maximilian von widerstreitenden Überlegungen zerrissen war, waren sich die europäischen Mächte durchaus noch nicht einig darüber, ob sie das von Frankreich vorgeschlagene abenteuerliche Unternehmen in Mexiko unterstützen sollten oder nicht. Großes Misstrauen bewegte sowohl England als auch Spanien: Sollte man Napoleon III. und seinen anscheinend redlichen Absichten trauen? Schließlich wurde am 31. Oktober 1861 doch eine gemeinsame Konvention unterzeichnet, die einen Kompromiss darstellte. Kaum wurde dies bekannt, als sich Gutierrez mit einem schwülstigen, seitenlangen Schreiben an Maximilian wandte, um ihm sämtliche Vorzüge schmackhaft zu machen, welche die mexikanische Kaiserkrone für ihn bringen sollte. Und wie so oft ließ sich der Erzherzog von unseriösen Schmeichlern beraten, die nur auf ihren eigenen Vorteil bedacht waren. Menschenkenntnis war nicht die große Stärke des Erzherzogs, und bis zu seinem Lebensende hörte er lieber auf die zuckersüßen Worte von Menschen, die alles andere als sein Bestes wollten, und verschloss Augen und Ohren vor ehrlichen Warnern.

Auch sein belgischer Schwiegervater schaltete sich jetzt in die Diskussion ein und schrieb Maximilian folgende Zeilen:

»Mexiko muss das Prinzip selbst aussprechen ... Um das, was das Land selbst tun würde, dreht sich also zuerst die wichtigste Entscheidung, weil man dann erst Boden hat. Bis sich dies alles entwickelt, möchte es nöthig seyn, sich frey zu erhalten.«

Maximilian aber war in einer regelrechten Euphorie befangen, und als ihn auch noch der Papst, den er um seinen Segen gebeten hatte, zu dem Unternehmen beglückwünschte, waren die Würfel für ihn gefallen.

Anders sahen es die österreichischen Diplomaten. Der österreichische Botschafter in Paris, Fürst Richard Metternich, schrieb zweifelnd an Außenminister Rechberg:

»Wie viel Kanonenschüsse wird es wohl brauchen, um in Mexiko einen Kaiser einzusetzen und wie viele, um ihn dort zu erhalten.«

Auch Kaiser Franz Joseph machte sich nun seine Gedanken. Es galt die Erbfolge zu klären; Max stand immer noch an zweiter Stelle, und sollte Kronprinz Rudolf etwas zustoßen, dann rückte sein Onkel an die erste Stelle vor. Ein Kaiser von Mexiko, der gleichzeitig österreichischer Monarch war, erschien Franz Joseph absurd, und so ließ er ein Dokument ausarbeiten, das den Verzicht Maximilians auf die Thronfolge festlegen sollte.

Zwar hatte es auch in der österreichischen Geschichte schon Beispiele gegeben, dass ein Bruder dem anderen auf dem Thron folgte, aber das Verhältnis der beiden hatte sich in den letzten Jahren nicht verbessert, und für Franz Joseph war es eine Beruhigung, Max aus der Thronfolge ausgeschaltet zu wissen. Der Kaiser reiste selbst nach Venedig, um mit dem Erzherzog eine erregte Aussprache zu führen, ihm ins Gewissen zu reden und zu bedenken zu geben, dass er ihm als einzige Unterstützung ein Freiwilligenkorps zur Verfügung stellen wolle. Er warnte ihn auch, sich nicht nur auf die Unterstützung Frankreichs zu verlassen, sondern auch auf der Hilfe Englands und Spaniens zu bestehen; schon hatte es den Anschein, als hätten beide Mächte die Absicht, das mexikanische Unternehmen nicht mehr ernst zu nehmen. Lord Russel hatte sich dem österrei-

chischen Botschafter in London gegenüber unmissverständlich
geäußert:

»Es ist möglich, dass Napoleon schließlich bei seiner Unter-
nehmung übrigbleibt und Ihren Erzherzog auf den Thron setzt;
aber in diesem Falle glaube ich, dass Sie die Dienste, die er Ihnen
geleistet hat, teuer bezahlen werden, denn Sie wissen, dass er solche niemals umsonst leistet.«

Auch der österreichische Botschafter in Paris, Metternich,
und Außenminister Rechberg hofften immer noch auf die
Einsicht Maximilians; man unternahm alles, um den jungen
Erzherzog von dem, wie viele glaubten, zum Scheitern verurteilten Unternehmen abzuhalten, ja England lockte ihn sogar mit
der frei gewordenen Krone Griechenlands. Aber Maximilian war
wie die Spinne im Netz Napoleons gefangen, konnte und wollte
sich nicht mehr befreien. Er schlug alle wohlgemeinten Warnungen in den Wind, hörte nicht auf die beschwörenden Worte
seiner Mutter und verschloss die Ohren vor den Ratschlägen
des amerikanischen Konsuls in Triest, der dem Erzherzog mit
deutlichen Sätzen seine Meinung sagte, dass »wer immer den
Thron von Mexiko anstrebt, wenn er ihn wirklich erlangt, außerordentlich froh sein muss, wenn er mit dem Leben davon-
kommt«.

Napoleon ließ sein Opfer nicht mehr laufen. Er schilderte
Maximilian das Unternehmen in den rosigsten Farben; zuviel
hatte er schon investiert, als dass er sich einen Rückzug noch
hätte leisten können. Anleihen waren gezeichnet worden,
Truppenkontingente erstellt; in Paris handelte man so, als würden die Mexikaner nur darauf warten, dass der neue Kaiser mit
Glanz und Gloria in ihrem Land einzog.

Dabei waren die beiden großen Parteigruppierungen in
Mexiko nicht untätig geblieben. Unter der Führung des franzö-
sischen Generals Bazaine war eine Nationalversammlung instal-
liert worden, nachdem man den Botschafter in Paris, General
Almonte, abgesetzt hatte. Juárez, der mit großer Heftigkeit und
Grausamkeit gegen die konservativen Elemente kämpfte, hatte
Niederlagen erlitten und musste sich, knapp mit dem Leben
davongekommen, in den Norden des Landes zurückziehen. Die

provisorische Regierung und die Nationalversammlung handelten jetzt ganz im Sinne Napoleons und forderten Maximilian auf, die Krone Mexikos anzunehmen.

Mit einem Schlag waren dessen letzte Bedenken zerstreut, als Gutierrez mit einer mexikanischen Delegation bei ihm in Miramar erschien. Am 2. Oktober 1863 bat er den Erzherzog in überschwänglichen Worten, dem Willen des mexikanischen Volkes zu entsprechen und als Kaiser nach Mexiko zu gehen. Auch Almonte sandte einen schmeichlerischen Brief an Maximilian, in dem er den Erzherzog inständig bat, zum Wohle des Landes und des Volkes bald nach Mexiko zu kommen, ja, er unterstrich seine Worte noch mit Zahlen, die für sich sprechen sollten. Angeblich waren sechs der acht Millionen Mexikaner für Maximilian, die alle sehnsüchtig auf eine bessere Zukunft unter der weisen und gerechten Herrschaft Maximilians hofften.

Wie um sich selbst von seinen inneren Zweifeln zu befreien, schrieb Maximilian am 20. November 1863 auf einen Zettel: »Meine Individualität, wie sie mir Gott und die Natur gegeben, wie sie die Erziehung meiner Eltern und die Wechselfälle des Lebens ausgebildet haben, kann ich nicht ändern, auch ist eine solche Änderung von keinem Ehrenmanne festen Charakters zu fordern; man kann Fehler Gott zuliebe ablegen, aber das eigene, klar ausgeprägte ›Ich‹ wandelt niemand. Diese meine Individualität, dieses selbsteigene Etwas, entspricht nun nicht den Ansichten meines ältesten Bruders, dies hat er mich bei jeder Gelegenheit auf die unzweideutigste, schonungsloseste, ja oft kränkendste Weise fühlen lassen. Mein Freimut, mein burschikoses, offenes Wesen genieren, meine liberalen Ansichten schockieren ihn; meine ungebundene Zunge fürchtet, mein aufbrausendes Temperament erschreckt ihn, meine auf Reisen gesammelten Weltanschauungen erregen seine Eifersucht. Er ist der Herr, ihm ist die Macht, die mein strenges Rechtsgefühl jederzeit anerkennt; was bleibt mir also unter solchen Verhältnissen vom Standpunkte der Klugheit und des religiösen Gefühls übrig, als auszuweichen, ohne Kränkung und Ostentation mich zurückzuziehen. Dies habe ich seit dem unglücklichen Jahre 1859 redlich im friedlichen Miramar und im stillen Lacroma getan. Ich habe mich stets effaciert und hätte nur gewünscht, dass man auch mich immer in Frieden gelassen und meine Handlungsweise geehrt hätte. Nun tritt plötzlich der mexikanische Kronantrag an mich heran und mit ihm die Gelegenheit, auf ehrenhafte und gesetzliche Weise die schweren Bande einer tatenlosen Existenz, eines vergessenen Vegetierens auf immer zu lösen. Wer hätte da in meiner Lage mit dem Herzen auf dem rechten Fleck und in der Vollkraft des Mannesalters, an seiner Seite eine strebsame und tugendreiche Gattin, wer hätte da, sage ich, nicht mit beiden Händen zugegriffen!«

Vielleicht wollte Maximilian sein eigenes Gewissen beruhigen, die innere Stimme, die er in stillen Stunden hörte, zum Schweigen bringen, indem er den Bruder anklagte.

Je näher die Kronannahme rückte, um so dramatischer verliefen die Versuche, das junge Paar zu retten. Die Großmutter Charlottes, Amalie von Orléans, die im Exil lebte, flehte die Enkelin an, in Europa zu bleiben, und schloss ihr Schreiben mit dem schicksalsschweren Satz: »Sie werden euch ermorden!«

Napoleon war sich seines Sieges auf der ganzen Linie sicher, er hatte längst erkannt, dass Maximilian nicht der Mann war, der dem Glanz der mexikanischen Krone widerstehen konnte, dass man ihn mit Schmeicheleien und Gaukeleien völlig einspinnen konnte, dass er zu schwach war, um sich einem eisernen Willen zu widersetzen. Mit der starken Bindung Maximilians an das Haus Habsburg hatte er allerdings nicht gerechnet. Als der Erzherzog sah, dass Kaiser Franz Joseph unter allen Umständen auf der Verzichtserklärung bestand, die Maximilian ein für allemal seiner Rechte auch als österreichischer Erzherzog entbinden sollte, da begann sein Blut zu kochen, er trug sich sogar mit dem Gedanken, auf Mexiko zu verzichten. Franz Joseph sandte Maximilian folgendes Schreiben, das Klarheit verschaffen sollte:

»Lieber Herr Bruder Erzherzog Ferdinand!

Da Euer Liebden Ihrer Mir gemachten Mitteilung zufolge gesonnen sind, den Ihnen angebotenen Thron von Mexiko anzunehmen und daselbst mit Gottes Beistand ein Kaiserreich zu gründen, so sehe Ich Mich als Oberhaupt des Erzhauses und

nach reiflichster und gewissenhaftester Erwägung der Mir oblie-
genden Regentenpflichten genötigt, Ihnen zu eröffnen, dass Ich
zu diesem wichtigen und folgenschweren Staatsakte Meine
Zustimmung nur unter der Bedingung erteilen vermag, dass
Euer Liebden vorher die Abschrift beiliegende auf Ihre und
Ihrer Nachkommen Thronfolge und Erbansprüche in Österreich
bezüglichen Verzichtsurkunde ausstellen und feierlich bekräfti-
gen. Sollten Euer Liebden sich hiezu nicht entschließen können
und es daher vorziehen, die angebotene Krone auszuschlagen, so
würde Ich es auf Mich nehmen, die Ablehnung dem Ausland
und namentlich dem Französischen Kaiserhofe gegenüber zu
vertreten.

Wien, den 22. März 1864   Franz Joseph«
Als Napoleon Gerüchte zu Ohren kamen, der Erzherzog wolle
vielleicht doch noch auf den mexikanischen Thron verzichten,
fuhr er schwerere Geschütze auf. Entrüstet schrieb er an
Maximilian:

»Was würden Sie tatsächlich von mir denken, wollte ich, wenn
Eure kaiserliche Hoheit schon in Mexiko sind, auf einmal sagen,
dass ich die Bedingungen nicht mehr erfüllen kann, die ich mit
meiner Unterschrift bekräftigt habe?« Napoleon wies auf die
großen Opfer hin, die man dem Erzherzog zuliebe schon
gebracht habe, auf die Anleihe, die nun wertlos sein sollte, und
appellierte vor allem an das Ehrgefühl Maximilians. Damit hatte
er einen wunden Punkt berührt; alles konnte der junge Mann
ertragen, nur keinen Zweifel an seiner Ehrenhaftigkeit. Für die
Ehre gab er schließlich seinen Anspruch auf den Thron der
Habsburger auf, für die Ehre verließ er Europa und seine Kultur,
die er so sehr schätzte, für die Ehre wagte er sich in eine unsichere Zukunft, und für die Ehre ließ er schließlich sein Leben.

Am 9. April 1864 teilte Charlotte ihrem Vater mit: »An den
König von Belgien. Windsor.

Max hat angenommen. Gib uns Deinen Segen. Charlotte.«

Napoleon und Eugénie hatten ihr Ziel erreicht, und das
Schicksal Maximilians nahm seinen Lauf.

Noch einmal reiste Franz Joseph nach Miramar, um den
Bruder ein letztes Mai zu sprechen, vielleicht auch ein letztes

Mal zu warnen. Denn was die beiden in einem erregten Gespräch unter vier Augen hinter verschlossenen Türen diskutierten, wusste nicht einmal Charlotte. Der Kaiser hatte dem Bruder ein letztes Zugeständnis gemacht:

»Lieber Herr Bruder, Erzherzog Ferdinand Max! Für den Fall, den der Allmächtige verhüten möge, dass Euer Liebden entweder freiwillig dem Throne Mexikos entsagen oder daselbst Verhältnisse eintreten sollten, welche Sie bestimmen würden, dieses Land wieder zu verlassen, glaube Ich jetzt schon Meiner brüderlichen Liebe entsprechend Euer Liebden die Zusicherung geben zu sollen, dass es einem solchen unerwarteten Falle meiner Fürsorge anvertraut bleiben wird, alles das zu veranlassen, was Ich zur Festsetzung Ihrer Stellung in Meinem Reiche als mit dessen Interessen vereinbarlich finden werde; so wie auch Ich nicht ermangeln will, in gleichem Falle diese Meine brüderliche Vorsorge auch auf Ihre Gemahlin, die Frau Erzherzogin Charlotte und Ihre Nachkommen zu erstrecken.

Wien, den 31. III. 1864   Franz Joseph«

Als wäre Franz Joseph plötzlich von einer bösen Ahnung befallen gewesen, drehte er sich, nachdem er schon formell Abschied von seinem Bruder und dessen Frau genommen hatte, plötzlich noch einmal um, ging auf Maximilian zu und schloss ihn unter Tränen in seine Arme. Dann wandte er sich wortlos um und bestieg den bereitgestellten Wagen.

Nachdem Maximilian sich offiziell bereit erklärt hatte, die Krone Mexikos anzunehmen, hielt er folgende Ansprache:

»Ich kann mich dank dem Ausspruch der Notabeln von Mexiko nun mit Berechtigung als Erwählten des mexikanischen Volkes betrachten. So ist die erste Bedingung erfüllt. Auch die Bürgschaften, von denen ich zur Zeit der ersten Anwesenheit der Deputation gesprochen, sind dank der Großmut des Kaisers der Franzosen nunmehr gegeben. Darum darf ich nun die Krone annehmen und werde mich bestreben, sie in unermüdlicher Arbeit für die Freiheit, die Ordnung, die Größe und Unabhängigkeit Mexikos zu tragen.«

Die Finger zum Schwur erhoben, sprach Maximilian den Eid auf die mexikanische Verfassung, »so wahr mir Gott helfe!« Beim anschließendem »Te deum« überkam so manchen der Anwesenden ein heißes Gefühl der Rührung, und auch Charlotte konnte die Tränen kaum unterdrücken.

Für Maximilian begann nun sofort der Alltag eines Kaisers. Er unterzeichnete die ihm vorgelegte Militärkonvention, eine Anleiheakte über die Behebung von 200 Millionen Franken, weiters Dekrete über die Aushebung belgischer und österreichischer Freiwilliger, die ihm sein Bruder und sein Schwiegervater zugesagt hatten. Die Ernennung Almontes zu seinem einstweiligen Stellvertreter in Mexiko stand noch an, daneben mussten die diplomatischen Vertreter Mexikos in Europa berufen werden. Mit Feuereifer stürzte sich Maximilian in seinen neuen Aufgabenbereich, stundenlang überlegte er mit Charlotte, was noch vor der Abreise aus Europa anzuordnen wäre.

Nach den ungeheuren Anspannungen der vorangegangenen Monate und Tage kam es zum Zusammenbruch. Maximilian war nicht aus hartem Holz geschnitzt, und wenn er auch seine weichen Gefühle mit der Zeit zu verbergen verstand, so war er im Inneren zum Bersten gespannt.

Am Abend der Eidleistung war ein großes Bankett in Miramar geplant, wo der Kaiser der eleganten Welt seinen ersten Empfang geben sollte. Doch als schon die Lichter angezündet wurden und die erlauchten Gäste mit ihren Kaleschen eintrafen, als der Champagner in den Gläsern perlte und die Damen in ihren prunkvollen Toiletten gespannt nach dem neuen Kaiser Ausschau hielten, da überfiel Maximilian ein Gefühl der Ohnmacht, der Verzweiflung. Er war unfähig, sein Schlafzimmer zu verlassen; der herbeigerufene Arzt Dr. Basch stellte völlige Erschöpfung des Herrschers fest. Wie so oft rettete die energische Charlotte in ihrer bestimmten Art die Situation und vertrat ihren Mann als frischgebackene Kaiserin in wahrhaft kaiserlicher Würde. Aber die Abreise des Paares musste verschoben werden, bis Maximilian sein Gleichgewicht wieder gefunden hatte. Kurz bevor das Schiff in See stach, erreichte ihn noch eine letzte Depesche der Eltern aus Wien:

»Lebe wohl, unser Segen von Papa und mir, unsere Gebete

und Tränen geleiten Dich, Gott schütze und geleite Euch, zum letztenmal lebe wohl auf heimatlicher Erde, wo wir Dich leider nicht mehr sehen sollten. Wir segnen Dich wiederholt aus tief betrübtem Herzen.«

Was es bedeutete, Kaiser zu sein, merkten Maximilian und Charlotte spätestens in Rom. Die Stadt und der Papst hatten alles nur Erdenkliche aufgeboten, um dem Kaiserpaar einen gebührenden Empfang zu bereiten. Charlotte konnte sich nicht genug in dem herrlichen Gefühl sonnen, wahrhaft bedeutend zu sein. So war es also, wenn man eine Kaiserin und keine kleine, unwichtige Erzherzogin war! Wie würde es erst in Mexiko sein, in dem Land, das sie so sehnlich erwartete! Aber noch galt es, sich zu gedulden, noch stand die nicht ungefährliche Überfahrt über den Atlantik bevor. Aber das Meer zeigte sich von seiner besten Seite, und Maximilian und Charlotte hatten Muße, sich bereits Gedanken über die Organisation ihrer Kabinettskanzlei zu machen. Maximilian kannte die österreichische Verfassung genau und wollte so manchen, in Europa jahrhundertelang über- lieferten Fehler von vornherein vermeiden. Modern und liberal wollte er regieren, aus den Krisen der vergangenen Jahrzehnte wollte er das Land in eine bessere Zukunft führen. Freilich, auf ein gewisses Zeremoniell würde man nicht verzichten können, und je länger die beiden überlegten, desto passender erschien ihnen das spanische Hofzeremoniell, das sie einst am Wiener Kaiserhof so gestört hatte. Zwischen Herrscher und Bevölke- rung sollte nun einmal Distanz herrschen, gepaart mit tiefstem Respekt!

Die sechs Wochen auf See vergingen wie im Fluge, und als endlich Land in Sicht kam, standen die beiden Majestäten erwartungsvoll an der Reling, um ihr Reich zu begrüßen. Aber bald wich die freudige Aufregung herber Enttäuschung. In Veracruz zeigte sich nur zerlumptes Bettelvolk in den schmutzi- gen Straßen, um einen stummen Blick auf den neuen Kaiser zu werfen. Eilig hatte man einen schäbigen Triumphbogen errich- ten lassen, ihn aber schlecht im Boden verankert, so dass ihn eine starke Windbö einfach umwarf. Ein paar angeheiterte Musikan- ten spielten mehr schlecht als recht ein Willkommensständchen,

von dem einem die Ohren schmerzten. Enttäuscht zogen sich
Maximilian und Charlotte, so schnell sie konnten, in den war-
tenden Wagen zurück, um die beschwerliche Fahrt von Veracruz nach Mexiko-Stadt anzutreten. Die schmutzige Tristesse
der Hafenstadt wich nun einer blühenden exotischen Landschaft, von ferne sah man schneebedeckte Vulkane, und der
Gesang der Vögel erfüllte die Luft. Staunend betrachteten die
Indianer den Kaiser, er schien ihnen der lange angekündigte
blonde Fürst zu sein, den sie aus ihren alten Überlieferungen
kannten und der sie endlich in die Freiheit führen sollte. Freilich
war die Fahrt nicht ganz ungefährlich; überall lauerten die
Anhänger von Benito Juárez, die den Einzug Maximilians mit
Argusaugen beobachteten und sofort an ihren Herrn Bericht
erstatteten.

Maximilian hatte auf der Überfahrt begonnen, Spanisch zu
lernen, und so konnte er, wenn auch mühselig, seine ersten
Begrüßungsansprachen in der offiziellen Landessprache halten.
Als die ersten spanischen Worte von seinen Lippen kamen, flogen ihm die Herzen zu, aber die Gesichter wurden immer länger, als er allzu oft den Namen Kaiser Napoleons erwähnte, der
sich in Mexiko keiner besonderen Beliebtheit erfreute. Hatte
man hier etwa einen Handlanger der Franzosen vor sich?

Der Einzug in die Hauptstadt gestaltete sich schon wesentlich
freundlicher: Charlotte und Maximilian fuhren im offenen
Wagen durch die Stadt, dann folgte eine Blasmusikkapelle, der
sich elegante Equipagen mit prachtvoll gekleideten Mexikane-
rinnen und Mexikanern anschlossen; den Schluss bildete ein
Reiterzug mit herrlichen Pferden und reich gewandeten Menschen. An den Straßen hatte man Wasserträger, Obdachlose und
jede Menge Straßenjungen postiert, die das jubelnde Volk repräsentieren sollten. Für ein paar Pesos schrieen sie sich auch die
Kehlen heiser, so dass das Kaiserpaar den Eindruck hatte, dass
die Bevölkerung es wirklich herzlich willkommen hieß.

Bitter enttäuscht aber waren die Leute vom Aussehen der beiden; Maximilian trug bloß einen schlichten Reiseanzug,
Charlotte ein bescheidenes Reisekleid. Das Volk hatte sich einen
wirklichen, einen echten Kaiser mit der goldenen Krone auf dem

Kopf vorgestellt, in prunkvoller Robe; aber einen Menschen wie du und ich zu sehen, das war entschieden zu wenig! Auch Max und Charlotte erlebten eine Enttäuschung. Man hatte für das Kaiserpaar den hässlichen Regierungspalast als Wohnsitz vorgesehen, ein riesiges, düsteres Gebäude ohne jeden Komfort, mit über hundert Zimmern, von denen aber eines primitiver war als das andere. Charlotte glaubte ihren Augen nicht zu trauen, als sie die Privatgemächer inspizierte und an den Wänden allerlei Ungeziefer kriechen sah. Die erste Nacht, die das Kaiserpaar in seinem neuen Domizil verbrachte, glich einem Alptraum. Mücken und Stechfliegen belästigten beide sehr, auch die Betten waren voller Insekten, so dass Maximilian sich in panischer Furcht aus dem Bett flüchtete und sein müdes Haupt auf einen Billardtisch legte, wo er versuchte, Schlaf zu finden.

Kaum hatte sich Maximilian von den Strapazen der Reise und den Unannehmlichkeiten der neuen Behausung erholt, da begann er auch schon mit großem Eifer mit der Regierungsarbeit. Sein Hauptziel war es, den Parteienhass zu begraben und einen Ausgleich zu schaffen. Außerdem war es notwendig, den Vertrag über die Schürfrechte der Franzosen aufzuheben, damit das Land sich finanziell erholen konnte. Dass die Maßnahme natürlich nicht im Sinne seines großen Gönners Napoleon war, lässt sich denken. Um Ruhe im Land zu schaffen, entschloss sich der Kaiser, eine Generalamnestie für politische Verbrechen auszusprechen, was ihm wiederum sehr viele Konservative verübelten. Auch dass die Zeitungen nicht mehr zensiert werden sollten, kreidete man ihm von Anfang an als ganz entscheidenden Fehler an.

Alles, was Maximilian im besten Glauben, mit den lautersten Absichten anordnete, stieß in weiten Teilen der Bevölkerung sofort auf Widerstand und Opposition. Keiner der Reichen war an einer grundlegenden Änderung der bestehenden Verhältnisse interessiert. Die Gruppe der Konservativen, auf die er sich stützen wollte, hielt nichts davon, auch andere in Machtpositionen gelangen zu lassen, und die Liberalen, die der Kaiser zur Regierung heranziehen wollte, waren ihm von vornherein feindlich gesinnt, da sie erklärte Anhänger von Juárez waren. Plötzlich merkten alle, dass Änderungen vor allem der Gesetze und der Finanzen in der Luft lagen, und jeder fürchtete für seine Pfründe. Maximilian sah viel zu spät, da ihm sein Idealismus die Augen verschloss, dass die Richter bestechlich, die Offiziere ohne Ehrgefühl und der Klerus ohne jede Moral waren. Dazu kamen schon bald Streitigkeiten der mexikanischen Offiziere und Beamten mit den Franzosen. Bald vergaß man ganz, dass der Kaiser eigentlich aus Österreich stammte; Drahtzieher im Hintergrund war ja doch Napoleon.

Schon bald, zu bald, überwarf sich Maximilian mit einem wichtigen Machtfaktor in Mexiko, mit dem Klerus, da er nicht gewillt war, die von Juárez durchgeführten Enteignungen rückgängig zu machen. Wahrscheinlich unterschätzte er die Macht der hohen Geistlichkeit und ihren Einfluss auf die Bevölkerung. Maximilian vertraute auf den niederen Klerus und ahnte nicht oder merkte viel zu spät, dass er auf Leute ohne Ansehen gebaut hatte. Obwohl ihm der Papst selbst Vorhaltungen machte, konnte er sich nicht entschließen, den korrupten und verkommenen Geistlichen ihre Güter zurückzugeben. Und auch eine solche Aktion hätte ihm natürlich nur wieder Feinde geschaffen. Von allen Seiten erwuchsen dem Kaiserpaar neue Gegner. Mit scheelen Blicken sah man, dass Maximilian Umbauten im Schloss Chapultepec anordnete; er wollte aus dem Gebäude ein neues Schönbrunn erstehen lassen. Natürlich kostete das alles Geld, und der Kaiser konnte nicht auf eine reichlich gefüllte Privatschatulle zurückgreifen wie sein Bruder in Wien. Er wollte aus seiner neuen Hauptstadt eine Kulturmetropole nach europäischem Muster machen, mit Bibliotheken, Museen und Theatern. Aber auch diese Absichten verübelte man ihm und sah darin nur übersteigertes Geltungsbedürfnis.

In seinen Briefen nach Europa freilich schilderte Maximilian die Situation ganz anders; er lebte nach wie vor in der Illusion, dass sich alles bald ändern würde. So schrieb er an seinen jüngeren Bruder Karl Ludwig im Juli 1864 folgende Zeilen:

»Dass ich mit Arbeiten aller und jeder Art überhäuft bin, kannst Du Dir, lieber Bruder, denken; aber man arbeitet gern, wenn man Zweck und Dank sieht und die Hoffnung hat, seinem

Nebenmenschen nützlich zu werden. Ich fand das Land viel besser, als ich es mir erwartete, die Verleumdungen der europäischen Presse unwahr und das Volk viel weiter fortgeschritten, als man es daheim glaubt. Unser Empfang war überall ein ungemein herzlicher und offener, bar jeder Komödie und jenes ekelhaften Servilismus, den man bei solchen Gelegenheiten sehr oft in Europa findet.«

Im fernen Österreich sollte man wissen, dass er und Charlotte mit der Entscheidung, die sie getroffen hatten, glücklich seien: »Wir sind jetzt immer abwechselnd in der Stadt und auf dem Lande. In Chapultepec sind wir ganz allein und sehr zurückgezogen und leben noch stiller und einfacher als in Miramar. Übrigens geben wir auch in der Stadt sehr selten Diners, speisen fast immer allein und sehen abends nie jemanden, dies fordert Gott sei Dank der ernste Charakter der Mexikaner, eine Eigenschaft, die mir sehr behagt und mir viel Zeit zu wahrer Arbeit lässt. Diese so genannten europäischen Unterhaltungen, wie Soireen, Theaterklatsch und so weiter, grässlichen Angedenkens, kennt man hier gar nicht, und wir werden uns wohl hüten, sie einzuführen. Die einzige Unterhaltung des Mexikaners ist, auf seinem vortrefflichen Pferd in seinem schönen Lande herumzureiten und manchmal die Theater zu besuchen. Bälle sind auch selten, aber dann sehr schön und animiert, und mit wahrer Leidenschaft tanzt die hiesige elegante und sehr reiche Gesellschaft einen reizenden Nationaltanz, den Gräfin Melanie Zichy in Wien einführen will. Charlotte hat vierzehn unbesoldete Palastdamen, die alle Wochen ihren Dienst wechseln. Auch besitzen wir einen europäischen Stall für Stadt und Zeremonie und einen echt nationalen für das Land. Es würde Dich amüsieren, uns in unserer mexikanischen Equipage zu sehen, ein federleichter kleiner, offener Wagen, auf dem Bock der berühmte Leibkutscher mit einem riesigen weißen Hut, dem grünen Samtspenzer und den weißen Leinwandhosen, um die Schultern den dreifarbigen Poncho … Wir finden uns schon beide recht gut in unsere neue Lage, wir haben Gottvertrauen und sind sehr zufrieden. Von allen Seiten hilft man uns in rührender Liebe, zurück sehnt sich weder Charlotte noch ich …«

Vielleicht wäre alles gut gegangen, vielleicht hätte das mexikanische Volk doch allmählich die redlichen Absichten des Kaisers erkannt, hätte es nicht von allem Anfang an Intrigen gegen den neuen Herrscher gegeben und hätte sich Maximilian von zwielichtigen Beratern und falschen Freunden freigemacht. Außerdem hatte sich die außenpolitische Lage drastisch verändert; die Nordstaaten in den USA hatten den Sieg über die Südstaaten errungen und angedeutet, dass aufgrund der Monroe-Doktrin (»Amerika den Amerikanern«) eine reaktionäre Monarchie in Mittelamerika nicht akzeptiert werden könne. Dazu kam, dass Österreich 1866 gegen Preußen in der Schlacht bei Königgrätz eine vernichtende Niederlage erlitten hatte, wodurch das Königreich Preußen gewaltig an Ansehen und Stärke gewann. Frankreich und Napoleon III., dessen Gesundheitszustand durch seine unzähligen Liebesaffären sehr gelitten hatte, mussten fürchten, dass das nächste Ziel Preußens Elsass-Lothringen sein würde. Die Aktionen im fernen Mexiko hatten riesige Löcher in den französischen Staatssäckel gerissen, trotz der hohen Summen, die man aus dem Land gepresst hatte, und in der französischen Bevölkerung wurde die Frage immer lauter, was eigentlich Napoleon bewog, den schwachen österreichischen Kaiser in Mittelamerika immer noch mit Soldaten und Geld zu unterstützen. Eugénie begann dem aalglatten Hidalgo, der sie in das unglückselige Abenteuer hineingetrieben hatte, immer mehr zu misstrauen und ihn schließlich zu hassen.

Nun galt es nur eines: sich mit guter Miene aus Mexiko zurückzuziehen, solange es noch nicht zu spät war. Von Maximilian unbemerkt, gaben die Franzosen einen Ort nach dem anderen auf, und kaum waren sie abgezogen, tauchten sofort die Männer des Juárez auf, um blutige Rache überall dort zu üben, wo kaiserliche Truppen stationiert gewesen waren und die Bevölkerung sie toleriert hatte. Immer weiter marschierten sie aus dem Norden in Richtung Süden, ohne dass man sie entscheidend aufzuhalten vermochte. Maximilian versuchte die französischen Truppen durch österreichische und belgische Freiwilligenkontingente, denen man eine neue Existenz versprochen hatte, zu ersetzen; sie konnten aber dem Vormarsch der

Gegner nicht Einhalt gebieten. Maximilian verstand den Rückzug der Franzosen nicht; immer noch traute er unerschütterlich den Versprechungen Napoleons. Für den gutgläubigen Kaiser war die Vorstellung absurd, dass sein Partner wortbrüchig werden könnte. Was seinen wenigen echten Freunden längst sonnenklar geworden war, das konnte und wollte Maximilian nicht einsehen. Am 28. Juni 1866 schilderte der österreichische Gesandte die Situation in Mexiko:

»Überall erhebt der Juarismus sein Haupt, die eifrigsten Anhänger werden apathisch, des Kaisers Volkstümlichkeit von einst macht einer kalten, wenn auch respektvollen Gleichgültigkeit Platz, die Liberalen bleiben geschworene Feinde des Thrones, dem sie sich nur nähern, um ihn besser zu verraten.«

Wahrscheinlich erkannte Charlotte die verzweifelte Lage früher als ihr Mann, aber unter keinen Umständen war sie bereit, zuzugeben, dass er – zwar nicht durch eigene Schuld, aber durch widrige Umstände – Schiffbruch erlitten hatte. Nichts hatte geholfen, seine Position zu festigen und auszubauen, nicht einmal die Tatsache, dass sie, kinderlos, wie sie waren, den Enkel des einstigen Kaisers Agustín Iturbide an Kindes statt angenommen hatten und ihn zum Thronerben ausrufen ließen. Im Gegenteil, es war bekannt geworden, dass die Mutter, eine gebürtige Amerikanerin, sich heftigst gegen die Adoption gewehrt und man den Knaben Salvador fast mit Gewalt dem Kaiserpaar überbracht hatte.

Je mehr sich die Situation zuspitzte, je offensichtlicher Frankreich seine Hand von Mexiko abzog, um so lauter wurden die warnenden Stimmen um Maximilian. Aber er wollte seinen drohenden Untergang auch dann noch nicht wahrhaben, als ein Schreiben vom 15. Januar 1866 aus Paris eintraf, in dem Napoleon seine Maske fallen ließ:

»Mein Herr Bruder!

Ich schreibe Euer Majestät nicht ohne peinliches Gefühl, denn ich bin gezwungen, Ihnen den Entschluss bekannt zu geben, den ich angesichts all der Schwierigkeiten, die mir die mexikanische Frage bereitet, fassen musste. Die Unmöglichkeit, vom corps législatif neue Hilfsgelder für den Unterhalt des Armeekorps in Mexiko zu erlangen und die Erklärung Eurer Majestät, außerstande zu sein, selbst noch dazu beizutragen, zwingen mich, endgültig einen Schlussstrich für die französische Besetzung zu bestimmen … Wenn Sie, woran ich nicht zweifle, die in diesen schwierigen Verhältnissen notwendige Energie zeigen, wenn Sie Ihre nationale und ausländische Armee festgefügt organisieren und durch Verwirklichung aller denkbaren Einsparungen Mittel finden, um die Hilfsquellen Ihres Kaiserreiches zu entwickeln, glaube ich, dass sich Ihr Thron festigen wird, denn der Abgang unserer Truppen wird zwar eine momentane Schwäche bedeuten, aber den Vorteil haben, den Vereinigten Staaten jeden Vorwand für eine Intervention zu nehmen …

Euer Majestät guter Bruder Napoleon.«

Der »gute Bruder« hatte unter den fadenscheinigsten Entschuldigungen das Weite gesucht, als die Krise um Maximilian dem Höhepunkt entgegenging. Zwar hatten die USA schon seit längerem gedroht, keine Monarchie in Mexiko dulden zu wollen, aber für Napoleon war dies nun ein guter Vorwand.

Wütend antwortete Maximilian dem »guten Bruder«: »Ziehen Sie Ihre Truppen augenblicklich zurück. Ein Habsburger wie ich wird mit Würde mit seinen mexikanischen Untertanen auszukommen versuchen. Ich werde meine Seele und mein Leben weiter meinem neuen Vaterland weihen!« In der Zwischenzeit war der ganze Norden in Aufruhr geraten. Schon waren die Zufahrtswege nach Mexiko-Stadt vor den herumstreifenden Banden nicht mehr sicher, und lauter ertönte die Forderung nach einem harten Durchgreifen des Kaisers. Aber auch dazu konnte sich Maximilian nur schwer entschließen; zu sehr ließ er sich von seinen intriganten Beratern einlullen, die mit ihren unüberlegten oder vorsätzlich brutalen Taten die Lage nur noch mehr verschlimmerten. Wenige meinten es gut mit Maximilian und rieten ihm zur baldigen Flucht. Und beinahe wäre Maximilian bereit gewesen, sich über das Meer in die Heimat abzusetzen, wäre nicht Charlotte gewesen, für die eine

Abdankung eines Kaisers aus freien Stücken undenkbar war. In einem Memorandum an ihren Mann schrieb sie:
»Abdanken heißt, sich verurteilen, sich selbst ein Unfähigkeitszeugnis ausstellen, und das ist nur annehmbar bei Greisen und Blödsinnigen, das ist nicht Sache eines Fürsten von vierunddreißig Jahren voller Leben und Zukunftshoffnungen. Die Souveränität ist das heiligste Besitztum, das es unter den Menschen gibt, man verlässt den Thron nicht, wie man aus einer Versammlung fliehen will, die ein Polizeikorps umschlossen hält. Im Augenblick, da man die Geschicke einer Nation übernimmt, tut man dies auf eigene Gefahr, und es steht einem nicht frei, sie zu verlassen. Ich kenne keine Lage, wo Abdankung etwas anderes wäre als ein Fehler oder Feigheit.«
Charlotte selbst wollte dazu beitragen, das Kaisertum und die Position ihres Mannes zu sichern und zu festigen. Sie wollte im alten Europa um Hilfe bitten; vielleicht konnte man Napoleon mit guten Worten und Versprechungen doch noch dazu bringen, wieder Geld und Truppen zu schicken. Aber Charlotte hatte die Rechnung ohne den eiskalten Kaiser der Franzosen gemacht, der ihr klipp und klar erklärte, sie solle endlich aufhören, sich weitere Illusionen zu machen. Als abgewiesene, am Boden zerstörte Bittstellerin verließ Charlotte tief gedemütigt den Pariser Hof und musste sich ihren Ärger und ihre Verzweiflung am 22. August 1866 vom Herzen schreiben:
»Innig geliebter Schatz!
… So kannst Du wenigstens darüber im reinen sein, für mich ist er der Teufel selbst, und bei unserer letzten Unterredung gestern hatte er einen Ausdruck, um die Haare in die Höhe stehen zu machen, er war hidos, und dies war der Ausdruck seiner Seele, die anderen sind Oberfläche. Also von Anfang bis zu Ende hat er Dich nie geliebt, weil er nicht liebt noch lieben kann, er hat Dich fasziniert wie die Schlange, seine Tränen waren falsch wie seine Worte, alle seine Handlungen Betrug …. In der alten Welt ist es ekelhaft und drückend … Im selben Weltteil wie Er kannst Du nicht sein, er würde Dich verbrennen zu Aschen …«
Völlig erschöpft verließ Charlotte Paris und suchte in ihrer Villa am Comersee Ruhe und Frieden; hier überfielen sie mit

Macht die Erinnerungen an sorgenlose Tage, hier hatten Max und sie ihre Flitterwochen verbracht. Unendlich traurig schrieb sie folgende Zeilen nach Mexiko:

»Innig geliebter Max!

Aus diesem Lande so vieler Erinnerungen des Glückes und Genusses, der besten Jahre unseres Lebens, denke ich an Dich beständig und sende Dir diese Zeilen. Alles tut hier von Dir atmen, Deinen Comersee, den Du so gerne hattest, habe ich vor Augen mit seiner blauen Ruhe, alles ist dasselbe, nur Du bist drüben weit, weit, und beinahe zehn Jahre sind vorüber! Und doch, es kommt mir wie gestern vor, und diese Natur spricht mir nur von ungetrübtem Glück, nicht von Schwierigkeiten und Enttäuschungen. Alle Namen, alle Begebenheiten treten aus lang unbenützten Winkeln meines Gehirnes wieder hervor, und ich lebe in unserer Lombardei von neuem, als ob wir sie nie verlassen hätten, ich lebe in zwei Tagen diese zwei Jahre wieder, die uns so teuer waren. Ich möchte Dich nur hier sehen, die Leute sind so freundlich. Heute früh hörte ich die Messe am Grabe von San Carlo und besuchte den Dom, der in einem Nu sich mit Menschen füllte, es war nicht Neugierde, sondern dankbare Liebe und hier in meinem Schlafzimmer fand ich, wahrscheinlich eigens hingestellt, Dein jugendliches Gesicht mit der Inschrift Gobernatore generale des Regno Lombardo-Veneto ... Hoffentlich, lieber Schatz, dass Du mit mir zufrieden sein wirst, denn ich habe ununterbrochen gearbeitet, für die Zwecke, die Du mir angegeben hast ... Jetzt ist Mondschein und Gesang, es ist unaussprechlich schön.«

Nicht nur Maximilian ging der Erfüllung seines traurigen Schicksals entgegen; auch Charlotte stand, was diese Zeilen nicht vermuten lassen, schon ganz nah am Abgrund.

Ende September 1866 wurde sie in Rom mit Glanz und Gloria empfangen, wie es sich für eine regierende Kaiserin gebührte. Aber Charlotte nahm das alles kaum wahr; ihr einziges Ziel war und blieb es, das Konkordat mit dem Vatikan, um das sich Maximilian und sie so lange vergeblich bemüht hatten, endlich zu erreichen und die Hilfe des Papstes für Mexiko zu erlangen. Aber auch in den Räumen des Vatikan, in denen man ihr höflich, aber äußerst zurückhaltend begegnete, hatte man für ihre Sorgen und Wünsche nur ein bedauerndes Achselzucken.

Da plötzlich fuhr ein alles zerstörender Blitz durch ihr Gehirn, dessen grelles Licht ihr den klaren Blick für die Realität für immer nehmen sollte. Am 2. Oktober ließ sich Charlotte in den Vatikan fahren, nachdem sie schon tagelang nichts mehr von den Speisen, die man für sie zubereitet hatte, zu sich genommen hatte. Auf dem Weg dorthin befahl sie dem Kutscher, an einem der vielen römischen Brunnen zu halten; sie beugte sich nieder und schlürfte gierig das Wasser ein; alles andere schiene ihr vergiftet. Kaum war sie in den Räumen des Papstes, als sie vor dem Heiligen Vater auf die Knie fiel und ihn unter Schreien und Tränen anflehte, sie vor ihren Mördern, die sie Tag und Nacht verfolgten, zu schützen. Der Papst suchte sie zunächst mit tröstenden Worten zu beruhigen, erzielte aber nur den Erfolg, dass Charlotte ihn inständig bat, sie im Vatikan übernachten zu lassen, da sie sich nur noch in Gegenwart Seiner Heiligkeit sicher fühlen könne. Ihr Ansinnen brachte Pius IX. in arge Verlegenheit; es war bis dahin absolut unüblich, ja unmöglich gewesen, dass weibliche Wesen in den Räumen des Vatikan schliefen.

Charlottes seltsames Verhalten beunruhigte nicht nur ihre nähere Umgebung; allmählich wurde ihr Geisteszustand, der sich von Tag zu Tag verschlechterte, Tagesgespräch in Rom. Die mexikanische Kaiserin war anscheinend wahnsinnig geworden! Überall sah sie Mörder lauern, die nur darauf sannen, ihre Nahrung zu vergiften, die im Geheimen Messer schliffen, um ihr Herz zu durchbohren. Ob Maximilian, ihr eigener Mann, vielleicht auch mit im Komplott war? Zum Heiligen Vater zu entkommen, war für die Kaiserin beinahe unmöglich, weil sie sich nicht getraute, ihr Zimmer zu verlassen. Ihre eigene Kammerfrau, der sie noch halbwegs Vertrauen entgegenbrachte, musste lebende Hühner in ihr Zimmer bringen, die dann am Tisch angebunden, von der unglücklichen Palastdame eigenhändig geschlachtet und vor Charlottes Augen zubereitet werden mussten.

Bald wusste man sich in Rom keinen Rat mehr. Der Papst sandte ein Eiltelegramm an ihren Bruder, den Grafen von

Flandern, er sollte die Unglückliche abholen. Aber auch dies war kein leichtes Unterfangen, Charlotte begann grell zu schreien, wild um sich zu schlagen und sinnlos zu toben, so dass man ihr eine Zwangsjacke überziehen musste. Dann setzte man sie in aller Eile in einen Wagen, der sie auf schnellstem Wege nach Miramar bringen sollte. Ihr Testament hatte sie schon am 1. Oktober gemacht und gleichzeitig auch einen Abschiedsbrief an ihren fernen Gemahl verfasst:

»Innig geliebter Schatz!

Ich nehme von Dir Abschied, Gott ruft mich zu sich. Ich danke Dir für das Glück, das Du mir stets gegeben hast. Gott segne Dich und mache Dir die ewige Seligkeit gewinnen. Deine Dir treue Charlotte.«

Maximilian im fernen Mexiko konnte man den Zustand seiner armen Frau nicht mehr verheimlichen. Zu seinen politischen Sorgen kam noch die unfassbar schreckliche Vorstellung, dass die geliebte Frau im Wahnsinn dahindämmern würde. Sie war seine Stütze in den vielen Stürmen gewesen, ihr hatte er grenzenlos vertrauen können, auf ihr Urteil hatte er sich stets verlassen. Die Berater, die ihn umgaben, waren Emporkömmlinge, Männer, die im Leben Schiffbruch erlitten hatten und sich jetzt mit Gewalt an den völlig verunsicherten Maximilian klammerten, wie etwa Pater Fischer, der nach Rom gesandt worden war, um das Konkordat mit dem Vatikan zum Abschluss zu bringen, aber nichts erreicht hatte. Jetzt wurde er zum bösen Geist für Maximilian, von dem sich der Kaiser in seiner Schwäche nicht befreien konnte. Alle verlässlichen Leute, die dem Kaiser immer und immer wieder zur Abdankung geraten hatten, wurden von Fischer systematisch ausgeschaltet, so dass Maximilian nur noch mit offenen Augen ins Unglück rennen konnte.

Unaufhaltsam waren die Soldaten von Juárez gegen Süden gezogen. Der Kreis um die kaiserlichen Truppen wurde immer enger, und bei der kleinen Stadt Querétaro erfüllte sich schließlich ihr Schicksal. In heldenhaftem Kampf hatte sich Maximilian selbst an die Spitze der Truppen gestellt und bei ihnen ausgeharrt, obwohl ihm durch persönliche Opfer der Weg zur letzten Flucht noch geebnet worden war. Aber ein

Habsburger, dessen Tradition ihn zur Ehre verpflichtete, konnte nicht seine Leute bei Nacht und Nebel im Stich lassen und sich wie ein Dieb davonschleichen.

Nach 71 Tagen der Belagerung und des Kampfes fiel Querétaro, und der mexikanische Kaiser wurde von General Escobedo gefangen genommen. Der Sieger zeigte sich den Besiegten gegenüber zunächst überraschend ritterlich, und Maximilian bat Escobedo, ihn und seine Truppen abziehen zu lassen. Er verpflichtete sich, die fremden Soldaten aus Mexiko zu führen. Aber nicht Escobedo hatte die Macht nun in Händen, sondern sein Führer, der Herr über Leben und Tod, Benito Juárez. Und für diesen gab es nur einen Gedanken, den der Rache. Für ihn war Maximilian immer nur der Handlanger Frankreichs gewesen, der sich im fremden Land bereichern wollte, der Gesetze unterzeichnet hatte, die Tausenden das Leben gekostet hatten, der das Geld für seine Bautätigkeit mit vollen Händen zum Fenster hinausgeworfen hatte, der das mexikanische Volk, sein Volk, ausgeplündert und verhetzt hatte. Gründe genug, um Maximilian einen Prozess wegen Hochverrat zu machen.

Ein Gerichtshof aus einem Stabsoffizier und sechs jungen Hauptleuten wurde eingesetzt, die alle natürlich im Sinne ihres Befehlshabers Recht sprechen würden. Der Prozess begann am 12. Juni 1867 im städtischen Theater; auf der Bühne nahm der Gerichtshof Platz, vor ihnen die Angeklagten, neben Maximilian seine treuesten Offiziere.

Bis zum letzten Moment hatte man gehofft, der Kaiser werde nur zu lebenslänglicher Verbannung verurteilt werden. Aber Juárez war kein Mann der Halbheiten; für ihn gab es als Sühne und Strafe nur den Tod.

Von allen Seiten trafen jetzt Bittgesuche um Begnadigung ein. Die schöne Gräfin Salm, eine der wenigen Personen, auf die sich Maximilian blindlings hatte verlassen können, wollte sogar ihre Ehre opfern, um einen Wachesoldaten durch das Versprechen auf eine Liebesnacht mit ihr dazu zu bewegen, Maximilian entkommen zu lassen. Aber alle Aktionen erwiesen sich als Fehlschlag; für den Kaiser gab es keine Rettung mehr. Am 16.

Juni um 11 Uhr wurde das Todesurteil verlesen, aber die Hinrichtung im letzten Moment noch um drei Tage verschoben. Auch Preußen trat nun auf den Plan und bat Juárez mit Hinblick auf die hohe Verwandtschaft Maximilians um dessen Begnadigung. Aber so gut man es gemeint hatte, so gegenteilig war die Wirkung. Juárez sonnte sich in seiner Macht, die er nun über das älteste Kaiserhaus der Welt ausüben konnte.

Im schwarzen Anzug erklomm Ferdinand Maximilian, der einst so fröhliche und zu allen Späßen aufgelegte Maxi, der Bruder des Kaisers von Österreich, der Schwager des belgischen Königs, der Ritter des Goldenen Vlieses, den Hügel, auf dem die Todesschützen schon postiert waren. Aufrecht und ohne Furcht stand er mit seinen beiden letzten Generälen Miramon und Mejia und erwartete die Schüsse, die ihm den Tod geben sollten. Als die Gewehre abgefeuert wurden, stieß Maximilian das Wort »hombre« (Menschensohn) aus. Aber die Schützen hatten mit zitternden Händen schlecht getroffen; Maximilian wälzte sich nach fünf Kugeln in seinem Blut, und erst ein sechster Schuss, aus nächster Nähe direkt ins Herz abgegeben, beendete sein Leben und eines der sinnlosesten Abenteuer der neueren Geschichte.

Den Leichnam des Kaisers balsamierte man schon an Ort und Stelle ein und brachte ihn mit der »Novara« nach Europa, zurück nach Wien, in seine Heimatstadt, wo er unter großer Anteilnahme der Bevölkerung und unter den heißen Tränen seiner Mutter in der Kapuzinergruft beigesetzt wurde.

Schaurig hallten noch lange die gellenden Rufe einer verzweifelten, geistig umnachteten Frau durch die düsteren Gänge des Schlosses Bouchout in Belgien, wohin man die unglückliche Charlotte gebracht hatte. Sie hatte vom Tod ihres Gemahls kaum Notiz genommen; selbst in den seltenen Augenblicken, in denen sich ihr verdunkeltes Gemüt etwas erhellte, konnte sie seine ganze Tragik nicht erfassen. Jahrzehntelang sollte sie noch dahindämmern, von aller Welt vergessen, bis sie der Tod erst im Jahre 1927 von ihrem traurigen Schicksal erlöste.

Er hatte keine Chance

KRONPRINZ RUDOLF

Niemand hatte etwas gesehen, niemand hatte etwas gehört. So wollten es Kaiser Franz Joseph und sein Ministerpräsident Graf Taaffe. Der Tod des österreichischen Kronprinzen Rudolf sollte daher bis heute von Geheimnissen umwittert sein. Denn alle, die eigentlich Einzelheiten über die Ereignisse in Mayerling vom 30. Januar 1889 wissen mussten, wurden zu absolutem Stillschweigen wahrscheinlich unter Eid verpflichtet und keiner, selbst die Nachfahren der Eingeweihten, die sicherlich Näheres wissen mussten, gaben Informationen über die Vorgänge in jener Nacht weiter. Unbestritten und nicht leugbar war freilich die Tatsache, dass der 30-jährige Kronprinz schon seit längerer Zeit ein psychisch und physisch kranker Mann war, der auf Grund der vielen Enttäuschungen und Frustrationen, aber auch durch seinen unvernünftigen und beinahe unverständlichen Lebenswandel sich bei vielen Gelegenheiten mit dem Gedanken eines Selbstmordes beschäftigte. Auch seine Abschiedsbriefe schließen im Grunde genommen Spekulationen aus, die eine andere Todesart als den Selbstmord ins Treffen führen. Aber das, was mit großer Wahrscheinlichkeit in jenen Stunden in Mayerling passierte, dass Rudolf zuerst die junge Mary Vetsera erschoss und dann selbst die Pistole an die Schläfe legte, das war in der damaligen Zeit und ist bis heute für viele Menschen eine zu einfache Lösung für die Tragödie von Mayerling. Für die Zeitgenossen schien es undenkbar zu sein, dass der österreichische Kronprinz, der Sohn des über alle Maßen erhabenen Kaisers, seinem Leben selbst ein Ende setzen würde. Diese Vorstellung war die Grundlage für die zahlreichen Gerüchte, die sich um den Tod Rudolfs in Mayerling schon unmittelbar nach den tragischen Ereignissen zu ranken begannen.

In jenen Tagen waren die Sympathien der Wiener Bevölkerung für den Thronfolger auf ein Minimum gesunken, denn aus der ursprünglichen Liebe der kleinen Leute für Rudolf, auf den man alle Hoffnungen gesetzt hatte, war Ablehnung geworden, die ihren Grund in den vielfältigen Eskapaden und amourösen Abenteuern des Kronprinzen hatte. Schnell war vergessen, dass Rudolf es besonders liebte, in den Heurigenlokalen der Vorstädte einzukehren, mitten unter den Männern und Frauen aus dem Volk zu sitzen und seinen Wein aus einfachen »Krügeln« zu trinken. Hier unter seinen Wienern fühlte er sich wohl, vor allem dann, wenn die Musiker ein rührseliges Wienerlied anstimmten, zu dessen Melodien er begeistert mitsummte.

Aber in den letzten zwei Jahren seines Lebens hatte sich vieles geändert, nur noch ganz selten hatte er seinem Leibkutscher Bratfisch Order gegeben, ihn in die Vorstadt zu fahren, viel zu viele Probleme, die er nicht mehr bewältigen konnte, taten sich vor ihm auf, sodass er zunehmend Zuflucht im Alkohol und Nikotin suchte. Champagner vermischt mit Cognac hieß sein Wundermittel, ohne das er nicht mehr arbeits- und handlungsfähig war. Dazu suchte er die ihn Tag und Nacht plagenden Schmerzen mit immer höheren Dosen Morphium zu betäuben.

Rudolf war schon lange ein kranker Mann. Viele seiner Leiden hatten die Wurzeln in seiner überaus strapaziösen Kindheit, in der man es durch Ignoranz, aber auch durch falsche Vorstellungen von Erziehung sowie vor allem durch Lieblosigkeit versäumt hatte, dem hoch begabten Kind das nötige körperliche und seelische Rüstzeug für die Zukunft zu geben.

Die Eltern nahmen auf seinen Werdegang kaum Einfluss. Als der kaiserliche Knabe am 21. August 1858 endlich in der Wiege lag, wurde er sofort in die Obhut seiner Großmutter, Erzherzogin Sophie, gegeben, die schon einmal einen Kaiser erzogen hatte. Franz Joseph hatte große Zukunftspläne für seinen Sohn: Rudolf sollte ein tüchtiger Soldat, ein ordentlicher Jäger und ein gläubiger Katholik werden. Und diese Erziehungsnormen konnte am besten seine eigene Mutter in die Tat umsetzen, denn Elisabeth, seine geliebte »Engelsisi« war noch viel zu jung, um diesen Sohn in die richtigen Bahnen zu lenken, damit er später als Kaiser einem riesigen Reich vorstehen konnte. Außerdem war die Position Kaiserin Elisabeths ohnehin auf ein Minimum reduziert, sie war eine Wittelsbacherin, die viel zu frei erzogen worden war und daher die Kinder – sie hatte bereits mit ihren 20 Jahren zwei Mädchen und nun endlich einem Sohn das Leben geschenkt – sicherlich niemals nach den Vorstellungen leiten konnte, die am traditionellen Wiener Kaiserhof üblich waren.

Man hatte Elisabeth nicht nach ihren Wünschen gefragt, als man ihr kurz nach der Geburt jedes ihrer Kinder wegnahm und sie kurzerhand der Obhut der Großmutter übergab. Daher konnte die Kaiserin im Laufe der Jahre keine Beziehung zu ihren älteren Kindern entwickeln, sie war für Gisela und Rudolf, die älteste Tochter Sophie war im Kleinkindesalter gestorben, nicht viel anderes als eine Fremde, freilich für den Sohn eine angebetete, herbeigesehnte fremde schöne Frau!

Was in anderen Familien aus dem Hochadel kein Problem war, sollte bei Rudolf gravierende Spuren hinterlassen. Denn es war durchaus unüblich, dass sich die Eltern persönlich um das Wohlergehen ihrer Söhne und Töchter kümmerten, dazu waren Ajos und Ajas, Gouvernanten und Erzieher da, die die Persönlichkeit der heranwachsenden Sprösslinge nach den Normen der Tradition zu formen hatten.

Auch für Kaiser Franz Joseph war es daher nur natürlich, dass er seine Kinder höchstens einmal am Tag für wenige Minuten zu Gesicht bekam und dass Elisabeth ebenfalls nicht Gelegenheit hatte, mehr als ein paar Begrüßungsworte mit Gisela und Rudolf zu sprechen. Was sie nicht wissen konnte, war, dass Rudolf als Kind seine schöne Mama über alles liebte, sich darnach sehnte, sie zu sehen und sich jedes Mal vor dem Augenblick fürchtete, in dem sie die Türe wieder hinter sich schließen würde. Der sensible Knabe konnte diese Wechselbäder von Freude über das Kommen und Furcht vor dem Weggehen kaum verkraften. Denn war dann endlich die so sehr herbeigesehnte Mutter da, brachte das Kind kaum ein Wort heraus und Elisabeth wandte sich von ihm ab, überrascht über die Verwirrtheit und enttäuscht über die Schweigsamkeit des Sohnes. Solange die beiden Kinder Gisela und Rudolf in der Obhut der Großeltern lebten, war für den kleinen Kronprinzen die Welt im Allgemeinen noch heil. Doch dann verfielen der Kaiser und seine Mutter auf die unselige, ja völlig absurde Idee, die weitere Erziehung des sensiblen Kindes in die Hände des pädagogisch völlig unerfahrenen, sturen Militaristen Gondrecourt zu legen. Aber wahrscheinlich hatte Franz Joseph die Befürchtung gehabt, dass das Kind durch seine Kinderfrauen Nono und Wowo zu sehr verzärtelt wurde, sodass er in dem Generalmajor den richtigen Mann erblickte, der konsequent und kompromisslos den Sohn zu einem richtigen Mann erziehen sollte. Und die von Rudolf geliebte Großmama vermied es, ihrem Sohn Franz Joseph gegenüber ein Veto einzulegen. Denn die feste Hand, die der Kaiser bei Gondrecourt so schätzte, entpuppte sich als eiserne Faust. Mit unnatürlicher Strenge und sadistischen Methoden ging Gondrecourt ans Werk, erschreckte das ohnedies scheue Kind in ausgeklügelter Weise und bewirkte, dass Rudolf vor Angst kaum schlafen konnte. Höhepunkt der brutalen Vorgangsweise Gondrecourts war, dass er neben dem schlafenden Kind eine Pistole abfeuerte. All seine Unternehmungen führten dazu, dass Rudolf zu einem Bettnässer wurde, der vor der Dunkelheit und vor dem Alleinsein beinahe panische Angst entwickelte. Ein Leben lang sollte diese Furcht ihn begleiten, immer musste auch in späteren Jahren während der Nacht in seiner Nähe ein Licht brennen. Genauso schrecklich war es für ihn, allein zu sein, er umgab sich daher stets mit einer Schar von Freunden, die ihm ein Gefühl der Sicherheit geben sollten. Selbst den letzten Schritt in seinem Leben wollte er nicht allein tun, er suchte nach einer Begleiterin, die mit ihm gemeinsam in den Tod gehen wollte.

Die Kommissmethoden, die der Generalmajor bei dem Kronprinzen anwandte, fanden zwar die Zustimmung des Kaisers, die Kaiserin allerdings war erschrocken, als sie anlässlich eines Besuches in Ischl erkennen musste, welch bleiches nervöses Kind ihr einziger Sohn geworden war. Und obwohl sie sich im Allgemeinen über das Wohl ihrer Kinder wenig Gedanken machte, entschloss sie sich, der Sache nachzugehen. Es war für sie nicht schwer zu erkennen, wer die Schuld an der auffälligen Veränderung Rudolfs trug. Mit aller Vehemenz forderte sie die sofortige Entlassung Gondrecourts. Und da Franz Joseph immer noch zögerte, griff die Kaiserin zur Feder und stellte ihrem Mann ein Ultimatum: Der Kaiser konnte wählen zwischen Gondrecourt und seiner Frau!

Es war das einzige Mal, dass sich Elisabeth in die Erziehung ihres Sohnes einmischte, auch wenn Rudolf immer wieder bei prekären Gelegenheiten auf die Hilfe der Mutter hoffte. Aber jedes Mal war seine Enttäuschung riesengroß, wenn er erkennen musste, dass die von ihm so geliebte Mama nicht das geringste Interesse an seinem Schicksal nahm. Sie hatte keine Beziehung zu ihm und zu seiner Schwester Gisela und zeigte dies auch immer wieder überdeutlich. Der Nachfolger Gondrecourts als Erzieher des Kronprinzen, Latour, war ein Mann, der ebenfalls von Kindererziehung keine Ahnung hatte. Wenn er auch nicht wusste, wie man mit kleinen Kindern umgehen sollte, so verhielt er sich instinktiv richtig und kümmerte sich um den kleinen Kronprinzen wie ein echter Freund, beinahe wie ein liebevoller Vater.

Es dauerte nicht lange, da hatte das »Alterle«, wie Rudolf Latour zärtlich nannte, das Herz des Kronprinzen erobert, in seiner Nähe fühlte sich das Kind sicher und geborgen. Aber die gewaltigen »Schrammen«, die Gondrecourt in der Psyche Rudolfs hinterlassen hatte, konnte Latour auch im Laufe der Jahre nicht mehr zur Gänze ausmerzen. Obwohl sich Rudolf überraschend positiv in den folgenden Jahren entwickelte, blieben doch Ängste und Zweifel in ihm, die ihn vor allem in späterer Zeit ungewöhnlich stark belasteten. Kaiser Franz Joseph schätzte Latour und hörte auf seinen Rat. Wenn er nicht in Wien war, musste ihm Latour schriftlich genau über seinen Sohn und dessen Fortschritte berichten, worauf der Kaiser dann Bezug nahm, wenn er an Rudolf schrieb. Seltsamerweise kam in den Briefen an seinen Sohn eine herzliche Zuneigung zum Ausdruck, denn Franz Joseph berichtete in seinen Schreiben von Dingen, die ein Kind interessieren mussten. Außerdem ging er stets auf die Fragen seines Sohnes ein und beantwortete diese ausführlich und beinahe liebevoll. Erst später, ganz allmählich, als Rudolf die Kinderschuhe abstreifte, kam der Briefwechsel zwischen Vater und Sohn zum Erliegen. Nichts Persönliches stand mehr im Raum, die Brücken wurden allmählich eingerissen.

Man hatte auf Anraten Latours die besten Lehrer für den Kaisersohn ausgewählt. Dabei sah man seltsamerweise weder auf Stand noch Namen, weder auf Religionszugehörigkeit noch auf Herkunft. Denn nur so war es zu verstehen, dass selbst bekannte Freimaurer wie Alfred Brehm, der noch dazu Protestant war, den Kronprinzen unterweisen sollte. Wahrscheinlich war es dem Einfluss Latours zuzuschreiben, dass der Kaiser über seinen konservativen Schatten sprang und seine Einwilligung zur Bestellung der vorgeschlagenen Personen gab. Er dachte wahrscheinlich viel zu wenig darüber nach, welch großen Einfluss liberal eingestellte Professoren auf die Denkungsweise seines einzigen Sohnes und Nachfolgers nehmen würden. Denn der junge Mann war begierig, vielleicht auch durch die immer wiederkehrenden Bemerkungen seiner wittelsbachischen Mutter beeinflusst, andere Vorstellungen vom Staat kennen zu lernen. Je älter Rudolf wurde, umso mehr erkannte er die veraltete und verkrustete Struktur der Habsburger Monarchie. Er glaubte nicht mehr an die einseitige Vorstellung vom Gottesgnadentum, die seinem Vater nach anfänglichen reformerischen Ideen wieder in Beschlag genommen hatte. Schon bald prägte sich für ihn eine andere Herrschaftsform als Idealbild und er nahm sich vor, sollte er einmal nach dem Tod seines Vaters an die Spitze des Staates gestellt werden, einen völlig anders aufgebauten Staat zu propagieren, in dem die Standesunterschiede einer Gleichheit der Bürger weichen würden. Der Mensch sollte zum denkenden und selbstständig handelnden Wesen erzogen werden, der sein Leben auf Grund seiner Anlagen bestimmen würde. Ganz im Sinne der Vorstellungen eines Kaisers, wie Joseph II., der Sohn Maria Theresias, sie einst gehabt hatte, der mit seiner Einstellung zum Staat für den jungen Rudolf ein nachahmenswertes Vorbild darstellte.

Aber der Weg zu diesem Ziel war für Rudolf weit und beschwerlich, vor allem, als er erkannte, dass die schönsten Theorien an allen Ecken und Enden scheitern mussten, da sein Vater nicht willens war, auch nur die kürzesten Gespräche mit ihm über die Zukunft des Staates zu führen. War Rudolf für

Franz Joseph als Kind ein »Krepiererl« gewesen, da der Sohn auf Grund der vielen Krankheiten schwächlich und anfällig gewesen war, so nannte der Vater den heranwachsenden Rudolf ein »Plauscherl«, ohne sich nur einmal die Mühe zu machen, darüber Gedanken zu verlieren, worüber der junge Mann mit ihm »plauschen« wollte. Und dieses »Plauscherl« sollte Rudolf für Kaiser Franz Joseph ein Leben lang bleiben. Keine seiner Ideen fand Gehör beim kaiserlichen Vater, denn Franz Joseph interessierten die liberalen Vorstellungen seines Sohnes nicht. Im Gegenteil, sie kamen ihm mit der Zeit verdächtig vor, genauso wie er den Umgang Rudolfs aufs Äußerste missbilligte. Denn es hatte sich im Laufe der Zeit ein Freundeskreis um den Kronprinzen geschart, der sich größtenteils aus – in den Augen des Kaisers – nicht standesgemäßen Personen bildete. Rudolf suchte die geistige Herausforderung und konnte sie, da sein Vater seine Bitte abgelehnt hatte, die Universität besuchen zu dürfen, nur in den Kreisen finden, die sich mit geistigen Dingen beschäftigten. Der jüdische Zeitungsherausgeber Moriz Szeps war schon lange auf den hochintelligenten Kronprinzen aufmerksam geworden und machte ihm das Angebot, anonym in seinem Blatt veröffentlichen zu können. Das »Neue Wiener Tagblatt« wurde so in kurzer Zeit die öffentliche Stimme des Kronprinzen, obwohl man versucht hatte, alles streng geheim zu halten.

War Rudolf zunächst von seinem Vater für harmlos gehalten worden, so bedurfte es nur einiger kurzer Hinweise des von Franz Joseph eingesetzten Ministerpräsidenten Graf Taaffe, eines Jugendfreundes des Kaisers, dass der Sohn dem Vater allmählich suspekt wurde. Zunächst allerdings hatten die Polizeiorgane die vorrangige Aufgabe, Leib und Leben des Kronprinzen zu schützen. Denn überall tauchten Personen auf, die sich als Anarchisten oder Nihilisten deklarierten, deren einziges Ziel es war, die Monarchien in Europa zu zerstören, indem man hochrangige Vertreter der regierenden Häuser durch wohl geplante Attentate aus dem Wege räumte. Auch auf Rudolf sollten mehrere Anschläge vor allem in Prag stattfinden, wohin Rudolf auf Geheiß des Kaisers als Befehlshaber abkommandiert worden war.

Aus der Bewachung aus Fürsorge wurde mit der Zeit eine Observierung aus Misstrauen. Denn kaum hatte Graf Taaffe seine Beobachtungen bei Franz Joseph deponiert, begann eine systematische Überwachung Rudolfs rund um die Uhr. Er konnte in den letzten Jahren seines Lebens keinen Schritt tun, der nicht dem Kaiser gemeldet wurde, keinen Brief lesen, der nicht schon vorher geöffnet worden war, keinen Befehl seinen Truppen erteilen, der nicht an höchster Stelle kommentiert wurde.

Es war nicht nur die Privatsphäre des Kronprinzen, die man schamlos missachtete, es kam, nachdem die Mühlen der Spitzel so richtig angelaufen waren, zu einem eklatanten »Unverhältnis« zwischen Vater und Sohn. Franz Joseph hatte es im Laufe der Jahre vollständig verabsäumt, zu erkennen, was für einen hochintelligenten Sohn er hatte, der nichts lieber als Wissenschaftler geworden wäre, der von den verschiedenen Universitäten mit dem Ehrendoktorat – nicht nur pro forma – ausgezeichnet worden war, der die Fähigkeiten besessen hätte, an seiner Seite den Staat so zu reformieren, dass der Weg in eine bessere Zukunft für alle frei geworden wäre. Der Kaiser sah nicht, dass er den Sohn hätte politisch anleiten und allmählich in die Staatsgeschäfte hätte einführen müssen.

Aber es gab weder Gespräche noch Diskussionen noch einen Gedankenaustausch, genauso wenig wie Verständnis des Vaters für den Sohn oder innere Zuneigung. Verdächtigungen, die übel wollende Menschen ausgesprochen hatten, standen im Raum und wurden durch einen Zwischenfall bei einer Jagd, bei der Rudolf aus einem Versehen heraus beinahe den Vater erschossen hätte, zur drohenden Krise in den persönlichen Beziehungen. Rudolf war rundum verdächtig worden. Er sollte Tag und Nacht beschattet werden, jeder seiner Schritte wurde dem Kaiser gemeldet – aber auch durch Rudolfs eigenen Sekretär, dem Ungarn Szögenyi, dem er vollstes Vertrauen schenkte, dem »deutschen Bruder« nach Berlin mitgeteilt worden. Das Verhältnis zu dessen Bundesgenossen war in keiner Weise so, wie man sich eine echte homogene politische Beziehung vorgestellt hätte. Die Beziehungen hatten sich nicht nur durch den »Bruderkrieg« verschlechtert, es war vor allem das Machtstreben des neuen Kaisers und seines Kanzlers, was zu einer ständigen Beeinträchtigung des diplomatischen Klimas geführt hatte. Denn allmählich machte sich in Berlin die Überzeugung breit, dass der Kaiser in Wien wie eine lebende Marionette agierte und Rudolf, der einzige Sohn und Thronfolger, aus vielerlei Gründen nicht in der Lage sein würde, die Nachfolge seines Vaters anzutreten.

Rudolf hatte mehrmals – eher gegen seinen Willen – Kaiser Wilhelm einen Besuch abstatten müssen, immer dann, wenn unangenehme Dinge im Raum standen. Seine Gespräche mit Kanzler Bismarck waren dabei mehr und mehr von Spannungen begleitet gewesen, da der Kanzler die ablehnende Haltung Rudolfs ihm und allem Preußentum gegenüber deutlich registrierte.

Es war vielleicht mit Rudolfs zunehmender Krankheit zu erklären, dass er gerade in Berlin alles andere als einen guten Eindruck hinterließ. Denn im Allgemeinen galt er als ausgesprochen fähiger Diplomat, der die Interessen der Monarchie aufs Beste vertrat. Der türkische Sultan, ein äußerst schwieriger, unberechenbarer Potentat, ließ sich von dem jungen Habsburger ungewöhnlich beeindrucken, genauso wie der rumänische König Alexander oder der »Fürst der schwarzen Berge« Nikita, der Herrscher von Montenegro. Rudolfs persönlichem Charme, seiner gekonnten Argumentation, seiner raschen Auffassungsgabe, aber auch seiner, wenn es sein musste, zähen Hartnäckigkeit konnte kaum einer – außer den Deutschen – widerstehen.

Rudolf wäre sicherlich der beste Botschafter seines Reiches geworden, hätte er vom Vater genügend Instruktionen erhalten. Aber außer einigen wenigen Aufträgen, die er zur vollsten Zufriedenheit des Kaisers ausführte, hatte er lediglich militärische Aufgaben zu erfüllen, die in einem Staat im Frieden wohl kaum einen ideenreichen, zukunftsorientierten jungen Mann befriedigen konnten.

Viele verhängnisvolle Schritte im Leben des jungen Kronprinzen führten ihn auf den Weg nach Mayerling. Auch sein Privatleben stand unter keinem guten Stern. Hatte man den Jüngling zunächst mit den sexuellen Praktiken nach Habsburgerart vertraut gemacht, indem eine »hygienische Dame« ihn in die

Geheimnisse der körperlichen Liebe einweihte, so dauerte es nicht allzu lang und Rudolf probierte alles, was er erfahren hatte, im Übermaß aus. Da es ihm nicht möglich gewesen war, die Schönheiten einer romantischen Beziehung kennen zu lernen, fand er auch in seinem späteren Leben kaum die richtige Einstellung Frauen gegenüber. In der Wiener Gesellschaft war es geradezu zu einer Konkurrenz geworden, welcher Dame es gelingen würde, den Kronprinzen als nächste ins Bett zu ziehen. Für Rudolf bedeutete dies, dass er nicht die geringste Mühe aufwenden musste, um von einem Abenteuer ins andere zu schlittern. Nur ein einziges Mal hatte er die Erfahrung gemacht, dass es nicht so ging, wie er sich das vorstellte, als er sich in ein jüdisches Mädchen in Prag verliebte. Der besorgte Vater ließ die Angebetete bei Nacht und Nebel aufs Land bringen und verlobte sie, so schnell er konnte, mit einem unansehnlichen Altwarenhändler. Das Mädchen starb an gebrochenem Herzen und Rudolf blieb nichts anderes übrig, als Nacht für Nacht heimlich ihr Grab zu besuchen, um Blumen darauf zu legen.

Obwohl sich die kaiserlichen Eltern kaum um die Belange ihres einzigen Sohnes kümmerten, kamen sie schon sehr bald auf die Idee, Rudolf zu verheiraten. Die Auswahl an geeigneten Bräuten in Europa war gering, denn die zukünftige Gemahlin des österreichischen Thronfolgers musste ganz bestimmte Kriterien erfüllen: Sie musste im Alter zu Rudolf passen, aus höchster adeliger Familie sein und vor allem katholisch. Die spanischen und sächsischen Prinzessinnen waren Rudolf zu unansehnlich, sodass er sich schließlich bereit erklärte, eine Informationsreise nach Brüssel zu unternehmen, wo die zweitgeborene Tochter des belgischen Königspaares, die 15-jährige Stephanie, eine mögliche Braut für ihn war. Es sollte eine verhängnisvolle Brautschau werden, denn obwohl Rudolf die kleine Stephanie in ihrer naiven kindlichen Art halbwegs akzeptabel fand, wäre es beinahe zu einem öffentlichen Eklat gekommen. Denn vorsichtshalber hatte sich der Kronprinz Mina Pick, eine rassige Geliebte, mit nach Brüssel genommen, die ihm die Nächte versüßte. Mit ihr wurde er in flagranti von seiner zukünftigen Schwiegermutter ertappt. Es war wie ein Omen, das über der Verbindung mit Stephanie lag, obwohl die ersten Ehejahre der beiden überraschend harmonisch verliefen, solange sich Stephanie nicht über Rudolfs Freunde und deren antimonarchistische Pläne moquierte. Stephanie war durch und durch von der überragenden Rolle des Adels überzeugt, vom Gottesgnadentum des Kaisers. Sie blickte auf die Männer herab, mit denen Rudolf verkehrte, sie konnte nicht verstehen, wie man sich mit Wissenschaftlern und Zeitungsherausgebern umgeben konnte, und weigerte sich, mit Juden und Freimaurern zu verkehren. Die inneren Zerwürfnisse zwischen Rudolf und Stephanie hatten begonnen. Je mehr sich Stephanie gegen alles, was Rudolf dachte und tat, auflehnte, umso mehr entfernte er sich von ihr, während sie ihn in ihrer Eifersucht bespitzeln ließ. Sie hatte freilich jeden Grund dafür, denn Rudolf nahm in dieser Zeit seine alten Gewohnheiten wieder auf, vertrieb sich die Nächte in den Chambres separées mit wechselnden Damen, die er vor allem in den Ballettaufführungen oder im Theater kennen lernte. Kehrte er nach Hause in die Hofburg zurück, so zog es ihn auch nicht zu Frau und Kind – Stephanie hatte zur allgemeinen Enttäuschung im Jahr 1883 einer Tochter das Leben geschenkt –, sondern er setzte sich hinter seinen Schreibtisch in seinem Junggesellen-appartement, wo er bei starkem schwarzem Kaffee, zigarrenrauchend intensiv arbeitete. Bald genügte ihm die aufputschende Wirkung des Kaffees nicht mehr und er griff zu stärkeren Mitteln, um die Dinge erledigen zu können, die er sich vorgenommen hatte. Moriz Szeps brachte unter einem Pseudonym laufend politische Artikel aus der Feder des Kronprinzen heraus, dazu kamen wissenschaftliche Abhandlungen, mit denen er sich beschäftigte, und immer wieder geografische Darstellungen nach jeder Reise, die er im Auftrag des Kaisers absolvierte. Stil und Inhalt der Schriften Rudolfs zeugen von blendendem Intellekt und einem Weitblick, der allerdings von Seiten der Obrigkeit als absolut suspekt angesehen wurde. Rudolf musste vorsichtig sein, das war auch ihm immer mehr bewusst. Es war vor allem die stockkonservative Clique um seinen Großonkel Albrecht, mit der er beständig Kontroversen hatte und die in seinen liberalen Ansichten den Anfang vom Ende erblickten. Rudolf war viel zu machtlos, um diesen Kräften Widerstand bieten zu können.

Unterstützung bekam er nur von seinem Cousin Erzherzog Johann Salvator. Rudolf erkannte jedoch schon bald, dass Johann Salvator ein viel zu großer Hitzkopf war, der seine revolutionären Gedanken allzu leicht aufs Papier brachte. Trug Rudolf das Herz auf der Zunge, so griff Johann Salvator sofort zur Feder. Er war deshalb schon, da er an den Ausbildungsmethoden des Heeres harsche Kritik geäußert hatte, vom Kaiser strafversetzt worden. Die Freundschaft mit »Gianni«, wie Johann Salvator von Rudolf genannt wurde, machte den Kronprinzen in den Augen des Ministerpräsidenten Taaffe und in denen des Kaisers nur noch mehr suspekt!

Bis heute wollen die Gerüchte nicht verstummen, die besagen, dass es weitreichende Pläne der beiden jungen Erzherzöge gegeben hatte, wonach der Kaiser gestürzt werden sollte. Nach gelungener Tat sollte die Monarchie in zwei Teile geteilt werden, wobei Rudolf König von Ungarn werden und Johann Salvator in Wien herrschen sollte. Diese Thesen wurden auch noch durch die geheimnisvolle Kassette untermauert, die Rudolf angeblich wenige Tage vor seinem Tod der Gräfin Larisch anvertraute. Jenes Kästchen und sein Inhalt tauchte nirgendwo mehr auf, nur ab und zu findet man Berichte über den Verbleib, die denkbar nebulos sind. Die skandalumwitterte Marie Larisch, eine Nichte der Kaiserin, die ihre Hände bei den Vorgängen in Mayerling im Spiel hatte, berichtete zwar in ihren Memoiren über das Kästchen und brachte den Hinweis, dass ein Bekanntwerden des Inhaltes für Rudolf den sicheren Tod bedeutet hätte, gab aber letztlich auch keine näheren Erklärungen ab.

Nach einem amourösen Abenteuer mit einer rassigen Zigeunerin erkrankte der Kronprinz an Gonorrhö und steckte auch seine Frau an. Die kaiserlichen Ärzte verschwiegen zunächst die etwas peinliche Geschlechtskrankheit, mussten aber schließlich doch die Kronprinzessin und den Kaiser darüber aufklären, dass es nicht mehr möglich sein würde, dass Stephanie weiteren Kindern das Leben schenken würde. Für Rudolf war damit aus eigener Schuld die Aussicht auf einen ehelichen Sohn ein für alle Mal zunichte gemacht. Diese Tatsache könnte für ihn entscheidend gewesen sein, absolut zu resignieren. Er hatte keine Chance in diesem Staat, keine Chance bei seinem Vater. Die letzte Möglichkeit, seine Position zu verbessern, schien die Geburt eines Sohnes zu sein, aber nun waren alle Hoffnungen begraben. Sein Schicksal nahm endgültig seinen Lauf. Die Ärzte hatten zwar mit allen Mitteln der damaligen Zeit die Gonorrhö bekämpft, aber die Folgen der Krankheit verspürte der Kronprinz Tag für Tag. Seine Unruhe und Nervosität steigerten sich genauso wie die ununterbrochenen Kopfschmerzen, an denen er seit Jahren litt, jedes seiner immer noch zahlreichen Abenteuer war mit Schmerzen verbunden und eine Augenentzündung folgte auf die andere. Sein ohnedies nie sehr stabiler Gesundheitszustand verschlechterte sich von Monat zu Monat. Längst hatten seine Beziehungen zu seiner Ehefrau aufgehört, er hatte durch Zufall aber eine Vertraute gefunden, die ihn und seine Probleme ganz und gar verstand: Mizzi Caspar, eine dunkelhaarige Schönheit, die er im Salon der Madame Wolf, der stadtbekannten Kupplerin, kennen gelernt hatte. Obwohl Mizzi in Graz geboren war, war sie für Rudolf der Inbegriff des »Weaner Madels«, fröhlich, unkompliziert, mit einem großen Herzen. In ihr hatte der Kronprinz die Frau gefunden, die er ein Leben lang gesucht hatte, mit der er in die Heurigenlokale gehen konnte, die mit ihm bei seinem Leibfiaker in gemütlicher Runde Blutwurst und Sauerkraut aß und die vor allem zuhören konnte. Und ihr machte er als Erster den Vorschlag, sich beim Husarentempel bei Mödling umzubringen.

Obwohl Mizzi die Worte des Kronprinzen zunächst als schlechten Scherz angesehen und lachend dieses Ansinnen mit der Begründung abgelehnt hatte, sie lebe nun einmal zu gern, ging sie dann doch zum Polizeipräsidium, um den Polizeipräsidenten Baron Krauß zu informieren. Man behandelte Mizzi Caspar an dieser Stelle so, wie man Prostituierte zu behandeln pflegte, und schenkte ihren Worten wenig Glauben. Obwohl man über den schlechten Gesundheitszustand Rudolfs Bescheid wusste, konnte man an einen geplanten Selbstmord des Kronprinzen nicht glauben und bezeichnete die Erzählung als Ausgeburt der Phantasie Mizzis!

Was weder Mizzi noch Stephanie und schon gar nicht die kaiserlichen Eltern wussten, war die Tatsache, dass Rudolf im Frühjahr 1887 ein neuerliches Testament verfasst hatte, wahrscheinlich in einer Zeit, in der vieles, was einst für ihn erstrebenswert gewesen, sinnlos geworden war. Die erste Version seines »letzten Willens« hatte er am 15. April 1879 zu Papier gebracht, kurz vor seiner Abreise nach Spanien. Obwohl er auch hier über seine beweglichen Güter verfügte, so war dieses erste Testament wohl nicht allzu ernst gemeint, denn neben letzten Grüßen an Freunde und Verwandte enthält es auch folgenden Satz: »Ein letzter Abschiedskuss in Gedanken allen schönen Frauen Wiens, die ich so sehr geliebt!«

Das neue Testament allerdings, das er vor seiner Berlinreise am 2. März 1887 niederschrieb, zeugte von einer resignierenden Gemütsverfassung. Nicht einmal zwei Jahre sollten verstreichen, dass diese Verfügungen in Kraft traten. An alle, die ihm nahe standen, hatte er gedacht, selbst an Stephanie, der er schon lange nichts mehr zu sagen hatte. Nur dem kaiserlichen Vater verweigerte er ein letztes Wort, einen letzten Gruß.

Das Verhältnis zwischen Vater und Sohn hatte sich in den letzten Lebensjahren Rudolfs zu einer Katastrophe für beide entwickelt. Man fand keine Gesprächsbasis mehr, vor allem ab dem Zeitpunkt, als Franz Joseph bekannt geworden war, dass der Sohn sich an den Papst gewandt hatte, um seine Ehe mit Stephanie scheiden zu lassen. Rudolf wusste, er konnte mit Stephanie nicht mehr weiterleben, eine Trennung der Ehe schien ihm die einzige Möglichkeit zu sein, seine persönliche Zukunft neu gestalten zu können.

Rudolf bedachte die Situation des Papstes viel zu wenig, als er diesen Schritt unternahm. Niemals hätte das Oberhaupt der katholischen Kirche so eine Erlaubnis geben können, viel zu folgenschwer wäre eine positive Entscheidung gewesen.

Für Kaiser Franz Joseph in seiner strenggläubigen Art im Sinne der katholischen Kirche musste allein die Tatsache, dass sich der Sohn mit so einer Bitte an den Heiligen Vater gewandt hatte, wie ein Frevel vorkommen. Die Meinung des Kaisers über Rudolf wurde dadurch voll und ganz bestätigt. Sein einziger Sohn war ein Schwächling, ein Versager auf allen Linien.

Mit seinen 30 Jahren war der Kronprinz ein Mann, der nur noch resignieren konnte. Er hatte – auch durch eigene Schuld – in jeder Hinsicht Schiffbruch erlitten. Wenngleich er auch seine Verpflichtungen beim Heer wahrnahm und alle Aufträge von höchster Stelle, die ihm übermittelt wurden, peinlichst genau erfüllte, so sah er doch allmählich keinen Sinn mehr in diesen Tätigkeiten. Daneben stürzte er sich von einem Jagdabenteuer ins andere, begann blindwütig auf die Tiere zu schießen, die ihn sein bisheriges Leben lang eher wissenschaftlich interessiert hatten. Seine schriftstellerische Tätigkeit begann einzuschlafen, er verfasste kaum noch einen Artikel für Moriz Szeps, auch den Briefverkehr mit diesem Freund schränkte er drastisch ein. Dabei machte er die Nacht zum Tage und verbrachte viele Stunden an seinem Schreibtisch, rauchend, trinkend, meist seine Schmerzen, die ihn dauernd plagten, mit Morphium betäubend. Ab und zu stürzte er sich noch ins Vergnügen, ohne aber wirklich Anteil an den Geschehnissen um ihn herum zu nehmen. Einzig und allein Mizzi Caspar öffnete er sein Herz, ihr vertraute er voll und ganz.

Vielleicht wäre er durch Mizzis realistisch-herzliche Art doch noch aus dem Teufelskreis gekommen, der ihn zugrunde richten sollte, hätte er nicht durch die Vermittlung seiner dubiosen Cousine Marie-Louise Wallersee-Larisch den überreifen Backfisch Mary Vetsera kennen gelernt, ein 16-jähriges Mädchen, das trotz seiner Jugend schon reichlich Erfahrungen gesammelt hatte. Sie war die Tochter von Helene Vetsera, mit der der Kronprinz vor Jahren ein flüchtiges Abenteuer gehabt hatte, das selbst den Kaiser in Erstaunen versetzt hatte.

Die Tochter hatte das heiße Temperament ihrer schönen Mutter geerbt und hatte in Ägypten mit ihren großen blauen Augen und ihrer üppigen Figur einigen Männern den Kopf verdreht. Jetzt, im Herbst 1888 hatte sie den österreichischen Kronprinzen ins Visier genommen und setzte alles daran, ihn nicht nur kennen zu lernen, sondern ihn auch zu erobern. Es war in Wien längst kein Geheimnis mehr, wie es um die Ehe Rudolfs stand. Mary sah dieses gescheiterte Verhältnis zwischen Rudolf und Stephanie als gute Ausgangsbasis für ihre Pläne.

Und in Marie Larisch fand sie eine kongeniale Intrigantin, der es ausgesprochenes Vergnügen bereitete, den Cousin in ein Abenteuer zu verstricken, aus dem er nur mit größten Schwierigkeiten herauskommen konnte. Warum auch hatte Rudolf ihr vor Jahren äußerst brüsk einen Korb gegeben, als sie ihm Avancen gemacht hatte?

Es war für Mary nicht gerade leicht, die Rendezvous mit Rudolf einhalten zu können, die durch die Vermittlung Marie Larischs zustande kamen, denn seltsamerweise versuchte Helene Vetsera den leicht angeschlagenen Ruf ihrer schönen Tochter zu retten, indem sie beinahe jeden Schritt Marys kontrollierte. Immerhin kreisten in Wien schon ernst zu nehmende Verlobungsgerüchte zwischen ihrer Mary und dem Herzog Miguel von Braganza, einem Witwer, der in erster Ehe mit einer Cousine Marie Larischs verheiratet gewesen war. Immerhin wären dadurch die Vetseras auf der Adelsleiter ein paar Sprossen aufgestiegen. Deshalb sollten auch keine wie immer gearteten Gerüchte in Wien über Mary kursieren, die in den Klatschkolumnen als eines der schönsten Mädchen Wiens bezeichnet wurde. Die Mutter konnte freilich nicht ahnen, mit welcher Konsequenz sowohl Marie Larisch als auch Mary die Netze um den Kronprinzen ausgeworfen hatten. Nahm Rudolf von der kleinen Mary wahrscheinlich zunächst wenig Notiz, so konnte er sich auf die Dauer ihrer sexuellen Ausstrahlung nicht entziehen. Das Mädchen setzte alles daran, zunächst seine Geliebte und vielleicht später seine zukünftige Ehefrau zu werden. Marie Larisch ließ sich ihr Wissen über diese Liaison teuer bezahlen. Denn auf Grund ihres ausschweifenden Lebenswandels hatte sie Schulden, die sie selber kaum tilgen konnte. Niemand erklärte sich bereit, ihr weiterhin Geld zu leihen. Daher veranlasste sie die verliebte Mary, beim Kronprinzen in dieser Sache vorstellig zu werden. Obwohl Rudolf selber bei Baron Hirsch, einem reichen jüdischen Bankier, seit längerem Geld geliehen hatte, fand er doch die Möglichkeit, die geforderten Summen aufzutreiben. Doch Marie Larisch verlangte immer mehr.

Mary Vetsera war für Rudolf sicherlich nicht mehr als ein kurzfristiges Abenteuer, obwohl er schon sehr bald ahnte, dass sich dieses Mädchen nicht so leicht abschieben lassen würde, wie ihre Vorgängerinnen. Das erkannte er spätestens bei dem Eklat, den Mary anlässlich eines Empfangs beim deutschen Gesandten provoziert hatte. Als sie vor Stephanie ehrerbietig in den Hofknicks versinken sollte, schaute sie die Kronprinzessin nur mit einem herausfordernden Blick an, so lang, bis sie die entsetzte Mutter, die sich an der Seite Marys befand, in die Knie zog. Das Mädchen hatte der höchsten Gesellschaft zeigen wollen, dass sie in Hinkunft die Stärkere sein würde, vor der sich Stephanie in Acht nehmen sollte.

Mary verwechselte Rudolfs Begierde nach ihrem Körper mit echter Liebe, zu der er wahrscheinlich kaum mehr fähig war. In ihrer schwärmerischen Fantasie war sie bereit, alles für ihn zu opfern, auch ihr Leben. Und das war es, was Rudolf suchte und brauchte: Einen Menschen, der bereit war, mit ihm in den Tod zu gehen! Mary steigerte sich in ihrer jugendlichen Hysterie in eine Stimmung hinein, die ein Außenstehender nicht erklären konnte. War Mary zu Hause, so gebärdete sie sich eigenwilligst, war himmelhoch jauchzend, zu Tode betrübt, lachte und weinte von einem Moment auf den anderen, Röte und Blässe wechselten in ihrem Gesicht und manchmal war sie einer Ohnmacht nahe. Und da Helene Vetsera anscheinend tatsächlich keine Ahnung von den Zusammenkünften ihrer Tochter mit dem Kronprinzen hatte, konnte sie sich vieles, was um sie herum geschah, kaum erklären. Denn während die Mutter in der Hofoper saß, um sich mit Marys Schwester Hanna das Ballett mit dem viel sagenden Titel »La Fille Mal Gardée«, das übel gehütete Mädchen, anzuschauen, traf sich Mary heimlich mit Rudolf im Prater.

Es wurde zwar für Mary immer schwieriger, der Mutter alle möglichen Märchen zu erzählen, warum sie ausgerechnet zu Hause bleiben wollte, wenn man irgendeine Verabredung wahrnehmen sollte. Aber wo ein Wille, da ein Weg, wenn er auch in den Abgrund führen musste. Rudolf und Mary trafen einander sowohl in den Gemächern des Grand Hotel, wo Marie Larisch immer abzusteigen pflegte, wenn sie in Wien war, oder aber in der Hofburg im Junggesellenappartement des Kronprinzen.

Hier wurde Mary auch zum ersten Mal direkt mit dem Tod konfrontiert, als sie den Totenschädel, der auf Rudolfs Schreibtisch lag, beinah furchtlos in die Hand nahm ...

Die Ereignisse von Mayerling geben den Historikern heute noch Rätsel auf. Niemand kann wohl auch in unseren Tagen exakt sagen, wie sich diese Tragödie tatsächlich zugetragen hat. Denn auch in den Polizeiakten des Baron Krauß, die nach einigen Irrwegen zur Veröffentlichung gelangt sind, werden nur die Ereignisse im Vorfeld der Tragödie und jegliche Gerüchte, nachdem man die Toten aufgefunden hatte, zusammengefasst. Alle, die unmittelbare Zeugen der Vorfälle geworden waren, gaben nur unzulängliche Hinweise zu Protokoll. Der Saalhüter und Kammerdiener des Kronprinzen, der Rudolf als Letzter lebend gesehen hatte, genauso wie der Kutscher Bratfisch, mit dem der Thronfolger und Mary in dieser Nacht in Mayerling einige beinahe sentimentale Stunden verbracht hatten, machten keine konkreten Aussagen. Auch Prinz Philipp von Coburg und Graf Hoyos, zwei Freunde Rudolfs, die ebenfalls in Mayerling zugegen waren, äußerten sich nicht ausführlich, obwohl Graf Hoyos nachträglich eine umfangreiche Abhandlung verfasste, die beinahe wie eine Rechtfertigung anmutet. Unter keinen Umständen wollte er in den ungeklärten Todesfall verwickelt werden, noch dazu wo er nicht im Jagdschloss, sondern in einem nahe gelegenen Gästehaus logiert hatte.

Denn unter vielen anderen Theorien kam aber trotzdem das Gerücht auf, Graf Hoyos habe aus Eifersucht gehandelt und das Liebespaar erschossen. Was dieser Theorie absolut widerspricht, ist die Tatsache, dass auch Mary Vetsera tot aufgefunden wurde, im Liegen aus allernächster Nähe erschossen. Es scheint sehr unwahrscheinlich, dass ein eventueller betrogener Liebhaber sich so leise in das Schlafgemach des Kronprinzen hätte schleichen können, um zuerst Mary zu erschießen und dann Rudolf.

Über die Vorgänge der letzten Tage im Leben des Kronprinzen gibt es im Gegensatz zu der Todesnacht genaue Aufzeichnung in den Polizeiakten. Am 28. Januar 1889 meldete der junge Konzeptsbeamte des Polizeipräsidiums Wiligut, der im Bezirk Margareten seinen Streifgang gerade beenden wollte: »28. I. 1889

11 Uhr 50 Min. Präsidium: S.K. Hoheit Kronprinz Rudolf paßierte soeben den h. Bezirk gegen Schönbrunn zu ohne Hindernis«.

Wiligut wollte persönlich dem Polizeipräsidenten Baron Krauß diese Mitteilung machen, aber der Baron war zu dieser Zeit nicht zu sprechen, da Marie Larisch ihn aufgesucht und um eine Unterredung gebeten hatte, deren Inhalt Krauß sofort niederschrieb:

»Nach 12 Uhr mittags kam die Gräfin Marie Larisch, geb. Freiin von Wallersee, Tochter S.K.H. des Herzogs Ludwig in Bayern, Bruders I.M. der Kaiserin, welche in Pardubitz domizilirt und jetzt in Wien im Hotel (Grand Hotel) wohnt, zu mir ins Bureau, um mir folgende discrete Mitteilung zu machen:

Sie habe nach 10 Uhr V.M. die 17 Jahre alte Baronin Vetsera bei ihrer Mutter III., Salesianergasse 11 mit einem Fiaker abgeholt, um mit ihr zu Rodeck am Kohlmarkt zu fahren, um daselbst eine Rechnung zu bezahlen. Die Gräfin sei dann in das Gewölbe des Rodeck gegangen, während die Baronin im Wagen zurückblieb. Als die Gräfin nach einer Weile einen Commis aus dem Gewölbe zum Wagen schickte, um die Baronin bitten zu lassen, in die Galanteriewarenhandlung zu kommen, war die Baronin nicht mehr im Fiaker und der Fiakerkutscher erzählte, die Baronin sei in einen anderen Fiaker umgestiegen und weggefahren. Die Gräfin eilte hinaus, um selbst zu sehen, was diese Mittheilung bedeute, und fand im Fiaker einen Zettel, in welchem die Baronin mit wenigen Worten die Absicht aussprach, sich das Leben zu nehmen.

Die Gräfin glaubte jedoch, dass die Selbstmordgedanken nicht ernst zu nehmen sind, da vielmehr Gründe vorhanden sind anzunehmen, dass die Baronin die Fahrt zu Rodeck veranlaßt habe, um von dort mit einer im Einverständnisse stehenden Persönlichkeit zu verschwinden.

Sie könne diese Gründe nicht detailliert angeben, bemerke jedoch, dass die Angehörigen der Baronin den Verdacht auf den Kronprinzen haben. Die Gräfin sei nämlich gleich nach Entdeckung der Entweichung des Mädchens zu dem Onkel derselben, den Alexander Baltazzi, I., Giselagasse 9 und zu Baronin Vetsera gefahren, und da wäre durch Wahrnehmungen in den letzten Tagen die begründete Vermutung ausgesprochen worden, dass bei der Entweichung des Mädchens der Kronprinz die Hand im Spiele habe … Die Gräfin hält sich verpflichtet, selbst bevor es durch die Angehörigen des Mädchens geschehen werde, die Anzeige von dem Vorfall zu machen, und bitte den Fiaker, welcher sie geführt hat einvernehmen zu lassen, um vielleicht durch eine Aussage desselben eine! Spur zu erlangen, wohin sich das Mädchen begeben hat.

Wenn auch bezüglich des ausgesprochenen Verdachtes mit aller Vorsicht und Discretion vorgegangen werden müsse, so sei es doch dringend notwendig zu erfahren, wo sich die Baronin Vetsera befindet, um wo möglich weiteres Unglück zu verhindern.

Es wurde hierauf in Gegenwart der Gräfin Larisch das beiliegende Protokoll mit dem Fiaker Nr. 58 Franz Weber (VII., Zieglergasse 10 wohnhaft) aufgenommen.«

Dieser Franz Weber war tatsächlich der Kutscher, der die beiden Damen zunächst gemeinsam gefahren hatte und aus dessen Wagen Mary auf geheimnisvolle Art und Weise verschwunden war.

Die Gräfin Larisch war vom Polizeipräsidenten zunächst mit ein paar beruhigenden Worten abgespeist worden, denn offiziell war für ihn kein Grund vorhanden, nach Mary Vetsera suchen zu lassen, da es sich offensichtlich um eine neue Amour des Kronprinzen handelte. Was Marie Larisch nicht wissen konnte, war freilich, dass man Rudolf schon seit den frühen Morgenstunden dieses Tages überwachte und dass der Kommissär Habrda den Auftrag hatte, jeden Schritt Seiner Kaiserlichen Hoheit zu melden.

Noch am gleichen Abend erschienen Marie Larisch und der Onkel Marys Alexander Baltazzi im Privatsalon von Baron Krauß, um dem Polizeipräsidenten ihre schlimmen Befürchtungen mitzuteilen. Denn Helene Vetsera, so berichtete Baltazzi, habe ihre Tochter gezwungen, eine eiserne Kassette zu öffnen, in denen sie Briefe des Kronprinzen vermutete. Alles, was die Kassette enthielt, waren einige Ringe und eine Art letzter Wille, den Mary niedergeschrieben hatte. Für ein 17-jähriges Mädchen alles andere als normal! Und jeder, der Mary kannte, befürchtete das Schlimmste, da sie in ihrer Verliebtheit sicherlich alles tun würde, was ihr der Kronprinz vorschlug. Selbst den Tod würde sie nicht scheuen. Aber Baron Krauß waren die Hände durch ganz konkrete Vorschriften gebunden. Auch wenn er den Verdacht Alexander Baltazzis teilte, so konnte er weder in der Hofburg noch in Mayerling nach Mary suchen lassen, denn die Aufenthaltsorte der kaiserlichen Familie waren für die Polizei tabu. Außerdem, so argumentierte Krauß, wäre die Ehre der jungen Baronin Vetsera aufs Äußerste gefährdet, würde man eine große Suchaktion starten.

Am nächsten Tag brachte ein Bote ein wirres Schreiben von Marie Larisch an Baron Krauß, in dem sie den Polizeipräsidenten noch einmal beschwor, die Suche nach der verschwundenen Mary doch aufzunehmen, ohne großes Aufsehen zu erregen. Kaum hatte Krauß den seltsamen Brief gelesen, als ihm neuerlich Alexander Baltazzi gemeldet wurde, der in Begleitung seiner Schwester Helene Vetsera um eine Unterredung bat. Die aufgeregte Mutter brachte Fotografien von Mary und Marie mit, die in der Mitte auseinander geschnitten waren – eine Tatsache, die auch den nüchternen Polizeipräsidenten seltsam berührte.

Als sich die Besucher verabschiedet hatten, da der Polizeipräsident immer wieder versicherte, nichts unternehmen zu können, eilte Krauß, so schnell er konnte, zu Ministerpräsident Graf Taaffe, um ihm über die geheimnisvollen Vorfälle Mitteilung zu machen. Denn er hatte das untrügliche Gefühl, dass sich die verzweifelte Mutter unter allen Umständen an den Kaiser wenden würde, und da musste sein Ministerpräsident über die Vorkommnisse informiert sein. Baron Krauß vermerkte über diese Unterredung:

»Es war circa 1 Uhr Nachmittag, als ich dem Grafen Taaffe den Bericht erstattete. Er sprach die Ansicht aus, dass die Mutter Vetsera selbst die Hand im Spiel habe, denn das Vorleben der Mutter und auch der Lebenswandel der Tochter seien nicht frei von leichtsinnigen Streichen. Es wundere ihn nur, dass die Gräfin Larisch nicht sofort zur Kaiserin gegangen sei. Wäre die Gräfin Larisch zu Taaffe gekommen statt zu mir, so hätte er ihr den Rath gegeben sofort zur Kaiserin zu gehen.

Er halte dafür, dass vorläufig nicht zu veranlaßen ist …

Im Saale während die Minister und das Präsidium des Abgeordneten und Herrenhauses die Beleuchtung besichtigen nahm mich Graf Taaffe bei Seite und theilte mir mit, dass um 5 Uhr die Baronin Vetsera bei ihm gewesen sei. Er habe die Frage gestellt, ob denn niemand anderer betheiligt sein könne. Es müsse ja nicht gerade der Kronprinz sein. Als die Baronin fragte, wer denn das sein könne?, habe er z. b. den Fürsten Heinrich Liechtenstein genannt, worauf die Baronin blutroth geworden sei. Man habe nämlich in der Gesellschaft gesprochen, dass Fürst Liechtenstein ein sehr intimer Verehrer der jungen Vetsera gewesen sei, und dass der Kronprinz keine prima nox feiern könne.

Er habe schließlich fast dasselbe gesagt wie ich es der Vetsera gesagt hatte. Vorläufig müsse abgewartet werden. Der Ministerpräsident halte es aber für angezeigt, dass von der Polizei ein Agent zu unauffälligen Erhebung ob die junge Vetsera in Meierling ist dahin gesendet werde, dass ferner constatirt werde, ob der Kronprinz wirklich von der Burg abwesend ist …«

Graf Taaffe empfahl dem Polizeipräsidenten außerdem, auch »die Wolf« beobachten zu lassen.

Unmittelbar nach der Unterredung mit dem Ministerpräsidenten wurde Baron Krauß aktiv. Er bestellte den Oberinspektor Jurka zu sich und gab ihm den Auftrag, am nächsten Morgen mit dem Frühzug einen Agenten nach Mayerling zu schicken, der erkunden sollte, ob sich dort im Schloss eine Dame aufhalte. Außerdem wollte er durch Dr. Florian Meissner herausfinden, ob der Kronprinz immer noch sein Verhältnis mit Mizzi Caspar unterhalte oder ob jetzt eine andere Frauensperson von größerer Bedeutung sei. Ferner wurden die Mittelsmänner in der Hofburg angewiesen, jeden Schritt des Kronprinzen zu beobachten und dem Polizeipräsidium zu melden. Schon am Morgen des 30. Januar allerdings waren alle davon überzeugt, dass Rudolf nicht mehr in Wien war. Die Polizeispitzel hatten in der Hofburg so manche interessante Beobachtung gemacht und alles sofort berichtet. Baron Krauß notierte in seinem Akt, den er zwei Tage vorher angelegt hatte:

»Mittwoch, den 30. Jänner 1889.

Am Morgen berichtete Jurka, dass die Burgagenten mit Bestimmtheit erklärten der Kronprinz sei seit Montag Mittag abwesend. Er sei auch zu dem Familiendiner nicht gekommen und es sei die Nachricht gekommen er sei unwohl gemeldet.

Man erwarte ihn aber zuverlässig heute Nachmittag 5 Uhr, denn er müsse von der Kaiserin Abschied nehmen, welche morgen früh nach Budapest abreisen werde.

Ich erhielt den Brief von der Gräfin Larisch aus Pardubitz, in welchem sie von einem Briefe spricht, den sie nebst Zettel der Vetsera im Fiaker bei Rodeck gefunden hat. Ein Brief des Kronprinzen war es also.

Um $^1/_2$ 11 Uhr ließ mir der Ministerpräsident sagen ich solle um 11 Uhr im Ministerzimmer des Herrenhauses auf ihn warten. Als ich mich zur festgesetzten Stunde einfand, sagte mir der Ministerpräsident, er habe folgendes erfahren. Bei der gestrigen Familientafel die thatsächlich stattgefunden hat wurde auf den Kronprinzen gewartet und der Tafeldecker wollte schon das Couvert von der Tafel wegnehmen. Der diesfalls befragte Kaiser ließ das Couvert jedoch nicht wegnehmen, weil der Kronprinz noch im letzten Moment kommen könne. Als schon alle Erzherzoge versammelt waren sei der Herzog von Coburg gekommen und habe den Kronprinzen als unwohl entschuldigt. Der Kronprinz habe sich bei der Fahrt über Breitenfurth verkühlt, es sei auch in Meierling kalt gewesen, da in den selten geheizten Räumen die Ofen wenig erwärmt haben. Es sei sogar eine Lungenentzündung besorgt worden. Hierauf habe der Erzherzog Albrecht den Kronprinzen bedauert und bemerkt es sei in der am selben Tage abgehaltenen militärischen Sitzung eine Stunde auf den Kronprinzen gewartet worden, weil er nicht abgesagt hat. Da der Kronprinz sehr eifrig sei, so müsse er recht unwohl sein, da er sonst die Sitzung gewiß nicht versäumt hätte. Nur Erzherzog Wilhelm soll sich in die Lippen gebissen haben, als der Herzog von Coburg bemerkte, er sei durch das Helenenthal gefahren, aber der Kronprinz habe den Weg über Breitenfurth genommen, weil der Weg durchs Helenenthal schlecht sei. Erzherzog Wilhelm meinte, das sei ihm nicht erklärlich, denn er wisse, dass die Straße durch das Helenenthal sehr gut befahrbar sei. Der Ministerpräsident meinte, es wäre unmöglich, dass die junge Vetsera im Hotel Sacher im Helenenthale einquartiert ist, ich solle einen Agenten zur Erhebung hinaussenden, wer dort wohnt und ob in den letzten Tagen eine Dame dort Quartier genommen hat. Ich eilte ins Präsidium und verfügte, dass sich ein Agent nach Baden begibt.«

Nur kurze Zeit war seit den Hinweisen vergangen, die der Polizeipräsident akribisch genau notiert hatte, als wiederum ein Brief von Marie Larisch eintraf, in dem sie ihn dringend bat, sie nicht in die Affäre rund um den Kronprinzen hineinzuziehen. Aus den Andeutungen, die sich in dem Schreiben fanden, konnte sich Krauß zwar kein genaues Bild der Angelegenheit machen, daher erteilte er wiederum den Auftrag, Madame Wolf näher unter die Lupe zu nehmen, um möglicherweise intime Details über das Privatleben des Kronprinzen in Erfahrung zu bringen.

All diese Überlegungen wurden aber von einem Moment auf den anderen zunichte gemacht. Denn. um 13 Uhr betrat der Oberkommissar Wyslouzil ohne anzuklopfen das Zimmer des Polizeipräsidenten und stieß kreidebleich die Worte hervor: »Der Kronprinz ist tot!«

Nachdem die kaiserliche Familie durch den Grafen Hoyos über das schreckliche Ereignis in Mayerling informiert worden war – und auch Ministerpräsident Graf Taaffe von Baron Krauß über die angeblichen Vorgänge in Mayerling, dauerte es nicht lange, bis sich die Hiobsbotschaft in ganz Wien wie ein Lauffeuer verbreitete. Und da keiner so recht daran glauben wollte, dass der knapp 30-jährige Kronprinz an einem Herzschlag gestorben sein sollte, begannen sich die Gerüchte zu überschlagen. Fast täglich tauchten vor allem durch die Mundpropaganda neue Versionen auf, wie der Kronprinz zu Tode gekommen sein konnte. Dabei spielte natürlich das Verhältnis Rudolfs zu den Frauen eine ganz besondere Rolle. Auch von einem politischen Mord wurde gemunkelt.

Im Polizeipräsidium trafen fast stündlich neue Meldungen von Konfidenten ein. Ein anonym gebliebener Berichterstatter sandte schon am 1. Februar folgende Mitteilung an Baron Krauß:

»Die vox populi hält zähe daran fest, dass schon am Dienstag im Walde von Mayerling auf den Kronprinzen geschossen worden sei. Die Leute sagen: ebenso gut als man zuerst die Wahrheit verleugnet hat [da ein Herzschlag kolportiert wurde und nichts von einer Schusswunde, Anm. d. Verf.], kann dies auch jetzt der Fall sein. Der Revolver ist ›halt‹ nachträglich hingelegt worden.

In freimaurerischen Kreisen, in denen ich mich bis heute Mitternacht bewegt hatte, erzählt man nachstehende, in einigen Punkten etwas romantisch klingende Geschichte:

›Fürst Adolf Auersperg nahm im August 1888 Audienz bei S. Majestät, um demselben zu klagen, dass der Kronprinz seine Schwester Aglaja, die Freundin und Gespielin der Erz. Valerie geschwängert habe. Es gab eine furchtbare Szene, der Kaiser ließ seinen Sohn kommen und erklärte ihm, es sei seine Pflicht als erster Kavalier des Reiches, sich mit dem Prinzen Auersperg nach den Regeln der Ehre auseinander zu setzen. Rudolf wollte lange nichts davon wissen und meinte, die Sache ließe sich ja leicht ausgleichen, heimliche Entbindung etc. Auersperg beharrte aber auf ›ritterliche Austragung‹ der seiner Familie angethanen Beleidigung und der Kaiser stimmte zu. Endlich wurde ein amerikanisches Duell vereinbart, R. zog die schwarze Kugel und hatte die Pflicht, sich binnen sechs Monaten, d. i. bis ultimo Jänner zu tödten. In dieser schrecklichen Situation liegt auch der Grund, warum der Kaiser, abgesehen von den Rücksichten für die Ungarn, alle Ovationen zu seinem Jubiläum ablehnte. Am 30. Jänner erschoß sich Rudolf und hatte seine Zeugen Coburg und Hoyos nach Mayerling mitgenommen.‹ – Relata refero.«

Aglaja Auersperg war lange Zeit eine sehr enge Freundin der jüngsten Kaisertochter Marie Valerie gewesen und ging dadurch von Kindheit an in den kaiserlichen Gemächern aus und ein, so lange, bis sie über ihre Freundin eine taktlose Bemerkung der Gräfin Kronis gegenüber fallen ließ. Sie behauptete, dass Erzherzogin Valerie nicht hübsch sei. Die Gräfin hatte natürlich nichts Eiligeres zu tun, als dies weiter zu verbreiten. Auch der Kaiserfamilie kam diese taktlose Aussage zu Ohren und Aglaja, die von Valerie Aglae genannt wurde, musste Hals über Kopf Wien verlassen. Diese überstürzte Abreise wurde von vielen mit einer eventuellen Schwangerschaft in Verbindung gebracht.

Dass der Kronprinz mit der Freundin seiner Schwester ein Verhältnis gehabt hatte, war nicht auszuschließen, da Aglaja zu den schönsten Mädchen Wiens gehörte und bei jeder Gelegenheit mit Rudolf zusammentraf. In der Kaiserstadt hatte die Fama von dieser Beziehung längst die Runde gemacht und so konnte es natürlich nicht ausbleiben, dass jetzt, nach dem plötzlichen Tod Rudolfs, auch diese Geschichte neu interpretiert wurde. Vor allem, da man sich an den immer wiederkehrenden Ausspruch des Thronfolgers erinnerte, dass seine Ehre den Tod erheische. Dass allerdings der Kaiser selber mit einem Duell seines Sohnes einverstanden gewesen sein konnte, glaubte niemand so recht, da man die Einstellung des katholischen Herrschers und seine Ablehnung des Duellierens kannte. Außerdem wäre Aglaja Auersperg nicht die Einzige gewesen, die von Rudolf ein Kind erwartete, eine Affäre, die beileibe nicht den Tod des Thronfolgers erfordert hätte. Warum allerdings die Auersperg nach der Veröffentlichung des Polizeiberichtes noch nach Jahrzehnten ihr Veto einlegten, ist bis heute ein Rätsel.

Die Auersperggeschichte war nicht die einzige »Story« des Konfidenten, der Schreiber ging kriminalistisch jeder Spur nach, die er nur andeutungsweise finden konnte, um weitere Möglichkeiten über den Tod des Kronprinzen auszuforschen. Er vermischte dabei verschiedene Episoden aus Rudolfs Leben wie etwa seine rein platonische Beziehung zu dem jüdischen Mädchen in Prag mit der Liaison Rudolfs zu Mina Pick. Diese heiratete in zweiter Ehe den Grafen Leiningen und war ursprünglich Besitzerin des Jagdschlosses von Mayerling. Von ihr und ihrem Mann erwarb Rudolf den Besitz zu einem Preis, den beide kaum hätten akzeptieren können. Eventuell hatte man sich dann an dem Kronprinzen gerächt …

Auch die Version von eifersüchtigen Ehemännern, Vätern, Förstern und Bauern tauchte unter der Wiener Bevölkerung genauso wie in den Konfidentenberichten auf. Rudolf war bekannt dafür, dass er keinem weiblichen Wesen so leicht widerstehen konnte. Daher war es für jedermann einsehbar, dass er stets Gefahr lief, in flagranti ertappt und getötet zu werden.

In dem anonymen Konfidentenbericht hieß es dazu:

»Schon seit Jahren gab es sowohl in Mayerling wie in Laxenburg zahlreiche Klagen, dass R. kein Frauenzimmer in Ruhe lasse, und zwar nicht etwa bloß die besseren Standes, sondern auch Mägde, Taglöhnerinnen, Gärtnerinnen, Bauerndirnen. Selbst halbwüchsige Mädchen soll er attackiert haben. Es gab bereits mehrere Konflikte, die aber bis jetzt noch immer gütlich beigelegt wurden, doch setzte es Drohungen und Warnungen, die aber R. stets in den Wind schlug. Die Katastrophe erfolgte am Dienstag Vormittag. Ein Bauer [andere Version: ein Forstmann] ertappte R., als er sich mit seiner Tochter zu schaffen machte und schlug ihn so heftig über den Kopf, dass der Schädel einen Bruch erlitt [andere Version: schoß ihn durch den Kopf]. Man fand ihn bewusstlos und war in grenzenloser Verwirrung. Hoyos blieb in Mayerling, Coburg fuhr nach Wien und schickte den Professor Billroth hinaus. Er selbst erschien bei Hof zum Diner und meldete, R. sei unwohl. Billroth untersuchte R. und erklärte, er sei rettungslos. Mittwoch früh, circa 7 ½ Uhr verschied R. worauf Hoyos sofort nach Wien fuhr, um die Katastrophe zu melden. Coburg fuhr zur selben Zeit wieder nach Mayerling, wo er R. bereits todt traf. Hoyos und Coburg kreuzten sich. Bei Hofe herrschte maßlose Bestürzung. Die Todesart war insbesondere, welche tief verletzte, so dass von den Verwandten Niemand nach Mayerling hinausfuhr.« In all diesen Darstellungen tauchte noch keine zweite Leiche auf, denn niemand war auf Mary Vetsera aufmerksam geworden. Und in Mayerling selbst hatte man alles versucht, um das tote Mädchen beiseite zu schaffen. Zunächst legte man den nackten Leichnam mit der klaffenden Kopfwunde in eine Kiste, die sich in einem Abstellraum befand. Von hier aus wollte man, nachdem man zu irgendeinem Schluss gekommen war, das Mädchen ungesehen beiseite schaffen. Wer allerdings die Indiskretion begangen hatte, dass schließlich doch bekannt wurde, dass Rudolf nicht allein gestorben war, ist bis heute nicht bekannt.

Am 4. Februar trafen andere Neuigkeiten des Konfidenten im Polizeipräsidium ein:

»… Das Volk aber beharrt auf einem Überfall des Prinzen und zwar werden jetzt schon bestimmte Namen genannt. Der Förster von Breitenfurth fand – so erzählt und glaubt man – den Kronpr. bei seiner schönen jungen Frau und im Zorn darüber entmannte er ihn, worauf er seine Frau und dann sich selbst erschoß. Man fand den Kronprinzen im Blute schwimmend und schaffte ihn nach Mayerling. Prinz Coburg fuhr nach Wien um ärztliche Hilfe, R. aber, der den Schmerz nicht ertragen konnte, wusste die Umgebung einen Augenblick zu entfernen und schoß sich mit dem Revolver durch den Kopf. Diese Version wird am hartnäckigsten festgehalten.«

Neben all diesen Geschichten um den Tod des Kronprinzen ging noch in Wien eine andere Mär um. So erzählte man sich, dass ein eifersüchtiger Oberförster den Kronprinzen mit einer Sektflasche erschlagen haben sollte. Auch hier tauchte noch keine Mary Vetsera auf, vielmehr waren es ganz private Gründe, die den Oberförster zu dieser Tat veranlasst hatten.

Alle Varianten, die sich mit dem Ableben Rudolfs beschäftigten, zeigten ihn als unersättlichen Frauenheld, etwas, was er wahrscheinlich schon längere Zeit nicht mehr war. Jedenfalls waren die Aussagen Mizzi Caspars in dieser Hinsicht ziemlich eindeutig. Aber für das Wiener Volk war der Kronprinz der Inbegriff des lüsternen Lebemannes, man hatte keine Ahnung von den eigentlichen Ambitionen Rudolfs, von seinen Enttäuschungen und Problemen.

Am 5. Februar traf im Polizeipräsidium um 3 Uhr nachmittags eine sensationelle Meldung per Rohrpost ein, die wiederum der Anonymus ausfindig gemacht hatte:

»X.Y! Soeben wird mir eine ganz neue Version puncto Meyerling zugetragen. Die bereits zum 4. Monate gediehene Schwangerschaft einer Baronesse Wecera (?), welche als ein Ideal von Schönheit galt, soll am 26. V. Mts. zu einem fürchterlichen Auftritt zwischen Vater und Sohn geführt haben, in Folge dessen Letzterer erklärte, auf Alles zu verzichten, eventuell sich zu erschießen, er könne nun einmal seine Frau nicht leiden usw. In M. trafen dann die Baronesse und der Kronpr. zusammen; erstere wurde von ihm erschossen, dann der Selbstmord. Die Baronesse soll in M. in aller Stille begraben worden sein.«

Kaum war der Name Vetsera einmal ausgesprochen, war es

nicht mehr möglich, den Zusammenhang zwischen dem Kronprinzen und Mary zu vertuschen. Mit einer wahren Gier stürzte sich die internationale Presse auf diese Liaison, die in jeder nur möglichen Hinsicht interpretiert wurde. Baron Krauß, der in Absprache mit dem Grafen Taaffe alles versuchte, um die Angelegenheit in ein für den Ruf des Kaiserhauses normales Licht zu rücken, war machtlos bei der Fülle der Informationen, die tagtäglich nach Wien strömten. So wurde beinahe genüsslich die Tragödie der Mary Vetsera ausgemalt, die sich aus unglücklicher Liebe zum Kronprinzen selbst entleibt hatte. Damit nicht genug: Denn kaum hatten dies ihre anderen Verehrer – unter ihnen auch Philipp von Coburg – vernommen, als sie beschlossen, den Tod Marys zu rächen. In Mayerling sollte es angeblich zwischen Rudolf und Philipp von Coburg zu Tätlichkeiten gekommen sein, die darin endeten, dass in der Nacht gedungene Mörder den Kronprinzen durch ein Fenster erschossen. Außer der Schusswunde am Kopf waren angeblich noch Hiebwunden festgestellt worden.

Es war ein gewisser Milarow, der die neuen Informationen, die sich vor allem auch mit der Familie Vetsera-Baltazzi beschäftigten, Baron Krauß lieferte. Wie alle übrigen vorher, verschwanden sie in dem Mayerling-Akt, fein säuberlich sortiert und nummeriert, den der Polizeipräsident schon nach den ersten Informationen durch die Gräfin Larisch angelegt hatte. Angeblich stammten die Nachrichten Milarows aus dem Jockeyclub, wo die Baltazzi-Brüder schon seit langem ein und aus gingen und als ausgesprochene Pferdekenner und Reitexperten galten. So war es durchaus möglich, dass die Baltazzis Einzelheiten über die Beerdigung ihrer Nichte ausgeplaudert hatten. Im Bericht Milarows hieß es:

»… Die ganz eigenartige, dem Volksgefühle diametrale Stimmung in der aristokratischen Gesellschaft schreitet stetig vor und ist jetzt bei dem Stadium angelangt, dass die volle Theilnahme, das tiefe Bedauern der in Mayerling verunglückten Vetsera zuwendet. Von den vornehmen und hochvornehmen Herren wird die ›arme Marie‹ als das verführte Opfer hingestellt. Derselbe Zirkel will nichts Günstiges damit andeuten, dass beim

Öffnen des Schlafgemaches die Leiche der Vetsera schon kalt und der Todesstarre verfallen war, während die Leiche des unglücklichen Herrn noch Lebenswärme zeigte. Man comentiert: die Baronesse wäre längst als Opfer gefallen ...« Der in Heiligenkreuz erfolgten Bestattung der Vetsera sollen Aristide und Alexander Baltazzi und Georg Stockau beigewohnt haben. Das Grab sei der Erde gleichgemacht.

Das, was man von offizieller Seite in Wien tunlichst vermeiden wollte, nämlich den Namen Vetsera mit dem Tod des Kronprinzen in Verbindung zu bringen, geschah durch verschiedene Indiskretionen, die nicht mehr rückgängig gemacht werden konnten. Dass allerdings einige Tage bis zur Erwähnung der zweiten Leiche vergangen waren, war für das Kaiserhaus ein wahres Glück. Denn allzu leicht hätte die Kenntnis dieser Affäre bis Rom durchsickern können und der Papst hätte dem Kronprinzen eine christliche Beisetzung verweigern können.

Es waren keine 24 Stunden seit dem rätselhaften Tod des österreichischen Kronprinzen vergangen, als auch in Rom schon verschiedene Versionen über das Ableben Rudolfs auftauchten. Gerüchte, er sei von einem eifersüchtigen Nebenbuhler erschlagen worden, wechselten mit Hinweisen ab, er sei von seinem Cousin Johann Salvator nach einer heftigen Auseinandersetzung umgebracht worden. Ein Beileidstelegramm an die kaiserliche Familie allerdings wurde von dem Erzherzog am 30. Januar um 19.40 Uhr in Fiume aufgegeben. Dass der Kaiser fünf Tage nach dem tragischen Ende seines Sohnes Erzherzog Johann Salvator aller seiner Ämter für verlustig erklärte, schien vielen äußerst merkwürdig und war Anlass für weitere Spekulationen.

Dass Rudolf schon seit längerer Zeit die Absicht gehabt hatte, seinem Leben ein Ende zu bereiten, ging aus vielen Indizien hervor. So berichtete der englische Kronprinz, mit dem Rudolf beinahe in Freundschaft verbunden war, nach den fürchterlichen Ereignissen an seine Mutter Königin Victoria:

»... Es scheint, dass der arme Rudolf schon seit längerer Zeit Selbstmordabsichten hegte – er schrieb Briefe, in denen er sagte, dass er sterben würde – und die arme junge Dame schrieb ihrer Familie dasselbe – Er erschoß sie zuerst – schmückte sie dann mit Blumen – dann schoß er sich in den Kopf – ... Er schrieb seiner Mutter, seiner Frau, der jüngsten Schwester, zwei Vettern und einigen persönlichen Freunden, aber nicht seinem Vater ... Mein Freund sagte mir, die Ursache des Selbstmordes sei unbekannt und er glaubt nicht, dass er sie am 13. Januar verführte und die letzte verhängnisvolle Tat beging er am 30.! Es gibt Einzelheiten, die ich Dir berichten konnte – die ich (aber) nicht schreiben kann, die klar die vollkommene Verwirrung seines Geistes schon seit längerer Zeit beweisen.«

Auch Philipp von Coburg, der fast unmittelbarer Zeuge in Mayerling war, stellte, genauso wie Heinrich Freiherr von Slatin, der Sekretär im Obersthofmeisteramt zur damaligen Zeit war und zusammen mit einer Hof-Kommission den Tatort untersuchte, den Tod des Kronprinzen als Selbstmord dar. Der Prinz von Coburg schrieb ebenfalls an seine Tante, an die Königin von England, am 10. Februar:

»... ein entsetzliches, schauderhaftes, namenloses Unglück war dieser Tod meines unvergeßlichen Schwagers. Mir ist es ein Rätsel, wie so ein begabter, gescheidter Mann, der in Österreich-Ungarn so verehrt war, der so an Kaiser und Land hing, eine solche That ausführen konnte! Ich, der ich in Meierling war, der Alles sah, kann dich versichern, dass nur die Annahme eines gestörten Geistes das furchtbare begreiflich machen läßt. Es war nicht notwendig, dass er sich erschoß, das ist meine Meinung. Möglich, dass sein am 19. November erfolgter Sturz mit dem Pferd das Gehirn in Unordnung brachte, wenigstens klagte er mir öfters über Kopfweh und Magenbeschwerden, alleiniger Grund zur Sinnesverwirrung war es aber nicht. Die Ärzte constatierten ja auch eine abnorme Bildung des Schädels.« Seiner Frau Louise, der Schwägerin des Kronprinzen, gegenüber äußerte sich Philipp von Coburg: »Es ist furchtbar, furchtbar, ich kann dir nichts darüber sagen.«

Es war beinahe eine Selbstverständlichkeit, dass die zugezogenen Ärzte, allen voran Dr. Widenhofer, irreguläre Strukturen im Gehirn feststellen mussten. Denn ein Selbstmörder konnte kein anatomisch normales Gehirn aufweisen. Und somit stand nach dem Gutachten der Pathologen einem christlichen

Begräbnis nichts im Wege. Denn die Expertenkommission konnte nichts anderes bescheinigen, nachdem man die Theorie von dem Giftanschlag durch Mary Vetsera endgültig verworfen hatte, als ein gewaltsames Ende des Kronprinzen durch einen Pistolenschuss in den Kopf. Slatin bezeugte unter Eid, dass er den toten Thronfolger gesehen habe und »… dass die Schädeldecke abgesprengt, Blut und Gehirnteile herausgequollen waren, und heute noch steht mir das gräßliche Bild vollkommen deutlich vor Augen … Der Kronprinz erschoß im Einvernehmen mit Mary Vetsera diese und dann sich …«

Dass diese Selbstmordtheorie im Laufe der Zeit immer wieder und bis heute in Frage gestellt wurde und wird, liegt bei den diversen Ungereimtheiten auf der Hand, vor allem, da bis heute der schlüssige Beweis sowohl für einen Selbstmord wie für einen Mord fehlt, da man bis jetzt den Leichnam des Kronprinzen, der seit dem 5. Februar 1889 in der Familiengruft der Habsburger ruht, nicht untersuchen konnte. Lediglich der Schädel der unglücklichen Mary Vetsera konnte von Pathologen begutachtet werden. Es wurde eindeutig festgestellt, dass die Pistole dem liegenden Mädchen an der linken Seite an den Kopf gesetzt wurde. Damit ist die Version, dass Mörder eindrangen und Mary Vetsera als Zeugin des Mordes am Kronprinzen umgebracht wurde, so gut wie auszuschließen. Denn wenn wirklich ein Handgemenge zwischen Rudolf, Hoyos oder anderen Beteiligten stattfand, wobei der Kronprinz mit einer Flasche erschlagen wurde, so wäre es undenkbar, dass Mary Vetsera teilnahmslos am Bett lag und die Vorgänge verfolgte.

Dass die Angelegenheit in Mayerling vom Kaiserhof mit äußerster Diskretion behandelt wurde, nimmt einen nicht wunder. Dass man aber in Kauf nahm, dass der Sohn des Kaisers in einer geistigen Verwirrung zum Selbstmörder geworden war – eine zweite Leiche wurde erst später bestätigt – wenn die Wahrheit anders ausgesehen hätte, ist schwer vorstellbar. Denn wenn der Kronprinz von irgendjemandem, der in Verdacht geraten war, aus persönlichen oder politischen Motiven umgebracht worden wäre, hätte man sicherlich von Seiten des Hofes den Mörder geahndet, vor Gericht gestellt und in einem spektakulären Prozess verurteilt. Denn dass Franz Joseph seinen einzigen Sohn mit dem Makel des unzurechnungsfähigen Selbstmörders in die Geschichte eingehen ließ, wenn die Wahrheit ganz eine andere war, ist auszuschließen.

Dass der Kaiser Order gab, alles, was mit der Mayerling-Affäre in Verbindung gebracht werden konnte, streng geheim zu halten, ist unter den gegebenen Umständen einzusehen. Auch die Beerdigung der unglücklichen Mary Vetsera konnte aus diesem Grunde nur geheim vonstatten gehen. Mitten in der Nacht setzte man die Leiche des Mädchens, der man einen Pelzmantel übergezogen und einen Hut über die klaffende Kopfwunde gestülpt und einen Stock im Rücken befestigt hatte, um ein Umkippen des Körpers zu vermeiden, in eine Kutsche und gestützt von ihrem Onkel Baltazzi und dem Grafen Stockau brachte man sie nach Heiligenkreuz, wo sich der Abt des Klosters bereit erklärte, das Mädchen in aller Heimlichkeit beisetzen zu lassen. Es wurde in aller Eile ein roher Sarg gezimmert und im Morgengrauen senkte man den Leichnam in das Grab. Mary Vetsera sollte aber nicht in Frieden dort ruhen, denn ihre Mutter veranlasste die Exhumierung, um der Tochter eine würdigere Begräbnisstätte zu ermöglichen. Die russische Soldateska, die selbst auf Friedhöfen nach Juwelen suchte, öffnete das Grab, fand aber nichts von Bedeutung. Bis in die letzten Jahre waren der Schädel und die Knochen des Mädchens von Interesse, denn ein neugieriger Spediteur grub in Verbindung mit einem Journalisten das, was von der einst schönen Mary Vetsera übrig geblieben war, aus, legte alles in eine Kiste und wusch die Knochen mit Schmierseife, um sie von dem stinkenden Geruch zu befreien. Dann wurde alles im pathologischen Institut der Universität Wien deponiert. Eine Leiche auf Reisen – selbst nach so vielen Jahren!

Eine der geheimnisvollsten Affären im Hause Habsburg wartet immer noch auf die endgültige Aufklärung. Erst wenn es möglich sein wird, den Sarkophag Rudolfs zu öffnen, seinen Schädel fachmännisch zu untersuchen, wird Klarheit über sein Ende herrschen. Aber wer will schon den Mythos Mayerling wirklich zerstören?

Mord an der Kaiserin von Österreich

»In finsteren Katakomben zerfällt ihr Leib zu Asche, aber ihr Traumbild steht lebend für den Dichter voll Glanz an den jonischen Ufern, dort, wo ihre zerstörten Hoffnungen und ihre qualvollen Leiden milde werden wie die Wogen des Meeres im Frühling ...

Es liegt im tragischen Tod der Kaiserin Elisabeth von Österreich eine Vollkommenheit, die erhebend ist. Unter dem raschen, sicheren Todesstoß, der sie traf, offenbart sich uns die geheime Schönheit dieses kaiserlichen Lebens ... Ich weiß, dass es Herzen gibt, die höher schlugen, als die herrlichen Einzelheiten ihres blutigen Hingangs bekannt wurden ... Sie stirbt zur Stunde des Mittagszaubers, zur Stunde der flammenden Sonne ... sie, die jeden Morgen vom Schiffsbug oder von einem Felsenvorsprung aus die Morgenröte begrüßte ... Sie empfängt den Todesstoß, indem sie noch einmal dem Ufer zuschreitet, noch einmal das trostreiche Meer sucht ...«

In dichterischer Freiheit ließ Gabriele D'Annunzio Elisabeth an den Gestaden des Meeres ihren letzten Atemzug tun, der Genfer See schien ihm nicht der richtige Ort für seinen Abgesang auf die Kaiserin von Österreich. Mit poetischen Worten erfasste er die Welt Elisabeths, ihre Todessehnsucht in ihren Träumen. Denn lange vor dem 10. September 1898 hatte die Kaiserin schon den Wunsch geäußert, nicht in der düsteren Kapuzinergruft bei den Ahnen der Habsburger dereinst beigesetzt zu werden. In ihren Gedichten träumte sie davon, dass man ihren Leichnam dem Meer übergeben sollte, damit sie in seinen Wogen die unendliche Freiheit, die sie vergeblich gesucht hatte, endlich hätte finden können. Und obwohl Elisabeth gegen das absolute Traditionsbewusstsein Kaiser Franz Josephs ein Leben lang gekämpft hatte, hegte sie doch die Hoffnung, dass er ihr, seiner geliebten Engels-Sisi, diesen letzten Wunsch nicht abschlagen würde.

Aber zu viel Zeit war ins Land gezogen, zu wenig Berührungspunkte hatten diese beiden Menschen noch miteinander gehabt, als dass der Kaiser aus Liebe hätte über seinen Schatten springen können. Denn kaum hatte er die schreckliche Nachricht von der Ermordung seiner Gemahlin erfahren, gab er Order, dass die Kaiserin von Österreich, so wie es der Tradition entsprach, mit allen herkömmlichen Zeremonien in der Kapuzinergruft bestattet werden sollte.

Die Ereignisse in Genf hatten sich in jenen Septembertagen überschlagen, eine Nachricht jagte die andere, das Einzige, was sicher stand, war, dass man den Mörder der Kaiserin sofort auf frischer Tat ertappt hatte. Mit stolz geschwellter Brust ließ sich der italienische Anarchist festnehmen, nachdem er die zugeschliffene Feile, das Mordinstrument, in hohem Bogen weggeworfen hatte. Luigi Lucheni kostete den Triumph voll und ganz aus: Es war ihm gelungen, was er beabsichtigt hatte. Er hatte ein Zeichen gesetzt gegen die von ihm so verhasste Gesellschaft von Nichtstuern, die, ohne einen Finger zu rühren, durch ihre ererbte Stellung oder auf Grund ihres unermesslichen Vermögens in Saus und Braus leben konnten, ohne an das Elend, das rund um sie herrschte, nur einen Gedanken zu verschwenden.

Kaiserin Elisabeth hatte in den Augen von Luigi Lucheni keine Ausnahme gemacht, obwohl er zu Protokoll gab, dass sie noch leben würde, hätte er die 50 Francs gehabt, um nach Rom fahren zu können, wo er den Vorsatz gehabt hatte, König Umberto von Italien zu erstechen. Aber arm, wie er war, hatte er das Geld nicht auftreiben können und war gezwungen, seine Pläne zu ändern, da auch der Herzog von Orléans es vorgezogen hatte, nicht an den Genfer See zu reisen. Ihn hatte Lucheni ebenfalls ins Visier genommen.

Die Kaiserin von Österreich war zum Zeitpunkt ihrer Ermordung eine fast vergessene Frau. Ruhelos war sie jahrelang in der Welt herumgezogen, ständig auf der Suche nach etwas,

was sie selber kaum definieren konnte, während der Kaiser noch immer, wie schon seit vielen Jahren, sehnlichst auf ihre Rückkehr wartete. In seinen vielen Briefen sprach Franz Joseph ständig die Hoffnung aus, die geliebte Frau doch einmal länger um sich haben zu können, er zählte die Wochen und Tage bis zu ihrer Ankunft, um dann, war sie für kurze Zeit in Wien, enttäuscht feststellen zu müssen, dass sie keinen anderen Gedanken hegte, als nur möglichst schnell wieder abreisen zu können.

Franz Joseph hatte seine Frau schon in jungen Jahren für immer verloren, ohne dass er diesen Verlust realisieren konnte. Aus dem Eingesperrtsein in die Zwänge des spanischen Hofzeremoniells und den ständigen Kämpfen mit der Schwiegermutter versuchte Elisabeth auszubrechen, um nie mehr den Weg in die Hofburg zurückzufinden, auch als sie in ihrer Funktion als Kaiserin von Österreich wirklich gebraucht worden wäre. Sie hatte nie ein besonderes Interesse für die politischen Angelegenheiten des Staates entwickelt und sich mit einer einzigen Ausnahme nicht in die Politik eingemischt. Lediglich in Ungarn hatte sie Signale gesetzt und den Kaiser bewogen, seine Ressentiments gegen die aufmüpfigen Magyaren zu überwinden und diesem Volk mehr als allen anderen Völkern der Monarchie im »Ausgleich« besondere Freiheiten einzuräumen. Durch diese bevorzugte Stellung wurde Ungarn zu einem sicheren Bündnispartner für Österreich, während sich die übrigen Völker der Donaumonarchie zurückgesetzt fühlten. Für Elisabeth waren es vor allem persönliche Gründe, ihre Schwärmerei für das ungarische Volk und ihre Sympathien für den schönen Grafen Andrássy hatten sie bewogen politisch aktiv zu werden. Und da Kaiser Franz Joseph seiner »Sisi« keinen Wunsch abschlagen konnte, war es für Elisabeth nicht allzu schwer, jenen entscheidenden Schritt in der Politik zu wagen.

Nach diesen persönlichen Erfolgen erlosch ihr Interesse an allem, was die Monarchie betraf, vollständig. Dabei hätte es die einst schöne Kaiserin wahrscheinlich in der Hand gehabt, die immer zahlreicher und vehementer auftretenden politischen Kontroversen in allen Teilen der Monarchie allein durch den Zauber ihres Wesens zu entschärfen.

Das Leben Elisabeths hatte schon vor langer Zeit eine verhängnisvolle Entwicklung genommen. Sie konnte sich kaum mit ihrer Rolle als Kaiserin abfinden und akzeptierte schon gar nicht irgendwelche Pflichten, die diese Position mit sich brachte. Sie wollte nur sie selbst sein und schüttelte deshalb jede Verantwortung – auch in familiärer Hinsicht – von sich ab.

In Wien war es ihr unmöglich gewesen, sich selbst zu verwirklichen. Deshalb beschloss sie schon sehr früh, dieser Stadt den Rücken zu kehren, und wurde hier nur mehr zu einem höchst seltenen Gast. Und die Wiener, die der einst so zauberhaften Sisi begeistert zugejubelt hatten, änderten Elisabeth gegenüber schon sehr bald ihre Haltung. Aus der ehemals geliebten Kaiserin war beinahe eine Unperson geworden, für die der einfache Mann auf der Straße höchstens ein paar bissige Bemerkungen übrig hatte.

Und dennoch hatte die Welt jahrelang die schöne Kaiserin umjubelt, die, wo immer sie erschienen war, die bewundernden Blicke aller auf sich gezogen hatte. Aber allmählich war ihre legendäre Schönheit verblasst, mit zunehmendem Alter war durch ihre vielfältigen Eskapaden und Hungerkuren, denen sie sich in ihrem Schlankheitswahn ständig unterzogen hatte, aus der »schönsten Frau Europas« eine dürre, hohlwangige, früh gealterte Frau geworden, für die sich eigentlich niemand mehr so richtig interessierte. Hatte man in vergangenen Zeiten noch eigene Gleise für den Hofzug bauen müssen wie seinerzeit in England, damit die Kaiserin nicht dem Ansturm der begeisterten Menschen, die sie sehen wollten, ausgesetzt war, so konnte sie jetzt unbehelligt überall auftauchen, kaum einer wusste, dass diese Dame in Schwarz, die sich krampfhaft einen Lederfächer vor das faltige Gesicht hielt, die einst so schöne Kaiserin war. Selbst Kaiser Franz Joseph, der seine Sisi bis über den Tod hinaus liebte, machte ab und zu eine Bemerkung, die darauf schließen ließ, dass er seine dünne Frau keineswegs mehr attraktiv fand. Aber auch diese Hinweise des Ehemannes machten auf Elisabeth kaum einen Eindruck, denn sie brach nach wie vor geradezu in Hysterie aus, wenn die Waage, die sie täglich mindestens einmal konsultierte, mehr als 50 Kilogramm anzeigte –

und dies bei einer Körpergröße von 1,72 Meter. Die intimen Bande zwischen dem Kaiserpaar waren schon sehr lange zerrissen, Elisabeth selbst hatte ihrem Mann als kleines Trostpflaster die »Freundin« zugeführt, Katharina Schratt, eine junge, blühende, etwas mollige Schauspielerin vom Burgtheater, die dem einsamen Kaiser in Wien die Stunden des Alleinseins vertreiben sollte.

Obwohl die Kaiserin sich in den letzten Jahren überall unbehelligt aufhalten konnte, reiste sie doch meist unter dem Pseudonym einer Gräfin von Hohenembs. Unter diesem Namen trug sie sich auch in die Gästebücher der Hotels ein, wo sie abzusteigen pflegte.

In der damaligen Zeit war es in der Hocharistokratie üblich geworden, sich ein Pseudonym zuzulegen, wenngleich selbst die Pressevertreter wussten, wer sich hinter diesen scheinbar unauffälligen Bezeichnungen verbarg. Die diversen Namen wurden gleich nach der Ankunft beinahe offiziell zur allgemeinen Information weitergegeben und niemand fand etwas dabei, wenn die Zeitungen die hohen und höchsten Personen erwähnten, die sich an den verschiedenen Orten aufhielten. Das Pseudonym wurde deshalb gewählt, damit nicht offizielle Empfänge und Besuche absolviert werden mussten, gleichzeitig bedeutete dies auch, dass die Hotels nicht die Flagge des entsprechenden Landes aufziehen mussten. Auch das Hotel Beau Rivage in Genf, wo die Kaiserin in ihrer letzten Nacht zusammen mit ihrer Hofdame Irma Sztáray logiert hatte, hatte nicht die Fahne der österreichisch-ungarischen Monarchie gehisst.

Nach dem tragischen Tod der Kaiserin hatte man ausgiebig darüber diskutiert, wie es möglich gewesen war, dass der Name Elisabeths in den Genfer Zeitungen zu finden war. Aber man hatte nicht bedacht, dass die Rolle des Pseudonyms eine ganz andere war, als man vermutet hatte, und deshalb der Besitzer des Hotels, Monsieur Mayer, offiziell der Presse hatte Mitteilung machen lassen, ohne damit irgendeine Indiskretion begangen zu haben. Denn niemand kam auf die Idee, die Kaiserin besonders schützen zu müssen, denn jedermann sah in ihr eine für einen Attentäter völlig bedeutungslose alte Frau.

Das Schicksal hatte es mit Kaiser Franz Joseph nicht gerade gut gemeint, der Tod war ein Leben lang sein Begleiter gewesen. Als junger Vater stand er an der Bahre seiner kleinen Tochter Sophie, die mit zwei Jahren für die unglücklichen Eltern überraschend die Augen für immer geschlossen hatte. Durch die ungeschickte und intrigante Politik des französischen Kaisers Napoleon III. verlor er seinen Bruder Maximilian im Jahr 1867, dessen offizielle Hinrichtung in Mexiko er auch nicht in seiner Position als Kaiser der Donaumonarchie verhindern konnte.

Auch Elisabeth hatte der Tod ihres Schwagers in tiefe Depressionen gestürzt, hatte sie für Maximilian immer große Sympathien empfunden. Maximilian war ein ganz anderer Habsburger als ihr eigener Mann, geistreich, witzig, aufgeschlossen.

Als besondere Tragik in seinem Leben allerdings empfand der Kaiser den Tod seines einzigen Sohnes am 30. Januar 1889 in Mayerling. Obwohl die Beziehung zwischen Vater und Sohn zu dieser Zeit auf einem Tiefpunkt angelangt war, hätte sich Franz Joseph niemals vorstellen können, dass Rudolf auf gewaltsame Weise ums Leben kommen könnte.

Auch sein nächster Thronfolger wurde heimtückisch aus dem Leben gerissen. Als die Schüsse auf Franz Ferdinand und seine Gemahlin Sophie Chotek in Sarajevo am 28. Juni 1914 abgefeuert wurden, wurden nicht nur der Erzherzog und seine Gemahlin von der Hand des Schülers Princip getötet, auch die Donaumonarchie wurde durch den Ausbruch des Ersten Weltkrieges zu Grabe getragen, etwas, was Kaiser Franz Joseph nicht ahnen konnte, als er die Kriegserklärung als 84-jähriger, vom Schicksal gebeutelter Mann unterzeichnete. Der Tod innerhalb seiner Familie kostete Millionen Menschen das Leben.

Dass es Jahre nach seiner Tat in Genf tatsächlich zu einer Änderung der politischen Systeme kommen würde, dies konnte Luigi Lucheni freilich nicht ahnen, als er seine Feile, die er um eine Bagatelle erstanden hatte, für einen Mord präparierte. Denn es war für ihn immerhin entscheidend, wie lang das Werkzeug war, sollte es doch zielsicher das Opfer töten.

Lucheni hatte beim Kauf der Feile einen guten Griff getan, denn wie es sich bei der Obduktion der Kaiserin herausstellen sollte, hatte sie der Stich tatsächlich mitten ins Herz getroffen.

Man hatte Lucheni unmittelbar nach dem Attentat überwältigt. Widerstandslos ließ er sich festnehmen und mit stolzgeschwellter Brust gestand er seine »Heldentat«.

Von Anfang an war man der Überzeugung, dass Lucheni nicht ein Einzeltäter sein konnte. Daher machten sich die Richter, vor allem der Untersuchungsrichter Léchet, sofort auf die Suche nach etwaigen Mitwissern oder Helfershelfern im Umfeld des Anarchisten. Denn es schien allgemein unglaubwürdig, dass die Ermordung der Kaiserin die Handlung eines Einzelgängers gewesen sein konnte. Zu dicht war das Anarchistennetz in der Schweiz, wo sich geradezu eine Zentrale der Staatszerstörer etabliert hatte, obwohl es in der damaligen Zeit und schon einige Jahrzehnte vorher Anarchisten in ganz Europa gab. Man plante Attentate und führte das eine oder andere auch aus, allerdings wurden meistens die Pläne durch Zufälle verraten, wie die raffiniert angelegten Attentate eines Ungarn und eines Italieners auf Kaiser Franz Joseph und seinen Sohn Rudolf im Jahr 1878. Eine Prostituierte, die Italienisch verstand, was niemand vermutete, wurde von einem der ausgewählten Attentäter schlecht behandelt und verriet aus Rache diese Mordpläne einem Prager Konfidenten.

Im Allgemeinen kamen Nihilisten und Anarchisten aus den untersten Schichten der Gesellschaft. Sie hatten das Ziel, die herrschende Gesellschaftsordnung zu zerstören, ohne allerdings Perspektiven für die Zukunft zu haben.

Auch Lucheni hatte keine genauen Vorstellungen für die Zukunft und wie es sich nach langwierigen Untersuchungen, in denen zahlreiche Menschen im Umfeld Luchenis vernommen worden waren, herausgestellt hatte, auch keine Helfershelfer. Zwar waren immer wieder Hinweise darüber aufgetaucht, dass angeblich drei Leute, die am Vortag auf einer Bank in der Nähe des Hotels Beau-Rivage, für längere Zeit gesessen hatten, die Kaiserin und ihre Hofdame genau beobachtet haben sollten, doch konnten jene Männer nicht mehr ausgeforscht werden, sodass dieser Hinweis schließlich als Fiktion abgetan wurde.

Ein konkreterer Verdacht fiel allerdings auf Martinelli, auf den Mann, der Lucheni auf dessen Bitte hin den Griff an die Feile montiert hatte. Aber auch ihm konnte keine direkte Beteiligung an dem Attentat nachgewiesen werden, denn das Montieren eines Holzgriffes an eine Feile konnte man nicht als kriminelle Handlung einstufen. Martinelli wurde schließlich vom Gericht laufen gelassen.

Auch ein anderer Bekannter namens Posio war in Verdacht geraten, denn er war dabei, als Lucheni einen Dolch erstehen wollte, den er allerdings dann nicht kaufen konnte, da er das nötige Geld nicht hatte. Posio wurde durch die Richter eingehend über diesen geplanten Kauf befragt, man vermutete schon in ihm einen Komplizen gefunden zu haben. Man warf Posio vor, nicht sofort bei der Polizei gemeldet zu haben, dass Lucheni einen Dolch zu kaufen beabsichtigte. Posio entkräftete die Anschuldigung dadurch, indem er sich folgendermaßen vor Gericht verantwortete:

»Was wäre wohl passiert, wenn ich der Polizei gesagt hätte: Hier ist ein Mann, der sich einen Dolch kaufen möchte, aber nicht das Geld dafür hat. Mit dem Dolch, den er nicht besitzt, will er jemanden umbringen, ich weiß nur nicht wen!«

Diese Argumente mussten jedem einleuchten. Außerdem erklärte Posio noch, dass Lucheni ihm auf seine Frage hin, wofür er den Dolch eigentlich haben wollte, gesagt hatte, dass dieser ausschließlich seinem eigenen Schutz dienen sollte.

Als die beiden Damen, die Kaiserin und ihre Hofdame, am 10. September nach einem Einkaufsbummel in Genf um die Mittagszeit zu einer kurzen Rast ins Hotel Beau-Rivage zurückkehrten, konnten sie nicht ahnen, dass der Mörder Elisabeths sich schon einen geeigneten Platz gesucht hatte, um der Kaiserin aufzulauern. Man wollte sich nur kurz erfrischen, um dann den Dampfer zu nehmen, der die Damen nach Montreux bringen sollte, wohin die übrigen Begleitpersonen der Kaiserin schon vorausgefahren waren. Elisabeth hatte sich in ihre Zimmer zurückgezogen, die keineswegs besonders luxuriös ausgestattet und ihrer Stellung als Kaiserin der Donaumonarchie angemessen waren. Während Elisabeth, so wie es ihre Gewohnheit war, sich mit einem Glas kuhwarmer Milch, das ihr in einem Silberbecher serviert worden war, zufrieden gab, nahm Irma Sztáray beinahe gehetzt ein leichtes Mittagessen zu sich, da die Zeit drängte. Das Schiff würde nicht warten und man musste sich schnellstens auf den Weg machen, um nicht die Abfahrt zu versäumen.

Die Kaiserin war überaus guter Laune, sie war glücklich gewesen, in einem Geschäft ein Orchestrion gefunden zu haben, das sie für ihre Lieblingstochter erstanden hatte. Sie wusste, Marie Valerie würde sich über das Instrument freuen, das die bekanntesten Stücke von Wagner, Verdi und Bizet spielte. Außerdem wollte Elisabeth bei dem prachtvollen Wetter die Fahrt über den Genfer See so richtig genießen, der Spätsommer zeigte sich von seiner besten Seite.

Irma Sztáray hatte ihre liebe Not, die Kaiserin davon zu überzeugen, dass höchste Eile angebracht wäre, sollten sie noch rechtzeitig das Schiff erreichen wollen. Endlich verließen die beiden schwarz gekleideten Damen das Hotel. Leichtfüßig, so wie es ein Leben lang ihre Art war, schritt die Kaiserin aus. Sie war es gewohnt, stets schnell zu gehen, selbst jetzt, als sie schon alle möglichen Krankheiten peinigten. Denn ihre extreme Lebensweise hatte ihren Tribut gefordert: Ischiasschmerzen plagten sie beinahe Tag und Nacht, die Gelenke taten ihr weh und Anfälle von Gicht vergällten ihr mit stechenden Schmerzen so manche Stunde. Dazu kamen die Albträume in der Nacht, die Vorwürfe, von denen sie nicht loskam. Warum hatte ihr einziger Sohn Rudolf auf diese unwürdige Weise sterben müssen, warum hatte sie als Mutter so versagt? Wachte sie dann schweißgebadet auf, so musste sie sich eingestehen, dass es für sie in ihrem Leben nur ein einziges Kind gegeben hatte: ihre jüngste Tochter Marie Valerie, an der sie mit allen Fasern ihres Wesens hing. Weder der Sohn noch die ältere Tochter Gisela hatten ihr je etwas bedeutet. Und sie sah ein, dass die Furien, die sie jetzt verfolgten, mit Recht hinter ihr her waren. Nach solchen Erkenntnissen verfiel sie in tiefe Depressionen, warf sich auf den Erdboden, um den großen »Jehova«, den Gott der Gnade, den Gott der Rache, wie

sie ihn nannte, anzurufen, um endlich Ruhe zu finden. Alle, die
die Kaiserin in so einem Zustand sahen, waren zutiefst erschrocken und jeder glaubte, so wie Elisabeth selbst, dass der
Wittelsbacher Wahnsinn über sie hereinbrechen würde. Dabei
bedachte man nicht, dass dies eigentlich nicht möglich war, da
die Kaiserin mit König Ludwig II., der die letzten Monate seines Lebens als Geisteskranker in Isolation verbracht hatte oder
mit dessen Bruder Otto, der im Irrsinn geendet hatte, nicht
blutsverwandt war.

All diese Vorstellungen hatten in den letzten Jahren bewirkt,
dass es um die Kaiserin immer stiller geworden war. Denn niemand konnte die Reaktionen Elisabeths vorhersehen. Ihr
Gemütszustand schwankte von himmelhoch jauchzend bis
abgrundtief betrübt. Nur ihre treuen Hofdamen Ida von
Ferenczy, Marie Festetic und Irma Sztáray ertrugen die Launen
der Kaiserin mit beispiellosem Gleichmut. Ihnen gelang es auch
immer wieder, Elisabeth aufzumuntern und sie auf andere
Gedanken zu bringen.

Die Gesellschaft dieser drei Damen schätzte sie über alles.
Die Beziehungen zu ihrem Gemahl hingegen waren in den letzten Jahren von einer ganz besonderen Art geprägt. Sie konnte
mit Franz Joseph nur glücklich sein, wenn sie möglichst weit von
ihm entfernt war. Dann schrieb sie ihm besorgte Briefe, kümmerte sich um alle möglichen Dinge, die ihn belasteten, und war
froh, nicht in seiner Nähe sein zu müssen. Es war eine seltsame
Art von Gemeinsamkeiten, die sich in ihren Briefen entwickelte. Beinahe täglich saß der Kaiser schon im Morgengrauen an
seinem Schreibtisch und schrieb an seine ferne Frau, auch an
dem Tag, an dem sie ermordet wurde.

»Edes szeretett lelkem (meine süße Seele) … Sehr erfreut hat
mich die bessere Stimmung, die Deinen Brief durchweht …
Dass Du dennoch eine Art Heimweh nach unserer lieben Villa
Hermes gefühlt hast, hat mich gerührt …« Und wie immer
schloss Franz Joseph seinen Brief mit den Worten: »Isten veled
szeretett angyalom« (Adieu, schöner, guter, süßer Engel).

Dieses Schreiben sollte die Kaiserin nicht mehr erreichen, als
es in Genf eintraf, war Elisabeth bereits tot.

Lucheni, der sich schon eine ganze Weile vor dem Hotel Beau-Rivage aufgehalten hatte, kannte die Kaiserin von seinem kurzen Aufenthalt in Budapest im Jahr 1894. Während er mit einem Freund in der Stadt herumspazierte, fuhr Elisabeth in einem offenen Wagen ganz nah an ihm vorbei. Neugierig hatte er damals die Königin von Ungarn betrachtet und hatte nur noch wenig Anzeichen ihrer einstigen berühmten Schönheit entdeckt. Nicht einmal in seinen wirren Träumen hatte er damals daran gedacht, dieser Frau nach dem Leben zu trachten. Er hatte in der ungarischen Hauptstadt vorübergehend Arbeit gefunden und führte ein eher ruhiges Leben ohne besondere Pläne. Aber nach kurzer Zeit verlor er auch hier seine Beschäftigung, so wie es ihm schon des Öfteren ergangen war, er hatte kaum mehr Geld, sein Leben fristen zu können, und beschloss, auf das italienische Konsulat zu gehen, um eine Fahrkarte nach Italien zu erhalten. Dort versorgte man ihn mit Proviant und schob ihn und seinen Kumpanen nach Fiume ab.

Das Gesicht der Kaiserin hatte sich Lucheni in den kurzen Augenblicken, in denen er Elisabeth erblickt hatte, genau eingeprägt. Ihr Bild stand ihm jetzt deutlich vor Augen, als er die beiden fast gleich großen schlanken Damen, die in Schwarz gekleidet waren und einen Sonnenschirm trugen, schnellen Schrittes auf sich zueilen sah. Als sie nah genug an ihn herangekommen waren, sprang er hinter dem Baum hervor, der ihn verborgen hatte, rempelte die Kaiserin kurz an, wobei er rasch ihren Sonnenschirm hob, um auf Nummer sicher zu gehen, und stieß Elisabeth die Feile mitten ins Herz. Durch den brutalen Stoß verlor die Kaiserin für einen Moment das Gleichgewicht, strauchelte und fiel zu Boden, während Lucheni schon die Feile aus ihrem Körper gezogen und in hohem Bogen weggeworfen hatte. Entsetzt versuchte Irma Sztáray der Kaiserin aufzuhelfen, aber Elisabeth erhob sich rasch, blickte leicht verwirrt um sich und bedankte sich bei allen, von denen sie glaubte, dass sie ihr geholfen hatten.

Dann setzte sie, als wäre nichts geschehen, den Weg fort, nur um jedes weitere Aufsehen zu vermeiden. Der Portier des Hotels Beau-Rivage, der die Szene beobachtet hatte, war herbeigeeilt und hatte den Damen die Rückkehr ins Hotel vorgeschlagen, aber Elisabeth hatte dankend abgelehnt.

Es war nicht schwer gewesen, des Mannes habhaft zu werden, der die Kaiserin von Österreich zu Boden geworfen hatte, wobei man sich über das Ausmaß der Tat natürlich noch keine Vorstellungen machte. Noch glaubte man an eine zufällige Ungeschicklichkeit eines ungehobelten Menschen.

Die beiden Damen beschleunigten ihre Schritte und wie nebenbei fragte die Kaiserin: »Was wollte dieser Mann eigentlich? … Jener furchtbare Mensch!« Als die Gräfin daraufhin meinte, dass sie es nicht wüsste, sprach Elisabeth die Vermutung aus, dass er ihr eventuell die Uhr rauben wollte.

Kaum hatten die beiden Damen das Schiff erreicht, als die Kaiserin plötzlich schwankte und kaum hörbar flüsterte: »Jetzt Ihren Arm! Schnell bitte!«

Aber noch ehe Irma Sztáray reagieren konnte, sank ihr die Kaiserin leblos in die Arme und die beiden Damen glitten zu Boden. Das Gesicht Elisabeths war aschfahl und mit Entsetzen erkannte die Gräfin, dass sie in das Antlitz einer Sterbenden blickte. Mit größter Mühe öffnete die Kaiserin die Augen und versuchte sich aufzurichten. Sie hauchte ein »Merci« an alle Umstehenden, dann fragte sie, indem ihr Blick traurig umherschweifte: »Was ist denn jetzt mit mir geschehen?«, bevor sie das Bewusstsein verlor.

Man hatte auf dem Schiff bis dahin keine Ahnung gehabt, wer die Dame war, die anscheinend mit so großen gesundheitlichen Problemen zu kämpfen hatte. Irma Sztáray öffnete mit zitternden Fingern das Mieder der Kaiserin und sah auf dem Batisthemd einen silbertalergroßen Blutfleck. Mit Entsetzen erkannte sie, dass die Kaiserin von Österreich erstochen worden war. Währenddessen hatte man den Kapitän des Schiffes über die Identität der Dame aufgeklärt, der sofort Order zur Rückkehr nach Genf gab, wo sich die Nachricht von der sinnlosen Tat an der Kaiserin wie ein Lauffeuer verbreitet hatte.

Auf einer improvisierten Bahre brachte man die sterbende Kaiserin ins Hotel Beau-Rivage, wo schon ein eilig herbeigerufener Arzt und ein Priester warteten, um Elisabeth die

Sterbesakramente zu reichen. Die Kaiserin sollte das Bewusstsein nicht mehr wiedererlangen. Sie glitt in eine andere Welt wie ein Vogel, so, wie sie sich dies eigentlich immer gewünscht hatte. Sie starb in der Fremde, nur begleitet von ihrer Hofdame, die ihr zu einer wahren Freundin geworden war. Die Mühen und Plagen des hohen Alters waren ihr erspart geblieben, genauso wie ein Tod in der Hofburg, wo bei diesen Gelegenheiten die Familienangehörigen sich nach alter habsburgischer Tradition um die Sterbenden scharten und warteten, bis der letzte Atemzug hörbar war. So eine Vorstellung war für die freiheitsliebende Kaiserin ein Leben lang unerträglich gewesen. Sie konnte freilich nicht ahnen, dass der Tod sie wirklich davor verschonen würde.

Um 14.40 Uhr am 10. September 1898 gaben die Ärzte offiziell den Tod der Kaiserin von Österreich in Genf bekannt. Aber niemand wusste so recht, wie man diese Schreckensnachricht dem Kaiser nach Wien übermitteln sollte. Daher entschloss man sich, zuerst ein Telegramm zu senden, dass Elisabeth schwer verwundet worden war. Erst ein zweites Schreiben überbrachte die Mitteilung vom Tod der Kaiserin. Nach langen Diskussionen in den Vorzimmern wurde Graf Paar mit der traurigen Aufgabe betraut, Kaiser Franz Joseph zu informieren.

Minutenlang stützte der Kaiser den Kopf in die Hände und saß wortlos völlig in sich zusammengesunken da. Dann sprach er fast zu sich selbst: »Mir bleibt doch nichts erspart auf dieser Welt.« Und Graf Paar meinte noch die Worte vernommen zu haben: »Niemand weiß, wie sehr wir uns geliebt haben!«

Der Kaiser blieb in seinem Schmerz nicht lang allein, sowohl seine beiden Töchter Marie Valerie und Gisela als auch Katharina Schratt eilten herbei, um ihm in diesen schweren Stunden zur Seite zu stehen. Die »gnädige Frau« hatte ihren Aufenthalt in den Bergen sofort abgebrochen, als sie von der Wahnsinnstat erfahren hatte. Dankbar schrieb ihr Franz Joseph am 11. September folgende Zeilen:

»Theuerste Freundin,

Das ist schön von Ihnen, dass Sie gekommen sind, mit wem kann ich besser von der Verklärten sprechen, als mit Ihnen. Ich erwarte Sie von 11 Uhr an und bitte nicht durch den Garten, sondern durch meine Kammer zu kommen. Auf Wiedersehen! Ihr Franz Joseph«

Mit der Leiche der Kaiserin verfuhr man in Genf so, wie es die lokalen Gesetze vorschrieben. Franz Joseph hatte ausdrücklich auf eine diesbezügliche Anfrage betont, man solle nach den Usancen des Landes verfahren. Und das bedeutete, dass man die Tote obduzierte. Es konnte dabei natürlich nicht ausbleiben, dass die Obduktionsergebnisse veröffentlicht wurden. So heißt es in einem Bericht des Privatdozenten für gerichtliche Medizin Dr. Louis J. A. Mégeraud:

»Am 10. September um 5 Uhr abends. Angekommen im Hotel Beau-Rivage traten wir in das Zimmer Nr. 34 ein, welches im ersten Stock liegt und auf den Leman-Kai geht. In diesem Zimmer lag ausgestreckt auf einem Bette der Körper einer Frau, den uns Gräfin von Sztáray als den ihrer Majestät Elisabeth-Amalie-Eugenie, Kaiserin von Österreich, Königin von Ungarn bezeichnete. Der Körper war völlig nackt und mit einem Bettlaken bedeckt. Wir schreiten nun an die Untersuchung der Leiche. Diese ist die einer Frau von etwa 60 Jahren mit folgender Beschreibung:

›Der äußere Eindruck ist ruhig, scheinbar ohne Muskelverkrampfungen. Die Haut ist schlaff, die Totenstarre nicht vorhanden. Die Hautfarbe gelblichblaß. Die Haare dunkelbraun. Die Augen graublau. Gute Bezahnung [hier irrt der Gerichtsmediziner, denn Elisabeth trug eine Zahnprothese, die man ihr nicht entfernt hatte. Anm. d. Verf.]. Das Unterhautzellgewebe wenig entwickelt. Die Körpergröße 1 Meter 72. Auf dem Abdomen perlmutterartige, alte Striemen [Schwangerschaftsstreifen, Anm. d. Verf.]. An den abhängigen Partien bemerkt man schon einige Anzeichen von Totenflecken. Wir finden keinerlei Austritt aus der Nase oder Mund.‹«

Ein Ärztekonsortium untersuchte dann akribisch genau den Leichnam der Kaiserin und zog abschließend folgendes Resümee:»Unter Berücksichtigung der oben angeführten Feststellungen ist es erlaubt, mit Sicherheit zu folgern, dass die beschriebenen Verletzungen durch ein längliches, in der Form dreieckiges Instrument, mit mehr oder weniger stumpfen Rändern bewirkt wurden.

Dieses Instrument ist mit Gewalt durch die Thoraxwand eingedrungen; es hat eine Rippe frakturiert und den linken Herzventrikel durch und durch perforiert. Die allgemeine Richtung des Wundkanals entspricht einer Linie, die ein wenig von oben nach unten und von außen nach innen verläuft.

Der Tod ist ohne Zweifel durch das fortschreitende und langsame Ausfließen einer Blutmenge verursacht, deren Quantität das Herz komprimierte und seine Funktionen unterbrach.

Die Feststellung des umfangreichen Blutgerinnsels, welches das Perikard ausfüllt, ist der absolute Beweis.«

Neben diesen Untersuchungsergebnissen stellten die Mediziner noch fest, dass sich am Körper der Kaiserin von Österreich Wasseransammlungen befanden, die auf Mangelernährung zurückzuführen waren.

Hätte man nicht gewusst, wer die Tote war, so hätte man genauso gut auf ein Bettelweib schließen können. Die jahrelangen extremen Fastenkuren hatten ihren Tribut gezollt.

Elisabeth hatte ein friedliches Ende gefunden, denn die tödliche Verletzung, die ihr Lucheni zugefügt hatte, ließ sie langsam, beinahe unmerklich in eine andere Welt hinübergleiten, ohne dass sie dabei Schmerzen empfand. Nach den Gesichtspunkten der heutigen Medizin wäre es vielleicht möglich gewesen, sie sogar noch zu retten, wäre sofort fachmännische Hilfe vor Ort gewesen.

Nachdem die offiziellen Untersuchungen abgeschlossen waren, balsamierte man den Körper der Kaiserin ein und legte den Leichnam in einen Sarg, der zwei Glasfenster und zwei Türen besaß. Es war seit Jahrhunderten in der habsburgischen Familie Sitte, dass die Toten einbalsamiert wurden. Vorher wurde ihnen meistens das Herz entfernt, das in einen Silberbehälter gelegt wurde, um dann in der so genannten »Herzgrüftl« im Stephansdom in Wien beigesetzt zu werden. Manchmal aber erfüllte man den letzten Wunsch des Verstorbenen und brachte das Herz an einen anderen Ort, wie dies beispielsweise im Falle von Kaiser Maximilian I. geschah. Sein Herz ruht in der Gruft

seiner geliebten ersten Gemahlin in Brügge, bei Maria von Burgund, während sein übriger Leichnam in Wiener Neustadt beigesetzt worden war. Durch die beiden Glasfenster konnte man einen Blick auf die tote Kaiserin werfen. Nicht vielen wurde dies gestattet. Einer der wenigen, der auf diese beinahe makabere Weise Abschied von seiner Herrin nehmen konnte, war ihr englischer Vorleser Frederic Barker. Aus seiner Feder stammte eine kurze Beschreibung der toten Elisabeth:
»Sie sieht aus wie eine Frau von dreißig Jahren. Weiß wie Marmor ist die vom Tode geglättete Haut, leichte Röthe überzieht ihre Wangen; ein Lächeln umspielt ihre Lippen, so fein, so anmuthig, wie es im Leben gewesen. Ich musste bei diesem Anblick an die Sappho-Statue denken, welche Ihre Majestät in Lainz besaß und die sie so sehr liebte. Sie sieht der Sappho gleich.«

Wahrscheinlich spielte bei der Aussage Barkers eine gewisse romantische Verklärung mit, denn nach anderen Aussagen machten sich trotz der Balsamierung schon Anzeichen der Auflösung bemerkbar. Im Hotel Beau-Rivage hatte man versucht, jedes nur übermäßige Aufsehen zu vermeiden, und dies war auch gelungen. Während die prominente Leiche im ersten Stock noch in den Zimmern lag, ging das Leben im Hotel seinen gewohnten Lauf weiter. Vielleicht war dies auch dadurch möglich, dass man schon zu Lebzeiten wenig Anteil an der Kaiserin von Österreich genommen hatte. Selbst jetzt interessierte ihr Schicksal nur wenige.

Anders allerdings gestaltete sich die Situation auf der Fahrt des Trauerzuges durch die Lande. Aus den Zeitungen hatte man die genaue Ankunftszeit des Zuges in den einzelnen Stationen erfahren und landauf, landab ließ man es sich nicht nehmen, einen letzten Blick auf den schwarz beflaggten Waggon zu werfen, in dem die tote Kaiserin lag. Immerhin war es eine Sensation gewesen, dass ausgerechnet diese Frau aus dem Erzhaus einer Mörderhand zum Opfer gefallen war.

Luigi Lucheni hatte alles daran gesetzt, dass ihm nicht in Genf der Prozess gemacht werden sollte, sondern in Luzern, denn im Kanton Genf hatte man vor einiger Zeit die Todesstrafe abgeschafft. Lucheni aber sah sich schon im Geiste die Stufen zum Galgen oder Schafott hinaufsteigen wie ein Triumphator, um dann aller Welt verkünden zu können, dass er als Anarchist für die Freiheit der Unterdrückten sterben wollte.

Obwohl er einige Ansuchen an das Gericht in Genf gestellt hatte, waren all seine Bemühungen umsonst gewesen. Er hatte die Tat auf Genfer Boden begangen und sollte deshalb hier zur Verantwortung gezogen werden.

Man hatte in Genf nicht nur Luchenis Wünsche nicht berücksichtigt, man lehnte auch ein offizielles Auslieferungsansuchen von Seiten der Monarchie ab.

Die Öffentlichkeit Europas war über die Tat des Anarchisten geteilter Meinung. Beinahe allgemein verurteilte man den sinnlosen Mord an der unbedeutenden Kaiserin, die zu dieser Zeit nichts anderes mehr war als eine alte Frau. Lediglich die Anarchisten-Freunde beglückwünschten den Italiener zu seiner Tat und zu seinem Mut, wobei auch die eingefleischtesten Gegner jeder Monarchie beim besten Willen nicht wirklich sagen konnten, worin eigentlich der Mut Luchenis bestanden hatte. Eine wehrlose alte Frau umzubringen zeugte sicherlich nicht gerade von Heldentum, höchstens sein anschließendes »Bekennergehabe«, das er bei jeder Gelegenheit zum Besten gab.

Ein Genfer Anarchist und Bewunderer des Attentäters schrieb Lucheni folgenden Anerkennungsbrief:

»An Lucheni!

In wenigen Tagen wirst Du, edles Opfer des Befreiungskampfes der Menschheit, vor den Richtern erscheinen müssen. Sie maßen sich das Recht an, Dich für Deine Handlungen zur Verantwortung zu ziehen. Sie werden Dich mit Beleidigungen und Beschimpfungen überschütten, sie werden Dich einen Mörder, einen Verbrecher, einen Feigling und ich weiß nicht was alles nennen. O Ironie! In einem Land, das sich eine Republik nennt, hört man sich geduldig eine solche Sprache an und huldigt mit Lobreden den Kaisern und Königen, die das Unglück des Volkes sind. Kaiser und Könige sind unnütz, lächerlich, grotesk und böse. Sie sind Esel, auf deren Ohren ein blindes Schicksal eine Krone setzte, in deren Tatzen es ein Zepter legte, um sie noch widerlicher und elender zu machen. So haben die Juden Christus gekrönt, um sich besser über ihn lustig machen zu können.

Dem alten streunenden Kater, der sich Kaiser von Österreich, König von Ungarn und Böhmen und ich weiß nicht von was alles nennt, klingen vom Genfer See Lobhymnen entgegen, wie er sie noch nie gehört hat. Er, der Tyrann des italienischen Volkes, spielt sich als Märtyrer auf! Er, der Mörder, der die Hoffnungen dieses Volkes in einem Meer von Blut ertränkt hat, stellt sich als Opfer Deines Attentats hin! O Lucheni! O Ironie! Das ist die allerhöchste Schande des Genfer Volks. O Wilhelm Tell, erscheine nie wieder auf ihren Bühnen! O Calvin, verbiete deinem Schatten, durch diese Stadt zu geistern, die heute ihre Traditionen und ihre Religion verleugnet. O Voltaire, wagst du es noch, den Genfer See zu besingen?

Gut, so redet denn, meine Herren! Hängt das arme Luder auf. Aber wir, wir Kinder des leidenden Volkes, wir verachten euch!

Lucheni! Gehe Deinen Kalvarienberg, als sei es ein Triumph, den Kopf hoch, den Blick stolz, das Herz ruhig. Man wird Deinem Beispiel folgen! In allen Ecken der Welt werden sich die Verteidiger der Armen und Geschlagenen mit Dir verbünden! … Bald wird es keine Könige und keine Herren mehr geben! Die Sterblichen sind alle gleich! Nicht die Geburt, sondern die Tugend macht den einzigen Unterschied.

Lucheni, ich küsse Deine Hände, Du bist tausendmal nobler als alle lächerlichen Majestäten der Welt!

Es lebe die Anarchie!«

Die Glückwunschschreiben an Lucheni kamen nicht nur aus der Schweiz, selbst aus Russland trafen beinahe täglich Briefe ein, in denen Lucheni als der Befreier der Unterdrückten hingestellt wurde, obwohl seine Tat nichts an der sozialen Lage der Unterschichten geändert hatte. Im Gegenteil: So mancher Italiener, der in Wien auf redliche Weise als einfacher Arbeiter sein Geld verdiente, wurde plötzlich mit scheelen Augen angeschaut, auch er könnte ein eventueller Attentäter sein! In einigen Teilen der Stadt kam es sogar zu handgreiflichen Ausschreitungen gegen die Italiener, man verfolgte ansässige, arbeitsame, friedliebende Mitbürger.

Obwohl man jahrzehntelang nur mehr wenig Notiz von der Kaiserin genommen hatte, sah sich so mancher gemüßigt, plötzlich der Rächer ihres Todes zu sein. Auch aus der Arbeiterschaft trafen Briefe in Genf ein, die allerdings eine völlig konträre Meinung kundtaten: »Monsieur Lucheni!

Jetzt, wo Sie ruhiger sein werden, lesen Sie bitte aufmerksam diese Zeilen, die die Hand eines Arbeiters schrieb, und lassen Sie uns gemeinsam untersuchen, welchem Zweck Ihr Verbrechen gedient hat. Sie erklären, dass Sie Anarchist sind. Ich aber sage Ihnen, dass ein Drittel der Menschen, die sich Anarchisten nennen, aus runtergekommenen gewalttätigen Männern besteht – und die beiden anderen Drittel, die den Hauptteil ausmachen, sind berechnende, äußerst schlaue und vorsichtige Leute, die mit allen Mitteln einen Zustand der Unzufriedenheit aufrechterhalten wollen, einen ewigen Unruheherd.

Man hält Euch ständig die schönsten Reden, in denen die Zerstörung der bürgerlichen Welt und das Ende der Regierenden prophezeit wird! Alle Mittel dafür sind recht! Bomben, Dolche und so weiter! Nachdem Sie, Monsieur, diesen Tiraden des Klassenkampfes, diesen Aufforderungen zur Zerstörung lange genug zugehört haben und Ihr Schädel mit diesen schönen Phrasen bis oben hin vollgestopft ist, bewaffnen Sie sich, Sie brutale Bestie, mit einer Feile und begehen das gemeinste Attentat, was von Anarchisten jemals begangen wurde!

Wie feige Sie sind! Und wie dumm! Sie hätten zu den Leuten, die Sie mit ihren Hetzreden aufgestachelt haben, sagen sollen: Ihr, die ihr uns den Diebstahl, das Feuer und das Attentat predigt, hier habet ihr eine Fackel, einen Bombe und einen Dolch! Zeigt uns den Weg! Wir begreifen, dass eure Theorie schön ist und dass sie Taten braucht! Da ihr ja die Klügeren seid, müßt ihr damit anfangen! Sie können sich darauf verlassen, Monsieur, dass zwei Drittel dieser Theoretiker sich weigern würden, weil sie am Leben hängen, ganz gleich, was es wert sein mag …

Bevor ich schließe, muss ich Ihnen noch sagen, dass Eure Theorien niemals Eindruck auf die Arbeiterschaft machen wer-

den! Trotz allen Elends, was wir erdulden müssen. Wenn es
Euch in vier oder fünf Jahrhunderten vielleicht gelingen sollte,
den Lauf der Dinge zu ändern und Euch zu Herren zu machen,
wie geht es dann weiter, nach dem entsetzlichen Blutbad, das Ihr
anrichten werdet? Ihr sagt: Wer nicht arbeitet, soll nicht essen!
Keine Parasiten mehr! Ihr werdet die ersten neuen Parasiten
sein! Und es wird damit enden, dass Ihr Euch gegenseitig
umbringt! …
Das Attentat, das Sie begangen haben, wird Ihre Sache nicht
fördern, sondern hindern. Man wird Euch wie wilde Bestien
jagen! Und das ist gut so!«
Es warf ein bezeichnendes Licht auf die Genfer Rechtspre-
chung, dass man diese Briefe keineswegs vor Lucheni geheim
hielt, selbst die Anerkennungsschreiben wurden ihm kurz ausgehändigt, vielleicht, weil man hoffte, dass er durch irgendeine
spontane zufällige Bemerkung irgendeinen Mittäter denunzie-
ren würde. Aber in dieser Hinsicht waren alle Fallen, die man
ihm zu stellen suchte, erfolglos. Und wie es heute scheint, hatte
er tatsächlich keine direkten Komplizen. Er selbst war der
Mann, der von seinem bisherigen Lebensschicksal durchaus
geeignet war, so eine Tat zu vollbringen.
Als Findelkind in Paris von einem zum anderen abgeschoben,
erlebte er schon in jungen Jahren, was es hieß, ohne Vater und
Mutter allein in der Welt zu stehen. Eine italienische Familie
hatte den elternlosen Knaben aufgenommen, nicht aus
Barmherzigkeit, sondern um sich die paar Geldstücke zu verdienen, die der Staat für die Pflege und Unterbringung von derartigen Kindern zahlte. Daher trachtete auch diese »Pflegefamilie«
mit allen Mitteln darnach, dass Lucheni möglichst bald selber
Geld verdiente und nur ganz sporadisch die Schule besuchte,
etwas, was er liebend gern getan hätte. Schon als Jugendlicher
verrichtete er schwerste körperliche Arbeit, ohne jedoch den
entsprechenden Lohn zu bekommen.
Es gab nur einen einzigen Lichtblick in seinem Leben, als er
nach seiner Militärzeit in die Dienste eines italienischen Adeligen aufgenommen wurde, wo er zum ersten Mal einer geregelten Tätigkeit nachgehen konnte und auch genug zu essen hatte.

Aber anstatt zur Ruhe zu kommen, betrachtete Lucheni die Zustände am Hofe des Prinzen von Aragón in Palermo aus seiner Lebensperspektive heraus und entwickelte einen abgrundtiefen Hass dem Adel und der bourgeoisen Gesellschaft gegenüber. Nach nicht allzu langer Zeit verließ er angewidert auch diese Arbeitsstelle.

Was nun folgte, war eine Zeit des ruhelosen Umherziehens, wobei er von einem Tag auf den anderen nicht wusste, wie er sein Leben fristen sollte. Er fand nirgendwo Sympathien mit seinem düsteren, verschlossenen Wesen und überall, wo er für kurze Zeit arbeitete, wurde er schon nach wenigen Wochen als suspekt entlassen.

Von Genua aus zog er mit einem Kumpanen im Winter zu Fuß über die Alpen in die Schweiz, wobei er in der bitteren Kälte seine Füße nur in Lumpen gewickelt hatte. Für viele Arbeitsuchende waren die Schweizer Kantone verlockend, denn die Bezahlung war hier um einiges besser als in den übrigen Ländern Europas.

Wenn auch Lucheni am Genfer See in den wenigen Monaten, die er hier verbrachte, nicht in Saus und Braus leben konnte, so hatte er doch in einer Fremdenpension ein Dach über dem Kopf gefunden. Allerdings knüpfte er auch hier kaum Bekanntschaften, denn alle, mit denen er in Kontakt kam, zogen sich schon nach kurzer Zeit zurück. Stundenlang saß Lucheni in einem Winkel und studierte die Zeitungen, so als suche er etwas ganz Bestimmtes. Die anderen Arbeiter konnten kaum lesen und schreiben, sie mieden den düsteren Kollegen, der ihnen suspekt vorkam. Unterhielt man sich über dieses und jenes, meist waren Abenteuer mit Frauen das Thema, dann verließ Lucheni angewidert den Raum. Dabei wusste man ganz genau, dass auch er Prostituierte aufsuchte, allerdings meist ältere, denn deren Dienste waren für den 25jährigen gerade noch erschwinglich.

Jetzt, da die Tat Luchenis in aller Munde war, erinnerten sich auch seine Mitbewohner an jede kleinste Einzelheit im Leben dieses Einzelgängers. Trotzdem kam Untersuchungsrichter Léchet keinen Schritt in seinen Ermittlungen voran, denn alles, was zu Protokoll gegeben wurde, untermauerte nur noch mehr die Tatsache, dass Lucheni nicht nur ein Eigenbrötler, sondern auch ein Einzeltäter gewesen war.

Nicht nur der Kaiser erlebte an diesem 10. September wohl den größten Schmerz seines Lebens, auch die geliebte »Einzige«, die jüngste Tochter des Kaiserpaares war zunächst wie erstarrt vor Schreck, als sie die Nachricht vom Tode der Mutter erfuhr. Marie Valerie schrieb am 10. September folgende Eintragung in ihr Tagebuch:

»10. September. Abends $1/2$ 7 Uhr kehrte ich mit Maria von einem Rundgang bei unseren Armen zurück … Souper … ging dann mit den drei Grossen in die Kapelle zum Abendgebet. Maria kam mit, ich beachtete sie nicht viel, merkte nicht ihre verstörte Miene. Ich war nicht andächtiger als sonst … Herauskommend auf den Gang, während die Kinder hineinliefen in ihr Zimmer, bittet mich Maria, ich möge in mein Schreibzimmer kommen, sie habe mir etwas zu sagen. Noch dachte ich nur an ein kleines Hauskreuz, als ich sie aber ansah, stand mein Herz still.

›Der Erzherzog?‹, ›Nein – Ihre Majestät.‹

Ich weiß nicht, ob ich weitere Fragen dazwischen oder ob ich gleich das Wort ›tot‹? über die Lippen brachte, ob sie mir gleich dort noch am Gang oder schon im Zimmer sagte: ›Ermordet von einem italienischen Anarchisten – im Hotel in Genf verschieden.‹ Ich weiß es nicht. Noch zittert mir die Hand, wenn ich zurückdenke an diese Stunde …

Reue, ihre grosse Liebe so schlecht erwidert zu haben und über alles … immer mehr das unsagbare Mitleid um Ihn, den armen, alten, sorgen- und gramgebeugten Vater, die wohl auch vermessne Frage, ob es denn nicht zu viel für ein armes Menschenherz? Wir lagen auf den Knien, Maria und ich … Dann ließ ich an Franz telegraphieren. Und an Papa, ›Ich komme zu Dir morgen früh $1/2$ 6 Uhr‹ …

Um $1/2$ 1 Uhr fuhren wir weg, Maria und ich … trafen morgens $1/2$ 6 Uhr in Penzing ein. Wie der Morgen graute über dem Wienerwald, den sie so geliebt, und wie mich unsagbare Angst schüttelte vor dem Wiedersehen mit Papa, das sind Stunden, die man staunt, überlebt zu haben.

Papa stand unten am Fuss der großen Stiege in Schönbrunn, und wir fielen einander in die Arme. Da konnte er zum ersten Mal weinen, sagte er mir später. Aber fassungslos war er auch da noch, und bald darauf wieder ruhig, wie damals nach Rudolfs Tod. Wir gingen zusammen in die Sonntagsmesse, und dann durfte ich diesen ersten Tag fast ununterbrochen bei ihm verbringen, neben seinem Schreibtisch sitzend, während er arbeitete wie sonst, mit ihm die von Genf kommenden genaueren Nachrichten lesend, ihm helfend, die Kondolenzbesuche der Familienmitglieder zu empfangen ...«

Immer wieder lasen der Kaiser und Marie Valerie die beiden verhängnisvollen Telegramme, die Irma Sztáray nach Wien geschickt hatte. Seiner Tochter gegenüber äußerte sich Franz Joseph, dass er schon nach der ersten Nachricht an ein Attentat gedacht hätte, obwohl er sich nicht erklären konnte, dass man eine Frau ermordete, »die Keinem je etwas zuleidegetan hat«.

Der Kaiser legte in seiner peniblen Art selbst in dieser traurigen Situation alles selber fest, was in den nächsten Tagen zu geschehen hatte. Vielleicht betäubte er dadurch seinen Schmerz, in dem er jeden Schritt und jede Position der einzelnen Trauergäste im Trauerkondukt aufnotierte.

Es dauerte einige Tage, bis der Zug mit dem Sarg in Wien eintraf. Erst am 15. September um 10 Uhr abends fuhr er langsam in die Bahnhofhalle in Wien ein, wo der Burgpfarrer die tote Kaiserin erwartete. Von den engsten Familienmitgliedern war niemand erschienen, man erwartete die Tote in der Hofburg.

Der Burgpfarrer bestieg den Zug und nahm eine kurze Einsegnung vor, dann wurde der Sarg langsam von acht Dienern aus dem Waggon gehoben und über die Gleise zum Perron und anschließend zum Leichenwagen gebracht. Schwermütig düster war die Atmosphäre, obwohl man die Gaslaternen voll aufgedreht hatte, aber die Lampen waren innen mit schwarzem Papier ausgekleidet worden, sodass das Licht beinahe gespenstisch flackerte. Der Sarg mit der toten Kaiserin wurde in den altehrwürdigen Leichenwagen der Habsburger geschoben, einer Karosse aus grauer Vorzeit, prunkvoll geschnitzt und mit Zierrat überladen, etwas, was Elisabeth ein Leben lang gehasst hatte. Jetzt aber hatte sie die Tradition eingeholt, gegen die sie sich viele Jahre lang gewehrt hatte. Nicht frei wie ein Vogel konnte sie ins Jenseits fliegen, in der düsteren Kutsche der Habsburger wurde ihre Leiche vorbei an einer unüberschaubaren Menschenmenge in die Hofburg gebracht – wo sie aufgebahrt wurde, genauso wie die Kaiser und Kaiserinnen vor ihr.

Man hatte es sich selbstverständlich in Wien nicht nehmen lassen, der Kaiserin das letzte Geleit zu geben. Man hatte von einem Moment auf den anderen vergessen, dass man Elisabeth jahrelang verübelt hatte, dass sie sich so selten und eigentlich eher widerwillig in der Hauptstadt aufgehalten hatte, dass sie den Kaiser, den man für einen redlichen Mann hielt, so viel allein ließ, um ihren eigenen Interessen, die mit denen einer Kaiserin nicht übereinstimmten, nachzugehen. Aber ihr tragischer Tod hatte schlagartig die Meinung der Wiener über sie verändert, jetzt kam man in Scharen, um ihr die letzte Ehre zu erweisen. Schluchzend und weinend standen die Männer und Frauen am Straßenrand und verneigten sich stumm vor dem Leichenwagen.

Die kaiserliche Familie war von Schönbrunn zur Hofburg gefahren, um dort Elisabeth zu erwarten. Marie Valerie beschrieb diese bangen Minuten vor Eintreffen des Sarges mit der toten Mutter:

»In den Radetzkyzimmern warteten wir in verzehrender Erwartung, bis der Zeremonienmeister gegen 11 Uhr das Nahen des Zuges verkündete. Dann gingen wir hinunter, um am Fuss der Säulenstiege zu warten. Ich musste mich an Gisela halten, und fast zum ersten Male brach ich in lautes Schluchzen aus … Schluchzend lag ich in Irma Sztárays Armen, die sie zuletzt umfangen! Franz sah, wie Papa ihr entgegenging und ihre Hand küßte.

Papa ging in aufrechter Haltung dem Sarg nach in die Burgkapelle. Wir folgten. Dort konnte man doch endlich auf die Knie sinken … Gebete, kurze Einsegnung. Dann erhob sich Papa, kniete nieder am Kopfende des geschlossenen Sarges und küßte ihn …«

Am nächsten Tag in aller Früh fanden die offiziellen Trauerfeierlichkeiten für die tote Kaiserin statt. Alles, was Rang und Namen hatte, war in Wien eingetroffen, um Elisabeth die letzte Ehre zu erweisen, auch Menschen, die wissen mussten, dass die Kaiserin kaum irgendwelche Sympathien für sie gehabt hatte. Denn für den deutschen Kaiser Wilhelm II., dem Elisabeth ein Leben lang genauso wie ihr Sohn Rudolf distanziert gegenübergestanden hatte, war es eine selbstverständliche Verpflichtung, an der Beisetzung teilzunehmen. Auch ihr Bruder, Herzog Ludwig in Bayern, war nach Wien gereist, obwohl die Beziehungen zwischen Bruder und Schwester nach dem Tod Rudolfs zu Eis erstarrt waren. Zwar ahnte die Kaiserin nichts von der Spitzeltätigkeit, die Ludwig im Auftrag Bismarcks jahrelang betrieben hatte, aber sie brachte ihn trotzdem mit dem Tod ihres einzigen Sohnes in Verbindung. Immerhin hatte Ludwigs Tochter Marie Wallersee-Larisch eine äußerst dubiose Rolle in den letzten Lebenswochen des Kronprinzen gespielt.

Auch die übrigen Geschwister der Kaiserin begleiteten die Schwester auf ihrem letzten Gang.

So wie sie es nie gewollte hatte, wurde Elisabeth in die Kapuzinergruft geleitet, unter den düsteren Gesängen der Chorknaben, die das »Libera« anstimmten.

Nach dem Ende der Zeremonien verließ Franz Joseph aufrechten Schrittes an der Seite des deutschen Kaisers die Gruft ...

Elisabeths Schwester Sophie war absichtlich unerkannt nach Wien gekommen, sie hasste so wie die Kaiserin alle hochoffiziellen Empfänge und hatte es vorgezogen, allein am Sarg der Schwester zu beten. Dabei war sie auf die Idee gekommen, den zuständigen Pater zu bitten, einen Blick in den Sarg der Schwester werfen zu dürfen, um ihr ein letztes Lebewohl sagen zu können. Wahrscheinlich war sie über den Anblick der Toten etwas schockiert, denn sie berichtete Marie Valerie über das, was sie gesehen hatte. Auf ihre Bitten hin hatte Pater Guardian das innerhalb des Sarges angebrachte Fenster geöffnet, sodass Sophie einen Blick auf das Gesicht Elisabeths werfen konnte. Entsetzt wich Sophie zurück, denn die Schwester wirkte schon ziemlich entstellt.

Trotz der schauerlichen Erzählungen hatte Marie Valerie beschlossen, die Mutter auch noch ein letztes Mal zu sehen, obwohl sie sich eigentlich vor dem Anblick insgeheim fürchtete. Da aber der zuständige Pater überraschend abreisen musste, sah Valerie dies als einen Fingerzeig Gottes an und verzichtete auf das makabre Abenteuer.

Die Kaiserin von Österreich war dank der Großzügigkeit ihres Mannes und dank kluger Berater eine steinreiche Frau gewesen, die ihren beiden Töchtern ein riesiges Vermögen hinterließ, wobei ihre Lieblingstochter Marie Valerie um einiges mehr erbte als ihre Schwester Gisela.

Natürlich war auch Katharina Schratt an der Seite des Kaisers, um ihm Trost zuzusprechen und ihn mit ihrer Fürsorge zu umgeben. Dass dies nicht auf die ungeteilte Zustimmung der übrigen Familienmitglieder stieß, ging aus einer Aufzeichnung in den Tagebüchern Marie Valeries hervor:

»... Jeden Morgen macht Papa seinen Spaziergang mit Schratt, die ich wiederholt sehen und umarmen musste – nicht von Herzen – aber doch halte ich sie für eine in sich selbst – d.h. abgesehen von den Menschen, die an ihr hängen – harmlose treue Seele. – Mit Angst denke ich oft an Mamas mir gegenüber oft ausgesprochenen Wunsch, wenn sie sterbe, solle Papa die Schratt heiraten. Ich will mich jedenfalls passiv verhalten, kann mich in Anbetracht Papas wahrer Freundschaft für sie nicht kalt gegen sie benehmen, fände es unrecht und grausam, Papa diesen Trost zu verbittern – aber mithelfen, finde ich nicht meine Pflicht.«

Während in Wien allmählich der Alltag einkehrte, die Kaiserin war ohnedies während der vergangenen Jahre nicht oft in der Hauptstadt anwesend gewesen, liefen die Vorbereitungen für den Mordprozess gegen Lucheni in Genf auf Hochtouren. Am 10. November Punkt neun Uhr stand der italienische Anarchist vor seinen Richtern, sauber, adrett gekämmt, mit frisch gestutztem Schnurrbart. Auf der Zuschauertribüne drängten sich die Schaulustigen, immerhin versprach der Prozess eine Sensation zu werden, obwohl das Urteil von vorneherein feststand.

Luigi Lucheni genoss sichtlich seinen letzten großen Auftritt. Denn endlich hatte er Gelegenheit, seine anarchistischen Thesen wenigstens den Anwesenden im Gerichtssaal zu verkünden. Dabei hoffte er, dass sich Leute finden würden, die seine Ideen von hier weiterverbreiten würden.

Er kam sich wie ein Held vor, als er mit einem Lächeln auf die Frage des Richters, ob er die Tat ein zweites Mal ausführen würde, meinte: »Haben diejenigen Gewissensbisse, die die Arbeiter seit Jahrhunderten ausbeuten und unterdrücken? Ich bereue nichts!«

Auch jetzt schien es, als hätte Lucheni alleine gehandelt, ohne einen Mitwisser. Was ihn später, am 25. April 1899 dazu veranlasste, plötzlich bekannt zu geben, er hätte Handlanger gehabt, war selbst den Richtern unklar. Vielleicht wollte er eine Wiederaufnahme seines Prozesses erreichen, denn man hatte ihn schon im November für seine Freveltat zu lebenslänglichem Zuchthaus verurteilt. Lucheni erkannte natürlich nach der Urteilsverkündung, dass er für immer von der Bildfläche verschwinden würde, nicht als Triumphator, nicht als Held, nicht als Beglücker der unterdrückten Menschheit.

Die Kerkertore schlossen sich hinter Luigi Lucheni, ohne dass er noch einmal ein Signal in der Öffentlichkeit setzen konnte. Da er die Aussichtslosigkeit seiner Position erkannte, erhängte er sich mit einem Gürtel am 19. Oktober 1910 in seiner Zelle.

Der Mörder der Kaiserin von Österreich sollte auch im Tod keine Ruhe finden. Nachdem sein Selbstmord in der dunklen Zelle, in die man ihn wegen seines aggressiven Verhaltens vorübergehend gebracht hatte, allgemein bekannt wurde, wurden Stimmen laut, die behaupteten, dass hinter dem Tod Luchenis nur der österreichische Geheimdienst stecken könnte. Denn man hatte seinerzeit in Wien davon abgesehen, die Auslieferung des italienischen Anarchisten mit allem Nachdruck zu verlangen, da man gefürchtet hatte, dass dies zu einer verstärkten Tätigkeit der internationalen Anarchistenvereinigung führen könnte. Wenn nämlich Lucheni nach Österreich überführt worden wäre, hätte ihm auf alle Fälle die Todesstrafe gedroht. Damit hätte er letztlich sein Ziel erreicht, durch einen Schauprozess, den man ihm in Genf verweigert hatte, internationales Aufsehen zu erregen.

Das Schwurgericht in Genf unter Vorsitz des Gerichtspräsidenten Bürgy hatte Luigi Lucheni zu lebenslangem Zuchthaus verurteilt. Beinahe lachend hatte er das Urteil angenommen, denn er fühlte sich nicht wie ein gewöhnlicher Mörder. Durch seine Aufsehen erregende Tat hatte er bewiesen, dass er zu Größerem fähig war.

Die Jahre seiner Gefangenschaft verbrachte der Mörder der Kaiserin in unterschiedlichen Verhältnissen. Auf Grund der humanitären Schweizer Ansichten des Strafvollzuges sperrte man den Delinquenten nicht in eine finstere Kellerzelle, sondern behandelte ihn so, als wollte man versuchen, ihn in ein normales Leben zu integrieren. Daher war es auch den Journalisten aus aller Welt möglich, immer wieder ein Gespräch mit Lucheni zu führen und Berichte über sein Leben in der Zelle zu verbreiten. Am 22. Oktober 1907 erschien in dem »Illustrierten Wiener Extrablatt« ein Bericht über das Leben Luchenis:

»… Wenn ein Referent des ›Echo de Paris‹ die Wahrheit sagt, dann führt Luccheni ein nichts weniger als beklagenswertes Dasein. Um 7 Uhr Früh stehe er auf, genieße einen halben Liter Milchkaffee mit Brod, dann müsse er bis Mittag in seiner Zelle arbeiten; entweder fertige er für die Gefängnißverwaltung Hausschuhe an, wofür er einen Lohn von 20 Pf. täglich erhalte, oder er binde Bücher ein. Das Mittagmahl bestehe aus Gemüse, Bratkartoffeln, Reis oder Bohnen, zweimal in der Woche erhält er gekochtes Fleisch. Dazu trinke er Wein, ein Fünftel Liter täglich, etwas mehr sonntags. Nach dem Essen könne er sich eine halbe Stunde lang im Hofe ergehen und dazu eine Pfeife Tabak rauchen. Von 1 bis 2 Uhr erhalte er – Unterricht:

Ein Lehrer bemühe sich, den Gefangenen Sprachkenntnisse beizubringen und bei ihnen das Verständniß für gute Literatur zu erwecken. Luccheni erweise sich als ein gelehriger Schüler. Er habe schon so viel Französisch gelernt, dass er es fließend spreche, verstehe auch schon etwas Deutsch und werde sich demnächst an's Englische machen. Seine Lieblingsschriftsteller seien Voltaire, Montesquieu und J. J. Rousseau. Der ganze Nachmittag vergehe angenehm mit Lesen und Schreiben, und es heiße sogar, der brave Mann arbeite an seinen Denkwürdigkeiten. Um 6 Uhr sei Abendessen, gefolgt von einem abermaligen Spaziergange, und nach einem letzten Imbiß, der um 8 Uhr gereicht werde, lege sich Luccheni zur Ruhe. Wenn diese Darstellung, bemerkt die ›Kölnische Zeitung‹, richtig ist, wird so mancher armer Teufel den Mörder beneiden.« Wahrscheinlich waren die Verhältnisse in dem Gefängnis in Genf doch nicht so rosig, wie sie hier geschildert werden. Denn immer wieder hatte Lucheni gewalttätige Anfälle, die sich gegen die Gefängniswärter und selbst gegen den Gefängnisdirektor richteten. Nach solchen Rasereien sperrte man ihn für Tage in eine im Keller gelegene Dunkelzelle, die in der »Illustrierten Kronen-Zeitung« vom 21. Oktober 1910 folgendermaßen beschrieben wurde:

»Die Zelle liegt in den Kellerräumen des Gefängnisses Eveche. Man steigt 20 Stufen hinab.

An der linksseitigen Wand des engen Korridors befinden sich fünf Zellen. Der Kerkermeister erleuchtete den Raum durch eine Laterne und öffnete die schwere, eisenbeschlagene Holztür, deren Oberteil einige Luftlöcher zeigt.

Dann durchschreitet man einen meterbreiten Raum und steht vor der eigentlichen, ebenso schweren, mit einem kleinen Fensterchen versehenen Zellentür. Das Fenster vermag die Zelle nicht zu erhellen, da ja der Vorraum vollständig dunkel ist.

Es ist stockfinster und nur infolge des Laternenscheines bemerkt man den zusammengerollten Strohteppich, der bei Tag als Sitz, bei Nacht als Lager dient. Sonst ist kein Gegenstand in der Zelle ... Luigi Luccheni, der am 10. November 1898 vor den Genfer Geschworenen stand, hatte in der Liste des Gefängnisses die Nummer 1144. Er war der Schrecken der Wärter und Aufseher. Der letzte Tobsuchtsanfall, über den wir berichteten, war keineswegs der erste, der seine Umgebung in Schrecken versetzte.

Während der fast zwölfjährigen Haft zeigte er keine Reue über seine Tat und blieb der trotzige haßerfüllte Anarchist, der vor keiner Gewalttat zurückschreckte. Im Gefängnis galt er als der gefährlichste Sträfling, der seine Umgebung wiederholt bedrohte.

So hätte der Direktor des Gefängnisses einen Konflikt mit

Luccheni einmal fast mit dem Leben bezahlt. Der Direktor hatte dem Häftling eine Bitte nach Zeitungen abgeschlagen, einige Tage später aber ließ sich Luccheni abermals beim Direktor melden und brachte dieselbe Bitte vor. Der Direktor hörte ihn in seinem Kabinett an und lehnte, mit dem Rücken gegen den Attentäter gewendet, wieder das Begehren ab. Luccheni schlich sich danach an den Direktor heran und holte zum Stoß aus. Zum Glück wendete sich der Bedrohte um und konnte dem Mörder in den Arm fallen. Luccheni hielt in der Hand eine scharfe spitze Ahle, deren er sich bei der Arbeit des Pantoffelflechtens bediente. Der Direktor, ein kräftiger Mann, konnte ihm das Mordinstrument entreißen und ihn mit Hilfe der aus dem Nebenzimmer herbeieilenden Wärter festnehmen. Der Attentäter erhielt eine empfindliche Disziplinarstrafe.

Schon kurze Zeit darnach versuchte er einen Aufseher zu ermorden. Er simulierte mehrere Tage hindurch Krankheit und der Aufseher fand ihn abends regungslos auf dem Boden liegen. In dem Augenblicke, als sich der Aufseher über ihn beugte, faßte Luccheni ihn mit eisernem Griffe am Halse und warf ihn zu Boden. Es entspann sich ein fürchterliches Ringen, aus welchem der Aufseher erst durch Hinzukommen eines Kollegen befreit wurde …«

Trotz all dieser Vorkommnisse ließ man Lucheni im Allgemeinen eine menschenwürdige Behandlung zukommen und übermittelte sogar sein Gnadengesuch, das er anlässlich des 60. Regierungsjubiläums an Kaiser Franz Joseph im Jahre 1908 gerichtet hatte – ein beinahe absurdes Ansinnen! Wie nicht anders zu erwarten war, wurde dieser Petition kein Gehör geschenkt.

Allmählich aber verschlechterte sich der psychische Zustand des Gefangenen, seine Stimmungen wechselten beständig, einmal gab er sich demütig bis kriecherisch, dann wiederum legte er eine Aggressivität an den Tag, dass er vorübergehend in die Dunkelzelle gesperrt wurde. An jedem 10. September, dem Jahrestag seines Verbrechens, zeigte er sich besonders renitent. In der »Illustrierten Kronen-Zeitung« vom 21. Oktober 1910 findet sich folgender Bericht:

»Wie ein Rasender hatte sich Luigi Luccheni gewehrt, als man ihn in die unterirdische Zelle bringen musste. Seit dem 10. September, dem Jahrestage seines Verbrechens, hatte er ein verändertes trotziges Wesen an den Tag gelegt. In seiner Zelle hatte er alle Möbelstücke zertrümmert, ein Glas hatte er mit solcher Wucht zum Fenster hinausgeschleudert, dass es an der gegenüberliegenden Straßenseite zerschellte. Während des Kampfes mit den Wärtern hatte er zwei derselben schwer verletzt. Kaum befand er sich in dem düsteren Raume, als sein Wesen wie verwandelt schien. Er begann Spottlieder zu singen, mit denen er die Wärter in unflätiger Weise beschimpfte.

Vielleicht wollte er damit bewirken, dass jemand in die Zelle trete, um ihn zur Ruhe zu mahnen. Dann hätte er vermutlich, wie er es schon einmal getan, ein tückisches Attentat auf einen Wärter verübt. Da man dies vermutete, ließ man ihn unbehelligt. Jetzt freilich ist man der Ansicht, dass Luccheni mit seinem Benehmen nur den Zweck verfolgte, die Wärter über seine wahre Absicht zu täuschen. Diese Absicht ging dahin, seinem elenden und jämmerlichen Dasein ein Ende zu bereiten.

In den Abendstunden schienen die Kräfte Luccheniis zu erlahmen. Er setzte häufig mit dem Singen aus, um dann jedoch wieder von Neuem anzufangen.

So fiel es auch nicht auf, als Luccheni gegen 5 Uhr nachmittags verstummte. Niemand ahnte, dass er nun für ewig verstummt war. Es schien, als ob er vor Ermüdung eingeschlafen wäre.

Der Direktor des Gefängnisses ließ sich über das Benehmen des Gefangenen von Nummer 95 Bericht erstatten. Diese Zahl trug die Zelle, die Luccheni gewöhnlich angewiesen war. Als er erfuhr, dass der Häftling sich nunmehr beruhigt habe, verfügte er, dass man ihn wieder in seine Zelle führe. Die Wärter begaben sich unter Anwendung der größten Vorsichtsmaßregeln in die Dunkelzelle.

Bei dem bösartigen Charakter Luccheniis befürchteten sie, dass der Verbrecher ihnen eine gefährliche Überraschung bereiten wolle. Die Überraschung aber war ganz anderer Art, als sie vermuteten. Denn am Fensterkreuz hing der starre Leichnam des Mörders. Man schnitt ihn sofort ab. Alle Belebungsversuche blieben ohne Erfolg.« Offiziell wurde in der Genfer Presse auch noch der schreckliche Eindruck geschildert, den der tote Mörder der Kaiserin von Österreich bot:

»Genf, 20. Oktober. Die Leiche Lucchenis bietet einen entsetzlichen Anblick. Die gläsernen Augen starren durch die halbgeöffneten Lider, die wulstigen Lippen, auf denen sich das Blut gestaut hat, sind geöffnet und lassen die kleinen schmutziggelben Zähne sehen. Seit acht Tagen unrasiert, macht das wachsbleiche Gesicht mit der niedrigen Stirn einen schrecklichen Eindruck. Um 9 Uhr abends wurde der Leichnam in der Gefangenenkleidung nach der Totenkammer geschafft. Um den Hals hat man den Riemen gelassen, mit dem sich Luccheni erhenkt hat. Der gerichtliche Sachverständige Professor Regevand wird die Sektion vornehmen.«

Durch die Obduktion sollten eventuelle krankhafte Veränderungen des Gehirns aufgedeckt werden. Nach diesem Eingriff wollte man die einzelnen Leichenteile ins anatomische Institut der Stadt Genf bringen, wo sie zu Studienzwecken verwendet werden sollten, da sich kein Angehöriger fand, der für eine Beisetzung Luchenis aufkommen wollte.

Kurz nachdem sich Lucheni selbst gerichtet hatte, tauchten aber allenthalben Gerüchte auf, wonach der österreichische Geheimdienst beim Tod des Mörders der Kaiserin eventuell die Hand im Spiele gehabt haben könnte. Deshalb nahmen die Genfer Behörden von ihrem ursprünglichen Plan Abstand, die ganze Leiche Luchenis dem anatomischen Institut zu überlassen, denn die Fototechnik war in der damaligen Zeit noch nicht so ausgereift, dass man die Leiche hätte derart fotografieren können, dass einzelne Details auf den Fotos klar erkennbar gewesen wären. Deshalb schritt man zu einem eher ungewöhnlichen Beweisverfahren: Man trennte der Leiche kurzerhand den Kopf ab, und zwar so, dass man die Strangulierungsmerkmale genau erkennen konnte. Den Kopf legte man in Spiritus ein und verwahrte ihn. Er blieb fast ein Jahrhundert in Schweizer Besitz, genauso wie die Feile, mit der Lucheni den Mord begangen hatte.

Vor einigen Jahren feierte die Universität Wien ein großes Jubiläum und aus diesem Anlass wollten die Schweizer Behörden der Alma Mater ein Geschenk überreichen. Man kam auf die Idee, die Feile, das Mordwerkzeug, als Präsent nach Wien zu schicken.

Einige Zeit später wusste man anscheinend nicht mehr, was man mit dem Kopf des Mörders anfangen sollte, und schenkte ihn deshalb der Republik Österreich. Ob man allerdings über dieses makabre Geschenk erfreut war, lässt sich nirgendwo eruieren. Man überstellte den Kopf an das Pathologisch-Anatomische Bundesmuseum in Wien, wo er in einem Panzerschrank verwahrt wird, während im Kriminalmuseum eine Moulage (ein Wachsabdruck) des Kopfes des seinerzeit noch lebenden Lucheni zu finden ist.

Eine Auflage allerdings stellten die Schweizer den österreichischen Behörden: Der Kopf des Mörders der Kaiserin muss streng verwahrt bleiben und darf nicht besichtigt werden – aber wer soll dies schon wirklich wollen?

Erzherzog im Zwielicht

JOHANN ORTH

»Ich werde sterben, ohne tot zu sein, denn ich bin der Nichtigkeiten des Lebens müde und gedenke, eine neue Laufbahn zu beginnen ...«
Mit diesen Worten verabschiedete sich Erzherzog Johann von der Gräfin Larisch, nachdem sie ihm nach dem schrecklichen Tod des Kronprinzen eine Kassette ausgehändigt hatte, wie von Rudolf zu Lebzeiten verfügt. In aller Heimlichkeit hatte die Übergabe stattgefunden, wichtige Dinge schien die Schatulle zu enthalten, die, wären sie vor der Tragödie von Mayerling von den kaiserlichen Spitzeln entdeckt worden, Thronfolger wie Erzherzog größten Unannehmlichkeiten und peinlichen Verhören ausgesetzt hätten.
So vermutete zumindest Marie Larisch, Freiin von Wallersee, die Cousine Rudolfs, in ihren Memoiren. Was wirklich in der Kassette war, wohin ihr Inhalt verschwand und welche Rolle Rudolf und Johann in ihrer Hoffnung auf Macht und Ruhm gespielt hatten, ist bis heute nicht restlos geklärt. Verständlich, dass es in der Gerüchteküche brodelte und man die abenteuerlichsten Spekulationen über die wahren Hintergründe von Rudolfs Tod anstellte. Einig war man sich schon bald darin, dass die Schüsse von Mayerling kein Romeo-und-Julia-Drama beendet hatten; viel mehr verbarg sich dahinter, und man hätte sicherlich die Rolle, die Johann gespielt hatte, besser durchschauen können, wären die von allerhöchster Stelle befohlenen Vertuschungsaktionen nicht von derart akribischer Perfektion gewesen. Alles irgendwie belastende oder kompromittierende Material war verschwunden. Dabei hatte die beiden jungen Männer, den hochnervösen, sensiblen Kronprinzen Rudolf und

seinen robusten Vetter Johann aus der Toskana-Linie des Hauses
Habsburg, in Wahrheit keine wirkliche Freundschaft verbunden.
Zu unterschiedlich waren die beiden, ihre Stellung am Hof, ihre
persönlichen Aufgaben, zu verschieden ihre Lebenseinstellung,
wenngleich sie sich in manchen Ansichten über die Probleme
der Zeit und Politik trafen. Eigentlich hätten sie sich sympathisch sein müssen, denn sowohl Rudolf als auch Johann liebten
die Traditionslosigkeit, das Spontane, das Unkonventionelle,
beide ruhten sich nicht auf den Gepflogenheiten des Althergebrachten aus, und beide suchten einen neuen Weg für eine bessere Zukunft. Aber vielleicht waren es gerade die vielen
Gemeinsamkeiten, die die beiden in einer Art Hassfreundschaft
zugleich verbanden und trennten. Wer derjenige war, der Streit
und Auseinandersetzungen suchte, ist leicht festzustellen:
Erzherzog Johann Nepomuk Salvator beneidete den Kronprinzen ein Leben lang um das Privileg seiner Geburt und war es
schon bald leid, zusehen zu müssen, wie Rudolf jedes Vorrecht
eingeräumt wurde, nur weil er der Sohn des Kaisers war. Der
Erzherzog glaubte vieles besser zu verstehen als der Thronfolger und ließ dies Rudolf auch deutlich spüren. Johann Salvator
hatte andere Vorstellungen von der Verantwortung eines
Thronfolgers der österreichisch-ungarischen Doppelmonarchie.
Er musste erleben, wie der Kronprinz die Jahre verstreichen ließ,
ohne eine echte Aufgabe zu finden, musste allerdings auch
erkennen, dass der Kaiser nach wie vor alle Fäden in der Hand
hielt, dass er auch nicht im Entferntesten daran dachte, Rudolf
an der Regierung zu beteiligen. Und außerdem konnte es Johann
nicht verborgen bleiben, dass sich zwischen Vater und Sohn ein
ernster Konflikt anbahnte. Ein Mann wie Franz Joseph konnte
auch beim besten Willen nicht in der Lage sein, einen so völlig
anders gearteten Sohn zu verstehen. Alles, womit sich Rudolf
beschäftigte, missbilligte der Kaiser, und so war es beinahe
gefährlich, zu eng mit dem Kronprinzen bekannt oder befreundet zu sein.

Erzherzog Johann hatte wahrscheinlich in dieser Hinsicht
kaum Bedenken, denn Kontroversen mit dem Kaiser gehörten
für ihn fast zur Tagesordnung. Was immer er unternahm, Franz

Joseph oder seine Vertrauten fanden auf jeden Fall ein Haar in der Suppe. Trotzdem brachte der Monarch dem ungebärdigen jungen Mann gegenüber lange Zeit große Geduld auf, denn außer Ermahnungen oder zeitweiligen Strafversetzungen hatten die oft unüberlegten Handlungen des Erzherzogs kaum ernste Konsequenzen. Vielleicht fühlte sich Franz Joseph für den ungestümen, undurchsichtigen jungen Mann auch mitverantwortlich, der nach der Vertreibung seines Vaters aus der Toskana 1859 in den sicheren Schoß der kaiserlichen Familie zurückgekehrt war. Als siebenjähriges Kind hatte Johann Salvator miterleben müssen, wie seine Familie Florenz Hals über Kopf verließ. Für seinen Vater, Großherzog Leopold II., bot sich keine Möglichkeit mehr, das Land weiter zu regieren, als Italien sich mit Riesenschritten der staatlichen Einheit näherte. Leopold II. war Diplomat genug, seinen Thron gütlich zu räumen und mit seiner Familie nach Österreich zurückzukehren. Übertriebene Freude strahlte sicher nicht aus dem Gesicht des Kaisers, als sich ein weiterer Exmonarch unter seinen Fittichen einfand. Allmählich entwickelte sich Österreich zu einem Dorado für abgedankte Hoheiten, die den Staatssäckel belasteten, da laut Familiengesetz jedem Mitglied eine beachtliche Apanage zustand. Und man war nun einmal daran gewöhnt, standesgemäß zu leben, keiner dachte daran, sich auch nur im Mindesten einzuschränken. Der Kaiser aber hatte eine Aufgabe mehr zu bewältigen, galt es doch dafür zu sorgen, jedem männlichen Spross einen entsprechenden Posten in der Armee zur Verfügung zu stellen. Junge Leute brauchten eine Lebensaufgabe, und die sah der Monarch einzig und allein in dieser Institution.

Groß, zahlreich und unübersichtlich war die Familie der Habsburger in den Jahrzehnten des 19. Jahrhunderts geworden. Die vielen Kinder Maria Theresias und Franz Stephans von Lothringen hatten mit ihren Sprösslingen den Grundstein für eine umfangreiche Sippe gelegt, und es war selbst für Eingeweihte schwierig, die einzelnen Linien der Dynastie auseinanderzuhalten und ihre Mitglieder dem Rang und der Stellung nach richtig einzuordnen. Der Pater familias aber war und blieb der Kaiser, ohne seine Zustimmung konnten die jungen

Erzherzöge und Erzherzoginnen nichts von Bedeutung unternehmen. Und das, was sie unternahmen, trug ihnen hin und wieder kaiserliche Strafpredigten ein. Der Dienst für das Vaterland fiel den jungen Herren nicht schwer, solange sie in der Nähe der Hauptstadt stationiert waren. Vergnügungen und Abwechslungen gab es da mehr als genug, und oftmals zog ein fescher Erzherzog die Chambres séparées dem Exerzierplatz vor, um dort seine Ruhmestaten zu begehen. In den jeweiligen Cercles galt es als »fesch«, möglichst viele Liaisons zu haben, niemand brach den Stab, auch wenn die »Helden« verheiratet waren, im Gegenteil, leichtlebige Damen und Dämchen sahen es als geradezu Sport an, einen Angehörigen des Kaiserhauses zu becircen. Franz Joseph sah das Treiben mit Missfallen, und es setzte manche Strafpredigt, aber letztlich fruchteten solche Ermahnungen wenig oder gar nichts.

Und nun war also auch die umfangreiche Familie Leopolds II. zurückgekehrt, der Herzog und seine Gemahlin Maria Antonia mit vier Söhnen und einer Tochter. Viel hatte die Familie aus dem Palazzo Pitti nicht mitnehmen können, lediglich die Juwelen hatte man vorsorglich in einer unscheinbaren Schachtel versteckt. Die kostbaren Pretiosen sollten eine finanzielle Grundlage im fernen Exil bilden.

Leopold II. und seine Frau ließen sich in Böhmen nieder, einige Söhne wurden vom Kaiser in andere Landesteile geschickt. So lebte der Älteste, Ferdinand, in Salzburg, wo er ein eher beschauliches Dasein als begeisterter Esser und Trinker führte. Seine große Liebe galt der Seefahrt, und wahrscheinlich bedauerte »Nando«, wie man ihn in der Familie nannte, ein Leben lang, dass er nicht Admiral der k.u.k. Flotte geworden war. Nun ab und zu zeigte er sich in Wien und erheiterte selbst die melancholische Kaiserin Elisabeth mit seinen Späßen und mit seiner Begabung, den Hanswurst zu spielen. Der für die Scherze Nandos sehr zugängliche Kaiser schenkte dessen Familie jedesmal, wenn ein neuer Spross das Licht der Welt erblickte, ein kostbares Perlengeschmeide. Die ironische Kaiserin vermerkte dann lakonisch: »Der Perlenfischer wird bald eine hübsche Sammlung von Perlen und Kindern haben.«

Erzherzog Johann Salvator war der jüngste Sohn des Groß-
herzogspaars, der Liebling der Mutter, die ihm unendlich viel
bedeutete und der er ein Leben lang die rührendsten Briefe
schrieb, die größtenteils erhalten sind. Alles, was ihn bewegte,
teilte er Maria Antonia mit und fragte sie in schwierigen
Situationen immer um ihren mütterlichen Rat. Dabei musste
Maria Antonia erkennen, dass ihr Sohn schwer zu lenken war,
dass er schon sehr bald unkonventionelle Vorstellungen vom
Leben und seiner Zukunft entwickelte (die Linie Toskana galt
allgemein als exzentrisch), dass er trotz seiner hervorragenden
Anlagen nicht fähig war, sich zu disziplinieren. Es musste die
strenggläubige Mutter schmerzlich stimmen, als sie merkte, dass
Johann wohl religiös war, nicht aber von jenem tiefen
Gottvertrauen beseelt, von dem sie glaubte, dass es allein den
Menschen glücklich machen könne.

Schon bald, im April 1864 – Johann war damals noch keine
zwölf Jahre alt –, holte der Kaiser den jungen Erzherzog an den
Hof und befahl ihn unter die Fittiche des ältesten Erzherzogs,
Albrecht. Franz Joseph hätte wahrscheinlich keinen Mann finden können, dessen Wesen dem ungestümen Jungen mehr ent-
gegengesetzt war. Der starre Militarist, dem Ordnung und
Tradition alles bedeuteten, konnte den jungen Mann niemals
verstehen, der die deutsche Literatur ebensosehr liebte wie die
Malerei und besonders die Musik. Er fand keinen Zugang zu
seinem Zögling, weil er menschlich dazu nicht in der Lage und
ihm die Welt der Kunst völlig verschlossen war. Johann versuchte sich auch selbst als Komponist; einige seiner Werke schickte
er an den berühmten Walzerkönig Johann Strauß. Der Meister
beriet den begabten jungen Mann bei seinen weiteren komposi-
torischen Versuchen freundschaftlich und dirigierte bei einem
Konzert sogar einen Walzer Johanns, der unter dem beziehungs-
reichen Pseudonym Johann Traunwart erschienen war.

Unliebsames Aufsehen erregte Johann am Kaiserhof zum ersten Mal, als bekannt wurde, dass er während einer Italienreise
Kontakte mit der neuen Regierung König Viktor Emanuels II.
aufgenommen hatte. Helle Empörung herrschte in Wien, als
man davon erfuhr. Ausgerechnet der Sohn des aus der Toskana

vertriebenen Großherzogs sprach im Quirinal vor! Und dies ohne Wissen und Genehmigung seines kaiserlichen Herrn! Politik hatte nur der zu machen, der von Franz Joseph extra dazu aufgefordert worden war und das war sicherlich kein kleiner, unbedeutender Erzherzog!

Aber Johann Salvator ließ schon sehr früh erkennen, dass er gerade dies nicht sein wollte: einer, der auf Staatskosten ein feines Leben führte, wie es so viele seiner Verwandten taten. Er wollte selbst die Fäden ziehen, er war nicht der Typ des Mannes in der zweiten Reihe, und um sich eine Position zu verschaffen, waren ihm beinahe alle Mittel recht.

Aus Rom zurückgekehrt, wurde er sofort zum Rapport in die Hofburg bestellt, wo ihm der Kaiser ernstliche Vorhaltungen machte. Johann hörte sich alles mit gespielter Ruhe an, aber in seinem Inneren brodelte es. Wie sollte er den Kaiser davon überzeugen, dass es ihm einfach zu wenig war, nur ein kleiner Befehlshaber innerhalb der k.u.k. Armee zu sein? Dass ein junger Mann aus kaiserlichem Geblüt auch höhere Ambitionen haben, anderweitig interessiert sein könnte, kam Franz Joseph wahrscheinlich gar nicht in den Sinn. Die mit Soldaten aus allen Teilen der Monarchie bestückte Armee brauchte tüchtige, verlässliche und kaisertreue Befehlshaber, und die rekrutierte man am besten aus Mitgliedern der eigenen großen Familie.

Erzherzog Johann war allerdings trotz seiner schöngeistigen Neigungen auch Soldat mit Leib und Seele, und vielleicht sah er gerade deshalb mit um so wacherem Auge die Fehler und Schwächen, die sich im k.u.k. Heer allmählich nur allzu deutlich zeigten. Disziplin und absoluten Gehorsam forderten die Offiziere von der Mannschaft, Eigenschaften, auf die sich der Soldatenstand seit alten Zeiten stützte; dass dabei aber der Willkür Tür und Tor geöffnet wurden, musste der Erzherzog an allen Ecken und Enden feststellen. Und er hielt mit heftiger Kritik an sinnlosen Schikanen nicht hinter dem Berg. Als Praktiker und Theoretiker bemängelte er den harten Kasernenhofdrill, der wichtiger zu sein schien als die Ausbildung der Soldaten in moderner Angriffs- und Verteidigungstaktik. Für ihn war es purer Sadismus, dass zum Beispiel Offiziere mit weißen Rehlederhandschuhen die Bettgestelle der Soldaten auf Sauberkeit überprüften und die Unglücklichen mit Ausgangssperren und Arrest bestraften, wenn sich auch nur eine Spur Staub fand. Johann analysierte die Schlachten, die das kaiserliche Heer in den letzten Jahren geschlagen und auch verloren hatte, und stellte dabei fest, dass man vieles hätte anders, besser machen können. Er nahm Kontakt mit der Presse auf und veröffentlichte eine Schrift mit dem Titel »Betrachtungen über die Organisation der österreichischen Artillerie«. Eine weitere Publikation Johanns, »Drill und Erziehung«, die nach einem gleichnamigen Vortrag Johanns erschienen war, erboste den Kaiser und Erzherzog Albrecht aufs Neue. Kronprinz Rudolf, dem der Inhalt der Schrift sehr zugesagt hatte, schrieb an Johann: »Onkel Albrecht hat wieder mit Papa gesprochen ... Wenn ich etwas sage, wird Papa nur gereizter. Es ist das Gescheiteste, Du thust Buße und versöhnst den gekränkten Helden von Custozza.«

Das war allerdings nicht leicht, hatte Johann dem alten Erzherzog doch nachgewiesen, dass die Österreicher am 24. Juni 1866 bei Custozza nicht durch Albrechts Heldenhaftigkeit oder taktisches Geschick, sondern durch puren Zufall einen glänzenden Sieg errungen hatten...

So nimmt es nicht wunder, dass die Karriere Johanns von ständigen Versetzungen und Strafen wegen seiner Disziplinlosigkeit geprägt war. Der Erzherzog konnte Zustände, die er als unhaltbar erkannt hatte, nicht tolerieren, und er war auch nicht der Mann, der den Mund hielt; er sagte, was er sich dachte und kam dadurch notgedrungen immer wieder in Konflikt mit seinen Vorgesetzten. Dabei hätte der Kaiser in dem jungen Mann wahrscheinlich einen fähigen, engagierten und modern denkenden Befehlshaber haben können, aber Franz Joseph war viel zu sehr sturer Beamter, viel zu sehr von Mitarbeitern seines Schlages umgeben, als dass er hätte erkennen können, dass Johann Salvator seiner Zeit voraus war.

In Lemberg, wohin Johann gleichsam in die Verbannung geschickt worden war, steckte man ihn für eine Disziplinlosigkeit sogar einmal für acht Tage in den Arrest, eine Maßnahme, die ihn nach dem Ehrenkodex der Habsburger Erzherzöge tief treffen musste. Schon die Überstellung ins tiefe Galizien galt als Strafe für lebenslustige junge Offiziere, denn hier sagten sich buchstäblich Fuchs und Hase gute Nacht. Lemberg lag im östlichsten Teil Galiziens, hier gab es keine raffinierten Salons, keine Chambres séparées, keine koketten Ballettratten, keine Delikatessen aus aller Welt, keinen eisgekühlten Champagner. Die Unterkünfte waren äußerst einfach ausgestattet und alles andere als komfortabel, es fehlte an allem, was das Leben etwas angenehmer hätte machen können. Lehmige Straßen, in denen man bei Dauerregen mit Ross und Wagen fast versank und die sich im Sommer in der oft wochenlang anhaltenden Hitze in eine Staubwüste verwandelten, prägten das Bild der Stadt, in der es außer Schnaps und derben Weibern kaum Abwechslung gab.

Johann machte seinen Vorgesetzten auch in Lemberg, wo es ging, Schwierigkeiten. Obwohl sich in Wien Klagen über ihn häuften, beförderte ihn der gnädig gestimmte Kaiser 1874 doch zum Oberstleutnant und schließlich zum Obersten. Ein gewöhnlicher Sterblicher hätte bei einem derartigen Sündenregister wohl kaum diese Karriere gemacht, aber die privilegierte Geburt half über vieles hinweg. Die nächste Station hieß Temesvar, wo er aber auch nicht allzu lange bleiben sollte; 1875 wurde Johann zum Infanterieregiment nach Krakau versetzt. Hier war das Leben ganz anders als in Lemberg; die alte Stadt hatte eine lange kulturelle Tradition, hier konnte man sich durchaus wohlfühlen, und der Weg nach Wien war nicht allzu weit.

Für Johann hatte schon die Abreise aus Wien 1875 nicht die Trennung von allem bedeutet, was ihm bisher lieb und teuer gewesen war. Eine Frau begleitete ihn: gegen den ausdrücklichen Wunsch des Kaisers nahm er seine Geliebte, die Balletttänzerin Ludmilla Stubel, mit. Offiziell reiste sie als seine »Beschließerin«; auch der böswilligste Späher durfte nichts Böses daran finden, wenn auch jeder ahnte, in welcher Funktion die junge, blonde Dame wirklich den Erzherzog begleitete.

Ließ sich Johann schon im Berufsleben wenig sagen, so noch weniger in seinen privaten Angelegenheiten. Wie andere Erzherzöge auch war er schon als ganz junger Mann allerhand Versuchungen ausgesetzt gewesen. Es war nun einmal keine Schande, eine Affäre mit einem Erzherzog zu haben, und auch für den flotten »Schani« hätte so manche Vorstadtschöne ganz gerne ihre Unschuld geopfert, aber auch höhergestellte Damen machten sich erbötig, den jungen Mann in die Künste der Liebe einzuweihen und versprachen in eindeutigen, glühenden Briefen absolute Diskretion. Nun war Johann sicherlich nicht hässlich, aber wohl kein Adonis; aber auch ihm wären die Damen eben gern in die Arme und nicht nur dorthin gefallen, galt doch die Gunst eines Erzherzogs, und wenn es auch nur für kurze Zeit war, als eine Art Auszeichnung. Man wurde begehrt, und nicht von einem gewöhnlichen Sterblichen, sondern von einem Angehörigen des Kaiserhauses! Obwohl der Kaiser oft versucht hatte, das unmoralische Treiben zu unterbinden, war ihm dies nicht gelungen. Sein eigener Sohn war das beste, schlechteste Beispiel für einen solch lockeren Lebenswandel. Über die Affären des Kronprinzen klatschte man in ganz Wien, und dafür mochten ihn die Wiener. Rudolf liebte vor allem die Abwechslung, was sich auch nach seiner Hochzeit mit Stephanie von Belgien nicht änderte, obwohl er sich anfangs redlich bemühte, den treuen Ehemann zu spielen. Die Mädchen aus dem Volk hatten es ihm angetan, sie übten einen unwiderstehlichen Reiz auf den übersättigten Kaisersohn aus, bei ihnen konnte er sich geben, wie er wollte, sie verstanden ihn ohne lange Worte. Mit Mizzi Caspar, der einzigen wirklichen Vertrauten, fuhr Rudolf jede Woche zweimal zu seinem Leibfiaker Bratfisch, dem er besonders zugetan war, um hier in der kleinbürgerlichen, aber gemütlichen Atmosphäre mit großem Appetit Blutwurst mit Sauerkraut oder Rostbraten zu verzehren.

Erzherzog Salvator war weniger leicht entflammbar oder einfach nur überlegter. Denn trotz der zahlreichen Angebote Wiener Damen verliebte er sich als Zwanzigjähriger heftig in eine Engländerin, die er auf einer Mittelmeerreise kennen gelernt hatte. Sie war ihm nicht ebenbürtig, und Johann kannte die Einstellung des Kaisers solchen Verbindungen gegenüber. Er glaubte aber, das Glück seines Lebens gefunden zu haben und trug sich schon damals mit dem Gedanken, freiwillig aus dem Kaiserhaus auszuscheiden. Ein einziger Liebesbrief Johanns an seine Angebetete ist erhalten, in dem er sie mit Kosenamen geradezu überhäuft:

»Herzallerliebster Engel ... Du bist meine reizendste Geliebte, mia cara carissima, ma petite chérie, meine süße Rose von Kent...« Johann versprach seiner Geliebten, sie trotz des Standesunterschiedes heiraten zu wollen, und erfand in seiner schwärmerischen Verliebtheit immer neue Möglichkeiten, wie sie gemeinsam ihren Lebensunterhalt verdienen könnten, sollte der Kaiser ihn verstoßen. Am Ende des Briefes standen die vielsagenden Zeilen:

»Ich könnte das Mädchen meiner Wahl in Italien heiraten. Ich wurde in der Toskana geboren, wo die Gesetze der großherzoglichen Familie nur noch tote Buchstaben sind. Da Du nie eine Erzherzogin sein kannst, würde es mich glücklich machen, die Erzherzogswürde zurückzulegen, doch hoffe ich, immer Dein liebes Erzherzoglein zu bleiben. Johann. – oder, da Du meinen zärtlichen italienischen Namen magst, Giovanni – aber auf gar keinen Fall (Don) Juan.«

Nach Hause zurückgekehrt, erkalteten die Gefühle des Erzherzogs allerdings sehr bald, und er wandte sich einem anderen Abenteuer zu, das ihn zeit seines Lebens beschäftigen sollte: Bei einer Aufführung in der Hofoper fiel sein Blick auf die junge Balletteuse Ludmilla Stubel, die auf der Bühne die hübschen Beine schwang. Johann konnte den Blick nicht von dem blonden Mädchen wenden und schickte seinen Diener hinter die Bühne, um die unbekannte Tänzerin zu einem Abendessen nach der Vorstellung einzuladen. Die Mädchen vom Ballett waren bei den Erzherzögen beliebt, und für Milli kam die Einladung deshalb nicht überraschend. Sie war zwar etwas naiv, konnte sich aber ganz gut vorstellen, wo so etwas enden würde. Und trotzdem erschien sie nach der Vorstellung mit klopfendem Herzen zum Rendezvous, ohne genau zu wissen, wer der Kavalier war, der sie zu Tisch gebeten hatte.

Es fiel Johann nicht schwer, die unerfahrene kleine Milli für sich zu gewinnen. Wenn er wollte, konnte er sehr charmant und galant sein, und er machte Milli nach allen Regeln der Kunst den Hof. Sie trafen sich immer öfter, und die Tante, welche die Nichte als Anstandsdame behüten sollte, drückte beide Augen zu.

Tatsächlich hatte sich der Erzherzog zunächst bis über beide Ohren in die kleine Tänzerin verliebt, obwohl sie weder außergewöhnlich hübsch noch sonderlich tänzerisch begabt war. Was wie eine harmlose Tändelei begonnen hatte, wurde zur Leidenschaft. Johann suchte jede Gelegenheit, um in Millis Nähe sein zu können, und sprach sogar mit Ludmillas Mutter. Damit allerdings sprengte er den Rahmen, den der Kaiser bei den Liaisons der Erzherzöge gerade noch duldete. Liebschaften konnte er hinnehmen, aber ernsthafte Absichten durfte keiner hegen, das ging entschieden zu weit!

Im Hause Stubel sah man den jungen Erzherzog gern, und auch er fühlte sich in der kleinbürgerlichen Atmosphäre wohl. Bedenkt man, dass es Erzherzöge gab, die ihr höchstes Vergnügen darin sahen, Köchinnen zu Freundinnen zu haben und dann bei ihren Rendezvous in der Küche der Herrschaft zu sitzen und die Wurst aus dem Papier essen zu können, dann kann man sich vielleicht eine Vorstellung davon machen, wie sehr gerade das einfache Leben manchmal die Hochwohlgeborenen lockte.

Milli hatte sich unsterblich in Johann verliebt und suchte ihm in allem und jedem zu gefallen. Aber je mehr sie sich ihm anbiederte, desto zurückhaltender wurde der Erzherzog. Er konnte auf die Dauer keine Frau vertragen, die ihm zu Füßen lag; die arme Milli allerdings hatte nicht den Geist, der ihn faszinieren, nicht die Raffinesse einer Dame, die ihn halten konnte. Alles, was ihn am Anfang ihrer Beziehung entzückt hatte, ihr naives, natürliches Wesen, ihre kindlichen Fragen, ging ihm allmählich auf die Nerven. Mühevoll versuchte er die Geliebte über ihr geistiges Niveau hinauszuheben, ließ ihr Musik- und Gesangsstunden erteilen, engagierte einen Sprachlehrer, der ihren Urwiener Dialekt etwas mildern sollte, er nahm sie in Ausstellungen mit und erklärte ihr die Werke der alten Meister. Milli fügte sich, wo immer sie konnte, aber immer mehr erkannte Johann die Unzulänglichkeiten seiner Geliebten. Er war zu anspruchsvoll,

als dass die kleine Millie Stubel ihm wirklich hätte genügen können.

Und doch sollte er ein Leben lang nicht von ihr loskommen.
Sie erlebte an seiner Seite mehr düstere als freudvolle Stunden,
er ließ sie ihre Abhängigkeit in manchmal geradezu sadistischer
Weise spüren, und sie rächte sich auf ihre Art, wo sie nur konn-
te. Vielleicht war Johann ohnehin zu keiner anderen intensiven
Bindung als der zu seiner Mutter fähig. Und für die war Milli
Stubel ein Thema, das nicht einmal erwähnt werden durfte.

Als die Affäre des Erzherzogs allmählich in Wien bekannt
wurde, glaubte man zunächst an eine Eintagsfliege, die den
nächsten Morgen nicht überdauern würde. Als man aber Johann
nur noch in Begleitung der kleinen Ballettratte erblickte, zog
man allerorten seine Schlüsse daraus, die auch dem Kaiser zu
Ohren kamen. Wieder einmal ließ er Johann Salvator kommen
und befahl ihm in strengem Ton, das Abenteuer zu beenden.
Er mag auf Widerspruch gefasst gewesen sein und war wohl
überrascht, dass der sonst so rebellische Erzherzog sich fried-
fertig zeigte und überraschend schnell einwilligte, seinem
Wunsch zu entsprechen. In Wirklichkeit kam Johann die
Forderung des Herrschers gerade recht; er hatte ohnehin genug
von der kleinen Tänzerin, die ihn ständig mit ihren
Wehwehchen traktierte.

Milli allerdings war keineswegs gewillt, sich so ohne weiteres
abschieben zu lassen. Sie wollte um ihn kämpfen, um ihren
Scham, ihren »Alterl«, ihren »inniggeliebten Mann«, ihr »Büb-
chen«, von dem sie sich nichts sehnlicher als ein Kind wünschte.
Aber gerade diese Vorstellung entsetzte Johann geradezu, und er
hatte ihr streng verboten, zur Behebung ihrer Unfruchtbarkeit
auf Kur zu gehen, wie es ihr die Ärzte angeraten hatten.

Johann, nur zu willig, dem Kaiser zu gehorchen, schrieb einen
Abschiedsbrief an Milli. Ahnungsvoll übernahm das Mädchen
das Schreiben, das ihr ein Diener Johanns überbrachte, öffnete es
mit zitternden Händen und las die Worte, wie sie Liebhaber zu
allen Zeiten zu Papier bringen, las, wieviel sie Johann einst
bedeutet habe, dass er aber nicht anders könne, als dem Wunsch
des Kaisers zu entsprechen.

In den nächsten Tagen war die junge Frau kaum ansprechbar; sie hatte sich in ihr Zimmer zurückgezogen, aus dem man von Zeit zu Zeit heftiges Schluchzen vernahm. Der Kummer der Tochter ging Frau Stubel zu Herzen, und sie beschloss, Forderungen an den Erzherzog zu stellen. Schließlich war der Ruf Ludmillas ruiniert, und irgendwie musste sie doch in Zukunft versorgt sein! Johann sollte der Tochter entweder eine Abfindung in beträchtlicher Höhe zahlen oder eine monatliche Apanage aussetzen, so dass sie sorgenfrei leben konnte.

Johann hörte sich die Vorstellungen von Frau Stubel an – und versprach, sich mit Milli auszusöhnen. Was ihn dazu bewog, wusste er wohl selbst nicht so recht genau. Vielleicht war es die Macht der Gewohnheit, vielleicht Mitleid mit der zu Tode betrübten Milli oder einfach das Vergnügen, sich wieder einmal gegen die Forderungen des Kaisers stellen zu können? Der Erzherzog schenkte jedenfalls Ludmilla einen wunderschönen Blumenstrauß und bat in aller Form um Verzeihung.

Nur zu gern ließ sich das Mädchen dazu bewegen, die alten Beziehungen wieder aufzunehmen; aber es wurde nichts mehr so wie früher. Immer öfter ging Johann seine eigenen Wege, die manchmal abenteuerliche Abwege wurden. Er wusste nun, dass Milli bereit war, ihm alles zu verzeihen, und dies gab ihm einen Freiraum, den er schamlos ausnützte. Hinter dem Rücken seiner Geliebten begann er eine kurze, aber heftige Romanze mit Ludmillas eigener Schwester Lory, einem Vollblutweib, sinnlich, raffiniert und leidenschaftlich. Lange schon hatte sie ein Auge auf den Erzherzog geworfen, ohne dass ihre feurigen, vielsagenden Blicke erwidert worden wären. Es galt nur, ihn in ihre Nähe zu bringen, dann würde er ihr nicht widerstehen können, das wusste sie. Und sie dachte sich nichts dabei, der Schwester den Liebhaber auszuspannen. Der Erzherzog war reich und hatte Einfluss, ihn konnte sie bedenkenlos ausnehmen. Natürlich war es für Lory auch nicht schwer, ihn ins Bett zu locken, und ehe er sich's versah, wurde ihm auch schon die Rechnung präsentiert. Lory forderte für ihre Dienste Geld, und Johann musste, ob er wollte oder nicht, für seine Untreue zahlen. Von schlechtem Gewissen geplagt, gab er Lory mehr, als sie sich vorgestellt hatte, da er fürchtete, sie würde ihrer Schwester von der Affäre berichten. Je mehr Schweigegeld er aber bezahlte, desto unverschämter forderte Lory, so dass der Erzherzog schließlich erklärte, seine Mittel seien völlig erschöpft.

Obwohl Johann das Verhältnis zu vertuschen suchte, kamen Milli doch Gerüchte zu Ohren, und sie quälte den Geliebten mit ständiger Eifersucht, nicht gerade das geeignete Mittel, ihn zu halten. Aber sie liebte Johann wirklich und wollte ihn unter keinen Umständen verlieren.

Die Mutter Johanns und seine Schwester versuchten währenddessen ununterbrochen, ihn zu einer standesgemäßen Ehe zu überreden. Für ihn allerdings waren »glücklich«, und »verheiratet« zwei Begriffe, die einander ausschlossen. Aber obwohl er sich nicht mit Heiratsplänen trug, hatte er sich doch Gedanken gemacht, wie das Mädchen seiner Wahl auszusehen hätte: Es sollte kein Blaustrumpf sein, aber mit vielen Interessen, ein frommes, tugendhaftes Geschöpf, an dem er sich erbauen konnte und durch das er selbst besser zu werden hoffte. Vielleicht erkannte Johann in stillen Stunden, dass er jemanden an seiner Seite brauchte, der ihm Halt geben konnte. Er musste sich selbst eingestehen, dass er oft zu sehr auf seinen eigenen Vorteil bedacht war, dass sein Verhalten gegenüber dem Kaiser und dem Thronfolger zu unbedacht, zu undurchsichtig war. Er war und blieb ein Glücksritter, der dem Namen Habsburg oft keine Ehre machte. Das zeigte sich vor allem bei seinem dubiosen Abenteuer mit Prinz Ferdinand von Sachsen-Coburg. Die Abmachungen auf dem Berliner Kongress 1878 und die wirren Zustände auf dem Balkan hatten dazu geführt, dass der erst kürzlich geschaffene bulgarische Fürstenthron vakant war. Es erwies sich als schwierig, einen geeigneten Kandidaten zu finden, der sich bereit erklärte, ein Land zu regieren, das im Konfliktbereich der Großmachtinteressen lag und zudem noch heillos unterentwickelt, bar jeder Zivilisation geschweige denn Kultur war. Nachdem Alexander von Battenberg vorübergehend glücklos versucht hatte, die Geschicke des ihm unbekannten Landes zu lenken, mischte sich Erzherzog Johann Salvator in die Politik auf dem Balkan. Durch die Presse brachte er den Namen

Ferdinands von Sachsen-Coburg ins Gespräch, von dem er allerdings selbst nicht viel hielt. Er machte dem Coburger Aussichten, ohne dazu auch nur im Mindesten berechtigt zu sein – all dies hinter dem Rücken des Kaisers. Das Spiel Johanns war gefährlich, und niemand schien es recht durchschauen zu können. Die in seine Pläne Eingeweihten munkelten, dass er selbst den bulgarischen Fürstenthron anstrebe, und die Idee wäre auch gar nicht so abwegig gewesen, hätte er nicht bei zwei entsprechenden Anfragen ausweichend geantwortet. Vielleicht sah er in einer Kandidatur eine Chance für die Habsburger; aber wie auch immer die Gerüchte gingen, Johann liebte die Intrige und mischte munter mit. Sein Engagement erklärte er damit, dass er sich berechtigte Hoffnungen auf den Oberbefehl in der bulgarischen Armee mache, sollte Ferdinand den Fürstenthron besteigen.

Aber wie immer, wenn nicht mit offenen Karten gespielt wird, gab es einen Verlierer, der sich mit Schimpf und Schande bedeckte, und der hieß in diesem Fall Erzherzog Johann Salvator. Ferdinand, der schließlich doch Fürst von Bulgarien geworden war (und 1908 auch zum Zaren gekrönt wurde), dachte nicht daran, sein Heer in die Hände des unzuverlässigen Erzherzogs zu legen. Johanns Rechnung war wieder einmal nicht aufgegangen, diesmal vielleicht sogar zum Nachteil der bulgarischen Armee, die der Erzherzog aufgrund seiner Kenntnisse sicherlich modernisiert und schlagkräftig gemacht hätte.

Natürlich waren die Pläne Johanns auch dem Kaiser nicht verborgen geblieben. Franz Joseph sah es vor allem als unerhörten Vertrauensbruch an, dass Johann ihn für sein Abenteuer um Geld aus dem Familienfonds gebeten hatte, was der Kaiser ihm auch gewährte. Der Monarch meinte nun verbittert: »Ich wollte dem Erzherzog damit eine Wohltat erweisen, und ich guter Kerl bin ihm aufgesessen.« Selbst Kronprinz Rudolf, von dem Johann Verständnis erhofft hatte, zeigte sich über die Anmaßung des Vetters empört. Wütend schrieb er ihm: »Deine bulgarische Geschichte finde ich odios. Ich möchte Dich ganz gerne als Admiral an der Spitze meiner großen österreichisch-ungarischen Flotte sehen (jetzt sind es ja nur ein paar alte qualmende Kasten), aber als Balkanese könntest Du mir zuwider werden.«

Alle, auch Johann, wussten, dass sein Ruf als Soldat das Einzige war, das ihn wirklich auszeichnete. Das mussten Kaiser und Thronfolger neidlos anerkennen; er war bei seiner Truppe beliebt, wenngleich es durch seine oft kontroversiellen Anschauungen nach wie vor immer wieder zu Zwistigkeiten mit den Vorgesetzten kam.

Das änderte sich natürlich, als Johann als Kommandant der dritten Infanterie-Truppendivision in Linz eingesetzt wurde. Hier konnte er nach seinen Vorstellungen schalten und walten, und es dauerte nicht lange, da war der Erzherzog in der oberösterreichischen Stadt so beliebt, dass ihm der Gemeinderat das Ehrenbürgerrecht verlieh.

Diese Auszeichnung fiel fast auf den Tag genau mit der kaiserlichen Bewilligung seines Ansuchens um Enthebung aus dem Militärdienst zusammen. Im September hatte sich Johann zu einem unerhörten Schritt entschieden: Er bat den Kaiser um seinen Abschied aus der k.u.k. Armee. Und Franz Joseph unterzeichnete nur allzu willig das Dekret, das Johann von seinen Pflichten entband. Freilich war dies nur der Anfang. Johann hatte genug von den Fesseln, die ihm die kaiserliche Familie auf Schritt und Tritt anlegte, er suchte nun endgültig die Freiheit, die ihm seine Abkunft bisher verwehrt hatte. Auch seine Mutter konnte ihn von dieser Überzeugung nicht abbringen.

Nur wenig später suchte Erzherzog Johann offiziell um seine Entlassung aus dem habsburgischen Familienverband nach. Unter dem Namen Johann Orth – nach seinem Schloss am Traunsee, das er besonders liebte – wollte er das, wie es ihm schien, vernünftige Leben eines Normalsterblichen führen. Und er konnte Ludmilla Stubel, die immer noch an seiner Seite ein Schattendasein führte, heiraten.

Um das Leben mit Johann war Milli indes nicht zu beneiden. Sein zwiespältiges Wesen drückte sich auch in schwankenden Launen aus. Er zweifelte stets aufs Neue daran, ob Ludmilla die Frau fürs Leben sei, und ließ sie diese Zweifel auch weidlich spüren, und immer wieder versuchte er sich von ihr zu lösen. Die eleganteste, wenn auch nicht gerade rücksichtsvollste Methode sah er zeitweise darin, Hals über Kopf zu heiraten, ohne dass die Ärmste von diesem Plan erfuhr. Die Frau dazu war auch schon gefunden: Caroline Gräfin Attems. Der Erzherzog hatte sie durch Zufall kennen gelernt und war von ihr hingerissen. Sie verkörperte all das, was er sich in seinen Träumen vorgestellt hatte, sie war schön, geistreich und von Adel, wenn auch nach den habsburgischen Statuten nicht standesgemäß.

Carla, wie ihre Freunde sie nannten, war unbeschreiblich glücklich mit dem Erzherzog, und nur allzu bereitwillig kam ihr »Ja« von den Lippen, als Johann sie um ihre Hand bat. Auch Johanns Mutter, die sich oft genug gegen das Verhältnis mit Milli Stubel ausgesprochen hatte, hieß die zukünftige Schwiegertochter herzlich willkommen. Alle wussten allerdings, dass auch die größte Liebe nicht zur Ehe führen konnte, wenn der Kaiser seine Einwilligung verweigerte.

Nicht unfreundlich empfing Franz Joseph den Toskanaprinzen an diesem Frühlingstag 1883, obwohl er sich – wie bei Johann so oft der Fall – wieder einmal auf eine unliebsame Überraschung gefasst machen musste. Nachdem Johann mit eindringlichen Worten seine Bitte vorgetragen und die Gründe für eine Eheschließung mit der Gräfin erläutert hatte, zeigte der Herrscher zunächst ein erstauntes Gesicht; dann aber schüttelte er den Kopf und unterbrach den Erzherzog:»Oho, also das ist es, was du im Sinn hast …Wenn dir die Sache nicht besonders zu Herzen geht, wäre mein Wunsch, dass du auf diese Idee verzichtest.«

Wie vor den Kopf geschlagen brachte Johann kein Wort mehr heraus, konnte nicht mehr sagen, dass er ohnehin eine morganatische Ehe habe beantragen wollen, dass er gerne für seine Frau und die zukünftigen Kinder auf alle Rechte und Ansprüche verzichte. Die Worte des Kaisers ließen keine Debatte mehr zu. Kannte Franz Joseph denn keine Gefühle mehr? Hatte er nicht selbst aus Liebe geheiratet?

Aber noch war Johann nicht stark genug, den letzten Schritt zu tun und das Kaiserhaus zu verlassen. Und je mehr Zeit verstrich, desto mehr erkalteten auch seine Gefühle für Carla. Jetzt sah Milli Stubel ihre Stunde für gekommen an. Sie hatte ihren Schani nie aufgegeben, und auch wenn er sie oft, und das vor der Dienerschaft, gedemütigt hatte: in ihrem Inneren hatte sie ihm immer wieder verziehen. Er konnte machen, was er wollte: einmal würde er zu ihr zurückkommen. Das fühlte sie. Bei alldem war Milli aber keine stille Dulderin und wehrte sich ihrer Haut, wenn es ihr angebracht schien. So schrieb sie Johann einmal einen deutlichen Brief:»Für die tiefe Demüthigung und Beleidigung, die Du mir angesichts Deiner Diener zufügtest hast Du nur als Entschuldigung das eine Wort ›Ärger‹; wenn jemand Grund zum Ärger hätte so wäre ich es gewesen; warum provozirst Du immer solche Auftritte? Das ich es mit der Zeit satt bekommen muss, ist leicht begreiflich … Du schreibst mein Herz oder die Vernunft soll mich zu Dir zurückführen, ja was das Herz anlangt würde selbes mir sofort sagen in Deine Arme zurückzukehren, aber die Vernunft räth mir zu reiflicher Überlegung, denn weiter so eine unsichere Existenz zu haben als es besonders in der letzten Zeit der Fall war, wo Du mir jede Minute unverblümt zu verstehen gabst, ich kann gehen wenn es mir beliebt, dem will und kann ich mich nicht mehr aussetzen; ich müsste mich vor mir selbst schämen, ewig nur als eine Geduldete (und die sich nur bei Dir anfrisst dies Deine eigenen Worte am Tag unserer letzten Begegnung) … zu leben.«

Tiefe Schatten waren im Laufe der Jahre auf die Beziehung der beiden gefallen. Der Zwist ging oft wochenlang weiter, bis es dann doch wieder zur Versöhnung kam. Sie kamen nicht voneinander los. So schwach Milli schien, im Kampf um ihr Glück zeigte sie eine bewundernswerte Stärke und Konsequenz.

Die Affäre mit der Gräfin Attems gehörte allmählich der Vergangenheit an, Johann war zu Milli zurückgekehrt und behandelte sie fortan besser. War er im Freundeskreis eingeladen, nahm er sie ohne Bedenken mit, und auch auf seinen Seereisen begleitete sie ihn, worüber so mancher Moralapostel die Nase rümpfte. Aber Johann sah über das alles hinweg, als würde es ihn nicht mehr richtig betreffen. Er hatte große, ganz anders geartete Pläne, in die er wahrscheinlich Milli von allem Anfang an einweihte: Der Erzherzog stand an der Schwelle zu einem neuen Leben, zu einem Leben, von dem er seit den Tagen, als er noch unter den Fittichen des Kaisers gestanden war, immer geträumt hatte. Er wollte alle Fesseln, die ihm von Geburt angelegt waren, abstreifen und frei wie ein Vogel, als einfacher Bürger, übers Meer fahren. Mit Überseehandel wollte er sich sein Brot redlich verdienen und nicht wie bisher von der kaiserlichen Apanage ein Luxusleben führen. Und dabei war ihm Milli Stubel auch nicht hinderlich, im Gegenteil: In ihrer bürgerlichen Art konnte sie ihm ein Heim schaffen, wie es Millionen ihr Eigen nannten.

Erzherzog Johann, der Sohn des Großherzogs der Toskana, bat den Kaiser also um die Erlaubnis, aus dem habsburgischen Familienverband ausscheiden zu dürfen. In einem Brief vom 8. Oktober 1889 heißt es:

»Ich verzichte demnach freiwillig und unbeeinflusst auf Rang und Stand, indem ich Titel und Rechte eines Erzherzogs sowie meine militärische Charge ehrfurchtsvoll in die Hände Eurer Majestät zurücklege, dagegen Eure Majestät untertänigst bitte, mir einen bürgerlichen Namen verleihen zu wollen. Ferne vom Vaterlande werde ich mir einen Lebenszweck, einen Lebenserwerb, wahrscheinlich zu See, suchen und mir eine bescheidene, aber achtungswerte Stellung zu gründen trachten … Da ich aber diesen Schritt selbst teuer genug mit meiner ganzen sozialen Existenz – mit allem was Hoffnung und Zukunft heißt, bezahle, werden Eure Majestät zu verzeihen wissen.

Eurer Majestät treugehorsamster Untertan

Erzherzog Johann, FML.«

Das hatte es bis dahin noch nie gegeben: Ein Erzherzog quittierte seinen Dienst, setzte seine Existenz als Mitglied des Erzhauses auf Spiel, um bürgerlich zu werden!

Der Kaiser war wahrscheinlich wie vor den Kopf geschlagen, aber in seiner stoischen Art ließ er auch diese Katastrophe über sich ergehen, ohne großes Aufhebens von der Sache zu machen. Zu viele Probleme hatte ihm Johann in seinem bisherigen bewegten Leben zu lösen gegeben, zu viel Ärger hatte er verursacht. Es war besser, er schied aus dem Haus Habsburg aus, und man war den unliebsamen Patron für immer los. Johann erhielt also schnell das kaiserliche Einverständnis; es durfte zu keinem Skandal kommen, besonders jetzt nicht, wenige Monate nach der Tragödie von Mayerling. Immer noch munkelte man alles Mögliche, und auch der Name Johanns war im Zusammenhang mit dem Selbstmord Rudolfs gefallen, freilich ohne einen direkten Zusammenhang zwischen den Vorgängen in der Januarnacht und einem eventuellen Aufenthalt Johanns im Jagdschloss herstellen zu können; der Erzherzog hatte sich in der Zeit, als die Tat geschah, Hunderte Kilometer entfernt in Fiume aufgehalten. Aber in Wien gingen noch immer Gerüchte um, dass die beiden jungen Männer in Umsturzpläne mit den Ungarn verwickelt gewesen wären und dass eine Entdeckung dieser gegen den Kaiser gerichteten Aktionen zum sicheren Tod der beiden hätte führen können.

Der Kaiser genehmigte also die Verzichtserklärung und enthob Johann seiner militärischen Chargen; zudem wurden ihm seine Apanagen gestrichen. Allerdings hatte der Herrscher auch verfügt, dass Johann nicht ohne seine ausdrückliche Genehmigung ins Ausland fahren dürfe. Was dieser Satz für die Pläne Johanns bedeutete, wurde ihm erst klar, als er seine Vorstellungen, Handel mit Südamerika zu betreiben, in die Tat umsetzen wollte. Als Habsburger Erzherzog hatte er keinen Pass besessen und auch nicht benötigt, jetzt aber brauchte er einen, um seine Geschäfte führen zu können. Und damit tauchte auch die Frage der Staatsbürgerschaft auf. Schließlich händigte man Johann in London einen österreichischen Pass für sechs Monate aus, was aber noch nicht bedeutete, dass er damit die österreichische Staatsbürgerschaft besaß, im Gegenteil: man legte ihm nahe, sich um die Schweizer Staatsangehörigkeit zu bemühen. Aber auch die eidgenössischen Behörden kamen einem Johann Orth nicht so sehr entgegen, wie es bei einem Habsburger der Fall gewesen wäre. Noch als Erzherzog hatte Johann, der sich von Kindheit an zum Meer hingezogen fühlte und Seereisen über alles liebte, das Kapitänspatent erworben. Er war sehr stolz gewesen, als er die keineswegs leichte Prüfung abgelegt und den Titel eines »Capitano a lungo corso« erworben hatte. Und nun plante Johann, ein Schiff zu kaufen, um Waren aus Europa nach

Südamerika zu transportieren. Auf der Rückreise wollte er dann Salpeter aus Chile laden. Das Kapitänspatent gab ihm eine gewisse Sicherheit zur Durchführung seiner Pläne; allerdings stellten ihm die Schweizer Behörden vor Augen, dass er bei Erhalt der Schweizer Staatsbürgerschaft ebendieses Patent verlieren würde. Johann Orth wandte sich noch einmal an den Kaiser und bat auch die zuständigen Minister, sein Ansuchen um die österreichische Staatsbürgerschaft gnädig zu behandeln. Aber alle seine Wünsche wurden rundweg abgelehnt.

Es sah schlecht aus für die Zukunftspläne des ehemaligen Erzherzogs. Aber er war nicht der Mann, die Flinte so leicht ins Korn zu werfen, er wollte sein Ziel erreichen, und sei es auch mit dem Kopf durch die Wand. Und diese »Alles oder Nichts«-Einstellung kostete ihn schließlich nicht nur seinen Titel, sein Ansehen, sein Vermögen, sondern am Ende auch noch das Leben. Denn so sehr Johann sich auch bemühte, als einfacher Bürgerlicher ein geordnetes Leben zu führen, so wenig gelang es ihm. Irgendetwas stellte sich ihm immer wieder in den Weg, überall tauchten Schwierigkeiten auf, und Johann tat ein Übriges, um die Lage noch komplizierter zu machen. Als er sich das erste Schiff gekauft hatte, heuerte er gleichzeitig einen Kapitän namens Sodich mit an. Wahrscheinlich wollte sich Johann Orth nicht so recht auf seine eigenen seemännischen Kenntnisse verlassen und einen erfahrenen Seemann an seiner Seite wissen. Er musste aber nur zu bald einsehen, dass das Schiff »Caesarea« nicht geeignet war, die weite Strecke über den Atlantik zurückzulegen. In Dünkirchen verkaufte er es und erwarb ein englisches Schiff namens »Saint Margaret«.

Dieses Schiff sollte sein Schicksal werden.

Von Anfang an gab es Aufregungen und Ärger. Johann hatte nicht genügend Bargeld und andere finanzielle Mittel, um das Schiff bezahlen zu können. Zähneknirschend nahm er einen Kredit auf und hoffte, die Schulden nach der ersten Transatlantikfahrt begleichen zu können. Zu allem Überfluss war die »Saint Margaret« in einem bedenklichen Zustand. Sie musste dringend auf einer Reede in London überholt werden, wollte man sich nicht unnötig in Gefahr begeben.

Endlich war alles soweit, die »Saint Margaret« war vom untersten zum obersten Deck überholt, alle Mängel behoben, und man konnte darangehen, die Fracht zu verladen. Aber immer noch gab es politische Probleme. Das Schiff sollte unter österreichischer Flagge auslaufen, dazu musste es aber in einem österreichischen Heimathafen registriert sein. Ministerpräsident Eduard Graf Taaffe gab Johann den Rat, die »Saint Margaret« in Triest anzumelden. Monate der Tatenlosigkeit gingen dahin, man musste auf günstigen Wind und passendes Wetter warten. Als letzter Auslauftermin war der 17. April 1890 festgesetzt worden. Bis dahin sollten alle Formalitäten erledigt sein.

Aber mitten in den letzten Vorbereitungen schien es sich Johann Orth wieder einmal anders überlegt zu haben. Am 3. März traf eine Depesche aus Sofia in Wien ein, die wie eine Bombe einschlug: Angeblich sollte sich Johann Orth seit einigen Tagen in Sofia aufhalten, um Fürst Ferdinand dazu zu überreden, ihm eine Leutnantsstelle im bulgarischen Heer zu verschaffen. Als Ferdinand dieses Ansinnen, wahrscheinlich auch mit Rücksicht auf Wien, ablehnte, drohte Johann, sich an die Hohe Pforte zu wenden und in das türkische Heer einzutreten. Aber auch diese Aussicht konnte Ferdinand nicht umstimmen oder gar erschrecken. Vielleicht hatte er den Glücksritter endlich durchschaut und wusste, dass solche Aussagen eher als Trotzreaktionen zu behandeln waren. Zerknirscht wandte sich Johann nun mit einer Petition an den Kaiser, um eine Bescheinigung für sein Schiff zu bekommen. Franz Joseph antwortete zwar nicht persönlich, gab aber die Anweisung, man möge Johann Orth ein »Passavanti« der königlich ungarischen Seebehörde ausstellen. Damit war das Schiff startklar; die große Reise ins Ungewisse konnte beginnen.

Im Morgengrauen des 26. März 1890 lichtete die »Saint Margaret« den schweren Anker; die Maschinen des Schleppdampfers begannen zu stampfen, und ganz langsam glitt das Schiff die Themse hinunter, dem Meer entgegen. Dicker Nebel lag über dem Fluss, man sah kaum die Hand vor Augen. Plötzlich gab es einen fürchterlichen Krach, Stahl knirschte, und das Schiff wurde von Grund auf durchgeschüttelt. Schreie ertönten, aber immer noch war nicht zu erkennen, was eigentlich geschehen war. Als sich die erste Aufregung gelegt hatte, stellte man fest, dass der englische Dampfer »Theviot« das Schiff gerammt hatte. Die »Saint Margaret« war schwer lädiert, und es bedeutete ein beträchtliches Risiko, die Reise dennoch anzutreten. Für Johann Orth aber gab es kein Zurück mehr. Er hatte 24 Mann angeheuert, vom »Fremden-Blatt« als »österreichische Sklaven« bezeichnet, die lauter ausgesucht schöne und schneidige Leute gewesen sein sollen. Für alle Eventualitäten war vorgesorgt worden: An Bord gab es ein Observatorium mit genauen Karten und präzisen Instrumenten, selbst eine Apotheke hatte Johann einbauen lassen, um im Krankheitsfall – und damit musste man auf einer so langen Reise immer rechnen – alles Nötige zur Hand zu haben. Die Kajüte Johanns war mit dem gewohnten Komfort ausgestattet, er wollte auch als Bürgerlicher nicht auf seine Bequemlichkeit verzichten. Und zu jedermanns Überraschung prangte an der Wand in voller Größe – das Bild des Kaisers.

Die »Saint Margaret« war schwer mit Zement beladen, den man nach La Plata bringen wollte. Johann stellte sich als Erster Offizier zur Verfügung, das Kommando aber sollte uneingeschränkt der Kapitän haben.

Von Anfang an fuhr das Pech mit übers Meer. Johann, der nach außen hin Optimismus ausstrahlte, musste von bösen Vorahnungen befallen gewesen sein und mag vielleicht sein nahes Ende vorausgesehen haben, denn er verfasste an Bord ein ausführliches Testament. Milli Stubel, seine langjährige Geliebte, wurde äußerst großzügig bedacht. Der Erzherzog hatte sie, da Milli in London nicht persönlich anwesend war, in der britischen Hauptstadt »per procurationem« geheiratet. Ursprünglich hätte Milli mit nach Südamerika reisen sollen, dann aber kaufte Johann für sie eine Karte für einen Passagierdampfer. Sie wollten sich erst wiedersehen, wenn er heil in Südamerika angekommen war. Und es war gut, dass die Frau nicht an Bord war, denn ein Ungemach löste das andere ab. Mitten im Ozean brach durch die unbemerkt gebliebene Schlamperei eines Matrosen im Schiffsrumpf ein Brand aus, der nur mit Mühe einzudämmen war. Binnen kurzer Zeit hatte das Feuer heftig um sich gegriffen, und für Schiff und Besatzung bestand höchste Gefahr. Kaum waren die Löscharbeiten abgeschlossen, als sich der Himmel verfinsterte und schwere Brecher gegen die Planken donnerten, Vorboten eines wütenden Sturmes, während dessen das Schiff mehr als einmal zu kentern drohte. Als der Orkan vorüber war, glaubte man das Ärgste überwunden zu haben; aber nun folgte eine Zeit der absoluten Windstille, und die »Saint Margaret« bewegte sich kaum einen Knoten in der Stunde, sie schien wie festgeschmiedet in der glühenden Sonne vor Anker zu liegen. Endlich, nach einer schier endlosen Fahrt, lief das Schiff in der La-Plata-Mündung ein. In übergroßer Erleichterung telegraphierte Johann am 30. Mai 1890 an seine Mutter: »Felicamente arrivato«. Maria Antonia, die sich zu dieser Zeit in Mühlbach in Tirol aufhielt, konnte erleichtert aufatmen.

Auch Johann hätte nun friedlichere Tage verleben können, wäre es nicht schon während der beschwerlichen Reise auf See zu Unstimmigkeiten zwischen ihm und dem Kapitän gekommen. Sodich warf Johann vor, er behandle ihn als bloße Marionette und reiße die Befehlsgewalt an sich. Die Situation war schließlich so verfahren, dass Sodich von Bord ging. Auch mit dem Zweiten Offizier gab es Schwierigkeiten; der Mann hatte beim Entladen des Schiffes Zahlen gefälscht und 48 Fass zuviel verrechnet; Johann Orth entließ ihn fristlos. Die Mannschaft hatte ihre anfängliche Begeisterung verloren, einer klagte darüber, Angst vor dem Meer zu haben, er wollte in Südamerika bleiben und sich dort ansiedeln; auch ein anderer bat um seinen Abschied. Ein Wort gab das andere, das Beispiel der Offiziere machte Schule, und plötzlich erklärte die gesamte Mannschaft, man wolle »mit diesem Narren« nicht mehr fahren. Johann war gezwungen, eine neue Mannschaft anzuheuern, die das Schiff und seine Tücken nicht kannte.

In der Zwischenzeit war endlich Milli eingetroffen; sie sollte die nächste Fahrt rund um das Kap Horn mitmachen. Für Johann, dem es in Südamerika nicht gefiel, war sie ein Lichtblick, wie ein Gruß aus der fernen Heimat. Er wollte so schnell wie

möglich nach Chile, um Salpeter zu laden und dann endlich das
Kommando zur Heimreise zu erteilen. Aber zunächst musste
man im Hafen vor Anker liegen, bis eine Antwort aus Wien auf
Johanns Ansuchen um Passverlängerung eintraf. Gottlob ließ
dies nicht allzu lange auf sich warten.

Nun stand dem Schiff und seiner neuen Besatzung der
schwierigste und gefährlichste Teil der Reise bevor: die riskante
Fahrt um das Kap Horn, ein gewagtes Abenteuer zu dieser
Jahreszeit – in Südamerika ist im Juli tiefster Winter. Aber
Johann konnte und wollte nicht auf bessere Zeiten hoffen. Er
schenkte Warnungen kein Gehör und schlug alle gutgemeinten
Ratschläge in den Wind. Die Anker wurden gelichtet, das Schiff
glitt langsam aus der La-Plata-Mündung in die offene See
hinaus – und verschwand für immer. Augenzeugen berichteten,
dass man Teile eines Wracks, Bretter und Planken, in der Nähe
von Kap Tres Puntas gesichtet habe. Wahrscheinlich trieben hier
die Reste der »Saint Margaret« im Meer. Das Schiff war vermutlich in der Nacht vom 20. auf den 21. Juli in einen Orkan
gekommen, den niemand überlebte. Das Schicksal des ehemaligen Erzherzogs, der als Bürger Johann Orth eine Lebensaufgabe
gefunden zu haben glaubte, und seiner treuen Lebensgefährtin
Ludmilla hatte sich erfüllt.

Wie immer, wenn ein Habsburger auf geheimnisvolle Weise
ums Leben gekommen war, rankten sich auch um den Tod
Johann Orths zahlreiche Legenden. Man wollte nicht wahrhaben, dass dieser ungewöhnliche Mensch einen ganz gewöhnlichen Seemannstod gefunden hatte. Für so manchen lebte er
noch jahrelang an der Seite seiner Milli Stubel als Bauer oder
Farmer in Südamerika weiter, andere wollten ihn sogar in Wien
gesehen haben. Auch die Behörden ließen sich reichlich Zeit
und erklärten Johann Orth erst am 6. Mai 1911 offiziell für tot.

Johann hatte seine Prophezeiung der Gräfin Larisch gegenüber wahr gemacht: Er war gestorben, ohne tot zu sein.

Der letzte Schuss traf ihn selbst

ERZHERZOG FRANZ FERDINAND

Es sollte ein lustiges Theaterstück werden und wurde dennoch zu einem unübersehbaren Wink des Schicksals:

In beinahe ungewohnter Harmonie feierte die Kaiserfamilie im Jahre 1868 das Weihnachtsfest in Wien. Um seinen Eltern eine Freude zu bereiten, kam der damals 10-jährige Kronprinz Rudolf auf die Idee, zusammen mit seinen Cousins Franz Ferdinand, Otto, Johann Salvator und Friedrich ein Schauspiel mit historischem Inhalt einzustudieren. Nur die Großmutter, Erzherzogin Sophie, war in den Plan eingeweiht worden, für alle anderen sollte das Theaterstück eine Überraschung sein. Die Proben schritten gut voran, alles schien wie am Schnürchen zu klappen, als es zu einem seltsamen Zwischenfall kam, den Erzherzogin Sophie in ihrem Tagebuch ausführlich erwähnte.

Rudolf hatte, so sah es seine Rolle vor, den kleinen Franz Ferdinand zum König ernannt. Ein riesiger Fauteuil diente »Seiner Majestät« als Thron, um den sich die »Minister« scharten. Rudolf näherte sich ehrfurchtsvoll dem »König« und stellte ihm unvermittelt die Frage, welche Statthalter er für die einzelnen Reichsteile zu ernennen gedenke. Franz Ferdinand war sichtlich überrascht und sprang jäh auf, verhaspelte sich dabei in seiner pompösen Robe und fiel der Länge nach auf den Boden. Die Kinder brachen in schallendes Gelächter aus, nur Rudolf beobachtete beinahe gleichmütig die Szene und meinte lakonisch, dass es kein besonders gutes Zeichen sein könne, wenn »Seine Majestät« vom Throne falle!

Es war Franz Ferdinand, dem ältesten Sohn von Erzherzog Karl Ludwig, nicht in der Wiege vorherbestimmt worden, dass er eines Tages die schwere Bürde des Thronfolgers würde übernehmen müssen. Denn immerhin war sein Vater »nur« der dritte Sohn von Erzherzogin Sophie und Erzherzog Franz Karl, sodass im Jahr 1863, als der Knabe am 18. Dezember in Graz das Licht der Welt erblickte, die Aussichten auf den Thron für ihn verschwindend gering waren. Denn in der Erbfolge rangierte Franz Ferdinand hinter Kronprinz Rudolf und Erzherzog Maximilian, dem jüngeren Bruder des Kaisers, sowie seinem eigenen Vater erst an vierter Stelle. Außerdem setzte das Kaiserhaus seine Hoffnungen auf einen etwaigen Sohn Rudolfs, der dann die Reihenfolge der Erbfolgekandidaten weiter verändern würde.

Daher beachtete man in der kaiserlichen Familie Franz Ferdinand und seine beiden Brüder Otto und Ferdinand Karl wenig, lediglich als Spielgefährten wurden sie ab und zu in die Hofburg eingeladen, um mit Rudolf ein paar Stunden zu verbringen. Die Cousins waren zwar jünger als der Kronprinz, aber sie waren, vor allem Otto, stets zu lustigen Streichen aufgelegt, obwohl über der Familie Karl Ludwigs eher düstere Schatten lagen. Denn die Mutter der Knaben, Maria Annunziata, die zweite Gemahlin des Erzherzogs, erfreute sich keineswegs einer stabilen Gesundheit und die Geburten der Kinder – im Jahr 1870 schenkte sie noch einer Tochter das Leben – schwächten sie noch mehr. Als Franz Ferdinand sieben Jahre alt war, schloss Maria Annunziata die Augen für immer.

Obwohl Erzherzog Karl Ludwig aufrichtige Trauer um seine zweite Gemahlin empfand, schien es ihm durchaus natürlich, sich möglichst bald um eine neue Frau umzuschauen. Er wollte diesmal auf Nummer sicher gehen und machte der um mehr als zwanzig Jahre jüngeren Maria Theresa aus dem portugiesischen Königshaus der Braganza, die sich bester Gesundheit erfreute, einen Heiratsantrag. Dem schönen Mädchen blieb auf Grund des elterlichen Einverständnisses nichts anderes übrig, als den leicht überstandenen Witwer mit den vier Kindern zu heiraten. Wie sich Maria Theresa ihre Zukunft in Wien an der Seite des eher griesgrämigen Karl Ludwig, der für sein auffahrendes Wesen bekannt war, vorgestellt hatte, ist nirgendwo vermerkt. In ihrer Ehe ging sie einem bemitleidenswerten Schicksal entgegen, denn ihr jähzorniger, eifersüchtiger Ehemann griff des

Öfteren von Sinnen vor Wut sogar zur Reitpeitsche, um seine bedauernswerte tugendhafte Frau zu züchtigen.

Für die mutterlosen Kinder allerdings hätte der Vater keine bessere Wahl treffen können. Denn Maria Theresa galt schon bald als der gute Engel in seinem Hause, aber auch die übrigen Habsburger Verwandten, allen voran Kronprinz Rudolf, verehrten und liebten die junge Frau. Selbst Kaiser Franz Joseph war es unmöglich, ihr einen Wunsch abzuschlagen, den sie mit einer solchen Liebenswürdigkeit vortrug, dass man ihr nicht widerstehen konnte. Daher wandten sich die Mitglieder der weit verzweigten Habsburgerfamilie gerne an sie, wenn es galt, schwierige Situationen zu meistern oder irgendwelche wichtigen Dinge beim Kaiser durchzusetzen.

Die junge Frau schloss von allem Anfang an die Kinder ihres Mannes in ihr liebevolles Herz, sodass alle vier in einer beinahe bürgerlichen Atmosphäre aufwachsen konnten. Die Eltern kümmerten sich intensiv um die Söhne und die Töchter – Maria Theresa hatte noch zwei Mädchen das Leben geschenkt – und da Karl Ludwig keine politischen Ambitionen besaß, sondern sich mehr um die Entwicklung verschiedener Einrichtungen kümmerte, stand einem normalen Familienleben nichts im Wege. Die Voraussetzungen wären günstig gewesen, dass sich sowohl Franz Ferdinand als auch seine beiden Brüder zu normalen Menschen hätten entwickeln können. Denn auch bei der Auswahl der Lehrer achtete man streng darauf, dass nur exzellente Fachleute die Kinder unterrichteten. Aber mit allen drei Knaben hatten die Lehrer ihre liebe Not, denn jeder von ihnen entwickelte sich schon in sehr frühen Jahren zu einer eigenwilligen Persönlichkeit, die auch mit allergrößten Mühen kaum mehr zu formen war. Schon bald wurde die Zwiespältigkeit im Charakter Franz Ferdinands deutlich erkennbar, seine Stimmungen wechselten ständig, sodass man sich kaum auf ihn einstellen konnte. Ein unrechtes Wort zur unrechten Zeit konnte ihn so in Harnisch bringen, dass er zu toben anfing. Ansonsten galt der Jüngling eher als verschlossen und einsilbig, ja so mancher bezeichnete Franz Ferdinand in seiner abweisenden Art als unzugänglich.

Der Charakter seines Bruders Otto allerdings war eindeutig. Der junge Mann war nicht dazu zu bewegen, einer ernsthaften Tätigkeit nachzugehen, er lebte nur für Vergnügungen aller Art, alles andere war für ihn uninteressant. Seine Stellung als habsburgischer Erzherzog ermöglichte ihm ein ausgiebiges Dolcefarniente, das natürlich nicht die Billigung seines kaiserlichen Onkels haben konnte. Selbstdisziplin war für ihn völlig fremd, er umgab sich mit den wildesten Zechkumpanen und leichten Mädchen, sodass seine Affären und Abenteuer schon sehr bald stadtbekannt waren. Um ihn auf die rechte Bahn zu bringen, fädelte der Kaiser eine Ehe zwischen seinem Neffen Otto und der sächsischen Prinzessin Maria Josepha ein. Aber es kam, wie es kommen musste: Auch nach der Hochzeit blieb alles beim Alten, Otto hatte nämlich keineswegs die Absicht gehabt, sein Leben der unattraktiven bigotten Frau zuliebe zu ändern. Im Gegenteil: Seine Eskapaden steigerten sich so weit, dass der Kaiser einmal, als er seinen Neffen vorgeladen hatte, um ihm die Leviten zu lesen, seine sprichwörtliche Ruhe verlor, vom Zorn übermannt wurde und den Erzherzog ohrfeigte.

Auch der jüngste Sohn bereitete dem Vater Karl Ludwig schlaflose Nächte. Ferdinand Karl hatte in seiner Jugendzeit nur einen einzigen Traum: Er wollte Schauspieler werden oder als Theaterdirektor ein eigenes Haus leiten. Vielfach stellte er bei Familienfeiern sein Talent unter Beweis, am eindrucksvollsten beim 60-jährigen Regierungsjubiläum seines Onkels, wo er eine Truppe von Habsburger Kindern als Tänzer und Tänzerinnen auftreten ließ, die sich nach seiner Choreografie bewegten. Er sollte zwar nicht sein Lebensziel erreichen, aber er schied, da ihm der Kaiser eine Ehe mit der Tochter eines Universitätsprofessors nicht genehmigt hatte, auf eigenen Wunsch aus dem Kaiserhaus aus und lebte als einfacher Mann mit dem Namen Ferdinand Burg entweder in Meran oder in München. Die Familie des Kaiserbruders hatte ihren Hauptwohnsitz in Wien aufgeschlagen, wo man die Wintermonate verbrachte. Im Frühling zog man aufs Land, entweder nach Artstetten oder Persenbeug oder aber in die alte Villa am Fuße der Rax nach Wartholz. Hier konnten die Kinder ihren Freiheitsdrang voll ausleben und erste Erfahrungen mit dem »edlen Waidwerk« machen, eine Ambition, die bei Franz Ferdinand zu einer lebenslänglich unbändigen Leidenschaft werden sollte, der er sich ungezügelt hingab.

Schon sehr früh erkannten die Lehrer Franz Ferdinands, dass sich seine geistigen Fähigkeiten nicht so rasch wie bei manch anderen jungen Leuten entwickelten. Bei allen Aufgaben, die ihm gestellt wurden, brauchte er lange, bis er die Zusammenhänge durchschaute. Diese eher schwerfällige Art störte ihn selber wahrscheinlich am meisten. Um nicht aufzufallen zeigte er sich seiner Umgebung gegenüber unzugänglich und abweisend. Lange Zeit hindurch suchte er die Hintergründe für sein langsames Denken zu erforschen, kam aber zu keinem Ergebnis. Dann war es durchaus möglich, dass er über sich selber so in Wut geriet, dass seine Umgebung durch seine unbeherrschte Heftigkeit geschockt war. Denn Franz Ferdinand bemühte sich nicht im Geringsten, seine Stimmungen zu kontrollieren und seine Gefühlsausbrüche zu zügeln.

Einzig und allein Maria Theresa war es möglich, beruhigend auf ihren Stiefsohn »Franzi« einzuwirken. Auch durch andere unangenehme Eigenschaften eckte der junge Mann, wo immer er hinkam, an. Erregte etwas sein Missfallen, so scheute er nicht davor zurück, dies öffentlich in sarkastischen Worten anzuprangern und so mancher Zeitgenosse fühlte sich dadurch brüskiert und bloßgestellt. Er selber allerdings war mimosenhaft empfindlich, wie dies häufig bei Menschen mit wenig Fingerspitzengefühl vorkommt. Zurückhaltung und Diplomatie waren für ihn genau solche Fremdwörter wie Selbstbeherrschung und Selbstkontrolle. Er zerschlug, wo er ging und stand, Porzellan, wie der berühmte Elefant. Aber das störte ihn am allerwenigsten, wenngleich dadurch sein Ruf auch innerhalb der habsburgischen Familie immer schlechter wurde.

Schon als junger Mann fand Franz Ferdinand wenig Gnade in den kritischen Augen seines kaiserlichen Onkels. Denn Franz Joseph, der ein Leben lang auch in den schwierigsten Situationen die Contenance bewahrt hatte, brachte kein Verständnis für die Unbeherrschtheiten seines Neffen auf und für den Kaiser war es unverständlich, wie ein junger Mensch so wenig Disziplin an den Tag legen konnte.

Franz Ferdinand vertraute nur sehr wenigen Menschen. Außer seiner Stiefmutter, der er sein Herz öffnete, war sein Cousin Rudolf einer der wenigen, zu denen er ein gutes Verhältnis hatte. Mit ihm verbanden ihn mehr als nur die rein verwandtschaftlichen Beziehungen, mit ihm zusammen bestand er so manches Abenteuer, selbst die spätere Geliebte des Kronprinzen, Mizzi Caspar, schien eine ganz besondere Vertraute von Franz Ferdinand gewesen zu sein. Denn über diese Dame äußerte er sich Rudolf gegenüber in begeisterten Worten.

In vielen Dingen schien Franz Ferdinand eine Ausnahme unter den Erzherzögen des Hauses Habsburg darzustellen. Nicht ein Einziger verfügte über ein nur annähernd so großes Vermögen wie der älteste Sohn von Karl Ludwig. Der Zufall hatte es gewollt, dass ihm noch als halbes Kind eine riesige Erbschaft in den Schoß gefallen war. Der Herzog von Modena, Massa, Carrara und Guastella war ein steinreicher Mann, der alles hatte, was sein Herz begehrte, nur keinen Erben. Als er sein Ende nahen fühlte, wandte er sich an den Bruder des österreichischen Kaisers, Karl Ludwig, und bot ihm an, dass er einen seiner Söhne als Erben einsetzen wollte. Allerdings knüpfte er eine Bedingung an diesen Geldsegen: der junge Mann, der die Reichtümer erben würde, sollte den Namen »Este« annehmen und innerhalb von 12 Monaten leidlich Italienisch lernen.

Der Vater unterrichtete seine beiden Söhne Franz Ferdinand und Otto über die einmalige Chance und über die Auflagen, die zu akzeptieren waren, wollten sie zu diesem riesigen Vermögen kommen. Der jüngste Sohn Karl Ludwigs, Ferdinand Karl, war noch zu jung, um die geforderten Bedingungen erfüllen zu können. Und wie es nicht anders bei der leichtsinnigen Einstellung von Erzherzog Otto zu erwarten war, lehnte er dieses Ansinnen bezüglich der italienischen Sprache ohne lange darüber nachzudenken ab. Anders Franz Ferdinand. Er verpflichtete sich dazu, alles zu tun, um des Erbes würdig zu sein. Nachdem die Erlaubnis des Kaisers eingeholt worden war, wurde der Name »Este« seinem habsburgischen angefügt und mit einem speziell ausgesuchten

Lehrer versuchte der junge Mann mehr schlecht als recht in dem vorgeschriebenen Jahr die italienische Sprache zu erlernen. Er war nämlich im Gegensatz zu vielen anderen Mitgliedern der Familie nicht besonders sprachbegabt, sodass die Italienischlernerei für ihn fast zur Qual wurde. Ein Leben lang fühlte er sich, vielleicht auch durch die intensive Paukerei, von dieser Sprache abgestoßen und jene Antipathie übertrug er auch auf das italienische Volk. Später fand er es nicht einmal der Mühe wert, seine ausgedehnten Besitzungen mit den prachtvollen Schlössern in Oberitalien zu besichtigen. Aus der Ferne ordnete er aber an, dass aus den Gütern möglichst viel herausgepresst werden sollte, vor allem den Kunstschätzen, die sie beherbergten, galt sein Augenmerk. Er ließ sich Aufstellungen von den berühmten Bildern, weltbekannten Plastiken und antiken Möbeln, die sich in ihren Räumen befanden, anfertigen. In späterer Zeit, als er schon selber seine Schlösser in Böhmen und im Salzburgischen besaß, gab er Order, dass man viele dieser Kostbarkeiten über die Alpen auf seine Besitzungen bringen sollte.

Franz Ferdinand war wie alle jungen habsburgischen Erzherzöge für die militärische Laufbahn bestimmt. Daher trat er schon als 14-Jähriger in das 32. Infanterie-Regiment ein, das den Namen »Este« führte und ihm daher auf den Leib geschrieben war. Schritt für Schritt sollte er von hier ausgehend die einzelnen Garnisonen der Monarchie kennen lernen, damit er sich eine Vorstellung über den Vielvölkerstaat machen konnte. Der junge Erzherzog hatte das Glück, dass er fünf Jahre lang nicht in Lemberg oder Prémysl Dienst tun musste, sondern in Enns, wo er sich wohl fühlte. Er war genauso wie der Kaiser und ganz im Gegensatz zu seinem Cousin Rudolf ein begeisterter Soldat, der es allerdings mit der Regelmäßigkeit seiner Pflichten nicht so genau nahm. Bei den zahlreichen Manövern, die in allen Teilen der Monarchie abgehalten wurden, war der Erzherzog schon bald überall bekannt, denn durch die ununterbrochene Übung im Schießen wurde er zu einem exzellenten Schützen, dessen Ruf in der ganzen Monarchie verbreitet war.

Fiel Franz Ferdinand des Öfteren positiv auf, so konnte es doch sein, dass er wochenlang seine Aufgaben vernachlässigte, ganz einfach, weil plötzlich etwas anderes sein Interesse erregte. Dadurch geriet er vor allem bei dem Doyen des habsburgischen Erzhauses in Ungnade, bei Erzherzog Albrecht, einem Onkel des Kaisers, der bei Franz Joseph in besonders hoher Gunst stand. Mit Argusaugen beobachtete der alte Erzherzog den pflichtvergessenen jungen Mann und sprach sein Missfallen dem Kronprinzen gegenüber deutlich aus. Rudolf, der sich selber, wo es nur ging, vor dem Großonkel hüten musste, schwante nichts Gutes für seinen Cousin. Er warnte Franz Ferdinand in etlichen Briefen:

»Ich halte es für meine Pflicht, Dich als Freund darauf aufmerksam zu machen, dass sich hier eine Agitation in hohen militärischen Kreisen, leider vor allem Allerhöchsten Ortes, geltend macht, die sich gegen Deine zu vielen Urlaube und Dein häufiges nach Wien kommen, richtet … Jetzt ist Onkel Albrecht noch nicht hier; wenn dieser kommt, dann kannst Du Dich auf Unannehmlichkeiten vorbereiten … Du musst es absolut vermeiden, vom Kaiser citiert und verrissen zu werden; es würde dir viel Kummer bereiten …«

Franz Ferdinand wusste, was Rudolf meinte, er kannte aber auch den Großonkel nur zu gut in seiner stockkonservativen, traditionsbewussten Art, mit der er die Erzherzöge ins Visier nahm. Alles, was nach modernen Vorstellungen klang, missfiel Albrecht, er sah sich als Bewahrer und Hüter des monarchischen Prinzips. Dies war der einzige Verbindungspunkt zwischen ihm und Franz Ferdinand, denn anders als sein Cousin Rudolf hielt der Großneffe ebenso wie er an allem Althergebrachten fest und war jedweden Neuerungen zutiefst abgeneigt.

Franz Ferdinand hatte sich im Laufe der Jahre zu einem halbwegs attraktiven Mann entwickelt. Er galt zwar nicht als ausgesprochener Beau wie sein Bruder Otto, aber mit seiner hoch gewachsenen schlanken Gestalt wirkte er auf die Damenwelt durchaus attraktiv, wenn auch seine zu niedere Stirn und die undurchsichtigen Augen den Gesamteindruck etwas beeinträchtigten. Aber seine Stellung als Erzherzog machte vieles wett und er war in der glücklichen Lage, sich die Mädchen aussuchen zu können, die einem Abenteuer mit ihm nicht abgeneigt waren.

Noch nach seinem Tod tauchten immer wieder Männer und Frauen auf, die behaupteten und auch den Beweis erbringen konnten, dass ihr Vater kein Geringerer als Erzherzog Franz Ferdinand war.

Die Frauen und Mädchen, mit denen sich der Erzherzog amüsierte, kamen meist aus den unteren Schichten, sie waren aber selten Ballettmädchen, wie sie sein Cousin Rudolf bevorzugte. Neben verschiedenen zufälligen Abwechslungen unterhielt Franz Ferdinand über längere Zeit eine sehr intensive Beziehung zu einem blonden Mädchen namens Mila Kugler, die im Nebenhaus des Palais Modena im 3. Wiener Gemeindebezirk wohnte und für ihre komfortable Wohnung keine Miete zu zahlen hatte. Diese Mila Kugler machte sich Hoffnungen, dass der Erzherzog ähnlich wie sein Cousin Franz Salvator handeln werde, der seiner Geliebten Milli Stubel zuliebe auf alle habsburgischen Rechte verzichtete. Aber so etwas kam Franz Ferdinand nicht in den Sinn, er war ein beinharter Realist, der nahm, was er bekam, und wenig dafür gab. Dass diese kleine Schauspielerin, die jahrelang von ihm ausgehalten wurde, eines Tages damit drohte, einen Skandal zu entfachen, wenn der Erzherzog sie nicht auf seine geplante Weltreise mitnähme, konnte er freilich zu Beginn der Affäre nicht ahnen.

Als der Erzherzog im Dezember 1892 tatsächlich zu der großen Reise aufbrach, überlegte man sich höheren Ortes, die kleine Schauspielerin entweder finanziell zu entschädigen oder, was noch einfacher schien, sie als Erpresserin verhaften zu lassen. Freilich geisterten auch Gerüchte durch die Gazetten, Mila Kugler sei als Matrose verkleidet mit an Bord der »Kaiserin Elisabeth« gegangen, auf jenes Schiff, mit dem Franz Ferdinand um die halbe Welt fahren wollte. Allerdings sei sie in Port Said wieder ausgeschifft worden und »von einer kleinen Urlaubsreise« zurückgekehrt.

Sowenig sich der Kaiser um die einzelnen Liebesabenteuer der Familienmitglieder kümmerte, so sehr zerbrach er sich mit zunehmendem Alter den Kopf darüber, wer mit wem zu verheiraten sei. Seinen eigenen Sohn hatte er mit Stephanie von Belgien vermählt, mit einem wenig attraktiven Mädchen, dessen

Naivität das Einzige war, was den Frauenfreund und -kenner Rudolf reizen konnte. Obzwar die beiden jungen Leute in jeder Hinsicht grundverschieden waren, war doch die erste Zeit ihrer Ehe nicht unglücklich. Erst im Laufe der Jahre machten sich die großen Gegensätze zwischen beiden bemerkbar und führten zu unüberwindlicher Abneigung.

Der Kaiser merkte schon sehr bald, wie schwierig es war, dem charakterlich äußerst komplizierten Neffen eine Braut einzureden. Erstens hatte Franz Ferdinand seine eigenen Vorstellungen von seiner zukünftigen Gemahlin und andererseits ließ er sich auch von seinem kaiserlichen Onkel nicht irgendeine Prinzessin ins Ehebett legen. Deshalb lehnte er auch den Vorschlag, die sächsische Prinzessin Mathilde zu ehelichen, rundheraus ab. Sie entsprach in ihrer Bigotterie zwar seinen streng katholischen Vorstellungen, aber ihre körperliche Unattraktivität war unmöglich zu übersehen. Selbst Kaiser Franz Joseph wusste, dass ein Nein seines Neffen in dieser entscheidenden Frage mit keinen Argumentationen zu ändern war. Um nicht das Gesicht dem sächsischen Königshaus gegenüber zu verlieren, wurde kurzerhand bestimmt, dass Erzherzog Otto, der Bruder Franz Ferdinands, eine Prinzessin sächsischen Blutes zur Frau nehmen sollte. Diese Entscheidung erwies sich als Schicksalsschlag für beide Seiten, denn einerseits heiratete die unscheinbare Maria Josepha einen der feschesten Männer der gesamten Donaumonarchie, andererseits aber auch einen der amoralischsten. Denn der »schöne Otto« war längst weit über die Grenzen des Landes für seine unzähligen Affären bekannt, daneben führte er auch in anderer Weise ein äußerst freizügiges Leben, das mit den streng traditionellen Grundsätzen des Kaiserhauses nicht in Einklang zu bringen war. Die Geschichten, die man unter vorgehaltener Hand tuschelte, waren nicht mehr zu zählen. Die Ehe wurde zur Farce, denn Otto lebte sein Junggesellenleben weiter, als hätte er keinen Ring am Finger.

Die beiden Brüder waren in ihren Lebenseinstellungen grundverschieden. Und wenn man glauben wollte, dass der ernste Franz Ferdinand doch noch im Laufe der Zeit die Sympathien seines kaiserlichen Onkels erwerben konnte, täuschte man sich grundlegend. Franz Joseph sah nach dem tragischen Tod seines einzigen Sohnes in Franz Ferdinand nicht mehr als eine Notlösung des Nachfolgeproblems. Nach wie vor hatte er wenig für den düsteren Neffen übrig, der stets das tat, was er wollte, ohne Rücksicht auf andere.

Sein Bruder Otto war aus ganz anderem Holz geschnitzt. Sein leutseliges, charmantes Wesen zeigte eine Flexibilität und Beeinflussbarkeit, die für die Männer bei Hofe von Vorteil gewesen wäre. Mit ihm als Thronfolger und späterem Kaiser hätte die Hofkamarilla einen Spielball in Händen, den man nach Lust und Laune hin und her jonglieren konnte. Ottos Charakter wäre in sich genug Garantie gewesen, dass er sich nicht in die wesentlichen politischen Dinge einmischen würde.

Franz Joseph hielt es mit dem neuen Thronfolger ganz genauso wie einst mit seinem eigenen Sohn. Er weihte Franz Ferdinand zunächst nicht in das politische Geschehen ein. Der Kaiser selbst war allmächtig und brauchte außer seinen Ministern niemanden, mit dem er über Politik reden wollte. Zunächst störte dies Franz Ferdinand wenig, einerseits war er nur am Rande an den Staatsgeschäften interessiert, andererseits hatte er eine Weltreise geplant, etwas Sensationelles für einen habsburgischen Erzherzog. Es war nicht nur die Sehnsucht nach der weiten Welt, die ihn zu dieser langen Reise aufbrechen ließ, Franz Ferdinand hatte sich schon sehr früh zu einem leidenschaftlichen Sammler entwickelt und er hoffte, in anderen Ländern interessante Dinge zu finden, die er nach Österreich bringen wollte.

Schon seit Jahren sammelte der Erzherzog alles, was ihm irgendwie lohnenswert schien, ohne dabei beurteilen zu können, ob die Exponate oder Gegenstände, die er später in seinen Schlössern aufstellte, auch einen gewissen künstlerischen oder finanziellen Wert darstellten. Er war zwar ein passionierter Sammler, aber in keiner Weise ein Kunstkenner. Viele Antiquitätenhändler, bei denen er kaufte – meist drückte er die Preise für die Gegenstände, die er erstand, auf ein Minimum herab –, machten sich die Tatsache zunutze, dass Franz Ferdinand nichts von wahrer Kunst verstand. Man konnte ihm genauso irgendeinen wertlosen Trödel einreden, ohne Gefahr laufen zu müssen, von ihm wegen Falschinformation belangt zu werden. Überall in der Umgebung, wo Franz Ferdinand sich mit seiner Familie niederließ, entstanden deshalb Antiquitätengeschäfte, da man sich das große Geld aus den erzherzoglichen Schatztruhen erhoffte. Seine Weltreise führte ihn nach Afrika, Asien und sogar nach Australien. Überall, wo sein Schiff, die »Kaiserin Elisabeth«, anlegte, waren schon Vorbereitungen getroffen worden, damit der Erzherzog die seltensten Tiere erlegen konnte. Selbst auf hoher See wurde anlässlich seines 29. Geburtstags eine Art Jagd veranstaltet. Die Besatzung fertigte ihm zu Ehren lebensgroße Löwen- und Elefantenattrappen an, auf die der Thronfolger nach Herzenslust schießen konnte.

Franz Ferdinand hatte durch die Weltreise die Möglichkeit, seinen geistigen Horizont erweitern zu können. Er nützte diese einmalige Chance, die noch kein Habsburger vor ihm gehabt hatte, andere Länder und Völker in ihrer Vielfalt zu erleben, in keiner Weise. In seinen eingeengten Denkmustern war er genauso wie sein kaiserlicher Onkel in starre Strukturen gezwängt, die er nicht verlassen wollte oder auch nicht konnte.

Die Eindrücke, die der Erzherzog auf seiner acht Monate dauernden Reise gewonnen hatte, schrieb er akribisch genau nieder. So entstand ein umfangreiches Werk, das auch publiziert wurde. Und wie so vieles in seinem Leben, fanden auch diese Veröffentlichungen ihre Kritiker. Zunächst hielt man es nicht für möglich, dass Franz Ferdinand selbst dies alles verfasst haben sollte, denn man konnte sich nicht vorstellen, dass der unbeherrschte Erzherzog tatsächlich in wohl gesetzten Worten seine vielfältigen Erlebnisse zu Papier gebracht hatte. Als sich schließlich herausgestellt hatte, dass Franz Ferdinands ehemaliger Lehrer Dr. Beck den Stil des Erzherzogs etwas von den Kraftausdrücken, die im Text zu finden gewesen waren, gereinigt hatte, gab man sich zufrieden und akzeptierte das Werk.

Für Franz Ferdinand galt es jetzt in der Heimat, die vielen neuen Eindrücke zu verarbeiten und aus so manchem seine Schlüsse für die Zukunft zu ziehen. Dabei hatte er auch politische Konsequenzen im Auge: Er hatte erkannt, dass es neben dem deutschen Verbündeten noch andere bedeutende Mächte gab, wie zum Beispiel Großbritannien, deren eindrucksvolle Stärke größtenteils auf seiner wohl organisierten, schlagkräftigen Flotte basierte. Natürlich waren die Gegebenheiten der österreichisch-ungarischen Donaumonarchie andere als die Großbritanniens, aber es konnte in den Vorstellungen Franz Ferdinands auf keinen Fall schaden, auch die Flotte in der Adria weiter zu reformieren, etwas, was sein Onkel Maximilian schon begonnen hatte, bevor er nach Mexiko gegangen war. Sollte er, Franz Ferdinand, etwas mehr Einfluss gewinnen, so würde er eine Reform und Verstärkung der Adria-Flotte auf alle Fälle befürworten.

Kurz nach seiner Rückkehr nach Wien reichte der Erzherzog beim Kaiser ein Gesuch um Versetzung nach Budweis ein, er wollte weg von den ungarischen Husaren. Die Gründe, die der Neffe vorbrachte, schienen dem Kaiser einleuchtend, denn Franz Ferdinand argumentierte, er wolle seinen Besitzungen näher sein, die er in Böhmen erworben hatte, und außerdem trug er sich mit dem Gedanken zu heiraten. Was der Kaiser nicht ahnen konnte, als er dem Wunsch seines Neffen stattgab, war, dass ausgerechnet die Frau, die Franz Ferdinand als seine zukünftige Gemahlin ins Auge gefasst hatte, für noch viel Aufregung in der Hofburg sorgen würde. Vielleicht hatte Franz Joseph gehofft, als er von den Heiratsplänen des Erzherzogs erfuhr, dass dieser doch noch die Witwe des Kronprinzen, Stephanie, ehelichen würde, ein Gedanke, der immer wieder am Kaiserhof laut ausgesprochen wurde. Sie wären nach der Meinung aller das ideale Paar gewesen, und da man wusste, dass Franz Ferdinand und Stephanie sich gut verstanden, schloss man diese Verbindung nicht aus. Außerdem war natürlich nach wie vor Mathilde von Sachsen im Gespräch, ein stilles, sanftes Mädchen, dem allerdings jedweder körperlicher Reiz fehlte. Wahrscheinlich konnten diejenigen, die sich mit der privaten Zukunft Franz Ferdinands beschäftigten, sich selber nicht vorstellen, dass der von diversen Frauen verwöhnte Erzherzog wirklich aus freien Stücken die katholische Sächsin zur Frau nehmen würde.

Die dritte Ehekandidatin tauchte allerdings nur in einzelnen Unterlagen auf dem englischen Schloss Sandringham auf. Denn konkrete Verhandlungen mit dem britischen Thronfolger Prinz Edward, der angeblich Franz Ferdinand die Hand seiner Tochter angeboten hatte, fanden nicht statt. Zu abwegig schien eine anglikanische Prinzessin für den erzkatholischen österreichischen Thronfolger.

Es war nicht abwegig, dass sich so mancher ernsthaft den Kopf darüber zerbrochen hatte, warum der Erzherzog mit seinen über 30 Jahren sich noch nicht entschlossen hatte, zu heiraten. Aber Franz Ferdinand beklagte sich nicht nur einmal bitter darüber, dass es in der Gesellschaft wenig bis gar keine Frauen gäbe, die für ihn in Frage kämen. Denn die jungen 18-jährigen »Piperln«, wie er die Prinzessinnen bezeichnete, interessierten einen Mann wie ihn nicht, er wollte nicht erst die Erziehung seiner Gattin übernehmen, so äußerte er sich der Gräfin Nora Fugger gegenüber. Er hatte andere Vorstellungen von der Frau, mit der er ein Leben lang glücklich sein wollte:

»Ich kann mir sehr gut das Ideal einer Frau vorstellen, wie ich sie gern haben möchte und mit der ich glücklich werden könnte. Es müßte ein nicht zu junges Wesen sein, mit bereits vollkommen gefestigtem Charakter und Anschauungen. So eine Prinzessin gibt es nicht …«

Es gab wohl keine Prinzessin auf dem internationalen Heiratsmarkt, die diesen Vorstellungen entsprach, aber doch eine Frau in seinem Umkreis, die für Franz Ferdinand das Idealbild aller Weiblichkeit darstellte. Der Erzherzog fühlte sich nicht nur durch ihre schlanke Gestalt, ihre weibliche Ausstrahlung zu ihr hingezogen, ihre braunen großen Augen in dem runden Gesicht mit dem zarten Teint, das von dichtem braunem Haar umgeben war, faszinierten ihn jeden Tag aufs Neue. In ihrer Nähe schien Franz Ferdinand wie verwandelt, sie strahlte eine Ruhe aus, die er ein Leben lang gesucht hatte. Einer der wenigen Freunde des Erzherzogs, Graf Sternberg, vermerkte über Sophie Chotek folgende Zeilen:

»… in wahrer christlicher Demut senkte sie ihre schweren Augenlider über die glutschwarzen Augen in Gegenwart des Erzherzogs. Dies lockte ihn, das reizte ihn zum Angriff. Unerreichbares lieben die Hoheiten über alles, Widerstrebendes, nicht auf dem Präsentierteller Hingereichtes. Die Gräfin Sopherl aber stellte seinen Werbungen den größten Widerstand entgegen. Nur so konnte sie in ihm jenen unstillbaren Trieb erwecken, dem keine Mühe, keine Kraft, keine Entsagung unüberwindlich schien, um sein Ziel zu erreichen ...« Wann Franz Ferdinand die schöne Gräfin zum ersten Mal erblickte und von ihr bewusst Notiz nahm, ist nirgendwo vermerkt, obwohl berichtet wurde, dass Sophie Chotek auf einem Ball in Prag den Blick nicht von dem Erzherzog wenden konnte. Lange Zeit lag ein Geheimnis über dieser Romanze, die sich langsam zu einer heftigen Liebesgeschichte entwickeln sollte, ohne dass die Öffentlichkeit auch nur die blasseste Ahnung hatte. Es sollten Jahre vergehen, bis Franz Ferdinand eine Entscheidung herbeiführte.

Für einen scharfen Beobachter wäre es auffällig gewesen, wie oft Franz Ferdinand der Familie Erzherzog Friedrichs, bei der Gräfin Sophie Chotek als Hofdame lebte, einen Besuch abstattete. Aber es schien nicht ungewöhnlich zu sein, denn Erzherzogin Isabella suchte den Gast so oft wie möglich einzuladen, denn immerhin hatte sie fünf Töchter, die irgendwann einmal verheiratet werden mussten. Und Franz Ferdinand war sicherlich der begehrteste Junggeselle der gesamten Donaumonarchie.

Dass sein Interesse einer ganz anderen galt als einer der für ihn viel zu jungen Töchter Isabellas, bemerkte die Mutter erst, als die Würfel längst gefallen waren. Lange Zeit hindurch schickte sie dem »lieben Franzi« beinahe jede Woche zwei Briefe, um ihn bei Laune zu halten. Man hatte den Eindruck, als wollte sie ihn möglichst oft daran erinnern, dass man mit ihm in der Familie als Schwiegersohn fest rechnete.

Wahrscheinlich wäre Franz Ferdinands Affäre mit Sophie Chotek schon viel früher an den Tag gekommen, hätte sich nicht der Gesundheitszustand des Thronfolgers plötzlich rapide verschlechtert. Anfang August 1895 war er gezwungen, das Kommando in der Budweiser Brigade aufzugeben. Seine alte Lungenschwäche war wieder durchgebrochen, Fieberschübe verbunden mit Schwächeanfällen häuften sich und schließlich war er nicht mehr imstande, seinen Pflichten nachzukommen. Der Kaiser verfügte sofort, als er die Besorgnis erregenden Nachrichten über seinen Neffen erhielt, dass Franz Ferdinand unverzüglich in die Berge abzureisen hatte und später den Winter im Süden in absoluter Ruhe verbringen sollte.

Es war eine schwierige Aufgabe, den Erzherzog von der Notwendigkeit dieser Schritte zu überzeugen. Aber wollte er nicht den Thron und schon gar nicht sein Leben aufs Spiel setzen, so musste er wohl oder übel in den Zwangserholungsurlaub einwilligen.

Wochenlang war Franz Ferdinand, der als Unruhegeist bekannt war, gezwungen, seine Tage im Liegestuhl auf dem Mendelpass in der Nähe von Meran zu verbringen. Ruhe und reine Luft verbunden mit einem fettreichen Essen waren die Grundvoraussetzungen, um die Tuberkulose, denn als solche hatte sich schließlich seine Lungenerkrankung herausgestellt, in der damaligen Zeit auskurieren zu können. Franz Ferdinand war ein unangenehmer, ungeduldiger Patient, der seine üble Laune keineswegs verbarg. Im Gegenteil, Graf Wurmbrand, der ihn begleitete, wusste ein Lied von den schlechten Stimmungen des Erzherzogs zu singen. Nur ab und zu besserte sich seine seelische Verfassung wie durch ein Wunder. Graf Wurmbrand vermeinte auch den Grund zu kennen, denn auf geheimen Wegen erreichte ein Brief oder eine Postkarte Franz Ferdinand aus Preßburg. Diesen Tagen sah er mit Ungeduld entgegen und antwortete postwendend. Seine Karten, die er an Sophie Chotek schrieb, sprechen eine beredte Sprache von seiner Verliebtheit:

»Meran bei Nacht – mir hat halt dazu von der Sopherl geträumt« oder »Tausend Millionen Grüße sendet (aus Meran) Ihr täglich in Gedanken Franzi«

Kaum einer, der Franz Ferdinand in seiner nüchternen, in sich gekehrten Art kannte, hätte vermuten können, dass dieser Mann, der immerhin die erste Jugendzeit schon hinter sich hatte, an die Dame seines Herzens wie ein bis über beide Ohren verliebter Jüngling schrieb. Und diese Verliebtheit, die sich im Laufe der Jahre in echte Liebe verwandelt hatte, behielt er seiner Frau gegenüber bis zu ihrem gemeinsamen Tod bei.

Die Tage und Wochen in Meran schlichen für Franz Ferdinand in einer Eintönigkeit dahin, die kaum mehr zu überbieten war. Eine kleine Abwechslung schuf er sich selber in dem täglichen Einerlei, indem er im Liegestuhl sitzend begann von den benachbarten Bäumen die Äste und Zweige herunter zu schießen. Und da er sich auch hier als exzellenter Schütze bewies, sahen die Bäume schließlich wie gestutzt aus.

Als sich sein Gesundheitszustand in Meran doch etwas stabilisiert hatte, wurde als nächstes Erholungsziel die einsame Adriainsel Lussin ausgesucht, wo er – immer noch geschwächt – den Herbst verbringen sollte. Die Ärzte, besonders sein Leibarzt Dr. Eisenmenger, waren der Meinung, dass nach der reinen Luft im Gebirge die salzhaltige Seeluft seine vollständige Genesung herbeiführen würde. Vielleicht hätte sich Franz Ferdinand auch wirklich schneller erholt, hätte er sich nicht tagaus, tagein den düsteren Stimmungen hingegeben. Tausenderlei Dinge gingen ihm im Kopf herum, angefangen von der Last der Thronfolge, aber auch dem dringenden Wunsch, einmal Nachfolger Kaiser Franz Josephs zu werden, bis hin zu den Sorgen um die ganz persönliche Zukunft. Wie würde sich die Situation mit Sophie weiterentwickeln, würde er überhaupt die geringste Chance haben, die Frau, die er liebte, offiziell zum Altar führen zu können. Er kannte die Einstellung des Kaisers und konnte auch hier, in der herrlichen subtropischen Umgebung seines Lebens nicht froh werden.

Nur ab und zu gab es einen Lichtblick, wenn eine Nachricht von Sophie einlangte. Aber zum Glück gab es einen »Postillon d'Amour«, einen ganz persönlichen Vertrauten Franz Ferdinands, Franz Janaczek, der in die Liebesgeschichte eingeweiht war und absolutes Stillschweigen garantierte.

An seinen Aufenthalt in Südtirol schlossen sich Wochen in Ägypten an, wo man sich in dem trockenen Wüstenklima eine vollständige Genesung des Thronfolgers versprach. Wie schon auf seiner Weltreise kam Franz Ferdinand hier mit den britischen Behörden in Kontakt, wodurch sich seine Aversion, die er England entgegenbrachte, noch verstärkte. Entrüstet schrieb er folgende Zeilen an den Kaiser:

»… den Laien empört die Art und Weise, die schreckliche Rücksichtslosigkeit, und ich muss es sagen, Gemeinheit, mit der die Engländer hier vorgehen …«

Die Gesundheit des Thronfolgers hatte sich so weit gebessert, dass er die Heimreise nach Österreich antreten konnte. Was er freilich nicht wusste, war, dass man die Zeit seiner Abwesenheit von Wien dazu benützt hatte, seinen jüngeren Bruder Otto mit offiziellen Pflichten zu betrauen, und ihm als standesgemäße Wohnung das Schloss Augarten zur Verfügung gestellt hatte. Da das Gerücht umgegangen war, dass Franz Ferdinand vielleicht nicht mehr in der Lage sein würde, die Nachfolge Franz Josephs anzutreten, baute man schon die Brücken für Erzherzog Otto. Um diesen Neffen auch international bekannt zu machen, hatte der Kaiser beschlossen, Otto nach Petersburg mitzunehmen und ihn dem russischen Zaren vorzustellen. Außerdem übernahm der Bruder Franz Ferdinands auch ganz plötzlich verschiedene Schirmherrschaften, etwas, was ihn freilich in keiner Weise interessierte. Nach wie vor galt sein Hauptaugenmerk den schönen Frauen, dem Wein und dem »Dolce Vita«, daran konnte auch der Kaiser durch seine Aufträge nichts ändern. Franz Ferdinand freilich fiel aus allen Wolken, als er die neue Situation, die er bei seiner Rückkehr nach Wien vorfand, durchschaute. Schnell hatte er sich in seiner Enttäuschung und Wut über den Tod seines Vaters hinweggetröstet – Erzherzog Karl Ludwig hatte auf einer Reise nach Palästina gegen den Rat der Ärzte Wasser aus dem Jordan getrunken und war anschließend an Typhus erkrankt, an dem er wenig später starb – und brachte in einem Brief an seine Vertraute, die Gräfin Fugger, folgende Zeilen zu Papier:

»Sie werden aber begreifen, dass ich in der traurigen und lächerlichen Stellung, in die ich hineingezwungen worden bin, als ›mit Wartegebühr beurlaubter Thronfolger‹, mich nicht in Wien zeigen will und dort nichts zu suchen habe. Es ist unerhört, was der in seiner Meinung gottähnliche Goluchowski und dessen Konsorten erfinden, um mich zu kränken, vor den Kopf zu stoßen und einfach moralisch tot zu machen! … Bei Gott, glauben Sie mir, es ist nicht Neid, der da aus mir spricht, ich gönne dem guten Otto, der mich ja so immer unter Tränen um

Verzeihung bittet, alles und noch mehr, aber es ist das Gefühl der Gerechtigkeit, das aus mir spricht, und dann das Gefühl, in welchem Lichte ich dastehe. Dann bitte: Ich bekomme eine Menge Anfragen aus dem Auslande, was ich denn angestellt habe? … Wenn man wenigstens den Takt hätte, mich zu fragen, ob man dies und jenes nicht meinem Bruder übergeben könnte, um mich während meines Unwohlseins nicht anzustrengen; aber nein, da wird einfach über meine Leiche weg, hinter meinem Rücken fortdekreditiert …«

Und doch war trotz aller Unkenrufe das Jahr 1897 irgendwie die Wende im Verhältnis des Kaisers zu Franz Ferdinand. Vielleicht erkannte Franz Joseph, dass von den beiden Erzherzögen Franz Ferdinand doch der geeignetere Thronfolger war. In seiner nachträgerischen Art allerdings verzieh der Neffe dem Kaiser wahrscheinlich nie diese vorübergehende Hintanstellung, die ihren Niederschlag auch schon in der internationalen Presse gefunden hatte. Vor allem die Ungarn waren sensibilisiert, sie konnten nämlich nur hoffen, dass Franz Ferdinand niemals Kaiser würde. Denn von allem Anfang an hatte er ihnen allzu deutlich seine Aversion und Antipathie gezeigt, er hatte die kleinsten Dinge, die auf den Nationalstolz dieses Volkes hinwiesen, über die Maßen angeprangert. Die Reaktion der Ungarn ließ nicht auf sich warten. Man unterminierte alles, was Franz Ferdinand anordnete, angefangen von den Militärkommandos, die in deutscher Sprache erteilt werden sollten und selbstverständlich auf Ungarisch ausgegeben wurden, bis hin zur Mitteilung in der Presse, dass Franz Ferdinand auf Grund seiner Lungenerkrankung keineswegs mehr als der geeignete König von Ungarn angesehen werden könnte.

Franz Ferdinand war außer sich vor Wut, als er diese Aussagen erfuhr.

Der Tod des Vaters 1896 machte Franz Ferdinand offiziell zum Thronfolger. Aber die Ereignisse der letzten Zeit hatten den Erzherzog so mitgenommen, dass er es vorzog, für einige Zeit auf seinen Schlössern in Böhmen oder auf Schloss Eckartsau an der Donau in Niederösterreich zu verbringen. Aber auch in diesen Tagen kam es ihm deutlich zum Bewusstsein, dass er eine klare Entscheidung des Kaisers fordern musste, er musste wissen, wie er seine Zukunft weiter gestalten würde. Davon hing auch sein persönliches Glück mit Sophie Chotek ab. Denn wenn ihn der Kaiser als offiziellen Thronfolger nun anerkannte, dann forderte Franz Ferdinand, dass er auch mehr Anteil an der Politik nehmen sollte. Er richtete verschiedene Schreiben an Franz Joseph und bat ihn dezidiert um entscheidende Worte. Der Kaiser antwortete im April:

»Gleich Dir fühle ich schon lange das Bedürfnis mich mit dir über alle Fragen, welche Du in Deinem Briefe berührst und noch über manches Andere auszusprechen, allein die Besorgnis, Dir in Deinem leidenden Zustande zu schaden, hielt mich bis jetzt davon ab, denn die Besprechung wird eine erregte und nicht ganz angenehme sein, aber hoffentlich zu einer Verständigung und bei Dir zur Überzeugung führen, dass mich nur die Absicht für Dein Bestes leitet, dass ich aber auch immer meine Pflichten gegenüber der Monarchie und dem Wohle unserer Familie im Auge behalten muss …«

Es war sicherlich schwer für Franz Joseph, dem Neffen wahre Sympathien entgegenzubringen, denn fast alle Mitglieder seiner Familie waren auf Franz Ferdinand nicht gut zu sprechen. Nicht einen Funken Charme besaß der Erzherzog, misstrauisch und mürrisch zeigte er sich selbst der engsten Verwandtschaft, vor allem der jüngsten Kaisertochter Marie Valerie gegenüber, wodurch er wiederum Kaiserin Elisabeth gegen sich aufbrachte, die in dieser Tochter die »Einzige« erblickte. Auch der zukünftige Ehemann von Marie Valerie, Franz Salvator, fand in den Augen Franz Ferdinands keine Gnade. In einem aber stimmten die beiden Männer überein: in ihrem Hass den Italienern gegenüber. In ihrem Tagebuch vermerkte Marie Valerie folgende Zeilen: »Franz nimmt den Franzi in Schutz, obwohl ihn dieser hasst und lächerlich zu machen versucht.«

Selbst die »Freundin« des Kaisers, Katharina Schratt, die engste Beziehungen zur kaiserlichen Familie durch Jahrzehnte hindurch hatte, fand den Thronfolger unzugänglich und wenig sympathisch. Lediglich die Stiefmutter Marie Therese hielt ein Leben lang treu zu Franz Ferdinand, obwohl oder vielleicht gerade, weil sie erkennen musste, welche Schwierigkeiten er innerhalb der Familie hatte. Wahrscheinlich suchte der Erzherzog die Gründe für die allgemeine Ablehnung, die er erfuhr, nicht bei sich selbst, sondern glaubte durch irgendwelche Zuträger schlecht gemacht worden zu sein. Er fühlte sich ungerecht behandelt und das war etwas, was er aus tiefstem Herzen hasste. Hinter seinem Rücken wurde Stimmung gegen ihn gemacht und er glaubte auch die Haupträdelsführer zu kennen, die gegen ihn intrigierten. Aber er war in seiner Position noch zu machtlos, um sich wirklich wehren zu können.

Nicht nur in der Familie war er unbeliebt, auch das einfache Volk sah in ihm einen angehenden Tyrannen, dem man besser nicht begegnen sollte. Es hatten sich nämlich einige seiner Eskapaden wie ein Lauffeuer herumgesprochen. Noch zu Lebzeiten des Kronprinzen ging weder Franz Ferdinand und noch viel weniger seinem Bruder Otto ein guter Ruf voraus. Einiges, was die beiden in ihrem Übermut anzettelten, erregte nicht nur den Zorn des Kaisers, sondern auch die Empörung des Volkes und so mancher brave Bürger sah in den Erzherzögen parasitäre Nichtstuer. Ein Vorfall erregte selbst das Gemüt der Kaiserin, sodass sie über dieses Ereignis ein Gedicht verfasste. Franz Ferdinand war mit seinem Gefolge in der Gegend von Enns einem Leichenzug begegnet und hatte befohlen, den Sarg auf die Erde niederzusetzen. Elisabeth schrieb:

»Den Sarg nur schnell zur Erde;
Denn, wie Ihr alle seht,
Der Prinz steigt dann vom Pferde,
Zu widmen ein Gebet.
Doch der setzt auf die Hanken
Den edeln Vollblutgaul,
Spornt ihn jetzt in die Flanken
Und macht ihn leicht im Maul.

Dann fliegt mit leichtem Satze
Er, hopp! über den Sarg;
Erbleichend bis zur Glatze
Der Priester kreischt: ›Zu arg!‹

Nachtrag
Sich mit falschen Federn schmücken,
Wird unehrlich stets genannt,
Darum will ich frei bekennen,
Das dies Lied ich nicht erfand,
Nur in Verse hab' gekleidet
Ich, was unlängst erst geschah
Und geheim nicht konnte bleiben,
Da es mehr denn e i n e r sah.«

Dieser Vorfall wurde vor der Bevölkerung sehr negativ aufgenommen und stiftete böses Blut. Eine andere Geschichte, der Überfall auf einen Parlamentsabgeordneten, der dabei verprügelt wurde, machte in Windeseile ebenfalls die Runde, wenn auch bei dieser Sache Franz Ferdinand wahrscheinlich nur eine Nebenrolle spielte, wurde sie ihm angelastet. All dies trug dazu bei, dass der Erzherzog beim Volk einen denkbar schlechten Leumund hatte und jedermann mit äußerst gemischten Gefühlen dem Tag entgegensah, an dem er einmal den Habsburger-Thron besteigen würde. Er ging nicht über Leichen, er sprang über sie!

Auch auf seinen Besitzungen in Böhmen benahm er sich der Bevölkerung rücksichtslos gegenüber, denn er verfügte, dass die Bauern ihre Felder nur bis 1 1/2 Meter vom Feldrain pflügen durften. Außerdem ordnete er an, dass das Vieh Maulkörbe tragen sollte, damit die Tiere die Blumen am Wegesrand nicht abfressen konnten. Wenn man ihm auch zugute hielt, dass er ein ausgesprochener Blumenfreund war, so betrachteten die Bauern diese Maßnahmen als Schikanen, denn die Besitzungen des Erzherzogs waren so ausgedehnt, dass er überall die Möglichkeit hatte, hier jede Menge Blumen zu bewundern.

Doch vor allem wurde seine Jagdleidenschaft angeprangert. Franz Ferdinand hatte sich schon in jungen Jahren den Ruf erworben, einer der treffsichersten Jäger Europas zu sein. Es gab nur zwei Konkurrenten, die ihm diesen Rang streitig machen konnten: König Georg von England und König Alphons XIII. von Spanien.

Wenn Franz Ferdinand auch als exzellenter Schütze bekannt war, so war es für ihn keine besondere Schwierigkeit, in kürzester Zeit eine Unzahl von Tieren zu erlegen, denn Dutzende von Treibern waren schon vor Beginn der Jagden engagiert worden, die die Aufgabe hatten, die Tiere in die Enge zu treiben. Damit dies perfekt vor sich gehen konnte, hatte man seitlich Drahtzäune errichtet, sodass es für das in Panik geratene Wild keinen Ausweg mehr gab. Die »hohen« Jäger brauchten nur die Flinten zu heben, anzulegen, um den Todesschuss abzugeben. »Jeder Schuss ein Treffer« war die Devise. Die Jagden arteten jedes Mal in regelrechte Metzeleien aus und auf der Strecke blieben Hunderte von erschossenen Kreaturen. Bei einer zweitägigen Jagd in den Feldern und Wiesen um Konopischt wurden allein 6300 Fasane erlegt.

Dieses Schloss war im Laufe der Zeit zu einem Lieblingsaufenthalt des Thronfolgers geworden. Hierher zog er sich zurück, wenn er genug von Wien hatte, wenn er seine Ruhe haben wollte. Er hatte das Schloss mit den Antiquitäten, die er von überall her zusammengetragen hatte, ausgestattet, wobei es ihm nicht darauf ankam, dass die Möbel in die böhmische Gegend passten, wichtig war ihm, dass ihm die Dinge gefielen, die er oft mit wenig legalen Mitteln erwarb. So war ihm bekannt geworden, dass ein Bauer in der Salzburger Gegend in seiner Stube eine wertvolle alte Holzdecke besaß. Auf einer seiner Jagdreisen, die ihn nach Schloss Blühnbach führten, suchte er den Bauern auf, um die Decke zu besichtigen. Die uralte Balkendecke gefiel ihm auf den ersten Blick und er ließ dem Bauern ausrichten, dass er sie erwerben wollte. Der Bauer aber hatte keineswegs die Absicht, sich von seinem Eigentum zu trennen, das er von seinen Vorfahren übernommen hatte. Als Franz Ferdinand erkannte, dass jedes Reden und Handeln zwecklos war, besann er sich auf eine ganz andere Methode. Er hatte herausgefunden, dass der Sohn des Bauern beim Militär seinen Dienst tat. Hier konnte er ansetzen.

Auf sein Geheiß schikanierte man den jungen Mann so lange, bis der Vater bereit war, die Decke um einen Schleuderpreis zu verkaufen, nur damit man den Sohn in Ruhe ließ …

In ähnlicher Weise war er in den Besitz von Schloss Blühnbach gekommen, das in einem engen Gebirgstal nahe von Werfen lag. Die steilen Felswände und die Hochgebirgswälder rund um das Schloss bezeichnete Franz Ferdinand als das beste Revier der Welt. Der Erzherzog hatte es sich in den Kopf gesetzt, dieses Jagdschloss unter allen Umständen zu erwerben, obwohl sich die Pächter hartnäckig dagegen wehrten. Am Ende einer langen Reihe von unangenehmen und unerfreulichen Vorkommnissen blieb der »Este«, wie Franz Ferdinand allgemein im Salzburger Land geheißen wurde, Sieger in dieser Auseinandersetzung, sehr zum Leidwesen der Landbevölkerung. Denn der Erzherzog hatte sofort Order gegeben, dass nicht nur die Zufahrt, sondern auch etliche Wege und Steige im Gebirge nicht mehr für die Öffentlichkeit frei gegeben werden sollten. Ohne sich um die Belange der Bauern zu kümmern, wurden Straßen und Brücken gesperrt und den Anwohnern war es nicht mehr möglich, ihre Holztransporte ins Salzachtal zu bringen. Die berechtigte Empörung der alteingesessenen Bevölkerung war riesengroß über diese Maßnahmen. In seiner Besitzgier zeigte sich der »Este« von seiner ganzen Rücksichtslosigkeit, sodass die Leute rund um Schloss Blühnbach in ihren Erzählungen kein gutes Haar an dem neuen Herrn ließen, der das Schloss, kaum war es in sein Eigentum übergegangen, von Grund auf umbauen ließ und es nach seinem Geschmack einrichtete. Natürlich auch mit Antiquitäten aus allen Landesteilen.

Hatte die Bevölkerung ihre liebe Not mit ihrem neuen Schlossherrn, so empörten sich auch die zahlreichen Mitglieder des Alpenvereins über das Verhalten des Erzherzogs. Um das Wild nicht zu erschrecken, hatte nämlich Franz Ferdinand eigenmächtig verfügt, verschiedene Hütten im Hagen- und im Tennengebirge zu schließen. Die steilen Gebirgspfade, auf denen Wanderer und Bergsteiger auch schon in der damaligen Zeit Erholung suchten und die Einsamkeit der unberührten Natur genießen wollten, sollten nur noch für die »erlauchte Jägerschaft« zur Verfügung stehen.

Er war kein angenehmer Zeitgenosse, der Mann mit der bulligen Gestalt, dem kurzgeschorenen Haar und den merkwürdigen Knopfaugen, die je nach Stimmung verschiedenartig schillerten. Es war ihm von Seiten der Bevölkerung nicht leicht beizukommen und man vernahm nur das, was an Gerüchten ausgestreut wurde. Und die besagten schon genug. Man sprach von unglaublichen Jagden, die in Tierhetzen ausarteten, wo das betroffene Wild nicht die geringste Chance hatte, den Jägern oder besser den adeligen Schlächtern zu entgehen. Wurde im Blühnbachtal zur Jagd geblasen, wurde eine unüberschaubare Zahl von Treibern engagiert, um die Gämsen von den Bergen herunterzutreiben, direkt vor die Mündungen der Gewehre, wobei man auch auf Muttertiere und ihre Jungen unbarmherzig zielte. Franz Ferdinand saß auf einem Stuhl, ließ sich den geladenen Stutzen reichen und knallte los.

Sein Leibjäger Martin Huber erzählte noch viele Jahre später eine Episode, die den Charakter des Erzherzogs eindeutig darstellte: Franz Ferdinand hatte im Jagdfieber ein Tier verfehlt, als der Huber Martin meinte: »Jetzt ham's gfeit, kaiserliche Hoheit!« Worauf der Erzherzog ihn wütend anfauchte: »Wenn du das noch einmal sagst, erschieß ich dich!« Der Leibjäger baute sich daraufhin direkt vor Franz Ferdinand auf, riss sein Hemd auseinander, deutete auf seine Brust und rief: »Schieß'n S' nur!«

Auch der Kaiser war ein Leben lang ein passionierter Jäger gewesen, aber er kletterte, solange ihm dies möglich war, selber auf die Berge, legte sich auf die Pirsch, um dann bei Jagdglück den entsprechenden Hirschen zu erlegen. Daher konnte er auch die brutalen Methoden seines Neffen keineswegs gutheißen, wenngleich er sich aber doch immer nach dessen Jagderfolgen erkundigte. Wahrscheinlich war das Thema Jagd das einzige, worüber beide Männer halbwegs unbefangen miteinander plaudern konnten.

Franz Ferdinand war kein beliebter Mann, weder in Konopischt noch in Chlumetz, noch im Salzburger Land. Auf Grund seiner Jagdleidenschaft hielt sich der »Este«, wie er bei der Bevölkerung beinahe abfällig bezeichnet wurde, mehrmals im Jahr im Salzburger Raum auf. Da er sich um alles Althergebrachte besonders kümmerte und er sich die Erhaltung der früheren Bauwerke zum Ziel gesetzt hatte, nahm er besonderen Einfluss auf die Stadtgestaltung Salzburgs. Dadurch musste er beinahe zwangsläufig mit den Interessen von Kaufleuten, Baumeistern, Architekten, aber auch mit dem Erzabt von St. Peter in Konflikt kommen, die in ihrem Geschäftssinn und ihrer Hinwendung zur Moderne nicht einsehen wollten, dass jahrhundertealte Gebäude auch in der Zukunft ihren Platz in der Stadt haben sollten, ja, dass ausgerechnet die Bauten aus früheren Zeiten den Zauber der Stadt ausmachten.

Die Altstadt von Salzburg, ein weltweit bekanntes Juwel, hätte viel von ihrem Charakter eingebüßt, hätte nicht Franz Ferdinand sowohl mit dem Erzabt von St. Peter als auch mit dem Kreishauptmann einen langen und heftigen Streit angefangen. Denn man war drauf und dran, den Petersfriedhof zu opfern und an dieser Stelle einen Tunnel durch den Mönchsberg auf die andere Seite hinüber zu schlagen. Außerdem wollte man in der Getreidegasse die Fassaden der Altstadthäuser abtragen lassen und sie durch modernere ersetzen.

Es war nicht die Kenntnis vom Wert der alten Baustile, die Franz Ferdinand zum Konservator werden ließ. Seine Einstellung zur Kunst war absolut subjektiv, das, was ihm gefiel, schien ihm erhaltens- und besitzenswert. Er hatte keine künstlerische Ausbildung genossen, aber er besaß eine künstlerische Seele und er schätzte auch in seiner Umgebung gebildete Leute, ohne selber gebildet zu sein. Sosehr er sich für Malerei, Architektur und Plastiken interessierte, so wenig Zugang hatte er zur Literatur und Musik. In jedem Konzert langweilte er sich tödlich, wachte aber begeistert aus seiner Lethargie auf, wenn er einen Leierkastenmann mit seinen Werkel vorüberziehen sah. Musik und Tanz hätten auch kaum zu seinem menschenfeindlichen Charakter gepasst, der sich in einer Bemerkung ausdrückte, die er einmal dem österreichischen Generalstabschef Conrad von Hötzendorf gegenüber machte: »... Ich ... sehe in jedermann, dem ich begegne, auf den 1. Blick einen Halunken und überlasse es ihm, allmählich meine Ansicht zu ändern, wenn er dazu in der Lage ist.«

Nur ganz selten kamen andere Charaktermerkmale bei ihm

zum Vorschein. Solange sein Cousin Rudolf lebte, konnte es durchaus sein, dass Franz Ferdinand zu einem lustigen Streich aufgelegt war. Aber so wie auch bei Rudolf wechselten seine Stimmungen schlagartig, vor allem dann, wenn er irgendeine Schmeichelei vermutete. Was er suchte, war die ehrliche Meinung. Und dabei schluckte er auch ab und zu manch bittere Pille.

Hatte sich Franz Ferdinand nach seiner Rückkehr nach Wien in vielen Dingen dem kaiserlichen Willen untergeordnet und hatte Franz Joseph gehofft, dass sich aus dem ungeliebten Neffen doch noch ein ordentlicher Thronfolger entwickeln würde, so resignierte der Kaiser von einem Moment auf den anderen, als er erfuhr, wen sich Franz Ferdinand als zukünftige Gemahlin ausgesucht hatte: Er konnte zunächst nicht glauben, was ihm zugetragen wurde.

Denn durch einen Zufall – Franz Ferdinand hatte nach einem Tennisspiel auf den Besitzungen von Erzherzog Friedrich seine Uhr abgelegt und vergessen – war seine Romanze mit Sophie Chotek publik geworden. Erzherzogin Isabella, der man die Uhr des Thronfolgers überbracht hatte, an der ein Medaillon hing, hatte ihre Neugierde nicht bezähmen können, wessen Bild wohl »Franzi« bei sich trug. Als sie den Deckel öffnete, lachte ihr nicht das Antlitz einer ihrer Töchter entgegen, sondern sie blickte in die ernsten dunklen Augen ihrer Hofdame. Ein Skandal!

Mit einem wahren Donnerschlag war die Sache ins Rollen gekommen, jetzt musste Franz Ferdinand Farbe bekennen. Und er bekannte sie laut und deutlich. Obwohl der Kaiser alles versuchte, um seinen Nachfolger von dieser für das Erzhaus unstandesgemäßen Heirat abzubringen, wusste er doch von vornherein, dass er gegen die Absichten des Neffen keine Chance hatte. Franz Ferdinand hatte nämlich endlich schon vor geraumer Zeit gefunden, was er lange gesucht hatte. Es war für ihn keineswegs leicht gewesen, eine Frau zu entdecken, die in allem und jedem seinem Geschmack entsprach. Noch im Jahr 1891 hatte er sich gegenüber seiner Cousine Marie Valerie geäußert, dass er eine Frau wie seine Schwester Margarete als Idealbild ansehen würde. Valerie vermerkte in ihrem Tagebuch: »Ich lerne viel Geduld von

Gretel ... dem versöhnenden, beglückenden Element des Hauses Karl Ludwig, selbst den wilden Brüdern Achtung einflössend, sodass Franzi einmal gesagt haben soll: ›Ja, wenn ich eine Frau fände wie die Gretel, da würde ich gleich heiraten.‹«

Das Schicksal war ihm hold gewesen, er hatte in Sophie Chotek tatsächlich seine ideale Frau fürs Leben gefunden.

Es war ein harter Kampf, der sich nun zwischen dem Kaiser und seinem Thronfolger entspann, wobei Franz Joseph allmählich erkennen musste, dass er die schlechteren Karten in Händen hatte. Denn wenn er auch noch so sehr auf die Einhaltung der Traditionen pochte, die Familiengesetze zitierte, die eine Ehe zwischen einem Angehörigen des Erzhauses und einer einfachen Gräfin unmöglich machten, und wenn er auf die Folgewirkungen hinwies, die bei einem Durchbrechen der althergebrachten Vorschriften unumgänglich wären, wusste er doch bei jedem Wort, dass es in den Wind gesprochen war. Denn der Starrsinn Franz Ferdinands war sprichwörtlich.

Jetzt gab es für Franz Joseph nur ein Entweder-Oder. Und dieses Oder wäre gewesen, dass er wieder ohne Nachfolger dagestanden wäre, da man zu dieser Zeit schon deutlich erkannte, dass der Bruder von Franz Ferdinand, der »schöne« Otto, nicht mehr in der Lage sein würde, die Thronfolge zu übernehmen. Zu sehr war seine Gesundheit durch den exzessiven Lebenswandel geschädigt worden.

Franz Joseph blieb nichts anderes übrig als einen Kompromiss vorzuschlagen: Er würde mit der Form einer morganatischen Ehe seines Neffen einverstanden sein und Franz Ferdinand wurde aufgefordert, den Renunziationseid für seine Gemahlin und für die in dieser Ehe gezeugten Kinder zu schwören und zu unterzeichnen.

Der 28. Juni schien für Franz Ferdinand der Schicksalstag zu sein, denn an diesem Tag im Jahre 1900, genau 14 Jahre vor seinem Tod in Sarajevo, sprach Franz Ferdinand in der »Geheimen Ratsstube« in der Hofburg vor einer großen Zahl von geladenen Gästen, unter denen sich alle großjährigen Erzherzöge befanden, mit belegter Stimme die Eidesformel und setzte seinen Namen unter die Schriftstücke, die in deutscher und ungarischer

Sprache ausgefertigt waren. Dadurch war für ihn der Weg zum Altar mit der 32-jährigen Gräfin Sophie Chotek von Chotkowa frei geworden.

Nicht nur der Kaiser, auch die Angehörigen des Hochadels hatten über Franz Ferdinand wegen seiner unstandesgemäßen Heirat den Stab gebrochen, allen voran seine beiden Brüder Otto und Ferdinand Franz. Sie zeigten nicht nur dem Bruder ihre Ablehnung sehr deutlich, vor allem auch der neuen Schwägerin gegenüber. Beide erschienen nicht zur Hochzeit in Reichstadt in Nordböhmen, die eine Woche nach der feierlichen Unterzeichnung des Renunziationsaktes in kleinem Kreis stattfand. Auch alle übrigen Mitglieder des Erzhauses entschuldigten sich, plötzliche wichtige Termine vorschützend. Einzig und allein die geliebte Stiefmutter Franz Ferdinand Maria Theresa, setzte alles daran, dass ihr jahrelanger Schützling Franzi endlich zu seinem lang ersehnten Glück kam. Sie war es auch gewesen, die durch ihren Einfluss Kaiser Franz Joseph zu dieser für alle Teile zwar nicht ganz glücklichen, aber dennoch vorübergehend zufrieden stellenden Lösung überredet hatte.

Obwohl der Kaiser selber nicht an den Hochzeitsfeierlichkeiten teilnahm, stellte er sich dennoch mit überraschend großzügigen Geschenken ein: er schickte ein Diadem mit kostbaren Diamanten reich geschmückt und ein Dekret, das die Gräfin Chotek in den »erblichen fürstlichen Rang mit dem Namen Hohenberg und dem Titel »Fürstliche Gnaden« erhob.

Die Reaktionen in den einzelnen Teilen der Monarchie auf diese Eheschließung waren äußerst unterschiedlich. Wetzten die Wiener ihre spitze Zunge über die tschechische Braut, die noch dazu weder besonders schön noch besonders schick sein sollte, so verhielten sich die Ungarn schon wesentlich charmanter, was verwunderlich war, bedenkt man die Ablehnung Franz Ferdinands, die er ausgerechnet diesem Volk entgegenbrachte. Eine Budapester Zeitung schrieb:

»Erzherzog Franz Ferdinand hat nicht nur sein eigenes Lebensglück sichergestellt; durch seine Heirat hat er auch in den Augen des Volkes dieser Monarchie Gestalt gewonnen … Er hat wie ein Mann gehandelt, und zwar wie ein Edelmann. Er hat

ohne nach links oder rechts zu sehen gehandelt, tapfer und entschlossen, was die Ungarn gern bei jemand sehen, der eines
Tages ihr König genannt sein will.« Außerdem ließen die
Ungarn unterschwellig anklingen, dass es durchaus sein könnte,
dass man Sophie Chotek dereinst zur ungarischen Königin krönen werde, da man sich nicht an die Habsburgischen Haus-
gesetze halten müsste. Aber auch diese freundliche Aufnahme
seiner Gemahlin bei den Magyaren änderte nichts an der feind-
seligen Haltung des österreichischen Thronfolgers diesem Volk
gegenüber.

Eine Woche nach der Hochzeit schrieb Franz Ferdinand
begeisterte und dankbare Zeilen an Maria Theresa:
»Liebste Mama!

Endlich bißl in Ruhe gekommen nach Beantwortung zahllo-
ser Telegramme, Briefe – nach Einrichtung unserer Wohnung
und Auspackung aller Sachen von Sophie ist es mir Erstes Dir
einige Zeilen zu schreiben und Dir in meinem und Sophies
Namen, auch noch schriftlich von ganzem Herzen zu danken,
für all die unbeschreibliche Güte und Liebe, die du uns in
Reichstadt bewiesen hast: Wir sind Dir bis an unser Lebens-
Ende dankbar für Alles was Du uns gethan hast, für die zahllo-
sen Beweise Deines goldenen mütterlichen Herzens.

Wir Beide sind unsagbar glücklich: dieses Glück verdanken
wir in erster Linie Dir! Wo wären wir heute, wenn Du Dich
nicht so in edler rührender Weise unserer angenommen hättest!
Wir sprechen auch unausgesetzt von Dir und unsere
Dankbarkeit kennt keine Grenzen.

Wir können Dir nichts bieten, als die Versicherung, dass Du
so ein gutes Werk gemacht hast und dass Du Deine 2 Kinder für
ihr ganzes Leben glücklich gemacht hast.

Sophie wollte Dir auch schreiben, doch fand sie es unbeschei-
den Dich mit einem Schreiben zu behelligen, und so übernahm
ich es auch ihren gerührtesten Dank und ihren Handkuß zu ver-
melden. Soph liest diesen Brief nicht, da sie gerade Bettelbriefe
ordnet. Also kann ich Dir sagen, liebste Mama, unter 4 Augen,
dass Soph ein Schatz ist, dass ich unbeschreiblich glücklich bin!
Sie sorgt so für mich, mir geht es famos, ich bin so gesund und

viel weniger nervös. Ich fühle mich wie neugeboren. Sie schwärmt von Dir und redet nur von Deiner Güte und Liebe. Ich habe vollkommen in meinem Inneren das Gefühl, dass wir beide bis zu unserem Lebens-Ende unbeschreiblich glücklich sein werden.

Gute liebe Mama, du hast das Richtige getroffen, dass Du mir geholfen hast! Der liebe Gott zu dem ich täglich 2 mal in der Capelle mit Soph bethe, lohne Dir, gute Mama, Alles was Du für uns gethan. Ich umarme Dich und die Schwestern, küsse Dir die Hände und bin ewig

Dein dankbarster, Dich innigst liebender Sohn Franzi«

Der unruhige Erzherzog hatte in Sophie tatsächlich die richtige Frau gefunden, die schon nach kurzer Zeit eine erstaunliche Macht über ihren Gemahl auszuüben verstand. In ihrer ruhigen, nach außen hin zurückhaltenden Art bestimmte sie nicht nur den Tagesablauf innerhalb der Familie, sie beeinflusste wahrscheinlich viele seiner Handlungen auch in politischer Hinsicht. Es hätte vieles ganz anders kommen können, wäre sie als »Gemahlin zur linken Hand« nicht ständig mit den Schikanen eines Montenuovo konfrontiert worden, hätte sie nicht auf Schritt und Tritt die Demütigungen bei Hofe erleben müssen. Der Kaiser war viel zu alt und erstarrt, als dass er erkennen konnte, dass hinter seinem Neffen seine Frau die Fäden zog. In einem weiteren Brief an seine Stiefmutter einige Jahre später fasste Franz Ferdinand die Rolle zusammen, die seine Frau in seinem Leben spielte:

»Das Allergescheiteste was ich je in meinem Leben gemacht habe war, dass ich meine Soph geheiratet habe; sie ist für mich Alles, meine Frau, meine Rathgeberin, mein Doktor, mein Kamerad, mit einem Wort, mein ganzes Glück …«

Der Kaiser hätte sich wahrscheinlich viel Ärger mit dem Neffen erspart, hätte er sich nicht auf die Meinung seiner Ratgeber verlassen, von denen einer mehr als der andere gegen die Fürstin Hohenberg, die 1909 zur Herzogin erhoben wurde, eingestellt war und die man bei den geringsten Anlässen mit Genuss boykottierte. So war es ihr nicht erlaubt, mit der kaiserlichen Kutsche zu fahren, ebenso durfte sie nicht in der gleichen

Loge im Theater wie ihr Gemahl Platz nehmen, sie wurde niemals zu offiziellen Empfängen und Galadiners in die Hofburg eingeladen und hatte sich hinter der jüngsten Erzherzogin einzureihen. Dass diese Behandlung der geliebten Frau Franz Ferdinand jeweils einen Stich versetzen musste und zu seinen bekannten unbeherrschten Gefühlsausbrüchen führte, ging an denen, die solche Regelungen veranlasst hatten, anscheinend spurlos vorüber. Inwieweit auch im privatesten Kreis über diese Hintansetzung Sophies diskutiert wurde, ist natürlich nicht bekannt.

Der Erzherzog galt als strenger Katholik. Ob er jemals den Renunziationseid nach dem Tod des Kaisers gebrochen oder einen anderen Weg gefunden hätte, seine Gemahlin in den Rang einer Kaiserin zu erheben, ist heute nur noch Spekulation. Auch die einzige Tochter meinte zu diesem entscheidenden Thema befragt, dass sie sich nicht hätte vorstellen können, dass ihr Vater diesen Eid für null und nichtig erklärt hätte. Andererseits aber war auch sie der Überzeugung, dass Franz Ferdinand die Stellung seiner Gemahlin und die Rolle seiner drei Kinder geändert hätte, wäre er an die Macht gekommen. Die spätere Kaiserin Zita äußerte sich zu diesem Thema:

»Manchmal war es nur eine zufällige Bemerkung, die zu Recht oder Unrecht Verwunderung hervorrief. Zum Beispiel erinnere ich mich, wie Onkel Franzi einmal zu mir sagte, als wir über einen sehr rührigen Grundstücksmakler sprachen: ›Dieser Mann arbeitete so hart. Ich kann einfach nicht verstehen, dass jemand dies tut, wenn es nicht für seine eigenen Kinder geschieht!‹

Es liegt nahe, dass man eine Bemerkung wie diese so auslegen könnte, als ob er dabei an seinen eigenen Fall und seine eigenen Kinder gedacht habe. Mein Mann hegte ganz gewiß diese Befürchtung. Er hatte das Gefühl, dass sein Onkel, wenn er erst einmal den Thron bestiegen hätte, irgend etwas in die Wege leiten würde, um seine Söhne zu Erben zu machen, dann aber würde eine unmögliche Situation entstehen. Erzherzog Karl würde weiter präsumtiver Thronerbe bleiben, aber dem ungarischen Faktor zufolge könnte die Monarchie in zwei Lager zerfallen, was ihren zukünftigen Souverän betrifft.« Um seine Frau vor öffentlichen Beleidigungen zu schützen, verbrachte der Erzherzog die meiste Zeit des Jahres nicht in Wien. 1901 hatte die Tochter Sophie das Licht der Welt erblickt, ein Jahr später Max und 1904 der jüngste Sohn Ernst. Als Sophie das nächste Kind tot zur Welt brachte, warnten die Ärzte den Erzherzog vor weiteren Schwangerschaften seiner Frau, wollte er nicht unnötig ihr Leben aufs Spiel setzen.

Franz Ferdinand war nicht nur ein vorbildlicher Ehemann, seine Tochter Sophie erinnerte sich noch viele Jahrzehnte später ganz deutlich an ihren Vater, der sich rührend um die Kinder kümmerte. Im Kreise seiner kleinen Familie fühlte er sich rundherum wohl, hier konnte er mit seinen Kindern spielen und das tun und lassen, was ihm sonst nicht möglich war. Noch nach Jahren übte seine Gemahlin einen unwiderstehlichen Reiz auf ihn aus, in ihrer Nähe legte er die Hektik und Nervosität ab, für die er sonst bekannt war. Seine Tochter erzählte eine kleine Episode, die ganz charakteristisch für das Verhältnis der beiden Ehegatten zueinander war. Franz Ferdinand hatte seiner Gemahlin zu einem nicht näher bekannten Anlass eine wunderschöne Brosche in Form eines Lammes geschenkt als Symbol für das beruhigende Wesen, das Sophie ausstrahlte. Dieses Schmuckstück zierte fast immer ein Kleidungsstück der Fürstin. Dies hatte einen ganz besonderen Grund: Denn manchmal kam es doch vor, dass der Erzherzog auch in Gegenwart seiner Frau die Fassung verlor und seine Unbeherrschtheit mit ihm durchbrach. Dann brauchte Sophie – ohne ein Wort zu verlieren – nur auf die Brosche zu deuten und ihr Mann hatte sich sofort wieder im Griff.

Es schien, als hätte Franz Ferdinand nur im Kreise seiner Familie Mensch sein können. Denn kaum hatte er einem seiner Schlösser den Rücken gekehrt, um in die Kaiserstadt zu fahren und offizielle Pflichten wahrzunehmen, wurde er zum reinen Misanthropen. Seine Menschenfeindlichkeit nahm derartige Formen an, dass er nicht nur Einzelpersonen seine abgrundtiefe Abneigung zeigte, sondern auch ganze Völker verurteilte, wie die Ungarn und die Italiener. Auch die Tschechen fanden nicht viel Gnade in seinen Augen, obwohl seine eigene Frau eine gebürtige Tschechin war. Die Polen verachtete er aus tiefstem Herzen, vielleicht, weil einer seiner Hauptfeinde am Wiener Hof, der zeitweilige Außenminister Golouchowski, der ihm so manchen üblen Streich gespielt hatte, diesem Volk entstammte. An den Franzosen ließ er ebenfalls kein gutes Haar, so wie er auch die Engländer schon seit seinen früheren Reisen als präpotent und überheblich bezeichnete. Einzig und allein Kaiser Wilhelm II. konnte sich seiner vollsten Sympathien erfreuen, mit ihm stand er in regem Kontakt. In gewisser Weise waren sich die beiden Männer charakterlich ähnlich, denn Wilhelm verhielt sich genauso großspurig und diplomatisch unklug anderen Völkern gegenüber wie Franz Ferdinand. Mit seinem »Freund« Franzi allerdings hatte er das beste Einvernehmen, denn er war einer der wenigen, der Sophie voll und ganz als Gemahlin des österreichischen Thronfolgers anerkannte. Einladungen gingen zwischen Berlin und Konopischt hin und her. Einmal fragte der deutsche Kaiser offiziell an, wann er denn seinen »Kratzfuß« vor Franzis Gemahlin machen könnte. Die Empfänge in Berlin entsprachen mit ihren Zeremonien ganz und gar offiziellen Staatsbesuchen des österreichischen Thronfolgers. Kaiser Wilhelm II. wusste, wie er seinen »Freund Franzi« beeindrucken konnte, und auf Grund des persönlichen Verhältnisses zu der erzherzoglichen Familie war er sich sicher, dass Franz Ferdinand auch als späterer Kaiser ganz im Kielwasser Deutschland fahren würde. Die Diplomatie der damaligen Zeit war, zumindest was Franz Ferdinand betraf, von diesen starken persönlichen Momenten geprägt, die für das Schicksal ganzer Völker ausschlaggebend gewesen wären, hätte der Erzherzog den habsburgischen Thron bestiegen.

Für Kaiser Franz Joseph mussten all diese persönlichen Hintergründe im Verhalten und Handeln seines Neffen kaum nachvollziehbar gewesen sein. Er hatte im Laufe der Zeit alles Menschliche abgestreift, eine Verbindung zwischen Privatleben und Politik war für ihn undenkbar geworden. Nur ein einziges Mal hatten für ihn in seiner langen Regierungszeit persönliche Motive politisch eine Rolle gespielt, damals, als seine geliebte

Frau sich mit Vehemenz zu einer Änderung der Situation mit Ungarn eingesetzt hatte. Jetzt nach dem tragischen Tod Elisabeths hatte Franz Joseph schon des Öfteren den »Ausgleich« bereut, da die Ungarn immer größere Forderungen stellten. Aber der Kaiser hielt sich streng an sein gegebenes Wort, wohingegen der Thronfolger verlauten ließ: »Wenn ich Armeeoberkommandierender werde, dann mache ich, was ich will ... wehe, wenn jemand etwas anderes tut; die lasse ich alle füsilieren ... Weg mit allen diesen Prärogativen der Magyaren ... sind die Magyaren damit nicht zufrieden, so werde ich schon den Radiergummi finden, um sie von der Landkarte wegzulöschen.« Und den opponierenden ungarischen Magnaten gegenüber ließ er ausrichten, dass alle sich die Stiefel wichsen könnten, da er mit aller Härte vorgehen werde. »Um sie zu bändigen, werde ich, wenn nötig, auch bis zum Staatsbruch gehen.«

Der alte Kaiser verabscheute solche Töne von seinem Nachfolger, der seinen offiziellen Wohnsitz im Schloss Belvedere in Wien genommen hatte. Hätte man meinen können, dass sich hier Leute des Fortschritts um den Thronfolger scharten, so musste man bald erkennen, dass auch Franz Ferdinand in alten Strukturmustern dachte, ähnlich dem starren Kaiser nur viel aggressiver. Denn auch der Erzherzog fühlte sich dem Adel und den Traditionen, der Monarchie im Gesamten verpflichtet und lehnte jede andersartige Bewegung ab. Liberalismus und Sozialismus waren für ihn geradezu Schreckgespenster, in seiner Ideenwelt hatte der Staat nur dann eine Zukunft, wenn er sich auf ein starkes Heer stützen konnte. Franz Ferdinand war wie Kaiser Franz Joseph durch und durch Militarist, wenn auch, so wie der Kaiser, ein Gegner bewaffneter Auseinandersetzungen. Aber jetzt in der gefährlichen Situation, die sich durch die Annexion Bosniens und der Herzegowina ergeben hatte, rasselte er verdächtig laut mit dem Säbel. Durch den Zusammenbruch des türkischen Reiches und die Expansionspläne Russlands sowie der übrigen Balkanstaaten und auch Italiens begann sich die Lage auf dem Balkan im Jahr 1908 gefährlich zuzuspitzen. Kriegslüstern, wie die Militärs der damaligen Zeit waren, hielt General Conrad einen Präventivschlag auf Serbien für angebracht, um dieses Volk von vornherein in die Schranken zu weisen. Er fand bei Franz Ferdinand ein offenes Ohr.

Der Kaiser allerdings wollte von all dem nichts wissen. Er versuchte seinen Neffen einzubremsen, indem er ihm vor Augen führte, was ein Krieg für unübersehbare Auswirkungen mit sich bringen könnte:»Hast Du den Krieg je gesehen? Nein! Aber ich habe ihn gesehen, und darum sage ich, bevor man hineingeht, muss man es sich dreimal überlegen, und wenn dies geschehen ist, muss man es sich wieder so lange überlegen, bis man doch ein Mittel findet, ihn zu verhindern.«

Durch den voreiligen Schritt, der Annexion der von Türken bewohnten Gebiete von Bosnien und Herzegowina durch Österreich-Ungarn, welche mit der Garantie für die Russen gekoppelt war, diesen den freien Zugang zu den Meerengen zu erhalten, löste man nicht nur in der Türkei einen Sturm der Entrüstung aus, sondern auch England und Frankreich protestierten sehr heftig. Aber mit stoischer Ruhe planierte der Kaiser diese Emotionen, entschädigte die Jungtürken und suchte den Ausgleich. Vielleicht war es die Persönlichkeit des uralten Kaisers, die man überall respektierte, sodass die Annexion nicht üblere politische Folgen nach sich zog. Und dennoch war unterschwelliges Brodeln in ganz Europa, vor allem im Südosten, keineswegs zu übersehen und zu überhören. Es fehlte eine eindeutig klare Linie zur Weichenstellung in die Zukunft. Aber wer sollte entscheiden? In den letzten Jahren waren in Wien zwei Regierungen entstanden, wobei eine das Sagen hatte und die andere versuchte, durch manchmal undurchsichtige Manipulationen ihre Berechtigung zu dokumentieren.

Franz Ferdinand hatte sich mit einem Schattenkabinett umgeben, in dem Männer vertreten waren, die genauso wie er nur darauf warteten, dass der alte Kaiser die Augen für immer schloss. Dann könnte er endlich den Habsburger-Thron besteigen und auf seine Weise in der Monarchie Ordnung machen. Dies hatte der Thronfolger mehr als einmal lautstark propagiert. Wie diese Ordnung ausschauen sollte, darüber waren sich alle im Klaren und diese verhängnisvolle angekündigte Ordnung kostete ihn letztlich das Leben. Denn es war allgemein bekannt geworden, dass kaum ein Volk der Donaumonarchie Gnade in seinen Augen gefunden hätte, an allen hatte er etwas auszusetzen. In allererster Linie schwebte ihm eine Entmachtung des, wie es ihm schien, präpotenten Ungarn vor. Er wollte ein trialistisches System in der Monarchie etablieren, neben Österreich-Ungarn sollten die Südslawen in einem dritten gleichberechtigten Staatenkomplex eingebunden sein.

Was für so manchen einleuchtend schien, wurde mit großen Befürchtungen in den südslawischen Gebieten beobachtet. Denn wäre diese neue Staatsform tatsächlich durchgeführt worden, so hätte man jahrzehntelang gegen die Monarchie und den Kaiser umsonst im Untergrund gewühlt. Alle Gründe zu einem Putsch oder Umsturz, zu einem »Los von Österreich« wären hinfällig gewesen. Und schon bald erkannte man überdeutlich: Schnelles Handeln tat Not, wollte man nicht die Gelegenheit versäumen, endlich die ersehnte Freiheit auf dem Balkan zu erreichen.

Immer mehr revolutionäre Gruppen formierten sich, die nur ein Ziel verfolgten: Tod dem Thronfolger!

Wahrscheinlich überschätzte man den Einfluss des Thronfolgers auf die damalige österreichische Politik, denn der Kaiser war trotz seines hohen Alters noch lange nicht willens, die wichtigsten Entscheidungen aus der Hand zu geben. Außerdem war sein Verhältnis zu seinem Neffen und Nachfolger immer noch äußerst distanziert. Zwar war er etwas von seiner starren Haltung der Gemahlin Franz Ferdinands gegenüber abgewichen und hatte sie zur Herzogin ernannt, sodass sie in der Hierarchie zumindest nicht mehr nach der Obersthofmeisterin ihren Platz hatte wie bisher, aber dies bedeutete noch lange keine Anerkennung Sophies. Der Kaiser erkannte nicht, dass sich wahrscheinlich das Verhalten seines Neffen schlagartig geändert hätte, hätte sich Franz Joseph entschlossen, die Regelungen vom 28. Juni 1900 aufzuheben. Denn selten sah man den zugeknöpften Franz Ferdinand in gelöster Stimmung, aber wenn er merkte, wie sehr seine geliebte Frau akklamiert wurde – wie bei einem offiziellen Besuch in Bulgarien –, konnte er überraschend charmant und liebenswürdig sein.

Der Kaiser hätte sich die letzten Jahre seines Lebens erleichtern können, hätte er sich nicht an die strikte Einhaltung des spanischen Hofzeremoniells geklammert. Denn im privaten Umgang schätzte er die Gemahlin von Franz Ferdinand ohne Zweifel, wie dies auch die älteste Tochter Sophie in Erinnerung hatte. Er besuchte den Neffen und seine Familie im Belvedere, achtete aber streng darauf, dass dies nur im privaten Rahmen geschah. Hier merkte er, was es hieß, eine glückliche Familie vorzufinden, etwas, was er ein Leben lang vermisst, aber sich auch selber verbaut hatte. Franz Ferdinand spielte mit den Kindern wie ein ganz normaler Vater und genoss die Ruhe und Zweisamkeit mit seiner Gemahlin. Dabei nahm es jeden wunder, der erfuhr, dass der Erzherzog eigentlich Kinder hasste genauso wie Hunde.

Natürlich suchte Franz Ferdinand jede Gelegenheit wahrzunehmen, bei der er Sophie mitnehmen konnte. Denn immer noch passierte es, dass er erfahren musste, dass er auf die Begleitung durch seine Gemahlin verzichten müsste, da Protokollschwierigkeiten oder Zeremonienprobleme auftreten könnten.

Allmählich schien die internationale Akzeptanz seiner Frau zu einem Politikum zu werden. Denn in den letzten Jahren zeichnete sich immer deutlicher ab, dass einzelne Könige sich nicht mehr an die vom österreichischen Kaiser und seinem unerbittlichen Zeremonienmeister Montenuovo vorgegebenen Sanktionen hielten. Zwar wurde die Herzogin von Hohenberg nicht zur Teilnahme an den Begräbnisfeierlichkeiten des englischen Königs Eduards VII. eingeladen, worum sich Franz Ferdinand intensiv bemüht hatte, aber der neue König empfing das Erzherzogspaar zunächst auf einem Landsitz zur Jagd, um dann Franz Ferdinand und Sophie offiziell auf Schloss Windsor als seine Gäste willkommen zu heißen. Der Bann war gebrochen, neben Kaiser Wilhelm II. hatte die Herzogin von Hohenberg auch Eingang in eines der ältesten Königshäuser Europas gefunden, was für die politische Zukunft ein weit reichender Schritt sein konnte.

Auch in England zeigte man sich über die Änderung der Situation sehr befriedigt, denn Königin Mary, die Großmutter der heutigen Queen, äußerte sich folgendermaßen:

»Der Erzherzog war ursprünglich sehr antienglisch, aber das ist jetzt ganz anders, und das ist ihr Einfluß, und das ist gut so, sagt man, in jeder Hinsicht. Alle Leute, die bei uns waren und ihn vorher kennengelernt hatten, sagten, wie sehr er sich zum Besseren verändert habe und dass er sehr begeistert war über seinen Besuch bei uns und in England ...«

Nur in Wien rümpfte man nach wie vor die Nase über die unstandesgemäße »Chotek«, auch die Tochter des Kaisers, Marie Valerie, und merkwürdigerweise auch die »Freundin« Katharina Schratt konnten sich bissige Bemerkungen über die tschechische Gräfin nicht verkneifen. Vielleicht waren ihnen verschiedene Aussprüche Sophies zu Ohren gekommen, wonach sie sich dahin gehend geäußert haben sollte, dass der Kaiser allmählich erkennen müsste, wann er nicht mehr die Verantwortung über das Reich tragen könnte und abzutreten habe.

Aber der alte Kaiser hatte nicht die Absicht, das Ruder aus der Hand zu geben, denn augenscheinlich fürchtete er in seinem Innersten nichts so sehr als einen Kaiser Franz Ferdinand, wie er sich vor Jahren keinen »Kaiser Rudolf« als seinen Nachfolger hätte vorstellen können. Wahrscheinlich gab es überhaupt niemanden, der in den Augen des Kaisers in der Lage gewesen wäre, die Monarchie in seinem Sinne weiterzuführen. Weder ein Rudolf noch ein Franz Ferdinand, noch ein Otto und auch nicht dessen Sohn Karl, den der Kaiser jedoch menschlich schätzte.

Dass Franz Ferdinand sich in seinem schon leicht fortgeschrittenen Alter Hoffnungen machte, möglichst bald den Habsburger-Thron zu besteigen, war nur verständlich. Und alle in seiner Umgebung wussten dies. Ebenso war bekannt, dass die beiden Männer, der uralte abgeklärte Kaiser und sein spontaner, unbeherrschter Neffe keinen wirklichen Konsens finden konnten. Zu unterschiedlich waren ihre Auffassungen von der Politik, dem Leben und der Familie. Diese Diskrepanz wirkte sich auch auf den unmittelbaren familiären Kreis aus, der beide umgab. Anders ist die Aussage Katharina Schratts nach dem Tod Franz Ferdinands nicht zu erklären, wenn sie schrieb:

»Jetzt [nach dem 28. Juni] wird er ihn [den Kaiser] nicht mehr quälen können. Es war ja schon nicht mehr zum Aushalten!

Erbarmungslos hat er dem alten Herrn Szenen gemacht. Und als der Leibarzt Dr. Kerzl gebeten hat, man solle ihn nicht aufregen, hat es der Thronfolger justament darauf ankommen lassen. Damit den Kaiser der Schlag trifft. Glauben Sie, Graf Paar, ich wüßte nicht, dass, so oft der Kaiser einen Schnupfen gehabt hat, die Herrschaften oben im Belvedere Bittmessen haben lesen lassen – dass er nicht gesund wird?«

Was Katharina Schratt allerdings in ihrer Aussage übersehen haben dürfte, war die Tatsache, dass der Kaiser Sophie gegenüber immer zugänglicher geworden war.

Im Februar 1914 fand der Hofball statt, der wie jedes Jahr mit großem Pomp gefeiert wurde. Obwohl Franz Joseph immer mehr von schweren Hustenanfällen geplagt wurde und von Zeit zu Zeit das Bett hüten musste, ließ er es sich nicht nehmen, diesen festlichen Höhepunkt der Ballsaison mit seiner Anwesenheit zu beehren. Und hier geschah das Unfassbare: Der Kaiser setzte sich vor den Augen aller Besucher für einige Minuten neben die Herzogin von Hohenberg, um sich mit ihr zu unterhalten. Die Sensation war perfekt! Dies bedeutete zwar noch lange nicht eine Anerkennung der Gemahlin seines Neffen, aber das Eis begann doch allmählich zu schmelzen. Die Zeit würde, so hoffte Sophie, weiter für sie arbeiten, damit sie endlich auch in Wien akzeptiert würde.

Was Franz Ferdinand und sie aber in ihrem, wie es nun schien, berechtigten Optimismus, mit dem sie der Zukunft entgegensahen, nicht ahnen konnten, war, dass man schon seit geraumer Zeit in aller Welt Pistolen lud und Bomben bastelte, um den ungeliebten Thronfolger ins Jenseits zu befördern. Denn nicht nur in Serbien hatte sich eine starke Gruppe gebildet, die sich als die »Schwarze Hand« bezeichnete, selbst in den Vereinigten Staaten wurden immer wieder Flugblätter beschlagnahmt, die in großen Lettern den Tod Franz Ferdinands forderten. Es waren meist anarchistische Gruppen, die miteinander in Verbindung standen und die seit Jahren versuchten, Unruhe innerhalb der Monarchien Europas mit mehr oder minder großem Erfolg zu stiften. So war es ihnen gelungen, auf den italienischen König Umberto ein Attentat zu verüben, das dieser nicht überlebte.

Franz Ferdinand war schon lange ins Blickfeld dieser internationalen Terroristen geraten, von denen die serbischen Aktivisten besonders zu fürchten waren, nicht nur wegen der geografischen Nähe. Die jahrelangen subversiven Tätigkeiten rund um ihn waren für den Erzherzog nichts Neues. Fast jeden Monat trafen irgendwelche Warnungen ein, auf die er kaum noch reagierte. Ja, er machte einmal die Bemerkung, dass er seines Lebens nicht mehr froh werden könnte, würde er all die Hinweise auf Attentate oder die Morddrohungen ernst nehmen. Kategorisch lehnte er es ab, in ständiger Angst zu leben, ohne sich tatsächlich schützen zu können. Er meinte, dass es tagtäglich passieren könnte, dass irgendein Verrückter aus dem nächsten Gebüsch stürzen könnte, um die Pistole zu ziehen und ihn niederzuschießen.

Für den Juni 1914 waren groß angelegte Manöver in Bosnien und in der Herzegowina geplant. Schon Wochen vor diesem Großereignis waren die einschlägigen Zeitungen voll von Berichten und dem exakten Zeitplan, wie alles vonstatten gehen sollte. Dass der Thronfolger persönlich an den Manövern teilnehmen wollte, sah man als eine besondere Auszeichnung an. War doch Franz Ferdinand der Oberbefehlshaber der gesamten Streitkräfte der Monarchie, sowohl der Flotte als auch der Armee. Es lag etwas seltsam Beunruhigendes über der gesamten Planung der Manöver, vieles wurde immer wieder verändert, neue Meldungen lösten die alten ab und eigentlich wusste niemand so recht, warum es da und dort zu Verwirrungen kam.

Auch in Wien machte sich eine unangenehme zwiespältige Stimmung breit, wenn man an diese militärischen Übungen dachte, vielleicht empfand es so mancher als Provokation, ausgerechnet in den neu erworbenen Gebieten die militärische Stärke der k. u. k. Armee zu demonstrieren.

In Belgrad jedenfalls nahm man die Aussicht auf die Manöver äußerst gereizt auf und von offizieller Seite wurde Wien mitgeteilt, dass man keine Garantien übernehmen könnte, was die Sicherheit der Repräsentanten der Monarchie beträfe.

Natürlich waren verschiedene Gerüchte auch Franz Ferdinand zu Ohren gekommen und ganz gegen seine sonstige

Gewohnheit verhielt er sich eher zögerlich, wenn die Rede auf seine Teilnahme bei den Manövern kam. Da war vor allem von Flugblättern in Bosnien und der Herzegowina die Rede, deren Inhalt beleidigend bis bedrohlich war. Nicht nur die Person des Thronfolgers wurde in den Schmutz gezogen, auch vor Sophie machte man nicht Halt und bezeichnete sie als »böhmischen Trampel«, den man umbringen müsse. Der Höhepunkt aber waren die unflätigen Aufdrucke: »Nieder mit dem Estehund und der böhmischen Drecksau!«

Die Auspizien waren denkbar ungünstig und Franz Ferdinand konnte sich nicht vorstellen, wirklich in Bosnien willkommen zu sein, da man auch in den einzelnen Landesteilen Demonstrationen ankündigte. Es würde ein heißer Sommer werden!

Die spätere Kaiserin Zita berichtete über die beinahe verzweifelten Versuche des Thronfolgers, nicht nach Bosnien reisen zu müssen: »Zu seiner Entschuldigung führte der Erzherzog als Grund die große Hitze in Bosnien an, um ihn von der Teilnahme an den Manövern zu befreien. Normalerweise setzte er sich stets durch, wenn es galt, mit dem alten Kaiser zusammen Entscheidungen über seine Reisen zu treffen ... Aber diesmal ... zog er den Kürzeren. Da der Erzherzog dem Kaiser die endgültige Entscheidung überließ, machte dieser ihm unmissverständlich klar, es sei sein Wunsch, dass der Erzherzog reise; ein solcher Wunsch, besonders in militärischen Angelegenheiten, war so viel wie ein Befehl. Bei der Rückschau mutet es eigenartig an, dass diese Reise nach Sarajevo die einzige Gelegenheit sein sollte, bei der der Erzherzog nicht seine eigenen Wege ging.«

Franz Ferdinand blieb nichts anderes übrig als sich mit dem Gedanken abzufinden, mit Sophie, die mit eingeladen war, diese Reise in der zweiten Junihälfte zu planen. Er konnte allerdings seine beunruhigenden Vorahnungen nicht unterdrücken. Denn nur so ist seine kurze Unterredung mit seinem Neffen Karl zu verstehen, über die dessen Gemahlin Zita kurz berichtete: Einige Wochen vor der Abreise waren der junge Erzherzog mit seiner Frau zu einem Abendessen ins Schloss Belvedere geladen worden. Die Stimmung hätte nicht besser sein können, als Sophie kurz den Raum verließ. In diesem Moment veränderte sich der bis jetzt heitere Gesichtsausdruck Franz Ferdinands, er wurde todernst und bat den Neffen in einen Nebenraum. Dort öffnete er den Schreibtisch und bat Karl, sollte ihm in Sarajevo etwas zustoßen, den Schlüssel an sich zu nehmen, denn in den Schubladen befänden sich wichtige politische Unterlagen, die der zukünftige Kaiser von Österreich unbedingt besitzen sollte. Als Sophie wieder zurückkehrte, war das kurze Gespräch sofort beendet. Zurück blieb ein völlig konsternierter Karl, der so wie seine Gemahlin die Vorahnung seines Onkels zunächst nicht wahrhaben wollte.

Um innerlich zur Ruhe zu kommen, zog sich Franz Ferdinand mit Sophie und den Kindern in den ersten heißen Juniwochen nach Konopischt zurück, wo man den deutschen Kaiser zu einem Kurzbesuch begrüßen wollte und sich außerdem entschlossen hatte, den herrlichen Rosenpark, der auf Franz Ferdinands Veranlassung entstanden war, zwei Tage lang für die Bevölkerung zu öffnen. Ein Leben lang hatte der Erzherzog Blumen, vor allem Rosen geliebt und hier in Konopischt, in dem eher trockenen böhmischen Klima waren nebst den einheimischen Sorten auch beinahe exotische Rosenarten prachtvoll gediehen. Prominente Freunde und Experten aus ganz Europa rechneten es sich als Ehre an, einmal einen Blick auf die herrlichen Rosenrabatten werfen zu können. Bis jetzt hatte Franz Ferdinand seinen Rosenpark wie einen Augapfel gehütet, Fremden war der Zutritt streng untersagt. Aber Mitte Juni sollten auch die Menschen der Umgebung einmal sehen, was sich hinter den hohen Mauern des Parks verbarg.

Der Besuch des deutschen Kaisers Wilhelm II. war wie immer ein lautes, fröhliches Zusammentreffen von zwei Männern und dessen Ehefrauen, die sich bestens verstanden. Wilhelm hatte sich auch einen ganz besonderen Plan ausgedacht, um seinen österreichischen Freund Franzi zu erfreuen und Aspekte für die Zukunft seines älteren Sohnes zu setzen: Max von Hohenberg sollte den Titel eines lothringischen Herzogs erhalten, damit sein Name mehr Ähnlichkeit mit dem der Habsburger bekäme. Denn seit der Hochzeit von Maria Theresia mit Franz Stephan von Lothringen wurde das Herrscherhaus »Habsburg-Lothringen« genannt. Da Wilhelm II. selber den Titel »Herzog von Lothringen« trug, konnte er dem Sohn Franz Ferdinands ohne große Schwierigkeiten diesen Titel verleihen.

Franz Ferdinand war genauso wie Sophie über diese Großzügigkeit des deutschen Gastes gerührt, man vereinbarte Näheres zu diesem Plan und schied mit der Gewissheit, sich im Herbst auf Schloss Blühnbach wieder zur Jagd zu treffen, wo eventuell auch der englische König Gast sein sollte. Franz Ferdinand schien ganz vergessen zu haben, dass er auf der letzten Jagd im Blühnbachtal eine weiße Gams erlegt hatte, obwohl die entsetzten einheimischen Jäger ihn noch, bevor er abdrückte, durch ein »Nicht schießen, kaiserliche Hoheit!« abhalten wollten. Der Schuss auf eine weiße Gams bedeutete nämlich für den Jäger den nahen Tod!

Während man in Konopischt in fröhlicher Runde so manchen Becher leerte, liefen in Serbien und Bosnien die Vorbereitungen für den Anschlag auf den österreichischen Thronfolger auf vollen Touren. In Belgrad hatten sich schon vor Monaten Studenten zu einem Geheimbund zusammengeschlossen unter der Führung des Geheimdienstoffiziers Dragutin Dimitrijević, der das Pseudonym »Apis« führte. Ziel der Bewegung war die Ermordung Franz Ferdinands. In seiner fanatischen Art war es Apis gelungen, einige Studenten in seinen Bann zu ziehen, junge Leute, die in ihrem kurzen Leben schon gescheitert waren. So war Gavrilo Princip im Jahre 1912 aus Sarajevo verwiesen worden, weil er sich an diversen antiösterreichischen Gewalttaten beteiligt hatte. Man ließ ihn aber wieder laufen, da man meinte, dass er seine politische Meinung vielleicht ändern würde.

Man hatte sich gründlich in Princip getäuscht. Je mehr Zeit ins Land zog, umso fanatischer wurde seine Gesinnung. Ohne mit seinen 21 Jahren noch eine Schule zu besuchen, verbrachte er die Tage auf Parkbänken oder in Kaffeehäusern wie im »Goldenen Stör«. Dort versammelten sich die Wirrköpfe und diskutierten nächtelang, wie man jetzt, bei den angekündigten Manövern, endlich zur Tat schreiten konnte. Princip hatte einen 19-jährigen Mitstreiter gefunden, der auch aus Sarajevo stammte, Čabrinović, einen redseligen, fanatischen Habsburgerfeind, der seine Heimatstadt ebenfalls hatte verlassen müssen, da er schon einige Male der Polizei aufgefallen war. Immer mehr von den Phrasen des Anarchismus angezogen, träumte er von der Wiederherstellung des gewaltigen mittelalterlichen serbischen Königreiches, bei dessen Errichtung man weder die Habsburger noch einen Franz Ferdinand brauchen konnte.

Während der Vater von Čabrinović eher ein zwielichtiger Typ war, stammte Princip aus einer ehrsamen und geachteten Bauernfamilie, in die Gavrilo sich schon als Heranwachsender nicht einfügen konnte. Im Gegensatz zu seinem strenggläubigen Vater war der Sohn Atheist und wie sich schon bald zeigen sollte, Revolutionär.

Als er Sarajevo verlassen musste, schloss er sich einer übel beleumundeten Gruppe von Freischärlern an, den Komitadchis, die organisiert, aber nicht legitimiert gegen die Türken kämpften. Aus diesem Verband wurde er wegen seiner schwächlichen Konstitution von einem Tag auf den anderen ausgeschlossen, eine Schmach, die er kaum verwinden konnte. Er fühlte sich gedemütigt und verkannt.

Aber dies gab seinem Willen einen eigenen Impuls. Er beschloss, dass er, wenn es ihm schon nicht vergönnt war, in den Reihen der Komitadschis zu Ruhm zu gelangen, durch eine persönliche, herausragende Tat unsterblich werden zu wollen!

Alles, was er weiterhin unternahm, waren nur Voraussetzungen, um dieses Ziel zu erreichen.

Der Dritte im Bunde der eigentlichen Verschwörer war Trifko Grabež, ein ebenfalls aus Bosnien entflohener Student, der einem Professor seiner Schule ins Gesicht geschlagen hatte und daher die Anstalt verlassen musste. Er hatte zunächst keine politischen Ambitionen, war aber durch seine Aggressivität genau der richtige Mann für ein geplantes Attentat.

Princip hatte Grabež näher kennen gelernt, da er mit ihm in Belgrad ein Zimmer teilte. Hier konnte er ihn mit seinen politischen Ideen infiltrieren. Und jedes seiner Worte fiel auf fruchtbaren Boden, wenn man sich bis in die späte Nacht die Köpfe heiß redete. Man ging jeden einzelnen Schritt des geplanten Attentates auf den österreichischen Thronfolger durch, ohne allerdings zu wissen, woher man die Waffen beziehen sollte, die zur Durchführung notwendig waren.

Aber Belgrad war damals eine echte Brutstätte für Verschwörer und so kamen die jungen Leute schon bald mit einem beinahe legendären Mann in Berührung, der sich als Komitadschi-Kämpfer goldene Sporen verdient hatte, mit Milan Ciganović, der sich bereit erklärte, das Trio mit den entsprechenden Waffen zu versorgen. Ciganović stellte ihnen sechs Bomben und vier Pistolen in Aussicht, außerdem wollte er sie mit Männern in Verbindung bringen, die sie nach Bosnien einschleusen sollten. Was die drei in ihrer Verblendung nicht ahnten, war die Tatsache, dass sie nun mit den gefährlichsten Männern des Landes in Kontakt gekommen waren, mit Major Tankosić, der seinerzeit Princip nicht in seiner Komitadschi-Truppe akzeptieren wollte, und mit Oberst Dragutin Dimitrijević, der den serbischen König Alexander im Jahre 1903 ermordet hatte. Diese Männer, die die Fäden im Hintergrund zogen, hatten die Geheimorganisation »Vereinigung oder Tod« oder besser bekannt als »Schwarze Hand« gegründet. Die Riten der »Schwarzen Hand« waren unheimlich, jedes Mitglied musste feierlich »bei der Sonne, die mich wärmt, bei der Erde, die mich nährt, beim Blut meiner Väter, bei Ehre und Leben« in einem stockdunklen Raum auf ein Kruzifix, auf einen Dolch und eine Pistole schwören, alles zu tun, um ein Groß-Serbien zu schaffen.

Man hatte in der Organisation kaum zu hoffen gewagt, in so kurzer Zeit drei junge Leute zu finden, die in ihrem Fanatismus in jeder Hinsicht manipuliert werden konnten und zu allem bereit waren. Für die entsprechende Ausbildung würde man schon Sorge tragen. Princip erwies sich als sicherer Schütze und die beiden anderen konnte man sich immerhin als Reserveschützen vorstellen. Nach zwei Jahren waren die Unterweisungen beendet. Daher war jetzt, als die Manöver in Sarajevo und die Teilnahme des österreichischen Thronfolgers angekündigt wurden, der ideale Zeitpunkt zum Losschlagen gekommen.

Die drei jungen Leute wurden reichlich mit Geld versorgt, daneben hatte man ihnen als Waffen je einen Browning-Revolver ausgehändigt, und je zwei Bomben, die sie um den

Leib geschnürt trugen. Sollte der Anschlag gelingen und ihnen die Flucht nicht mehr möglich sein, so sollten sie die Giftampulle, die mit Arsen gefüllt war, zerbeißen, um nicht in die Hände der österreichischen Polizei zu fallen. Offensichtlich hatte man alle Eventualitäten ins Kalkül gezogen. Helfershelfer aus allen Landesteilen ermöglichten Princip und seinen Freunden, den Polizeikontrollen, die natürlich in den letzten Wochen verstärkt worden waren, zu entgehen und die bosnische Grenze ohne Schwierigkeiten zu überschreiten, sodass die drei zukünftigen Mörder am 4. Juni ungehindert in Sarajevo eintreffen konnten. Hier hatten sie ausreichend Zeit, um alle Eventualitäten mit eingeweihten Kontaktmännern zu beratschlagen. Princip wohnte in dieser Zeit bei der Mutter seines Freundes Danilo Ilić. Dieser junge Mann hatte ein sehr wechselvolles Schicksal hinter sich, bevor er begann, für radikale anarchistische Zeitungen zu schreiben. Natürlich waren nun, da sich die Gruppe von Verschwörern vergrößert hatte, mehr Waffen nötig, die man aus verschiedenen Teilen Bosniens beziehen wollte. In einer Zuckerkiste verpackt wurden die Waffen ausgeliefert, wobei der Abholer ein Päckchen »Stephanie«-Zigaretten als Erkennungscode vorzeigen sollte. Nachdem die Zuckerkiste auf so manchem skurrilem Umweg in Sarajevo eingetroffen war, konnte dem Attentat eigentlich nichts mehr im Wege stehen. Denn kein »gütiges Schicksal« bewahrte den Thronfolger und seine Gemahlin vor dieser verhängnisvollen Reise in den Tod!

Die Sterne standen für Franz Ferdinand und Sophie von vornherein nicht günstig, denn beinahe unmittelbar nach der Abfahrt des Zuges gab es schon die erste Panne: Die Achsen des Salonwagens liefen heiß, sodass das Erzherzogspaar in einen gewöhnlichen Wagen der ersten Klasse umsteigen musste. Im nächsten Zug fiel dann auf Grund eines elektrischen Defektes das Licht aus, was Franz Ferdinand zu einer sarkastischen, beinahe hellseherischen Bemerkung gegenüber seinem Oberstallmeister Baron Morsey veranlasste:

»Sie sehen, so geht's los. Zunächst läuft ein Wagen heiß, dann ein Mordversuch in Sarajevo und schließlich, wenn das alles zu nichts führt, eine Explosion an Bord der ›Viribus‹.«

Der Erzherzog und seine Gemahlin fuhren auf getrennten Wegen nach Bosnien, wo die beiden einander erst wieder in Bad Ilidza treffen sollten. Von dort erreichte ein letztes Telegramm die Kinder in Chlumetz, das an »Prinzessin Sophie Hohenberg« gerichtet war: »Glücklich in Ilidza angekommen. Habe Mami sehr wohl gefunden. Hier ist es sehr schön und angenehm. Wir haben eine herrliche Wohnung. Wetter sehr angenehm. Gute Nacht, umarme Dich und die Geschwister innigst. Papi«

Den 25. Juni verbrachten Franz Ferdinand und Sophie gemeinsam in Sarajevo. Sie hatten beschlossen, ohne großen Sicherheitskordon den beinahe orientalisch anmutenden Markt zu besuchen, da der Erzherzog in seiner Sammlerleidenschaft dort einige Raritäten zu finden hoffte. Die beiden tauchten in der Menge unter, wurden aber schon bald erkannt und heftig akklamiert. Mitten in dem Menschengewühl befand sich zufälligerweise auch Gavrilo Princip, die Pistole in der Tasche. Der Augenblick wäre günstig gewesen, jetzt die geplanten Schüsse auf Franz Ferdinand abzugeben. Aber Princip schoss nicht. Später gab er an, er hätte befürchtet, die Herzogin mit zu treffen. Dass er ausgerechnet sie einige Tage später als Erstes erschießen würde, konnte er damals noch nicht ahnen.

Nachdem die Manöver zur vollsten Zufriedenheit des Armeechefs abgeschlossen waren, tauchten verschiedentlich Vorschläge auf, sofort abzureisen und den offiziellen Besuch von Sarajevo abzusagen. Aber es standen noch einige Punkte auf dem Programm, die man nicht auslassen wollte, ohne gewisse Personen zu brüskieren, und so lief alles wie geplant weiter.

In der Nacht zum 28. Juni trafen sich die Verschwörer in der Konditorei Vlajnić, einem unverdächtigen Ort, wo die Waffen ausgeteilt wurden. Dann machte man geschlossen einen Besuch auf dem Kosovo-Friedhof von Sarajevo, wo der glücklose, aber viel bewunderte Held Žerajić begraben lag, der im Jahr 1910 Kaiser Franz Joseph hätte erschießen sollen, stattdessen aber auf den österreichischen Gouverneur gezielt und zu dessen unwahrscheinlichem Glück mit sechs Schüssen verfehlt hatte. Nach diesem Desaster hatte er sich daraufhin selbst die Kugel gegeben.

In sein Quartier zurückgekehrt las Princip noch einige Seiten in den Büchern russischer Anarchisten, bevor er sich zu einem kurzen unruhigen Schlaf niederlegte. Die Ruhe selbst aber war Čabrinović, der in aller Gemütlichkeit drei Stück Kuchen verzehrte und sich dann noch mit einem Freund sichtlich gut gelaunt fotografieren ließ.

Die Verschwörer wussten durch die Presse genau Bescheid, wie das Tagesprogramm des erzherzoglichen Paares ablaufen würde. Zuerst würde die Wagenkolonne am Appel-Kai entlang fahren, um zum Rathaus zu gelangen. Aus mehreren Gründen hatten die Attentäter die Brücken als Standplätze gewählt, sicherlich aber war von hier aus ein leichteres Entkommen eher gewährleistet.

Der Konvoi, der aus sieben Fahrzeugen bestand, hatte sich um zwanzig Minuten verspätet. Im dritten Auto, einem Sechssitzer, hatten der Erzherzog und seine Gemahlin Platz genommen, in dem sich außer dem Chauffeur noch der Besitzer des Wagens, Graf Harrach, und der Militärgouverneur von Sarajevo, General Pitiorek, befanden.

Langsam fuhr die Kolonne den Appel-Kai entlang, während die Volksmenge auf der Schattenseite der Straße stand und in vereinzelte Hoch-Rufe ausbrach. Čabrinović hatte sich an der Cumurija-Brücke postiert, und da er schon zeitig seinen Platz eingenommen hatte, vertrieb er sich die Zeit des Wartens, indem er sich in Zeichensprache mit einem taubstummen Jungen unterhielt. Als die Wagenkolonne näher kam, tauchte ein Polizeidetektiv direkt neben Čabrinović auf, der die Unverfrorenheit in dieser Situation besaß, den Polizisten zu fragen, welcher Wagen der des Erzherzogs wäre. Er bekam die Auskunft, dass es der dritte sei, außerdem würde der österreichische Thronfolger in seiner hellblauen Uniformjacke mit dem grünen Papageienfederbusch am Hut schon von weitem erkennbar sein.

Čabrinović wartete, dass seine Freunde in Aktion treten würden, aber nichts geschah. Es fiel weder ein Schuss noch wurde eine Bombe geworfen. Da handelte er auf eigene Faust, zog die Bombe, entschärfte sie kurz, wartete aber nicht die vorgeschriebene Zeit ab, sondern warf sie direkt in Richtung des heranrollenden Konvois. Die Bombe traf das Verdeck des Autos des Thronfolgers, rollte in einen Rinnstein und explodierte in dem Moment, als der vierte Wagen darüber fuhr. Wie durch ein Wunder wurde außer Oberstleutnant von Merizzi niemand wirklich ernsthaft verletzt. Obwohl die momentane Verwirrung groß war, gelang es dem Attentäter nicht, wie vorgesehen durch den Fluss zu entfliehen. Er war auch nicht mehr imstande, die Giftkapsel zu schlucken, in Sekundenschnelle wurde er von den umstehenden Menschen umringt und festgenommen.

Der Bürgermeister von Sarajevo, der im ersten Wagen saß, hatte von den Vorgängen nichts bemerkt und war weitergefahren. Als Franz Ferdinand und Sophie noch geschockt von den Vorfällen im Rathaus erschienen, setzte er deshalb zu einer blumigen Rede an, die der Erzherzog barsch unterbrach:

»Herr Bürgermeister! Da kommt man nach Sarajevo, um einen Besuch zu machen, und man wirft auf einen mit Bomben. Das ist empörend! So, jetzt können Sie sprechen!«

Der Erzherzog hatte kurzfristig das vorgesehene Programm ändern lassen, er wollte sich im Spital nach Merizzi erkundigen. Außerdem hatte man noch einmal versucht, das hohe Paar zur sofortigen Abreise zu bewegen. Aber auch Sophie hatte ihr offizielles Damenprogramm noch nicht absolviert und wollte dies unter allen Umständen tun.

Das Schicksal des österreichischen Thronfolgerpaares ließ sich nicht mehr abwenden.

Durch mangelnde Information, wie es eigentlich weitergehen sollte, da man die neue Situation zu wenig abgesprochen hatte, kam es zu einem Irrtum des Chauffeurs des erzherzoglichen Autos. Er war dem Wagen gefolgt, in dem der Polizeichef saß, der rechts neben der Lateinerbrücke in Richtung Altstadt einbog, so wie es im ursprünglichen Programm vorgesehen war. General Pitiorek, der aber die Absicht des Erzherzogs kannte, zum Krankenhaus gefahren zu werden, stoppte plötzlich das Auto und gab Anweisung zu reversieren und zurück zum Appel-Kai zu fahren. Dies war der Augenblick, auf den Princip gewartet hatte. Er befand sich in unmittelbarer Nähe des Thronfolgers. Er riss die Pistole aus der Tasche und feuerte ohne zu schauen die Schüsse ab, die sich als verheerende Zufallstreffer erweisen sollten.

Schon der erste Schuss war tödlich. Er traf die Herzogin in den Magen. Mit dem zweiten Schuss verletzte er Franz Ferdinand am Hals, sodass es für ihn ebenfalls keine Rettung mehr geben konnte. Bevor ihr Kopf zwischen die Knie des Erzherzogs fiel, konnte Sophie noch entsetzt ausrufen: »Um Gottes willen! Was ist dir geschehen?« Dann verlor sie die Besinnung.

Der Erzherzog starb nicht so rasch. Beinahe bittend sagte er, sodass es alle hören konnten: »Sopherl, Sopherl! Stirb mir nicht! Bleibe für meine Kinder!«

Für das hohe Paar kam jede Hilfe, die man rasch herbeigeholt hatte, zu spät. Flüsternd wiederholte der Thronfolger auf die Frage, ob er Schmerzen hätte, immer wieder die Worte: »Es ist nichts«, bis man ein letztes Röcheln vernahm und auch er die Augen für immer schloss.

Es war eine Kette von Zufällen nötig gewesen, um das Rad der Weltgeschichte durch die Ermordung des österreichischen Thronfolgers in einen verhängnisvollen Abgrund zu lenken. Denn nach dem ersten Schuss, den Princip keinesfalls gezielt abgegeben hatte, riss er durch den starken Rückstoß die Pistole wie von selber in die Höhe, sodass der nächste Schuss Franz Ferdinand genau am Hals treffen musste. Die Obduktion der Leichen ergab folgende Todesursache: »Seine k. u. k. Hoheit Erzherzog Franz Ferdinand:

An der rechten Halsseite 2 Zentimeter nach auswärts von der Mittellinie 1 Zentimeter oberhalb des Schlüsselbeines eine unregelmäßige Öffnung der Haut, deren Ränder gezackt und gequetscht sind. Größter Durchmesser 5 Millimeter. Um die Öffnung ein schmaler blauschwarzer Hof. Bei der schichtweisen Präparierung der Halsweichteile zeigt sich eine Durchreißung der Halsvene (Vena jungularis), ferner ein Kanal im rechten Schilddrüsenlappen, welcher in die Luftröhre, deren Knorpelringe zertrümmert sind, führt. Von einem Aufsuchen des Projektils wurde, um eine Verletzung von Gefäßen, die für die Konservierung nur nachteilig gewesen wäre, abgesehen.«

Der Erzherzog hatte nicht die geringste Chance gehabt, zu überleben, denn das unmittelbar am Stehkragen der Uniform in die Halsvene eingedrungene Projektil hatte ihm die Halsvene zerrissen. Durch diese Verletzung war er allerdings nicht verblutet, sondern an einer Luftembolie gestorben, wodurch sein Ende so rasch herbeigeführt wurde.

Auch Sophie war von dem Attentäter präzise so getroffen worden, dass ihr nur Sekunden blieben, bevor sie starb. Der Obduktionsbericht besagte Folgendes:

»Ihre Hoheit Herzogin Sophie von Hohenberg:

In der rechten Weiche etwa 4 Querfinger oberhalb des Darmbeinkammes eine längsovale Öffnung in der Haut. Nach Eröffnung der Bauchhöhle zeigen sich die Därme nach oben verdrängt, der Unterbauch und das kleine Becken teils mit flüßigem, größtenteils aber mit geronnenem Blut gefüllt. Die untere Hohlvene und der rechte Zweig der Bauchschlagader vollständig durchtrennt. Sonst keinerlei Verletzung nachweisbar. Aus dem kleinen Becken wurde ein vollkommen intaktes Stahlmantelgeschoß von 9 mm Durchmesser herausgeholt.«

Sophie war innerlich verblutet.

Die Verwirrung, die die beiden Schüsse ausgelöst hatten, war riesengroß. Niemand konnte sich momentan erklären, was von einem Augenblick auf den anderen geschehen war. Aber eines wusste man instinktiv, dass man möglichst schnell Hilfe holen musste, sollte nicht alles zu spät sein.

Man brachte die beiden schwer Verletzten in den ersten Stock des Konak und die herbeigeeilten Ärzte bemühten sich um die Sterbenden. Weder Franz Ferdinand noch Sophie kamen noch einmal zu Bewusstsein. Nur ein paar Zentimeter von einander getrennt starben sie innerhalb der nächsten 15 Minuten.

Nachdem offiziell der Tod des österreichischen Thronfolgers und dessen Gemahlin, der Herzogin von Hohenberg, bekannt gegeben worden war, balsamierte man die Leichen ein und ließ ihnen die Totenmasken abnehmen. Dabei machte das Ehepaar Vasić eine nicht uninteressante Entdeckung, die erst im Jahre 1938 publik wurde: Franz Ferdinand hatte um den Hals eine Goldkette getragen, an der sieben Amulette hingen, gleichsam als Glücksbringer oder Schützer vor Gefahren und Krankheiten. Außerdem hatte man erstaunt festgestellt, dass im rechten Oberarm Franz Ferdinands ein kleiner chinesischer Drache eintätowiert war.

Die Versorgung der Toten entsprach ganz den Traditionen der Habsburger. Nachdem man überraschend schnell diese traurige Arbeit vollendet hatte, legte man die beiden Toten in eilends herbeigebrachte Särge. Franz Ferdinand hatte man ein Kruzifix in die Hände gegeben, neben Sophies Kopf legte man den Blumenstrauß, der ihr wenige Stunden vorher von einer Abordnung von türkischen Damen überreicht worden war. Alle, die Zeugen der Geschehnisse der letzten Stunden waren, konnten kaum realisieren, was sich vor ihren Augen ereignet hatte. Anstatt gut gelaunt im festlich gedeckten Prunksaal des Konak das köstliche Mittagsmahl einzunehmen, das von Dutzenden von Köchen vorbereitet worden war, lagen die beiden Gäste einen Stock höher auf der Totenbahre!

Es war wieder Graf Paar, der dazu ausersehen war, dem Kaiser, der sich gerade zu einem Erholungsaufenthalt in Ischl aufhielt, die Nachricht von der neuerlichen Katastrophe für das Kaiserhaus zu überbringen. Um 10.30 Uhr ließ der Graf sich beim Kaiser melden und erklärte dem 84-jährigen Monarchen, was in Sarajevo geschehen war. Angeblich soll Franz Joseph in seinem Stuhl zusammengesunken sein, bevor er seine bekannte Contenance wieder fand und die Worte vor sich hin sprach:

»Der Allmächtige läßt sich nicht herausfordern! ... Eine höhere Gewalt hat wieder jene Ordnung hergestellt, die ich leider nicht zu erhalten vermochte ...« Ob der Kaiser selber diese Gedanken in diesem Augenblick hatte oder ob man sie ihm in den Mund gelegt hatte, ist bis heute nicht erwiesen.

Die Tochter des Kaisers, Marie Valerie, die sich schon seit langem Sorgen über den Gesundheitszustand ihres Vaters machte, notierte in ihr Tagebuch:

»In aller Sorge, wie Papa diese neue Erschütterung ertragen würde, war mir doch bewusst, dass es nur eine Aufregung, kein Schmerz für ihn sei.«

Schmerz empfanden wahrscheinlich nur die Kinder über den

plötzlichen Verlust ihrer liebevollen Eltern. Man hatte es zunächst nicht gewagt, der Tochter und den beiden kleinen Söhnen des Thronfolgerpaares die ganze Wahrheit mitzuteilen. Die damals 13-jährige Sophie schilderte die Ereignisse dieses Tages viele Jahre später:

»Wir warteten gerade auf die Rückkehr unserer Eltern und hatten eine kleine ›Aufführung‹ als Willkommensgruß eingeübt. Während wir am Sonntag beim Mittagessen saßen, wurde Msgr. Stanowsky, der Erzieher meiner Brüder, vom Tisch ans Telephon gerufen. Er kam völlig erschüttert zurück, sagte aber nichts, und wir dachten, es handle sich um schlimme Nachrichten von seiner Mutter, die zu jener Zeit sehr krank war. Er rief sofort unsere Tante Henriette, die Schwester meiner Mutter, in Prag an und bat sie, unverzüglich nach Chlumetz zu kommen. Sie kam noch am gleichen Nachmittag und erzählte uns mehr oder weniger geradeheraus, dass auf unsere Eltern ein Anschlag verübt worden sei und sie beide verletzt worden seien. Wir waren aufs tiefste getroffen und baten um Erlaubnis, zu ihnen zu gehen. Statt dessen wurden wir in die Dorfkirche von Chlumetz geführt, um für unsere Eltern zu beten. Wir hatten noch keine Ahnung, wie furchtbar die Nachricht in Wirklichkeit war … am nächsten Morgen frühzeitig erfuhren wir die entsetzliche Wahrheit … Unser Schmerz war unbeschreiblich, desgleichen das Gefühl völliger Verzweiflung. Unser ganzes Leben hindurch hatten wir nichts anderes als Liebe und Schutz gekannt. Jetzt, ganz plötzlich, konnten wir uns ganz einfach nicht vorstellen, was aus uns einmal werden sollte.«

Die Trauer der Bevölkerung in den einzelnen Ländern der Monarchie hielt sich dagegen in Grenzen. Zu unbeliebt war Franz Ferdinand gewesen, als dass man ihm und seiner Gemahlin mehr als eine Träne nachweinte. Stefan Zweig schilderte die Stimmung im Volk in seiner Autobiografie »Die Welt von Gestern«:

»Es war, wie ich nach wenigen Minuten erfuhr, die Depesche, dass Seine kaiserliche Hoheit, der Thronfolger Franz Ferdinand, und seine Gemahlin, die zu den Manövern nach Bosnien gefahren waren, daselbst einem politischen Meuchelmord zum Opfer gefallen seien. Einer sagte dem anderen die unerwartete Nachricht weiter. Aber um der Wahrheit die Ehre zu geben: keine sonderliche Erschütterung oder Erbitterung war von den Gesichtern abzulesen. Denn der Thronfolger war keineswegs beliebt gewesen. Noch von meiner frühen Kindheit erinnere ich mich an jenen Tag, als Kronprinz Rudolf in Mayerling erschossen aufgefunden wurde. Damals war die ganze Stadt in Aufruhr ergriffener Erregung gewesen, ungeheure Massen hatten sich gedrängt ... die Nachricht von der Ermordung Franz Ferdinands erregte keine tiefe Anteilnahme. Zwei Stunden später konnte man kein Anzeichen wirklicher Trauer mehr bemerken. Die Leute plauderten und lachten, spät abends spielte in den Lokalen wieder die Musik. Es gab viele an diesem Tag in Österreich, die im stillen heimlich aufatmeten.«

Nicht nur in Österreich zeigte man sich beinahe erleichtert, dass jetzt ein anderer die Nachfolge des alten Kaisers einmal antreten sollte: der umgängliche, nicht unsympathische, freilich nicht besonders geschulte Erzherzog Karl, der älteste Sohn von Franz Ferdinands Bruder Otto. Und mit ihm seine starke, intelligente Gemahlin Zita, die schon bald alle Fäden in der Hand hatte.

Selbst nach dem tragischen Tod des Thronfolgers und seiner nicht standesgemäßen Gemahlin konnte der Obersthofmeister Montenuovo nicht über seinen Schatten springen. Er setzte alles daran, um noch einmal aller Welt vor Augen zu führen, dass eine ehemalige Gräfin niemals selbst im Tode einem Habsburger gleichwertig sein konnte. Als die beiden Särge nach der Fahrt auf dem Schiff »Viribus Unitis« über Triest in Wien eintrafen, demonstrierte Montenuovo noch einmal die ganze Macht des Zeremoniells. Schon zu Lebzeiten hatte Franz Ferdinand bestimmt, da er die Unversöhnlichkeit des Obersthofmeisters richtig eingeschätzt hatte, dass er neben seiner Gemahlin in der Gruft von Artstetten beigesetzt werden wollte. Und er hatte mit dieser Verfügung gut getan. Denn es wäre absolut unmöglich gewesen, dass Sophie neben ihm in der Kapuzinergruft zur letzten Ruhe gebettet worden wäre.

Nachdem man dem Thronfolger zunächst nur ein Begräbnis

dritter Klasse zugebilligt hatte, wurde diese Verfügung schließlich doch geändert und Franz Ferdinand und Sophie ein Begräbnis zweiter Klasse ausgerichtet, das heißt, eine Beisetzung ohne Beisein internationaler Würdenträger. Die Art und Weise, wie man mit den beiden Toten verfuhr – der Kaiser ließ wie immer seinen Obersthofmeister schalten und walten –, empörte nicht nur die Freunde des erzherzoglichen Paares und unter diesen waren immerhin Kaiser und Könige, sondern auch die anderen Angehörigen des Erzhauses, sodass die habsburgischen Erzherzöge geschlossen dem Trauerzug, der sich in den späten Abendstunden zum Westbahnhof bewegte, die letzte Ehre gaben. Der Kaiser und seine Familie waren bei den Aussegnungsfeierlichkeiten anwesend gewesen. Am Bahnhof endete allerdings alles Offizielle, die beiden Särge wurden in einen Eisenbahnwaggon verfrachtet und nach Pöchlarn an der Donau gebracht. Als der Zug spät in der Nacht in dem niederösterreichischen Bahnhof eintraf, ging gerade ein schweres Unwetter über der Stadt nieder, sodass die vorgesehene Aussegnung in der Bahnhofshalle stattfinden musste. Dann hob man die Särge auf einen Leichenwagen, der auf die Fähre auffuhr, denn man musste die Hochwasser führende Donau überqueren, um nach Artstetten zu gelangen. Mitten auf dem Fluss wäre es beinahe zur Katastrophe gekommen: Ein Blitz schlug ganz in der Nähe ein, die Pferde scheuten und kippten den Wagen mit den Särgen beinahe in die Donau.

Am anderen Ufer erwarteten die beiden Toten viele Trauergäste, die ihnen die letzte Ehre erweisen wollten. Unter ihnen befand sich auch der Bruder Franz Ferdinands, ein einfacher Mann namens Ferdinand Burg, der wegen seiner unstandesgemäßen Heirat vom Kaiser aus dem Erzhaus ausgeschlossen worden war. Darüber hinaus hatte der Kaiser verfügt, dass dieser Neffe niemals wieder einen Fuß in die Länder der Donaumonarchie setzen durfte. Aber der tragische Tod Franz Ferdinands ließ Franz Joseph halbwegs menschlich handeln, er hob dieses Verbot für ein paar Tage auf, sodass Ferdinand Karl wenigstens am Begräbnis seines Bruders teilnehmen konnte, wenn er schon nicht zu dessen Hochzeit gekommen war!

Als man die Särge in Artstetten durch die engen Gänge zur Gruft trug, ereignete sich etwas, was allen Anwesenden das Blut in den Adern erstarren ließ. Franz Ferdinand war nämlich seinerzeit mit dem Baumeister seiner letzten Ruhestätte beinahe in Streit geraten, da ihm die Gänge zu schmal erschienen waren. Er hatte darauf hingewiesen, dass sein Sarg einmal nicht um die Kurve getragen werden könnte, ohne dass ein Stück Mauer herunterfallen würde. Sollte dies tatsächlich passieren, so würde er sich im Sarg umdrehen …

Und wie es der Erzherzog vorausgesehen hatte, geschah es. Die Träger versuchten den schweren Sarg um die Ecke zu bringen, dabei stießen sie an die Wand und ein Stück Mauer fiel krachend zu Boden. Vor Entsetzen waren die Männer nahe daran, den Sarg fallen zu lassen, und allen Umstehenden, die die Geschichte kannten, lief ein Schauer über den Rücken. Gebannt horchten sie, ob sich im Sarg nicht etwas rühren und der Erzherzog seine Drohung wahr machen würde. Als alles still blieb, hörte man ein erleichtertes Aufatmen.

Die Särge der beiden Toten wurden in Marmorsarkophage gebettet, die nebeneinander in der Gruft ihren letzten Platz fanden.

Eine der glücklichsten Ehen im Hause Habsburg war durch den gemeinsamen Tod besiegelt worden. Franz Ferdinand, der begeisterte, beinahe krankhafte Jäger, hatte den Tod durch den Schuss eines Attentäters gefunden; die letzte Kugel hatte ihn selbst getroffen!

Liebe auf den zweiten Blick

KARL I. UND ZITA VON BOURBON-PARMA

Eisiger Wind peitschte Regenschauer gegen die Mauern des Klosters der Benediktinerinnen auf der englischen Insel Wight und ließ Nonnen und Zöglinge in den düsteren Räumen vor Kälte zittern. Karg und schmucklos war die Einrichtung, alles, was das Leben etwas erfreulicher gemacht hätte, war untersagt; hier war der Blick nur auf die innere Einkehr und zum Himmel gerichtet. Es war so ganz und gar nicht der Platz für ein junges Mädchen, und obwohl sich die Bourbonenprinzessin Zita den Regeln des Klosters untergeordnet hatte, hatten das raue unwirtliche Klima und die asketische Ordnung der Gesundheit des Mädchens so geschadet, dass sich die Mutter entschloss, ihre Tochter heimholen zu lassen. Die Cousine der Prinzessin, Maria Annunziata, machte sich auf die weite Reise nach England, um Zita nach Hause zu begleiten. Die beiden Damen traten den Heimweg über das böhmische Heilbad Franzensbad an, wo man sich von den Strapazen der Reise erholen wollte. Die unbeschwerten Tage, die man mit ihren Annehmlichkeiten voll und ganz auskosten wollte, sollten dazu dienen, die angeschlagene Gesundheit der hübschen Prinzessin wiederherzustellen.

Nach der spartanischen Einfachheit des Klosters genoss Zita den Luxus, der sie hier in Franzensbad umgab, und sie erkannte, wie schön und angenehm das Leben eigentlich doch war. Weite Spaziergänge wechselten mit Einladungen ab, man lernte interessante Leute kennen, und überall fiel Zita durch ihr bezauberndes Wesen und ihre besondere Anmut auf, so dass sie bald viele Verehrer um sich scharte. Jeden Tag unternahmen die Damen ihren Bummel auf der blumengeschmückten Promenade und genossen die bewundernden Blicke der vorüberflanierenden jungen Herren. Besonders liebenswürdig grüßte der habsburgische Erzherzog Carl Franz Joseph. Erzherzog Karl, wie er von seiner Familie genannt wurde, war für die Prinzessin kein Fremder, sie hatten sich als Kinder öfter getroffen, aber er hatte keinen allzu großen Eindruck auf sie gemacht. Jetzt aber standen sich zwei hübsche junge Leute gegenüber, die sich unsicher anlächelten und zunächst nicht wussten, was sie sagen sollten. Wahrscheinlich überwand Zita als erste die Verlegenheit und begann mit Karl eine angeregte Unterhaltung. Sie war ein überaus gebildetes Mädchen, das in den verschiedenen Schulen Wissen, aber auch Umgangsformen gelernt hatte, so dass sie sich in den unterschiedlichsten Lebenslagen zurechtfand. Denn obwohl die Familie des Herzogs von Parma, vor allem nach dem Tod des Vaters, keine großen finanziellen Eskapaden machen konnte, achtete die Mutter Zitas sehr darauf, dass die zahlreichen Kinder Herzog Roberts eine standesgemäße, gediegene Ausbildung und Erziehung bekamen, so dass sie später einmal, sollte sich die Chance bieten, jederzeit in die ersten Häuser Europas einheiraten konnten.

Das Schicksal hatte den Vater Zitas um Land und Macht gebracht, obwohl Herzog Robert nach der Ermordung seines Vaters schon mit sechs Jahren einen Anspruch auf den Thron von Parma hatte. Freilich übernahm die überaus tüchtige Mutter die Regierungsgeschäfte für ihren minderjährigen Sohn, allerdings konnte auch sie sich nicht den Einigungsbestrebungen Italiens in den Weg stellen und musste schließlich vor den feindlichen Truppen kapitulieren. Sie verlor für sich und ihren Sohn Parma, und Robert kam zu seinem Onkel, dem Herzog von Chambord, nach Niederösterreich.

Es ist beinahe ein Kuriosum der Weltgeschichte, dass auch der Thronprätendent von Portugal, Dom Miguel, der Herzog von Braganza, in Seebenstein im Exil lebte; dazu kam der Herzog von Chambord, der sich eine, wie er glaubte, berechtigte Chance auf den französischen Thron ausrechnete. Unweit entfernt, in Schwarzau, lebte Robert, der, wie seine Familie es sah, rechtmäßige Herzog von Parma; eine Gesellschaft von Emigranten und Exilanten, wie sie hochrangiger kaum sein konnte. Man pflegte südlich von Wien ein reges gesellschaftliches Leben und hoffte auf den Tag, an dem alles anders werden, an dem sich das Schicksal wenden würde und die rechtmäßigen Könige und Herzöge wieder ihr Land beglücken konnten. Es lebte sich nicht schlecht im Dunstkreis der alten Kaiserstadt, Jagdgesellschaften, Cercles und Bälle verschönerten das keineswegs triste Leben. Herzog Robert, der Vater Zitas, war ein friedfertiger Mann, der sich ganz mit seinem Schicksal abgefunden hatte. Er lebte glücklich im Kreise seiner großen Familie, die sich beinahe Jahr für Jahr um ein weiteres Kind vermehrte. Als die spätere Kaiserin Zita zur Welt kam, tummelten sich in der Herzogsfamilie schon dreizehn Kinder. Robert war in erster Ehe mit einer Cousine zweiten Grades, Maria Pia von Neapel-Sizilien, verheiratet gewesen, und alle zwölf Kinder, die dieser Verbindung entstammten, überlebten entweder die ersten Lebensjahre nicht oder waren schwer behindert. Als Roberts Gemahlin bei der Geburt des dreizehnten Kindes starb, ging auch die Kette dieser unglücklichen Nachkommen zu Ende, denn Roberts zweite Frau, eine Braganza-Prinzessin, Maria Antonia, war nicht nur eine gesunde junge Frau, sondern auch noch weit über die Grenzen Portugals hinaus berühmt wegen ihrer ungewöhnlichen Schönheit. Auch die zwölf Kinder, die sie in den nächsten Jahren zur Welt brachte, konnten ihrem Aussehen nichts anhaben, so dass sie noch in hohem Alter eine ausgesprochen ansehnliche Frau war.

Es war erstaunlich, wie die junge Prinzessin das Los meisterte, das sie durch die Heirat mit dem vielfachen Vater auf sich genommen hatte. Sie war keineswegs eine böse Stiefmutter, sondern nahm sich liebevoll der Kinder ihres Mannes aus erster Ehe an, wenngleich sie mit dem ältesten Stiefsohn die allergrößten Schwierigkeiten hatte. Freilich versuchte Herzog Robert auszugleichen, aber die Missstimmung wurde vor allem durch Elias erzeugt, der sich als Nachfolger seines Vaters fühlte und alles daran setzte, die Macht in der Familie zu erlangen. Maria Antonia sorgte dafür, dass selbst die körperlich schwerstbehinderten Kinder so erzogen wurden, dass sie all das erlernen konnten, wozu sie überhaupt in der Lage waren. Die gesunden Buben und Mädchen aus der zweiten Ehe hatten die Aufgabe, sich um ihre kranken Stiefgeschwister zu kümmern.

Maria Antonia war eine zutiefst religiöse Frau, die ihre Kinder im Schoß der katholischen Kirche verankert sehen wollte. Aber Religion bedeutete für sie nicht nur, zu beten und die Sakramente zu empfangen, sie verstand unter Christentum auch tätige Hilfe für die Armen, wobei sie von ihrem Gatten, wo es nur ging, unterstützt wurde. Die Kinder sollten von Jugend auf lernen, sich um die Bedürftigen, die es in allen Ländern gab, zu kümmern.

Am 9. Mai 1892 durchbrach der erste Schrei des siebzehnten Kindes, eines Mädchens, die Stille auf Schloss Pianore bei Lucca. Zita, wie die kleine Tochter nach einer Dorfheiligen genannt wurde, schien wohl nur eines der vielen Kinder in der großen Familie zu sein, und doch zeigte sie von klein auf schon ganz bestimmte und ausgeprägte Charaktereigenschaften, die sie ein Leben lang beibehalten sollte.

Sie war in einer paradiesischen Landschaft geboren. Herzog Robert hatte zwar seine Herrschaft über Parma verloren, weil er aber offiziell auf alle Machtansprüche verzichtet hatte, war ihm vom neugegründeten Königreich Italien sein Besitz in der Gegend von Lucca zugesprochen worden. Daneben hatte Robert 1889 von den Grafen Rato das Schloss Schwarzau in Niederösterreich erworben, so dass die Familie nach Lust und Laune ihre Tage entweder im sonnigen Süden oder in Niederösterreich verbringen konnte. Meist tollten die Kinder in den Sommermonaten durch die Gänge und Parks von Schloss Schwarzau, weil es ab Juli in Italien zu heiß wurde, so dass man mit Sack und Pack mit einem Sonderzug, der fünfzehn Waggons umfasste, in den kühleren Norden aufbrach. Es war jedesmal eine kleine Völkerwanderung, die sich da in Bewegung setzte, denn es galt nicht nur die zahlreichen Familienmitglieder in den Zug zu verfrachten, sondern Robert bestand auch darauf, seine ganze umfangreiche Bibliothek mitzunehmen. Die Kinder wollten sich von den Reitpferden nicht trennen und die Rossknechte nicht von ihren Pferden. Und so kam eine Lawine ins Rollen, und ein ganzer Zug musste zur Verfügung gestellt werden, um die Herzogsfamilie von einem Domizil zum anderen zu bringen.

Wohin sie eigentlich wirklich gehörten, wussten sie wahrscheinlich selbst nicht genau. Die Ahnen Herzog Roberts und Maria Antonias waren viel zu verwandt und verschwägert, in ihren Adern floss neben portugiesischem auch noch spanisches und bourbonisches Blut. Wahrscheinlich waren die Vorfahren aller möglichen anderen Herrscher Europas auch die Ahnen von Roberts Familie. Nur Österreicher waren sie sicher nicht, obwohl die spätere Kaiserin Zita größten Wert auf eine weit zurückreichende österreichische Abstammung legte. Herzog Robert war zwar Bourbone, aber er fühlte sich vielleicht eher als Weltbürger und war dort zu Hause, wo seine Familie war, während seine Söhne aus zweiter Ehe, Sixtus und Xavier, sich immer als Franzosen bezeichneten, obwohl sie ihre Jugendzeit größtenteils in Österreich verbracht und hier vor allem auch ihre Schulbildung erhalten hatten. Andere Söhne wiederum gingen für den Kaiser in den Krieg und taten an den Fronten am Rande der Monarchie ihre Pflicht für ihr »Vaterland«, während ihre Brüder in der belgischen Armee kämpften.

Es muss für Maria Antonia nicht leicht gewesen sein, all die eigenwilligen Charaktere, die sich unter ihren Kindern befanden, zu zähmen und zu bändigen. Aber in ihrer ungewöhnlich zielstrebigen Art, alles selbst zu erledigen, gelang ihr auch diese Aufgabe. Dabei galt es natürlich, konsequent eine bestimmte Linie durchzuhalten; ihre Tochter Zita bezeichnete diese Konsequenz später als Härte und meinte, sie habe sich immer vor ihrer Mutter beinahe gefürchtet.

Als Zita dem jungen österreichischen Erzherzog in Franzensbad begegnete, da standen sich zwei Welten gegenüber: die Tradition der uralten Monarchie in Person eines feschen, lebensfrohen Leutnants und die Welt der heimatlos gewordenen Exmonarchen, die eigentlich nicht genau sagen konnten, wo ihr Aufgabenbereich lag. Zita allerdings wusste wahrscheinlich von Jugend auf, was sie wollte; sie verfolgte alle Ziele, die sie ins Auge gefasst hatte, mit stetiger Hartnäckigkeit, sie hatte immer das Bestreben, aus ihrem Leben etwas zu machen, wenn sie auch zunächst noch nicht wissen konnte, dass sie dieses Leben einige Jahre an der Seite des späteren Kaisers von Österreich verbringen sollte.

Die Begegnung der beiden jungen Leute in Franzensbad schien vom Zufall eingefädelt zu sein, und doch hatten hohe und höchste Damen der adeligen Gesellschaft die Hände mit im Spiel. Sowohl die Mutter des jungen Erzherzogs als auch die Cousine Zitas hatten sich schon Gedanken darüber gemacht, welche Prinzessin aus standesgemäßem Haus für Karl in Frage käme. Maria Annunziata war zwar erst 32 Jahre alt, hatte aber selbst die Hoffnung auf eine Ehe aufgegeben, und so interessierte sie sich brennend dafür, wer mit wem unter die Haube kommen sollte. Kurioserweise war sie nicht nur mit Zita verwandt, sondern auch noch eine Tante des habsburgischen Erzherzogs Karl. Und dennoch bestand zwischen den beiden jungen Leuten keine echte Blutsverwandtschaft, da Maria Annunziata die Tochter der Stiefgroßmutter Karls war, der ungewöhnlich aktiven, herzensguten und bedeutenden Maria Theresia, der dritten Gemahlin des kaiserlichen Bruders Erzherzog Karl Ludwig. Die verwandtschaftlichen Verhältnisse innerhalb des habsburgischen Hauses waren im Laufe der Jahre immer komplizierter und verworrener geworden, und nur genaue Kenner konnten die Zugehörigkeit der einzelnen Mitglieder genau fixieren.

Maria Annunziata und auch ihre Mutter hegten schon seit langem den Plan, eine der Töchter Herzog Roberts für Karl auszusuchen. Zuerst hatten sie die ältere Schwester Zitas ins Auge gefasst, ein außergewöhnlich schönes Mädchen, aber plötzlich hatte sich diese dann Hals über Kopf entschlossen, als Nonne in das Kloster St. Cecile auf der Insel Wight einzutreten. Herzog Robert hatte aber gottlob ja noch andere gutaussehende Töchter, die im heiratsfähigen Alter waren, und so nahm man die nächste unter die Lupe.

Auch Zita konnte sich wirklich sehen lassen. Sie hatte von ihrer schönen Mutter ein anmutiges Äußeres geerbt, auffallend große, dunkle Augen und prachtvolles Haar, das in ihrer Jugendzeit blond gewesen war, sich später aber zu Kastanienbraun abgedunkelt hatte. Sie war größer als ihre Altersgenossinnen und grazil-zierlich.

Auch mit ihrer schulischen Ausbildung konnten alle zufrieden sein. Nachdem die Kinder Herzog Roberts die Anfangsgründe

der Bildung von Hauslehrern erworben hatten – daneben gab es
Unterweisungen in Religion und Handarbeiten –, besuchten alle
Söhne und Töchter die besten Internate, die man damals empfehlen konnte. Die kleine Zita wurde in das strenge oberbayerische Mädchenpensionat Zangberg, das von Salesianerschwestern geführt wurde, gesteckt. »Ora et labora«, dies war der
Wahlspruch, dem sich alle Schülerinnen unterordnen mussten.
Zita fiel in der Schule nicht durch überdurchschnittliche Leistungen auf, wohl aber durch ihre Musikalität und ihr Verhalten.
Sie zeigte eine natürliche und kühle Distanz zu ihren Mitschülerinnen, gab sich zwar nie unfreundlich, aber auch nicht allzu
überschwenglich.

Obwohl einem Kind von elf Jahren sicherlich die strenge
Ordnung im Kloster mit seinem geregelten Tagesablauf schwerfiel, war die Prinzessin doch durch ihre Geschwister an eine
große Gemeinschaft gewöhnt. Hier lernte sie neben Englisch,
Französisch, Italienisch auch noch Deutsch, für Zita die einzige
wirkliche Fremdsprache, da zu Hause nur die Mutter ab und zu
mit den Kindern Deutsch gesprochen hatte; der Vater unterhielt
sich meist französisch oder italienisch mit seiner Familie. Zita
hatte anfangs Schwierigkeiten mit der deutschen Sprache, und
sie musste sich in Zangberg größte Mühe geben, um mit ihren
Mitschülerinnen Schritt zu halten. Aber mit zähem Fleiß übte
sie auch in den Ferien zu Hause weiter und nahm sogar
Nachhilfestunden, um ihre Leistungen in der Schule zu verbessern.

Interessant für die damalige Zeit war es, dass man in der
strengen Klosterschule nicht nur den Geist ertüchtigen, sondern
auch den Körper zu seinem Recht kommen lassen wollte. Daher
versammelten sich die Mädchen nach dem Aufstehen – noch vor
der täglichen Morgenmesse – im Hof, um Freiübungen zu
machen. War das Wetter günstig, stand Tennis auf dem
Programm, sobald Schnee lag, wurden unter großem Hallo auf
den Hängen im Park Rodelpartien abgehalten. Zita liebte die
sportlichen Betätigungen sehr, hatte die Familie doch auf
Schloss Schwarzau ein Schwimmbad im Garten; daneben veranstaltete man Tennispartien, zu denen zahlreiche Freunde geladen

waren oder fuhr mit dem Fahrrad durch die reizvolle nieder-
österreichische Landschaft.

Der Tod Herzog Roberts am 16. November 1907 brachte für
Zitas Leben einen bedeutenden Einschnitt. Sie hatte den Vater
sehr geliebt, er war immer da, wenn es Probleme gab, zu ihm
konnten alle kommen, er wusste stets Rat und stand auch mit
Taten den Kindern zur Seite. Obwohl er schon seit langem an
Herzverfettung gelitten hatte, kam sein Tod nach dem
Mittagessen, als er friedlich die Zeitung las, für alle wie ein Blitz
aus heiterem Himmel. Die Mutter rief die Kinder nicht sofort
aus den Internaten zu sich, sondern wartete, bis Zita zu Hause in
Lucca war, dann ließ sie der Tochter durch die Marquise Dalla
Rosa den Tod des Vaters mitteilen. Zunächst kehrte Zita nach
Schwarzau zurück, aber nur, um sich für das strenge Internat in
Ryde auf der Isle of Wight vorzubereiten, wohin sie übersiedeln
sollte. In diesem Benediktinerinnenstift lebte nicht nur ihre
Großmutter als Priorin, sondern auch ihre älteste Schwester als
Nonne. Zita allerdings war nicht dazu ausersehen, als Kloster-
schwester im Stift zu bleiben, sie sollte nur die letzte Ausbildung
und den perfekten Schliff bekommen, um dann einem Mann
zugeführt zu werden. Religiöse Andachten, Messen, Meditation
und Musik bestimmten das Tagesprogramm des jungen Mädchens. Philosophische Gespräche über Gott und die Religion,
daneben Fasten und Buße sollten den Glauben der Zöglinge ein
Leben lang prägen. Zita fügte sich den Anforderungen ganz und
gar, allerdings wurde ihre Gesundheit durch das feuchte englische Klima und durch die strengen Übungen geschwächt. Nach
einem dreiviertel Jahr entschloss sich ihre Mutter, die Tochter
nach Hause zu holen. Zita war siebzehn Jahre alt und gerade im
heiratsfähigen Alter.

Als Maria Annunziata Zita abholte, konnte sie mit ihr zufrieden sein. Sie berichtete ihrer Mutter Maria Theresia, dass die
Prinzessin ein ungemein hübsches, gesittetes und gebildetes junges Mädchen sei, das sich noch durch außerordentliche Frömmigkeit auszeichne. Religiosität und Gottesfürchtigkeit waren
besonders für die Mutter Karls, für die sächsische Prinzessin
Maria Josefa, von entscheidender Bedeutung. Sie selbst hatte

kein leichtes Los an der Seite des »schönsten Erzherzogs der Monarchie« gehabt. Der Bruder von Erzherzog-Thronfolger Franz Ferdinand, Otto, war wegen seiner Ausschweifungen und seines leichten Lebenswandels im ganzen Lande berühmt und berüchtigt gewesen. Die Jahre ihrer Ehe waren für Maria Josefa eine einzige Qual, und das Ende des Erzherzogs, der wahrscheinlich an einer Geschlechtskrankheit elend zugrunde ging, für sie beinahe eine Erlösung. Nun suchte sie mit allen Mitteln für ihren ältesten Sohn Karl, der einst nach seinem Onkel Franz Ferdinand die Krone der Habsburger tragen sollte, eine ebenbürtige und vor allem gläubige Frau.

Wahrscheinlich hatte auch Maria Josefa schon verschiedene Prinzessinnen als zukünftige Schwiegertöchter ins Auge gefasst und sie einer strengen, geheimen Prüfung unterzogen. Als ihr nun Maria Theresia, ihre verehrte Stiefschwiegermutter, Zita präsentierte, hätte sie zunächst vollauf zufrieden sein können, denn die junge Prinzessin entsprach in allem ihren Vorstellungen. Dennoch blieb Maria Josefa zunächst reserviert, denn sie befürchtete eine zu nahe Verwandtschaft. Dieser Einwand allerdings war leicht zu entkräften, denn wenn auch eine verwandtschaftliche Beziehung auf dem Papier bestand, konnten doch die Befürworter einer Ehe zwischen Karl und Zita unschwer nachweisen, dass nur die Stiefgroßmutter Karls eine Schwester von Zitas Mutter, also auch eine Braganza-Prinzessin war. Damit stand dem Plan der Damen nichts mehr im Wege. Nun kam es ausschließlich auf die Neigung der beiden jungen Leute an, denn alle waren sich darüber im Klaren, dass weder Karl noch Zita zu einer Ehe überredet werden konnten. Beide waren in dieser Hinsicht zu starke Persönlichkeiten, als dass sie sich, wie es im Hause Habsburg seit Jahrhunderten üblich war, hätten so einfach verheiraten lassen.

Karl und Zita kannten einander schon aus den Kindertagen. So war es in Franzensbad beinahe Liebe auf den zweiten Blick gewesen. Die Schlösser der Familien lagen nicht allzu weit auseinander, und die Kinder hatten sich manchmal zum gemeinsamen Spiel getroffen. Allerdings hatte der um fünf Jahre ältere Karl das kleine Mädchen wohl kaum bemerkt, er war mit Zitas Bruder

Xavier befreundet. Zita nahm auch wenig Notiz von dem wilden Buben, der im Übermut einmal vor den Mädchen mit dem Flobertgewehr ein Fenster einschoss. Allerdings erinnerte sich Zita noch viel später daran, dass Karl sich rührend um seinen jüngeren Bruder Max kümmerte, dem er vorsorglich den Mantel um die Schultern hängte, damit ihm nicht kalt wurde und dass er genau darauf achtete, was man dem Kind zum Essen vorsetzte.

Die Jahre waren vergangen, und man hatte sich vollständig aus den Augen verloren. Aus dem Flobertgewehrschützen war ein junger Leutnant geworden, der seine Lorbeeren in der Armee verdienen sollte. Allerdings war seine Position plötzlich interessant geworden, nachdem sein Onkel, der Thronerbe, nicht standesgemäß geheiratet hatte und die Kinder Franz Ferdinands für die Erbfolge nicht in Betracht kamen. Obwohl Karl eine gute Schulbildung genossen hatte – man hatte besonderen Wert auf die Sprachen gelegt –, war er keineswegs für das Amt eines Thronfolgers und späteren Kaisers ausgebildet. Er hatte zwar als erster Erzherzog das Schottengymnasium in Wien besucht (allerdings ohne die Matura hier abzulegen), aber niemand dachte daran, Karl rechtzeitig mit den wichtigen Dingen der Habsburger Politik vertraut zu machen, ja man steckte ihn immer wieder in die abgelegensten Garnisonen, wo er wohl den feschen Soldaten spielen konnte, aber keine Verantwortung übernehmen musste. Karl war zwar kein überragender Geist, aber im Laufe der Jahre hätte er sich zum informierten Herrscher heranbilden können, wenn man ihm die Chance gegeben hätte.

Was ihn vor allen anderen auszeichnete, waren seine besondere Leutseligkeit und sein herzliches Wesen. Für ihn gab es kaum Schranken der Etikette, er kam allen, ob es sich nun um einen Mann aus dem Volk oder um ein Mitglied der Kaiserfamilie handelte, mit der gleichen Liebenswürdigkeit entgegen. Das Volk allerdings konnte sich unter einem eventuellen Thronfolger Karl überhaupt nichts vorstellen, er war bei den Leuten einfach unbekannt, und erst, als er mit Zita glanzvoll Hochzeit feierte, tauchte sein Name in den Gazetten auf, und so mancher fragte sich: Wer ist dieser Karl eigentlich?

Die Tage in Franzensbad gingen für die beiden jungen Leute, die ihr Herz füreinander entdeckt hatten, nur allzu schnell vorüber. Karl musste wieder zu seiner Garnison nach Brandeis an der Elbe, und Zita kehrte endlich heim nach Niederösterreich. Aber was in Franzensbad auf der Promenade begonnen hatte, das sollte sich in Wien fortsetzen. Immer wieder trafen sich Karl und Zita, und es gab keine Einladung der höchsten Gesellschaft, wo man nicht die beiden antreffen konnte.

Der Hofball 1911 blieb nicht das einzige gesellschaftliche Ereignis in Wien, das Karl und Zita gemeinsam besuchten, und allmählich wurde in den entsprechenden Kreisen gemunkelt, dass Erzherzog Carl Franz Joseph sich in die Prinzessin von Bourbon-Parma verliebt habe. Ob Karl sich allerdings so rasch entschlossen hätte, um Zitas Hand anzuhalten, ist ungewiss. Der alte Kaiser spielte unbewusst Schicksal. Ihm war es schon lange eine große Sorge, dass Karl wohl als attraktiver junger Erzherzog galt, über den man einmal dies und dann jenes munkelte, dass er sich aber noch nicht so recht im Klaren zu sein schien, wen er einmal zu seiner Gemahlin und somit zur späteren Kaiserin machen sollte. Franz Joseph verfolgte daher die Gerüchte, die über den Erzherzog kursierten, mit lebhaftem Interesse und auch mit sorgenvoller Miene, denn es tauchte immer wieder der Name Belli (Isabella) von Hohenlohe auf. Obwohl aus hochadeligem Geschlecht, war Belli keinesfalls dem Habsburger Erzherzog ebenbürtig. Und für den alten Kaiser kam nur noch eine wirklich standesgemäße Prinzessin in Frage, ob sie begütert, schön, gescheit war oder sonst noch irgendwelche Vorzüge hatte, war vollständig uninteressant, im Stand passend musste sie sein. Franz Joseph wollte unter allen Umständen eine weitere Mesalliance vermeiden.

Um allen Eventualitäten vorzubeugen, befahl der Monarch den Großneffen zu sich, um ihm seine Meinung klar und deutlich kundzutun. Es war immer eine etwas unheimliche Angelegenheit, wenn der alte Kaiser jemanden aus der Familie zur Audienz befahl. Vor allem die jungen Erzherzöge hatten nie ein ganz reines Gewissen, und auch Karl schlug wahrscheinlich das Herz bis zum Halse, als er die Treppen der Hofburg emporstieg.

Der Kaiser allerdings war sehr freundlich und beinahe persönlich, als er sich nach dem Wohlbefinden des jungen Mannes erkundigte, bevor er die leidige Herzensangelegenheit zur Sprache brachte. Er befragte Karl ganz gezielt, was eigentlich an den Gerüchten mit der Prinzessin Hohenlohe dran sei, die ihm zu Ohren gekommen seien. Der Erzherzog konnte kaum die Frage beantworten, als ihm der Kaiser schon seine Forderung vortrug: Karl solle heiraten, aber um Gottes willen standesgemäß und schon in allernächster Zeit. Franz Joseph wartete die Antwort des Erzherzogs gar nicht erst ab, er schlug ihm vor, sich eine Prinzessin aus dem Gotha herauszusuchen, dem Verzeichnis der bekannten Adelsgeschlechter. Und weil er anscheinend nicht sehr viel von den Fähigkeiten seines Großneffen hielt, riet er ihm noch, sich mit dem Grafen Wallis in Verbindung zu setzen, damit ihm dieser die geeignete Braut aussuche. Damit war die Audienz auch schon beendet, Karl versprach, sich dem Willen des Kaisers zu fügen, freilich nicht, ohne insgeheim schon zu wissen, wen er im Gotha finden würde. Er hatte nichts Eiligeres zu tun, als sich seiner Mutter anzuvertrauen, die aber auch noch nicht bei Zita selbst anfragte, sondern bei deren Mutter Maria Antonia. Natürlich war sich Karl im Klaren darüber, dass er zuerst Zita selbst gewinnen musste, aber er fühlte, dass er ihr schon seit längerer Zeit nicht gleichgültig war.

Wie immer in schwierigen Situationen, fand die gütige Stiefgroßmutter Karls, Maria Theresia, einen Weg, um die beiden zusammenzubringen. Sie mussten ungestört sein, um endlich ihren Weg fürs gemeinsame Leben bestimmen zu können. Und was heute als selbstverständlich erscheint, war für die jungen Leute in diesen Kreisen damals durchaus nicht so einfach. Immer waren Anstandsdamen in der Nähe, es war für ein junges Mädchen nicht schicklich, allein in Gegenwart eines Mannes zu sein. Deshalb ergaben sich die Augenblicke, in denen sich die Zukunft entschied, oft ganz zufällig. Zitas Mutter allerdings hatte schon längst erkannt, dass ihre Tochter nur einem Mann das Ja-Wort geben würde, den sie voll und ganz akzeptierte. Dass dieser Mann Erzherzog Karl, der spätere Thronfolger sein würde, war auf Schloss Schwarzau kein Geheimnis mehr.

Maria Theresia lud Mitte Mai zu einem Familientreffen auf ihr Gut St. Jakob in die Steiermark, und hier sprachen sich Karl und Zita endgültig aus, während alle auf die Jagd gingen. Die Werbung Karls um Zita entsprach ganz und gar nicht den habsburgischen Traditionen, denn bis dahin war die Braut nicht eigens um ihre Einwilligung gebeten worden. Aber Karl war ein Mensch, der die Zeichen der neuen Zeit respektierte und in seiner Frau nicht nur die Mutter seiner zukünftigen Kinder sehen wollte, sondern die gleichberechtigte Partnerin. Mit Zita hatte er dafür die richtige Wahl getroffen.

Die Mutter Karls, Maria Josefa, übernahm die Aufgabe, bei Franz Joseph vorstellig zu werden und ihn zu informieren. Franz Joseph weilte gerade in der Hermesvilla, wo er sich von einem schlimmen Bronchialkatarrh erholen wollte, der ihn wieder einmal wie so oft in der letzten Zeit plagte, als man Maria Josefa beim Kaiser meldete. Sie machte nicht lange Umschweife, sondern erklärte dem Kaiser rund heraus:»Karl will sich mit Zita verloben.« Die Überraschung Franz Josephs war groß, hatte er doch alles Mögliche über seinen Großneffen gehört, aber kein Sterbenswörtchen über eine Liebelei mit Zita. Als sich der Kaiser von seiner Überraschung erholt und alle Für und Wider überlegt hatte, gab er schließlich seine Zustimmung. Als Verlobungstag wurde der 13. Juni gewählt, eine nette Geste der zukünftigen Schwiegermutter gegenüber, die an diesem Tag, am Festtag des heiligen Antonius von Padua, ihren Namenstag feierte. Der Kreis der Gäste war klein, aber um so erlesener. In der Kapelle der Villa segnete der Abbé Travers das junge Paar. Zita wirkte nervös und aufgeregt, und als ihr Karl den Verlobungsring reichte, nahm sie ihn schnell an sich und steckte ihn mit einem »Danke« in die Tasche.

Karl sah in der Verlobung mehr als nur ein Versprechen, das er dem jungen Mädchen gab, das er liebte. Als nämlich die offizielle Zeremonie vorbei war, wandte er sich an seine Braut und sagte zu ihr:»Jetzt müssen wir uns gegenseitig in den Himmel helfen!« Was er in diesem bewegenden Moment mit seinen Worten wirklich meinte, wusste nur er, aber das Schicksal hielt im weiteren Leben der beiden viele Augenblicke bereit, wo sie sich gegenseitig stützen und einer dem anderen Kraft geben mussten.

Die Verlobung des zukünftigen österreichischen Thronfolgers erregte in der Bevölkerung kein allzu großes Aufsehen. Karl war nicht populär, und das Volk dachte nicht so weit voraus, dass man sich sagte, dass er aller Wahrscheinlichkeit nach einmal die Habsburger Krone tragen werde. Einzig und allein die Tatsache, dass Österreich-Ungarn in fernen Zeiten endlich wieder eine Kaiserin bekommen sollte, wurde in den Gazetten vermerkt. Viel zu lange hatte die »kaiserinnenlose« Zeit gedauert, denn die ruhelose Elisabeth war schon zu Lebzeiten zu einer Legende für das Volk geworden.

Karl und Zita verbrachten vier glückliche gemeinsame Tage auf Schloss Pianore, dann musste der Erzherzog als Vertreter des Thronfolgers nach London reisen, um an den Krönungsfeierlichkeiten für Georg V. teilzunehmen. Franz Ferdinand war »verhindert«; den wahren Grund für das Fernbleiben des österreichischen Thronfolgers bildete aber wie so oft seine familiäre Situation – er konnte seine Gemahlin nicht offiziell mit nach England nehmen. Der Erzherzog erledigte seine Aufgabe zur vollsten Zufriedenheit aller, daneben vermerkten die anwesenden Monarchen die freundliche und zuvorkommende Art des jungen Mannes. Man konnte ihm sein Glück über die Verlobung am Gesicht ablesen. Glückstrahlend zeigte er Königin Mary, als er mit ihr allein war, ein Photo von Zita. Man nahm es dem jungen Bräutigam auch nicht übel, dass er an den zahlreichen Tanzveranstaltungen wohl teilnahm, aber nur als Zuschauer. Mit Rücksicht auf seine ferne Braut wollte er nicht das Tanzbein schwingen.

In der Zwischenzeit suchte Zita beim Papst um Audienz an. Nicht nur ihr, auch Karl war es ein Anliegen, den Segen des Heiligen Vaters für ihre zukünftige Verbindung zu erlangen. Am 24. Juni empfing der Papst die Mutter Zitas, einige Geschwister und die Prinzessin. In der Privatkapelle des Papstes spendete Pius X. zuerst einer Schwester Zitas das Sakrament der Firmung und segnete anschließend die Prinzessin. Dabei sprach er Worte, die zunächst wie ein Irrtum des alten Mannes anmuteten: »Gott segne Sie, meine Tochter, ich freue mich über die Person ihres künftigen Gemahls. Er wird der nächste Kaiser in Österreich sein.« Zita, aber auch ihre Mutter erschraken und versuchten ihn zu korrigieren, der Heilige Vater aber blieb bei seiner Aussage und ließ sich nicht beirren. Später, als man Argumente dafür suchte, Pius X. seligzusprechen, erinnerte man sich an seine Worte und stellte sie als ein Zeichen göttlicher Eingebung dar. Allerdings fügte der Papst noch einen Satz hinzu, der nicht in Erfüllung gehen sollte:»Großer Segen wird seinem Lande durch ihn erwachsen. Er wird der Lohn sein für die Treue, die Österreich der Kirche entgegengebracht hat.«

In den Ehekontraktsverhandlungen spielte vor allem die Mutter Zitas, Maria Antonia, eine große Rolle. Sie wollte die Tochter in jeder nur möglichen Weise abgesichert wissen, stieß allerdings auf den hartnäckigen Widerstand der Hofbeamten und musste schließlich ihre Forderungen auf ein Mindestmaß beschränken. Für Maria Antonia hätte es eine Aufwertung ihres eigenen, nun völlig unbedeutenden Hauses bedeutet, wäre man in Wien auf ihre Vorschläge eingegangen. So war einer der Punkte, die sie forderte, die zweisprachige Abfassung des Ehevertrages, die sie durchsetzen konnte. Allerdings: bei der Festlegung der jährlichen Apanage, die sie dem Kaiser vorschlug, stieß sie bei dem sparsamen Franz Joseph auf taube Ohren. Der Kaiser schrieb aus Ischl einen höflichen, aber bestimmten Brief, dass er mit den in seinen Augen übertriebenen Vorstellungen Maria Antonias nicht einverstanden sei. Als die Herzogin erkannte, dass jede weitere Verhandlung mit dem Hof und dem Kaiser aussichtslos sei, lenkte sie ein und bedankte sich bei Franz Joseph für sein wohlwollendes Verhalten.

Der Hochzeit konnte nun nichts mehr im Wege stehen. Oder doch? Denn auf dem Weg von Brandeis nach Wien stieß das Auto Karls mit einem unbeleuchteten Pferdefuhrwerk zusammen. Obwohl der Erzherzog keine sichtbaren Verletzungen davongetragen hatte, hatte er doch für Minuten das Bewusstsein verloren. Außerdem wusste man nicht, ob er vielleicht innere Verletzungen davongetragen hatte. Aber Karls Natur war stärker als die Ängste der Ärzte, und der junge Bräutigam setzte es durch, dass er nach Hause entlassen wurde.

Der Hochzeitstag sollte der 21. Oktober 1911 sein, mitten im Herbst. Schöner, goldener und milder konnte sich der Oktober in Niederösterreich kaum zeigen als an diesem hohen Tag. Und einmal in der langen Geschichte stand der kleine und unbedeutende Ort Schwarzau im Mittelpunkt. Alle waren gekommen, die Rang und Namen hatten oder die sich noch in ihrem vergangenen Ruhm sonnten. Der Bahnhof von St. Aegyd war reich beflaggt, die bunten Fahnen flatterten im frischen Herbstwind, als die Sonderzüge vom Südbahnhof eintrafen. Wer sich als besonders modern ausweisen wollte, der hatte das Automobil als Transportmittel vorgezogen. Die Aufregung in der umliegenden Gegend war riesengroß, dicht drängten sich die Leute, um nur ja einen günstigen Platz zu erhaschen, von wo man die Auffahrt der Prominenten sehen konnte. Karl und Zita waren in der Umgebung von Schwarzau schon gut bekannt, da sie, wenn es die Zeit erlaubte, durch die Landschaft radelten. Für jeden hatte Karl ein freundliches Wort, und vielleicht konnte man sich deshalb nicht vorstellen, dass er einmal Kaiser werden sollte, da er so gar nichts »Kaiserliches« an sich hatte.

Schon am Tag vorher gab es den ersten großen Empfang in Schloss Schwarzau, eine Art Polterabend, den aber nicht nur der Bräutigam feierte; eine Schar geladener Gäste delektierte sich am köstlichen Souper, das in kleinem Kreis in dem wunderschönen Speisesaal des Schlosses serviert wurde. Schloss Schwarzau war inmitten von Niederösterreich eine bewusst bourbonische Enklave, das zeigte schon das bourbonische Wappen mit der Lilie, das man überall finden konnte. Der Speisesaal war mit Bildern der französischen Könige Ludwig XIV. und Ludwig XV. geschmückt, und die Gäste waren über die ungemein kultivierte Lebensweise überrascht, die die Exilbourbonen hier auf dem flachen Lande an den Tag legten.

Neunzehn Gäste waren zu dieser Vorfeier geladen, in der Mitte der Tafel hatte das Brautpaar Platz genommen. Zita war in ihrem rosa Liberty-Kleid entzückend anzuschauen. In einem Nebenraum des Speisesaales stimmte die Musik ihre Instrumente, um dann unter der Leitung des Kapellmeisters Dostal zu konzertieren. Das Diner dauerte bis halb acht Uhr, dann begab man sich entweder in den Rauchsalon oder zur Konversation. Besonderes Interesse erweckten natürlich die Geschenke, die schon in überreicher Zahl aus allen Teilen des Landes eingetroffen waren. Man hatte sie im mit Blumen reich geschmückten Maria-Theresiensaal kunstvoll aufgebaut, damit die Gäste sie bewundern konnten. Bewunderung rief natürlich das Brautgeschenk des Kaisers hervor. Franz Joseph, ein großer Schmuckliebhaber, hatte sich mit einem prachtvollen Brillantdiadem eingestellt. Das glitzernde Diadem hatte unter den Geschenken einen besonderen Platz bekommen, man hatte es in der Mitte erhöht aufgebaut. Daneben konnte man das Geschenk Karls an Zita bewundern, ein zweiundzwanzigreihiges Perlenkollier. Wäre die Braut abergläubisch gewesen, so hätte sie böse Ahnungen für die Zukunft fühlen müssen, da für viele Menschen Perlen Tränen bedeuten ... Gold und Edelsteine gab es zu bestaunen, kostbare Kassetten standen inmitten von Büchern und Bildern, daneben gab es außer den offiziellen Geschenken auch sehr persönliche Gaben wie den Hinweis auf einen »Zita-Platz« in einem Kurort, oder den eigens für die Braut komponierten »Erzherzogin Zita-Walzer« des Kapellmeisters Hermann Dostal.

Der Hochzeitstag wurde mit Böllerschüssen eingeleitet. Alles wartete auf die Ankunft des alten Kaisers, der seine Teilnahme an der Hochzeit zugesagt hatte. In guter Stimmung traf der alte Herr im Salonwagen in St. Aegyd ein. Die Begeisterung der Bevölkerung kannte keine Grenzen, es war ein seltenes Fest, Franz Joseph Aug in Auge gegenüberzustehen, dem Kaiser, der für viele das Symbol für Recht und Ordnung war. Franz Joseph erwiderte die Ovationen mit großer Freundlichkeit.

Zita war schon zeitig aufgestanden, um zu beten und Einkehr zu halten. Als Fanfarenklänge knapp nach elf Uhr die Ankunft des Kaisers vor Schloss Schwarzau verkündeten, wurde langsam die Kaiserfahne gehisst, die gleich darauf lustig im Herbstwind zu flattern begann. Die höchsten Würdenträger unter den Gästen und der Erzherzog kamen dem Kaiser auf der Schlossstiege entgegen; der Herzog von Madrid, als Chef des Hauses Bourbon, betrachtete es als eine ehrenvolle Aufgabe, den Kaiser der österreichisch-ungarischen Monarchie zu begrüßen.

Danach entbot die Mutter der Braut dem Kaiser einen herzlichen Willkommensgruß, und als letzte wollte die errötende Braut dem Kaiser die Hand küssen. Aber Franz Joseph wehrte diese Geste der Hochachtung im letzten Augenblick ab, zog die Prinzessin an sich und küsste sie auf die Wangen. Durch diese ungemein herzliche Geste gab der Kaiser zu verstehen, wie sehr er mit der Wahl seines Großneffen einverstanden war.

Auch später zeigte sich immer wieder, dass er Zita und ihre Kinder ins Herz geschlossen hatte. Zu lange hatte er die familiäre Wärme in seiner eigenen Umgebung vermisst, er hatte um sich einen Wall aufgebaut, den niemand zu übersteigen wagte. Wenn sich an den hohen Feiertagen die Familie in der Hofburg versammelte, dann kamen keine ungezwungenen Gespräche zustande, alles spielte sich nach genau vorgeschriebenen Regeln ab, und der Kaiser verwendete im Gespräch stereotype Redewendungen, aus denen nichts zu entnehmen war. Lediglich zu seiner jüngsten Tochter Marie Valerie, der Lieblingstochter der Kaiserin, entwickelte Franz Joseph im hohen Alter eine etwas innigere Beziehung. Dennoch wagten es weder Valerie noch ihre Kinder, den Kaiser ohne das offizielle Protokoll zu sprechen. Bei Zita machte der Kaiser immer eine Ausnahme, und das zeigte sich schon am Hochzeitstag.

Am Arm der Herzogin von Parma betrat der greise Monarch den festlich geschmückten Empfangssaal. Die Gästeschar wies illustre Namen auf: König Friedrich August von Sachsen, ein Bruder von Karls Mutter, war im Kreise einer großen Schar von näheren und ferneren Verwandten zur Hochzeit seines Neffen angereist. Auch die Herzöge von Württemberg waren der Einladung Maria Antonias gefolgt, Prinz Ruprecht von Bayern, Gäste aus der Toskana, die Prinzessin von Orléans, Prinz August von Coburg, die Erbprinzessin Adelheid von Luxemburg, Prinz Ludwig von Thurn und Taxis sowie Prinz Alois von Liechtenstein. Die Geschwister der Braut unterhielten sich mit den Gästen, wobei vor allem die Prinzen Sixtus und Xavier durch ihr außerordentlich gutes Aussehen und ihren Charme auffielen. Natürlich war auch der »regierende« Thronfolger Franz Ferdinand mit seiner Gattin geladen worden, obwohl Sophie diese großen Gesellschaften meist mied. Franz Ferdinand achtete peinlichst genau darauf, dass seine Gemahlin nicht durch irgendeine junge Erzherzogin brüskiert würde. Man kannte natürlich auch in der Familie Karls und Zitas die problematische Situation und setzte alles daran, dass es während der Hochzeitsfeierlichkeiten zu keiner Missstimmung kam.

Nach einer angemessenen Zeit, in der der Kaiser Cercle gehalten hatte, begab man sich zur Trauung in die kleine Hauskapelle. Karl ging als erster zwischen Franz Joseph und seiner eigenen Mutter Maria Josefa, er trug die Uniform eines Lothringer Dragoners. Das Goldene Vlies und das Militär-Jubiläumskreuz von 1902 sowie der Stern zum Sächsischen Orden der Rautenkrone zierten die Uniform.

Der Kaiser und Maria Josefa geleiteten den Bräutigam bis zu einem Betpult, wo Karl auf seine Braut wartete. Im Hochzeitszug folgten, streng nach Rangordnung, der König von Sachsen, dann der Erzherzog-Thronfolger und die übrigen Hochzeitsgäste. Da die Kapelle zu klein für alle Geladenen war, hatten sich einige Gäste schon vorher einen Platz gesichert. Wer nicht rechtzeitig gekommen war, musste im Vorraum Platz nehmen. Die Orgel rauschte auf und spielte zuerst eine Komposition des Hofkapellmeisters Eder. Dann erhoben sich die illustren Gäste, als die Hymnen des Herzogtums Parma und das »Gott erhalte, Gott beschütze« erklangen.

Als letzte schritt die Braut am Arm des Herzogs von Madrid zum Altar. Für Don Jaime war es ein erhebender, aber zugleich trauriger Augenblick, als er Zita durch die Kirche führte. Er selber hatte sich wie ein Primaner bis über beide Ohren in die Prinzessin verliebt und heftig um sie geworben, aber für Zita waren die Anträge, die ihr der um viele Jahre ältere Herzog gemacht hatte, niemals ernst gemeint gewesen. Jetzt führte er die reizende Braut zum Altar, die mit einem anderen vermählt werden sollte. Stolz wie ein Spanier – seine innersten Gefühle mannhaft verbergend – schritt Don Jaime durch die Reihen der Gäste, als er Zita an seiner Seite plötzlich fast unhörbar flüstern hörte: »Na schau, jetzt hast du doch noch erreicht, was du dir immer gewünscht hast …«

Als Zita die Kirche betrat, ging ein Raunen durch die Menge. Das junge Mädchen war ein bezaubernder Anblick: Sie trug ein kostbares Kleid aus cremefarbenem Duchesse mit einer langen Schleppe, die ganz mit den bourbonischen Lilien durchwebt war. Die hochgeschlossene Corsage schmückten Brüsseler Spitzen. Das volle Haar war aufgesteckt und hielt den Myrtenkranz mit dem Brautschleier. Besonders auffallend aber war das funkelnde Brillantdiadem, das im Schleier befestigt war.

Als alle ihre Plätze eingenommen hatten – der Kaiser lehnte den ihm zugedachten Fauteuil ab und verfolgte die festliche Trauungsszene stehend –, konnte Monsignore Bisletti, der auf besonderen Wunsch Zitas die Eheschließung segnen sollte, mit der feierlichen Handlung beginnen. Die Trauzeugen Zitas waren ihre Mutter Maria Antonia und Don Jaime, Karl hatte seine Mutter Maria Josefa und den König von Sachsen, seinen Onkel, um Beistand gebeten.

Die Trauung selbst wurde in französischer Sprache vollzogen, und alle Anwesenden warteten gespannt auf den Augenblick, in dem die beiden Brautleute durch ihr »Ja« die Ehe vor Gott vollziehen würden. Und in die feierliche Stille klang das »Oui«, das Zita laut und frisch von den Lippen kam, wie die Erfüllung eines lang gehegten Wunsches. Als die Hochzeitsgäste dies hörten, konnten sie sich eines Schmunzelns nicht erwehren, und auch der Kaiser musste über dieses »Ja« der Prinzessin lachen.

So sehr man alles für die Hochzeit vorbereitet hatte, um nur ja alle Pannen zu vermeiden, so hatte man doch nicht ahnen können, dass der Bräutigam die Ringe vergessen würde! Die Mutter Karls hielt sie in einem roten Samtetui in der Hand und reagierte in der Aufregung des Augenblicks nicht sofort, als Monsignore Bisletti nach ihnen Ausschau hielt, sondern reichte erst, nachdem man allgemein bemerkt hatte, dass die Ringe fehlten, die Schachtel ihrem Sohn. Die Ringe trugen die Inschrift: »Karl von Österreich – Zita von Bourbon-Parma. Sub tuum praesidium confugimus, sancta Dei genetrix« (Unter deinen Schutz begeben wir uns, heilige Gottesmutter).

Bisletti, den Zita schon lange kannte, zelebrierte auch die feierliche Brautmesse und überbrachte im Anschluss daran eine

Grußbotschaft des Heiligen Vaters. Und obwohl Bisletti die heikelsten Stellen dieses Schreibens ausließ, mussten doch seine Worte als Affront gegen den Erzherzog-Thronfolger Franz Ferdinand aufgefasst werden. Der Papst hatte in seinem Brief zuerst den greisen Kaiser mit seinen guten Wünschen bedacht und daran die Worte gefügt:»… wünschen wir Euch von Herzen viele, viele Lebensjahre, in denen Ihr die Kinder Eurer Kinder sehen könnet bis zum dritten und vierten Geschlecht, und hoffen, dass sie berufen sind, den Frieden und das Heil ihrer Völker zu sehen …« Kein Wort wurde über Franz Ferdinand verloren, für den Heiligen Vater war Karl nach wie vor der nächste Kaiser.

Nachdem endlich der letzte Gratulant seine guten Wünsche ausgesprochen hatte, wurde zur Tafel gebeten. Es war bereits ein Uhr geworden, als sich die Gäste wieder im Theresiensaal eingefunden hatten, um an den fünf prächtig gedeckten Tischen Platz zu nehmen. Der mittlere Tisch war für das Brautpaar reserviert, rechts von Zita hatte der Kaiser Platz genommen, zur Linken saß der frischgebackene Ehemann Karl. Das Hochzeitsmenü wurde auf goldenen Tellern serviert. Zunächst trugen die Diener eine Gemüsecremesuppe auf, worauf als Vorspeise Hasenpastete St. Hubertus und Lammschulter gereicht wurden. Langusten erfreuten die Freunde dieser köstlichen Schalentiere, andere wiederum delektierten sich an gefüllten jungen Truthähnen. Salate und Gemüse mit pikanten Saucen vervollständigten das Menü. Als Desserts reichte man Ananas und andere Früchte, Süßigkeiten und Käse. Den ersten Toast auf das Brautpaar brachte der Kaiser aus. Franz Joseph stellte heraus, wie sehr er sich über diese Verbindung seines Großneffen mit der Bourbonenprinzessin freue und dass er das neue Familienmitglied in dem altehrwürdigen Haus der Habsburger besonders herzlich begrüße.

Der ganze Ort Schwarzau nahm an den Hochzeitsfeierlichkeiten teil, Schulmädchen deklamierten selbstgereimte Gedichtchen in niederösterreichischer Mundart, und der Jubel um das Brautpaar erreichte den Höhepunkt, als sich auch der Kaiser leutselig mit Karl und Zita auf dem Balkon des Schlosses zeigte. Dann wurden Erinnerungsphotos gemacht, und Franz Joseph selbst dirigierte das Brautpaar an den richtigen Platz. Allerdings mutete sich der alte Kaiser zuviel zu, seine kaum ausgeheilte Bronchitis begann wieder akut zu werden, so dass er schon am frühen Nachmittag die Rückreise nach Schönbrunn antreten musste. Aber auch das Brautpaar machte sich zur Abreise in die Flitterwochen bereit, und um vier Uhr bestiegen Karl und Zita das bereitgestellte Auto, das mit Blumen reich bekränzt war. Der Abschied von der Mutter fiel Zita besonders schwer, sie küsste Maria Antonia unter Tränen, als sage sie der unbeschwerten Zeit, die sie hier auf Schwarzau verleben durfte, für immer Lebewohl.

Die Wochen, die nun für die beiden Verliebten folgten, zählten sicherlich zu den glücklichsten in ihrem Leben. Sie verbrachten die erste Zeit ihrer Ehe in Niederösterreich und genossen die letzten sonnigen Oktobertage in vollen Zügen. Sie radelten durch Wälder und Wiesen, und wo es ihnen gerade gefiel, stiegen sie ab, um Rast zu machen. Sie waren völlig inkognito, und wenn sie auch ab und zu ein Einheimischer erkannte, zog er doch nur hochachtungsvoll den Hut, ohne von ihnen noch weiter Notiz zu nehmen. Hier gab es keine Etikette und Vorschrift, hier konnten sie leben, wie sie wollten.

Die offizielle Hochzeitsreise führte die Neuvermählten anschließend über Südtirol nach Dalmatien. Dort war der Wettergott den beiden weniger gut gesinnt, schwere Stürme peitschten die Adria, so dass sie ihr Reiseprogramm ändern mussten. Außerdem ergaben sich Schwierigkeiten mit den Eisenbahnzügen, die ihnen zur Verfügung gestellt werden sollten, die ungarischen Waggons waren nicht rechtzeitig zur Stelle, und Zita gewann vielleicht auf dieser Fahrt die ersten Eindrücke, was es hieß, mit einem österreichischen Erzherzog verheiratet zu sein, der einstmals Kaiser werden sollte. Aber sie fügte sich sehr schnell in ihre neue Rolle und begann an allem Anteil zu nehmen, was ihren Mann und die Politik betraf. Sie wollte über alles informiert sein und hatte nicht die Absicht, im stillen Kämmerlein zu sitzen, während Karl in die Geheimnisse der großen Politik eingeweiht wurde. Dies geschah allerdings viel zu selten. Der Kaiser war nicht gewillt, sich in seine Karten schauen zu lassen, und Franz Ferdinand hatte im Schloss Belvedere eine Art Schattenregierung aufgebaut. Hier lagen die Pläne, die der Erzherzog-Thronfolger verwirklichen wollte, sollte Franz Joseph eines Tages, der absehbar war, das Zeitliche segnen. Kaum war das junge Paar von der Hochzeitsreise nach Wien zurückgekehrt, um sich in Schloss Hetzendorf, das der Kaiser Karl überlassen hatte, häuslich niederzulassen, da wurde schon zum Aufbruch geblasen, denn Karl musste wieder seinen Dienst in Brandeis an der Elbe antreten. Für Zita war es eine Selbstverständlichkeit, dass sie ihren Mann begleitete. Die Tage in Brandeis waren für das junge Paar angefüllt mit gesellschaftlichen Verpflichtungen, mit Einladungen und Gegenbesuchen, und überall, wo die frischgebackene Erzherzogin hinkam, flogen ihr die Herzen zu, vor allem, da sie sich redlich bemühte, die Leute in ihrer Landessprache zu begrüßen. Obwohl sie nicht besonders gut tschechisch sprach, versuchte sie sich doch immer wieder in dieser schwierigen Sprache und setzte alles daran, möglichst bald die wichtigsten Sprachen der Donaumonarchie zu erlernen. In Brandeis war das Erzherzogspaar der umschwärmte Mittelpunkt der Gesellschaft; allerdings wurden Karl und Zita immer häufiger nach Wien gerufen, um verschiedene wichtige Veranstaltungen gemeinsam zu besuchen und um dort den Kaiser zu vertreten. Da Franz Ferdinand sich mit seiner Gemahlin nicht bei offiziellen Anlässen zeigen konnte, mussten Karl und Zita oft in die Bresche springen und in der Wiener Gesellschaft das Kaiserhaus repräsentieren.

Für beide überraschend kam eine Versetzung Karls nach Galizien, wohin die Siebener-Dragoner, die Karl befehligte, im Februar 1912 verlegt wurden. Zita scheute sich auch nicht davor, mit ihrem Mann in das im Winter unwirtliche Galizien zu gehen, sie bestieg die ungeheizten Züge und nahm die Strapazen der weiten Reise auf sich. Die Fahrt durch Mähren war ein Kinderspiel im Vergleich zu dem, was Zita in Galizien erwartete. Schneestürme und bittere Kälte machten es an manchen Tagen unmöglich, weiterzufahren, so dass die junge Frau tagelang in den primitivsten Quartieren bleiben musste. Sie bekam schon einen kleinen Vorgeschmack auf das, was sie in Kolomea erwarten würde, wo das Regiment ihres Mannes stationiert war.

Das kleine Haus, das ihnen zur Verfügung stand, richtete Zita, so gut es ging, wohnlich ein, es gab kaum den einfachsten Komfort, nur wenig Hauspersonal, und die Erzherzogin ging täglich selbst auf den Bauernmarkt, um ihre Einkäufe zu besorgen. Es war ein wahrhaft kleinbürgerliches, aber glückliches Leben, das die beiden hier führten, fernab vom großen Gesellschaftsleben und bar aller Etikette. Dabei gab es auch allerhand Gefahren für den österreichischen Erzherzog, denn die Bevölkerung sympathisierte eher mit den Russen. Zita und Karl freundeten sich allmählich mit dem Hauptmannsehepaar Dudek an, mit dem man regen gesellschaftlichen Kontakt pflegte. Allen war klar, dass der Aufenthalt in Galizien für Karl und Zita nicht von langer Dauer sein konnte, denn die Erzherzogin erwartete ihr erstes Kind. Daher schien es dringend geraten, zivilisiertere Gegenden aufzusuchen.

Schneller als vorgesehen kam die Rückreise nach Wien. Karl hatte an Manövern teilgenommen, als sein Pferd in dem Morast, der sich nach den tagelangen Regenfällen gebildet hatte, stürzte und den Reiter unter sich begrub. Eine schwere Gehirnerschütterung war die Folge, und Karl musste sofort ärztlich betreut werden. Das junge Paar zog sich in die Villa Wartholz in Schwarzau zurück, da es noch immer keine offizielle Bleibe in Wien hatte. Zwar wurde Schloss Hetzendorf für den Erzherzog hergerichtet, die Renovierungsarbeiten zogen sich aber in die Länge. Am 1. November hielt Karl endlich seine Versetzung nach Wien in Händen, so dass beide in Ruhe die Geburt des Kindes abwarten konnten. Am 19. November war es schließlich soweit, die ersten Wehen setzten ein, und die Ärzte, allen voran der bekannte Gynäkologe Universitätsprofessor Peham, waren an Zitas Bett geeilt. Der werdende Vater wartete nervös im Vorraum auf den ersten Schrei seines Kindes. Um dreiviertel drei konnte der Erzherzog seinen ersten Sohn auf den Arm nehmen. Alles schaute auf dieses Kind, durch das der Fortbestand der uralten Dynastie gesichert war. Der neugeborene Sohn Karls und Zitas nahm in der Thronfolge hinter Franz Ferdinand und seinem Vater den dritten Platz ein, und wenn alles gut ging, würde er im letzten Drittel des 20. Jahrhunderts den Thron besteigen ... In der feierlichen Taufe erhielt der Sohn die Vornamen Franz Joseph Otto Robert Maria Anton Karl Max Heinrich Sixtus Xavier Felix René Ludwig Gaetano Pius Ignatius ... Das Taufregister enthielt noch weitere fünfzehn Vornamen, was der Tradition im Kaiserhaus entsprach. Der Kaiser selbst ließ es sich nicht nehmen, als Taufpate zu fungieren. Nachdem der Geistliche in der Schlosskapelle das Kind mit Jordanwasser beträufelt hatte, überreichte Franz Ferdinand Zita ein Geschenk des Kaisers, ein prachtvolles Diamantenkollier.

Die kleine Familie hätte nun wahrscheinlich lange ohne große Aufgaben auf Schloss Hetzendorf leben und die Kinder, die in schöner Regelmäßigkeit Jahr für Jahr geboren wurden, hätten ihre Jugend in trauter Umgebung verbringen können, hätten nicht die Schüsse von Sarajevo über Nacht die Welt verändert. Damit war der unbedeutende Erzherzog ins Rampenlicht der Weltpolitik gerückt. Man wusste, dass Franz Josephs Tage gezählt waren und konnte sich kaum vorstellen, dass dem legendären Kaiser ein junger Mann auf dem Thron folgen würde, der politische völlig unbedarft war. Aber auch jetzt, in dieser schwierigen Situation, konnte sich Franz Joseph nicht entschließen, seinen Großneffen in die politische Situation einzuweihen und ihn an der Regierung zu beteiligen. Wahrscheinlich war er geistig dazu nicht mehr in der Lage, und die ihn umgebenden Berater hatten andere Absichten als eine Information des jungen Thronfolgers. Je weniger Karl wusste, um so mehr konnten alle anderen regieren, das schien die Devise zu sein. Wie verhängnisvoll sich dies auswirken sollte, zeigte der weitere Verlauf der Geschichte.

Karl wurde in einen Krieg hineingestoßen, den er nie gewollt hatte und den er, hätte er auch alle Hebel in Bewegung gesetzt, nicht verhindern konnte. Das Bündnissystem, zum scheinbaren Wohl der mitteleuropäischen Völker aufgebaut, trat in seiner verhängnisvollen Wirkung noch im Sommer 1914 in Kraft. Die allgemeine Hetzpropaganda tat ein Übriges, um die Völker von der Notwendigkeit eines Weltkrieges zu überzeugen. Und Karl und

Zita mussten wie alle anderen Bürger der österreichisch-ungarischen Monarchie zusehen, wie rundherum der Krieg entbrannte. Franz Joseph war am Ende seines langen Lebens mit der Politik, die er während seiner Regierung Jahrzehnte hindurch verfolgt hatte, gescheitert. Bei seinem Tod am 21. November 1916 übergab er seinem Nachfolger ein chaotisches Erbe. Als die Anwesenden im Sterbezimmer Franz Josephs bemerkten, dass der alte Kaiser seinen letzten Atemzug getan hatte, trat Prinz Zdenko Lobkowitz auf Karl zu, während ihm die Tränen über die Wangen liefen, machte dem Erzherzog das Kreuzzeichen auf die Stirn und sprach: »Gott segne Eure Majestät!«

Von einem Moment zum anderen war Karl Kaiser geworden, ein Mann, der das Kriegshandwerk wohl gelernt hatte, aber jetzt in einem Weltkrieg ein Riesenreich führen sollte, was seine Kräfte bei weitem übersteigen musste. Und so sehr er sich selbst und auch Zita sich bemühten, den Zerfall des alten Reiches aufzuhalten, so vermochten beide nicht, die kriegführenden Staaten sowohl auf feindlicher als auch auf befreundeter Seite davon zu überzeugen, dass die unendlichen Opfer, die von der Bevölkerung gebracht werden mussten, in keiner Weise zu rechtfertigen seien. Die Friedensbemühungen des Kaiserpaares, die über die Brüder der Kaiserin, Prinz Sixtus und Xavier, liefen, verhallten im Kanonendonner, ja man lastete nach Bekanntwerden der Nacht- und Nebelaktion Zita an, sie habe »als Italienerin« ihr Land, Österreich-Ungarn, verraten wollen. Karl und Zita hatten einen Separatfrieden mit den Alliierten im Auge, sollte sich der Bündnispartner Deutschland nicht dazu bringen lassen, endlich den Krieg zu beenden. Ungünstige Fügungen des Schicksals und auch unkluges Verhalten von seiten Karls bestärkten den negativen Eindruck, den seine Verhandlungen mit den Franzosen machen mussten. Zita war, wie immer und überall, seine Beraterin, und vielleicht schob man ihr deshalb die Hauptschuld an vielen Dingen in die Schuhe. Man sah in ihr mehr als eine »graue Eminenz«, denn sie erweckte den Eindruck, als sei sie die eigentliche Herrscherin und Karl mehr oder weniger eine Marionette, die nach ihrem Willen und ihren Vorstellungen zu tanzen hatte. Zermürbt und am Ende musste Karl im Herbst 1918 einsehen, dass alles, was er versucht hatte, gescheitert war, dass die Alliierten ihren Frieden nach Lust und Laune diktieren konnten. Ihm blieb nichts anderes übrig, als zu allem Ja und Amen zu sagen. Er war in Schönbrunn ein gebrochener Mann, der seines Lebens nicht mehr sicher war. Allzu groß war die Gefahr, dass die Welle der Revolution auch vor dem Kaiserschloss nicht haltmachen würde. Wie leicht hätte die Kaiserfamilie das gleiche Schicksal wie die Romanows in Jekaterinenburg erleiden können! Als man Karl die Abdankungsurkunde vorlegte, da bäumte sich in ihm, aber vor allem in Zita die Empörung gegen den Lauf der Geschichte noch einmal auf. Als sie die Zeilen las, die Karl unterschreiben sollte, da rief Zita spontan aus:»Niemals! Das ist ausgeschlossen, dass du das unterschreibst! Das ist ja eine Abdankung!« Die Einwände, dass dies nicht der Fall sei, ließ sie nicht gelten, sie fuhr weiter fort:»Niemals kann ein Herrscher abdanken! Er kann abgesetzt werden, er kann seiner Herrscherrechte verlustig erklärt werden – nun gut, das ist eben Gewalt. Aber diese Gewalt verpflichtet nicht zur Anerkennung, dass er seine Rechte verloren habe. Er wird sie weiterverfolgen, je nach Zeit und Umständen … Aber abdanken; nie, nie, nie!« Die Worte Zitas hallten durch den Raum, und die erregte Kaiserin hörte kaum den Widerspruch, der von seiten der Delegierten kam. Sie fuhr fort:»Nein, Karl, lieber falle ich hier mit dir! Dann wird Otto kommen. Und selbst wenn wir alle, alle hier fallen sollten – noch gibt es andere Habsburger …«

Zita machte es ihrem Mann sehr schwer, die Entscheidung zu fällen, die getroffen werden musste und die letztlich ihr Leben und ihre Sicherheit garantierte. Karl hatte nicht die innere Stärke, die seine Frau auszeichnete, er resignierte nur allzu leicht. Er war ein Mensch, der sich ein Leben auch als Privatmann vorstellen konnte. Nicht aber Zita: Sie blieb ein Leben lang die von Gott ausersehene Kaiserin, trotz aller Schicksalsschläge, die auf sie zukamen.

Die Kaiserfamilie zog sich von Schönbrunn nach Schloss Eckartsau im Marchfeld zurück, wo ihre persönliche Sicherheit nur mit größter Mühe garantiert werden konnte, denn umherziehende Revolutionäre bedrohten immer wieder das ehemalige

Jagdschloss Franz Ferdinands. Karl wurde krank und bot das Bild eines geschlagenen Mannes. Nur Zita gelang es ab und zu, ihm wieder Mut zu machen. Allerdings kostete es Stunden der Überredung, Karl zu weiteren Schritten zu veranlassen. Zita hatte klar erkannt, dass die Familie auf Dauer nicht in Eckartsau bleiben konnte, niemand wollte den Kaiser und seine Angehörigen in der Nähe haben, und auch die befreundeten Staaten, an die man sich wandte, lehnten eine Aufnahme der Habsburger ab. Die neutrale Schweiz schien ein geeignetes Exilland zu sein, aber die Schweizer Behörden hatten kein Interesse an noch einem landlosen Exilmonarchen, besonders, da man fürchten musste, dass die Aufnahme Karls mit Schwierigkeiten verbunden sein würde.

Schließlich schalteten sich die Engländer als Vermittler ein, und es gelang ihnen, die Schweizer Regierung zu überzeugen, dass ihr durch die Aufnahme Karls und seiner Familie keine Nachteile erwachsen würden. Allerdings machte die Regierung der Ersten Republik unter dem Kanzler Karl Renner Schwierigkeiten, als es darum ging, welche persönlichen Besitztümer die Familie ins Ausland bringen durfte. Für Renner waren Schmuckgegenstände, die noch aus dem Besitz der Kaiserin Maria Theresia – beziehungsweise ihres Gemahls Franz Stephan – stammten, nicht Privateigentum der Habsburger, und daher ordnete er eine peinlichst genaue Durchsuchung des Salonzuges an, der Karl in die Schweiz bringen sollte. Erst als der Verbindungsoffizier der britischen Regierung, Oberst Strutt, dem Kanzler damit drohte, dass die britische Regierung die Blockade erneuern und sämtliche Lebensmittellieferungen stoppen werde, gab Renner nach und verzichtete auf eine Durchsuchung des Zuges. Strutt hatte allerdings von der britischen Regierung nie eine derartige Zusage erhalten, er hatte ganz einfach geblufft!

Mit viel Gepäck, unter dem sich ein Koffer voll wertvollster Juwelen befand, verließ das Kaiserpaar mit seiner Kinderschar die österreichische Hauptstadt, wie Karl und Zita glaubten, nicht für immer und ewig, nur vorübergehend, bis sich die Verhältnisse beruhigt hätten.

Karl hatte zwar eine Rücktrittserklärung unterschrieben, dies galt aber nur für den österreichischen Thron. Kaum war das Kaiserpaar in der Schweiz, als es deshalb sofort daranging, die Verhältnisse in Ungarn zu sondieren. Durch verschiedene Informationen bestärkt, glaubte Karl sich gute Chancen auf die Rückgewinnung der ungarischen Krone ausrechnen zu können. Er erinnerte sich an die großen Sympathien, die die Ungarn seinerzeit ihm und Zita anlässlich ihrer Krönung in Budapest entgegengebracht hatten, und hoffte auf Wohlwollen. So war es nicht schwer, Karl zu überreden, nach Ungarn zurückzukehren und einen Restaurationsversuch zu unternehmen. Inwieweit die Kaiserin bei diesem Unternehmen die Hände im Spiel hatte, ist nicht ganz klar.

Zita selbst konnte ihren Mann nicht begleiten, da sie in Prangins am Genfer See soeben ihr sechstes Kind zur Welt gebracht hatte. Sicher war, dass Zita Karl darin bestärkt hatte, seine Rechte als König von Ungarn, so weit es irgendwie ging, wahrzunehmen. Sie sah in der Neuregelung Europas mit den Nationalstaaten ein großes Übel für die Menschheit, und nur ein angestammter König oder Kaiser konnte für sie den wahren Frieden bringen. Dabei war Zita keinesfalls eine Träumerin, aber felsenfest von diesen Ideen, die sie im Laufe der Zeit an der Seite ihres geliebten Mannes entwickelt hatte, überzeugt. Dazu kam, dass alles, was auf dieser Welt geschah, für sie gottgegeben war. Die Habsburger Kaiser hatten im Auftrag Gottes jahrhundertelang die Krone getragen, ein Mensch konnte sie daher weder vertreiben noch absetzen.

Das Unternehmen Karls war dilettantisch und endete für den ehemaligen Kaiser und König schmählich. Er konnte froh sein, dass ihm der ungarische Reichsverweser Horthy, ein früherer k. u. k. Admiral, freien Abzug gewährte und ihm nicht nach dem Leben trachtete. Aber auch die Schweizer Bundesregierung war aufs Tiefste verärgert über das, was Karl ohne ihr Wissen unternommen hatte. Am Genfer See konnte die Familie nicht mehr bleiben, man ordnete an, dass sie ein Domizil am Vierwaldstätter See beziehen sollte, wo sie ohne Ankündigung und Genehmigung keine größeren Ausfahrten unternehmen durfte. Karl aber plante bereits einen neuerlichen Versuch, die ungarische Krone zurückzugewinnen. Zita verhielt sich abwartend, aber als es soweit war, dass Karl das bereitstehende Flugzeug besteigen sollte, da ließ sie sich durch keine noch so gut gemeinten Ratschläge davon abhalten, mit ihrem Mann das waghalsige Abenteuer zu unternehmen und nach Ungarn zu fliegen, obwohl sie wieder ein Kind erwartete. Sie glaubte, durch ihre Anwesenheit die Sympathien des ungarischen Volkes für sich und ihren Mann zu gewinnen und Karl dadurch zu helfen. Aber was so schön gedacht war, erwies sich als letzte große Katastrophe: Der Exkaiser scheiterte auf der ganzen Linie, und jetzt waren nicht nur die ungarischen nationalen Kräfte über ihn empört, auch das ehemals feindliche Ausland wollte nicht länger mitansehen, wie der ehemalige Kaiser immer wieder versuchte, noch einmal irgendwo Fuß zu fassen. Das Habsburger Ehepaar wurde auf ein Donauschiff verfrachtet, das Karl und Zita ans Schwarze Meer bringen sollte, wo ein englisches Schiff die beiden übernahm. Der Dampfer kreuzte planlos im winterlichen Mittelmeer herum, um Karl und seine Gemahlin endlich nach einer langen Irrfahrt an der Küste der portugiesischen Insel Madeira abzusetzen. Man ließ durchblicken, dass jedwede politische Aktivität zu einem Exil auf einer noch weiter entfernten und klimatisch ungünstigeren Insel führen würde.

Es war für das Kaiserpaar nicht einfach, die Kinder nachkommen zu lassen, von allem Anfang an suchte Zita einen portugiesischen Pass zu bekommen, der sie zur Einreise in die Schweiz berechtigen würde. Allerdings stellten die eidgenössischen Behörden strikteste Bedingungen, vermutete man doch allgemein hinter der Reise, die Zita zu ihren Kindern unternehmen wollte – einem ihrer Söhne stand eine Blinddarmoperation bevor –, wieder irgendwelche geheime Aktionen der politisch so tätigen Frau. Allerdings hatten sich diesmal die Behörden getäuscht, und Zita hatte nur alle Hebel in Bewegung gesetzt, um die Ausreise ihrer Kinder zu ermöglichen. Außerdem wollte sie die Vermögensverhältnisse klären, da sie auf Madeira schon bald nicht mehr wussten, wie sie die Miete für ihre Villa zahlen sollten. In der Schweiz stellte sich heraus, dass der Verwalter ihres Vermögens mit Schmuck und Geld durchgegangen und nicht mehr auffindbar war. Die wertvolle zweireihige Perlenkette Maria Theresias, eine Brosche von unschätzbarem Wert, der Florentiner Diamant Karls des Kühnen, der allein beim Verkauf zehn Millionen Franken hätte einbringen sollen, und andere unendlich wertvolle Gegenstände waren spurlos verschwunden und tauchten auch nicht mehr auf. Das Kaiserpaar war mit einem Schlag bettelarm. Karl und Zita konnten gerade noch das Geld für die Reise der Kinder aufbringen, dann mussten sie sich damit abfinden, auf Madeira in den bescheidensten Verhältnissen zu leben. Eine andere Villa wurde ihnen zur Verfügung gestellt, nicht mehr an der sonnigen Küste, sondern hoch in den Bergen, wo im Herbst schon die Nebelschwaden herumzuziehen begannen und es kalt und feucht war. Nur notdürftig hatte man das schlecht ausgestattete Haus hergerichtet, überall roch es nach Schimmel und Moder, und so war es kein Wunder, dass die Kinder immer wieder krank wurden.

Und doch wäre es ein Leichtes gewesen, alles mit einem Schlag zu ändern. Der britische Konsul hatte Karl eine Botschaft geschickt, in der es hieß, dass man ihm alle konfiszierten Güter in den Nachfolgestaaten ersetzen würde; außerdem würde sich England verpflichten, ihm und seiner Familie eine Apanage zukommen zu lassen – wenn er nur offiziell abdanke. Karl hatte auf dieses Ansinnen nur geantwortet: »Sagen Sie den Herren, dass Meine Krone nicht käuflich ist.« Wahrscheinlich war es wirklich seine eigene Meinung, aber vielfach wurde vermutet, dass Zita ihn auch in diesem Punkt beraten und bestärkt hatte, auch wenn es zum unendlichen Nachteil der Familie geriet, ja diese Starrheit schließlich Karl das Leben kosten sollte. Denn man weigerte sich nun, das Kaiserpaar finanziell zu unterstützen, und so litt die Familie Mangel an allem nur Denkbaren. Man hatte nicht genügend Heizmaterial, um die Räume wenigstens annähernd warm zu halten, Schimmel bildete sich an den Mauern, und das Essen war knapp. Als der Kaiser zu husten anfing, entschloss sich Zita, noch abzuwarten, einen Arzt zu konsultieren, denn ihre Kasse war fast leer. Als sich aber der Husten immer mehr verstärkte und sich noch Fieber einstellte, konnten die Ärzte nicht mehr helfen. Karls Lungenflügel waren schon angegriffen, und alles, was man unternahm, war unsinnig und erfolglos. Man verabreichte dem Todkranken Terpentinspritzen, die bewirken sollten, dass sich noch ein neuer Krankheitsherd bildete, der den ersten entlasten sollte. Die Ärzte erhofften sich von dieser Therapie eine Besserung des Lungenleidens. Das Ergebnis dieser Spritzenkur waren unzählige Geschwüre an den Beinen, die dem Sterbenden qualvolle Schmerzen bereiteten. Gegen diese Beschwerden spritzte man Kampfer und Kochsalz, so dass Karls geschwächter, abgezehrter Körper schließlich über und über mit Einstichen übersät war.

Mit übermenschlicher Gewalt hielt sich Zita Tag und Nacht aufrecht, um am Bett des Kranken zu wachen. Wenn Karl einen klaren Augenblick hatte, ergriff er die Hand seiner Frau und bat sie, sich hinzulegen und auszuschlafen. Zita stellte sich schlafend, um ihm dann sofort wieder die glühend heiße Stirn zu trocknen. Die letzten Stunden verbrachte Karl, getröstet mit den Segnungen der katholischen Kirche, im Delirium, aus dem er nur für kurze Augenblicke auftauchte. Er empfahl seiner Frau, sich an den König von Spanien zu wenden, der ihr sicherlich helfen würde. In einem anderen Moment erklärte er, dass das Novembermanifest null und nichtig und er nach wie vor König von Ungarn sei.

Als es mit ihm zu Ende ging, ließ Zita ihren ältesten Sohn Otto ans Bett seines sterbenden Vaters holen: »Dein Vater lässt dich rufen, damit du Zeuge bist, wie ein Christ zu seinem Schöpfer heimkehrt.«

Die letzten Worte des scheidenden Kaisers waren an seine geliebte Frau gerichtet. »Warum lassen sie uns nicht nach Hause? Ich möchte mit dir nach Hause gehen. Ich bin so müde ...« Mit sich und der Welt im Reinen, schloss Karl für immer die Augen, sein Tod kam langsam und sanft.

Eine Österreicherin, die zufällig im April 1924 auf Madeira weilte, berichtet über die Beisetzung Karls:

»Am Mittwoch (dem 5. April) haben wir den armen Kaiser begraben. Noch nie habe ich etwas so Tragisches gesehen und dieses armselige Sterben hat mich tief ergriffen ... Am Mittwochvormittag fuhr ich auf den Monte, um ihn noch aufgebahrt zu sehen. Es war alles so traurig und arm. Er lag in einem klei-

nen und einfachen Sarg, der am Boden stand, es war kein
Priester da, niemand außer einem Herrn, der meiner Ansicht
nach der Lehrer der Kinder sein muss. Der Kaiser hatte die einfache Felduniform an und trug das Goldene Vlies. Bei seinem
Kopf war der Kranz der österreichischen Kolonie mit dem
schwarzgelben Bande; Blumen waren massenhaft da, das war das
Einzige, was den schaurigen Anblick etwas milderte. Das
Begräbnis selbst war feierlich. Die Leiche wurde in der alten
Wallfahrtskirche am Monte beigesetzt. Der Sarg wurde in einem
kleinen niedrigen zweirädrigen Karren geführt, den einer von
unseren Herren mit den österreichischen Dienern des Kaisers
zog. Wagenpferde gibt es hier ja nicht. Die ganze Gesellschaft
von Funchal folgte, und eine Unmenge Volks war vor der Kirche.
Die Kaiserin war mit den drei ältesten Kindern da. Die Kinder
sind das Reizendste, was man sich vorstellen kann, besonders die
beiden ältesten Söhne. Nach der Beisetzung hielt einer von den
österreichischen Herren Wache, bis der Sarg am Abend verlötet
wurde. Dazu kam die Kaiserin noch einmal mit dem Thronfolger. Diese Frau ist wirklich bewunderungswürdig. Sie hat keinen Augenblick die Fassung verloren, ebenso die Kinder. Ich
habe keines von ihnen weinen gesehen. Sie waren nur sehr blass
und traurig. Beim Verlassen der Kirche grüßten sie nach allen
Seiten. Die Kaiserin hat dann noch mit den Leuten gesprochen,
die bei der Beisetzung geholfen haben. Alle fanden sie ganz rei-
zend. Der Sarg war mit der alten österreichisch-ungarischen
Fahne bedeckt; es ist wohl das letzte Mal, dass sie entfaltet
wurde. Was wird jetzt mit der armen Familie werden?«

Für Zita trug man die Liebe ihres Lebens zu Grabe. Sie hatte
sich ihrem Mann ganz und gar gewidmet, sie war die Starke in
dieser Verbindung gewesen, sie war nie müde geworden, ihren
Mann selbst in den ausweglosesten Situationen zu unterstützen
und ihn seelisch aufzubauen.

Die Kaiserin, die immer eine besondere Vorliebe für frische
bunte Farben in ihrer Kleidung gehabt hatte, legte die schwarze
Witwentracht nie mehr ab. Siebenundsechzig Jahre überlebte sie
den innig geliebten Mann. Hochbetagt starb sie im März 1989,
und nach einem langen Irrweg über Meere und Kontinente

kehrte Zita heim nach Österreich, wo die Kaiserin in der Kapuzinergruft beigesetzt wurde.

An ihrer Seite allerdings wird niemals ihr geliebter Gemahl ruhen, denn schon kurz nach seinem frühen Tod begann man auf Madeira, sich an den Toten, der in der Kirche »Nossa Senhora do Monte«, hoch über Funchal seine letzte Ruhe gefunden hatte, mit Bitten und Gebeten zu wenden. Denn man erinnerte sich an sein untadeliges Lebens nicht nur auf Madeira, allerorts tauchten Berichte auf, wie der letzte Kaiser von Österreich immer wieder versucht hatte, allen Menschen Gutes zu tun. Um ihm seine Wohltaten im Jenseits zu vergelten, hatte man eine »Kaiser Karl Gebetsliga für den Völkerfrieden« gegründet, die von bedeutenden Persönlichkeiten des öffentlichen Lebens unterstützt wurde. Man war sich darin einige, dass der Kaiser nicht nur ein heiligmäßiges Leben geführt hatte, sondern auch seine von Gott auferlegte Sendung in jeder Hinsicht erfüllt hatte. Er hatte den Krieg, in den er hinein gestoßen wurde, nicht gewollt und hatte mit allen Mitteln versucht, die kriegsführenden Parteien von der Sinnlosigkeit des gegenseitigen Abschlachtens zu überzeugen. So ein Mann konnte für seine ununterbrochenen Verdienste nur seliggesprochen werden!

Nachdem alle Unterlagen und Dokumente von den zuständigen Gremien des Vatikan peinlichst genau überprüft worden waren, kam man in Rom zu dem Schluss, den letzten österreichischen Kaiser in die Reihe der Seligen aufzunehmen. Im September 2004 erfolgte seine Seligsprechung durch Papst Johannes Paul II. in Anwesenheit der Familie.

Die Seligsprechung Karls bedeutete aber nicht nur eine hohe verdiente Auszeichnung, mit ihr war gleichzeitig die letzte Chance vertan, dass der Kaiser wenigstens nach seinem Tode noch in seine Heimat, nach Österreich zurückkehren würde. Denn vielleicht hätte man sich von Seiten der Behörden auf Madeira noch entschließen können, den österreichischen Kaiser eines Tages überführen zu lassen, einen Seligen, dem man obendrein noch Wundertätigkeit nachsagte, den will man auf keinen Fall mehr hergeben!

Literaturhinweise

Aichelburg, Wladimir: Erzherzog Franz Ferdinand und Artstetten, Wien 1983

Anders, F./Eggert, Kl.: Maximilian von Mexiko, St. Pölten-Wien 1982

Andics, Hellmut: Die Frauen der Habsburger, Wien-München-Zürich 1969

Baltazzi-Scharschmid, Heinrich/Swistun, Hermann: Die Familien Baltazzi-Vetsera im kaiserlichen Wien, Wien-Graz 1980

Bankl, Hans: Die kranken Habsburger, Wien 1998

drs.: Woran sie wirklich starben, Wien 1982

Bart, Istvan: Rudolf, der unglückselige Kronprinz, Berlin 1984

Bayer, Erich: Wörterbuch zur Geschichte, Stuttgart 1960

Becker, A. M.: Die letzten Tage und der Tod Maximilians II., Wien 1877

Beeching, Jack: Don Juan d'Austria, Sieger von Lepanto, München 1983

Bezoni, Juliette: Die Frauen waren ihr Schicksal, München 1947

Bibl, Viktor: Die Korrespondenz Maximilians II. 2 Bände 1564–1567, in: Veröffentlichungen der Kommission für Neuere Geschichte Österreichs, Bd. 14 und 16, Wien 1916–1921

drs.: Der Tod des Don Carlos, Wien-Leipzig 1918

drs.: Das Don Carlos Problem im Lichte der neuesten Forschungen. In: Historische Blätter, Bd. 1, 1921.

drs.: Kaiser Franz, der letzte römisch deutsche Kaiser, Leipzig-Wien 1938

drs.: Maximilian II., deutscher Kaiser, Leipzig 1929

Bourgoing, Jean de: Marie Louise von Österreich – Kaiserin der Franzosen – Herzogin von Parma, Wien-Zürich 1949

Brandi, Karl: Kaiser Karl V., 2 Bde., Frankfurt a.M. 1976

Briefe und Akten zur Geschichte des 16. Jahrhunderts, mit besonderer Berücksichtigung auf Bayerns Fürstenhaus, Bd. 1–5, München 1873-98

Brook, Shepherd Gordon: Die Opfer von Sarajevo, Stuttgart 1988

Büdinger, M.: Don Carlos Haft und Tod, Wien 1891

drs.: Kaiser Franz Joseph, 3 Bde., Wien 1950-55

drs.: Maximilian von Mexiko, Wien 1978

drs.: Maximilian und Charlotte von Mexiko, 2 Bde., Zürich-Leipzig-Wien 1924

drs.: Vom Kind zum Kaiser, Graz-Salzburg-Wien 1959

Chroust, Anton: Aus den letzten Tagen des Kaisers Rudolf II., Aufsätze und Vorträge, Leipzig 1939

Conte Corti, Egon Caesar von: Elisabeth, Salzburg 1935

Feigl, Erich: Kaiser Karl, Wien 1984

drs.: Kaiserin Zita, Wien-München 1982

Evans, R. J. W.: Rudolf II., Graz-Wien-Köln 1980

Fiedler, J.: Die Relationen der Botschafter Venedigs über Deutschland und Österreich im XVI. Jahrhundert, in: Fontes rerum Austriacarum, II. Abt. Band 30

Flesch-Brunningen, Hans: Die letzten Habsburger in Augenzeugenberichten, Düsseldorf 1967

Gachard, L. P. (Hg.): Philipp II. von Spanien in Briefen an seine Töchter, München 1947

Gindeley, Anton: Rudolf II. und seine Zeit, Prag 1868

Görlich, Ernst-Joseph: Der Thronfolger, Wien-Köln 1961

drs.: Der letzte Kaiser, Wien-Köln 1962

Görlitz, Walter: Franz Joseph und Elisabeth, Die Tragik einer Fürstenehe, Stuttgart 1938

Griesser-Pecar, Tamara: Zita, Bergisch-Gladbach 1985

Größing, Helmuth/Stuhlhofer, Franz: Versuch einer Deutung der Rolle der Astrologie in den persönlichen und politischen Entscheidungen einiger Habsburger des Spätmittelalters, Wien 1980

Größing, Sigrid-Maria: Der Kampf zwischen Rudolf von Habsburg und Přemysl Ottokar II. in der Sicht des steirischen Reimchronisten, unveröffentlichte Diplomarbeit, Wien 1963 dies.: Amor im Hause Habsburg, Wien 1990

dies.: Kaiserin Elisabeth und ihre Männer, Wien 1998

dies.: Karl V. – Herrscher zwischen den Zeiten und seine europäische Familie, Wien 1999

dies.: Kronprinz Rudolf – Freigeist – Herzensbrecher – Psychopath, Wien 2000

Habsburg, Otto: Karl V., Wien-München 1979

Hamann, Brigitte (Hg.): Kaiserin Elisabeth – Das poetische Tagebuch, Wien, 1984

dies.: Rudolf – Kronprinz und Rebell, Wien 1984

dies. (Hg): Kronprinz Rudolf –»Majestät, ich warne Sie«, Wien-München 1987

dies. (Hg): Die Habsburger – Ein biographisches Lexikon, Wien 1988

dies.: Mit Kaiser Max in Mexiko, Wien-München 1983

Hartlaub, Felix: Don Juan d'Austria und die Schlacht bei Lepanto, Berlin 1940

Haslip, Joan: Sissi – Kaiserin von Österreich, München 1966

dies.: Die Freundin des Kaisers, Stuttgart 1985

Havemann, W.: Don Juan d'Austria, Gotha 1865

Herre, Paul: Barbara Blomberg, Leipzig 1909

Hessel, Alfred: Jahrbücher des Deutschen Reiches unter Albrecht I. von Habsburg, München 1931

Hirn, Josef: Erzherzog Ferdinand II. von Tirol, Innsbruck 1885-87

Hoffmann, Robert: Erzherzog Franz Ferdinand und der Fortschritt, Wien-Köln-Weimar 1994

Hofmann, Christian: Das spanische Hofzeremoniell von 1500–1700, Frankfurt 1985

Holler, Gerd: Sophie, die heimliche Kaiserin, Wien 1993

Holtzmann, Robert: Kaiser Maximilian II. bis zu seiner Thronbesteigung (1527–1564), Berlin 1903

Holzer, Hans: Der Fluch über dem Hause Habsburg, München 1981

Judtmann, Fritz: Mayerling ohne Mythos, Wien 1968

Ketösy, Graf M.: Habsburgische Mesalliancen und Liebesaffairen im 19. Jahrhundert, Leipzig 1900

Khevenhüller-Metsch, Georg: Geheimes Tagebuch 1548–1605, o.O, o.J.

Kiszling, Rudolf: Franz Ferdinand von Österreich-Este, Graz-Köln 1953

Kühn, Joachim: Das Ende des maximilianischen Kaiserreiches in Mexiko, Göttingen-Berlin-Frankfurt 1965

Kugler, Georg: Franz Joseph und Elisabeth, Florenz 1994

Kuhn, Annette/Rüsen, Jörn: Frauen in der Geschichte, Düsseldorf 1982

Leitner, Thea: Habsburgs verkaufte Töchter, Wien 1987

dies.: Habsburgs vergessene Kinder, Wien 1989

Lhotsky, Alphons: Das Haus Habsburg, Wien 1971

Louise, Prinzessin von Coburg: Throne, die ich stürzen sah, Wien 1926

Mann, Golo: Wallenstein, Frankfurt a. M., 1971

Marie Louise: Briefe. München o. J.

Mathray, Maria/Krüger, Answald: Das Attentat, Frankfurt a. M.-Berlin 1991

Mayerling-Original: Offizieller Akt des k. k. Polizeipräsidiums, Wien 1955

McGuigan, Dorothy Gies: Familie Habsburg, München-Wien-Zürich, 1967

Mecenseffy, Grete: Maximilian II. in neuer Sicht, in: Jahrbuch für die Geschichte des Protestantismus in Österreich 92/1976

Mitis, Oskar von: Kronprinz Rudolf, Leipzig 1928

Morton, H.V.: Wanderungen in Spanien, Frankfurt 1968

Mraz, Gerda: Rudolf II. und seine Brüder, in: Katalog zur Ausstellung »Renaissance in Österreich. Geschichte, Wissenschaft und Kunst«, Horn 1974

Nostitz-Rieneck, Georg: Briefe Kaiser Franz Josephs an Kaiserin Elisabeth, 2 Bde., Wien 1966

Otacher, ouz der Geul: Steirische Reimchronik

Panzer, Marita A.: Barbara Blomberg, Regensburg 1995

Petrie, Charles: Don Juan d'Austria, Stuttgart-Berlin-Köln-Mainz 1968

Pfandl, Ludwig: Philipp II. von Spanien, Frankfurt 1968

Polzer-Hoditz, Arthur Graf: Kaiser Karl, Wien 1980
Prag um 1600: Kunst und Kultur am Hofe Kaiser Rudolfs II., Ausstellungskatalog, Wien 1988
Praschl-Bichler, Gabriele: Kaiserin Elisabeth, Wien 1996
Ranke, Leopold von: Savonarola, Geschichte des Don Carlos, Die großen Mächte, Leipzig 1938
ders.: Deutsche Geschichte im Zeitalter der Reformation, Bd. 5, Leipzig 1881
Redlich, Joseph: Schicksalsjahre Österreichs, 1908–1919, 2 Bde., Graz Köln 1953/54
ders.: Das Werden einer Großmacht, Baden 1938
Reifenscheid, Richard: Die Habsburger in Lebensbildern, Wien-Graz-Köln 1982
Ritter, Moritz: Deutsche Geschichte im Zeitalter der Gegenreformation und des Dreißigjährigen Krieges, Stuttgart 1983
Ritter, Rudolf: Unsterbliche Romanzen, Mühlacker 1974
Salvendy, John T.: Rudolf – Psychogramm eines Kronprinzen, Wien-München 1987
Schad, Martha und Horst (Hg.): Marie Valerie von Österreich. Das Tagebuch der Lieblingstochter von Kaiserin Elisabeth, München 1998
Schad, Martha: Kaiserin Elisabeth und ihre Töchter, München 1998
dies.: Elisabeth von Österreich, München 1998
Schaefer, Camillo: Mayerling – Die Tragödie und ihre Deutungen, Wien 1987
Schaeffer, Emil: Habsburger schreiben Briefe, Leipzig 1935
Schiel, Irmgard: Marie Louise. Eine Habsburgerin für Napoleon. Stuttgart 1983
dies.: Stephanie, Stuttgart 1978
Schlosser, Julius von: Die Kunst und Wunderkammer der Spätrenaissance, Leipzig 1908
Schnürer, Franz: Habsburger Anekdoten, Stuttgart 1906
Schwarzenfeld, Gertrude von: Rudolf II., München 1979
Senfelder, L.: Kaiser Maximilians II. letzte Lebensjahre und Tod, in: Blätter des Vereins für Landeskunde in Niederösterreich, Bd. 32, 1898

Seyrl, Harald (Hg): Der Tod der Kaiserin, Wien-Scharnstein 1998

Sokop, Brigitte: Jene Gräfin Larisch ... Graz-Wien-Köln 1988

Sosnosky, Theodor von: Der Erzherzog Thronfolger, München 1929

Spindler, Max (Hg.): Handbuch der bayerischen Geschichte, Bd. 4, München 1975

Stephanie, Prinzessin von Belgien, Fürstin von Lonyay: Ich sollte Kaiserin werden, Leipzig 1935

Sutter Fichtner, Paula: Ferdinand I., Graz-Wien-Köln 1986

Szeps, Julius (Hg): Kronprinz Rudolf – Politische Briefe an einen Freund 1882–1889, Wien-München-Leipzig 1922

Sztáray, Irma: Aus den letzten Jahren der Kaiserin, Wien 1909

Thoma, Helga: Liebe, Macht, Intrige, Wien 1999

Vogel, Juliane: Elisabeth von Österreich, Momente aus dem Leben einer Kunstfigur, Wien 1992

Wallersee, Maria Freiin von: Meine Vergangenheit, Berlin 1913

dies.: Kaiserin Elisabeth und ich, Leipzig 1935

Weissensteiner, Friedrich: Die anderen Habsburger, Wien 1987

ders.: Ein Aussteiger aus dem Kaiserhaus. Johann Orth, Wien 1985

ders.: Franz Ferdinand, Wien 1983

Wiesflecker, Hermann: Kaiser Maximilian I., Wien 1971–1986

ders.: Friedrich III. und der junge Maximilian, Wiener Neustadt 1966

Wölfling, Leopold: Habsburger unter sich, Berlin 1921

Wostry, Wilhelm: Kaiser Rudolf II., der Sonderling in der Prager Burg. In: Prager Jahrbuch 1943

Zentner, Christian: Der Dolch im Gewande – Politischer Mord durch zwei Jahrtausende, München 1991

Zierl, Antonia: Kaiserin Eleonore und ihr Kreis. Unveröffentlichte Dissertation, Wien 1966

Zöllner, Erich: Geschichte Österreichs, 5. Aufl., Wien 1974

Gudula Walterskirchen
Die österreichische G'sellschaft

Satirische Einblicke und Ausblicke

Mit beißendem Humor und treffender Ironie führt uns die Autorin auf einen Streifzug durch die österreichische Gesellschaft: in die Welt des »Hacklers«, des sozialdemokratischen Arbeiters, in die elitäre Welt des abgeschafften Adels, in die Welt der »aussterbenden« Bauern und in die des Bürgertums.

Die Autorin berichtet von »Tschuschen, Türken und anderen Österreichern« und schildert die traditionelle Fehde zwischen »g'scherten« Stadtbewohnern und Provinzlern, der Bundeshauptstadt Wien und den Bundesländern.

262 Seiten, ISBN 978-3- 85002-577-5
Amalthea

Lesetipp

AMALTHEA SIGNUM VERLAG
WWW.AMALTHEA.AT